Ações comuns,
lucros extraordinários

Ações comuns, lucros extraordinários foi publicado originalmente em 1958. Esta edição brasileira foi traduzida a partir da segunda edição da obra, publicada em 1960. *Investidores conservadores dormem tranquilos* foi publicado pela primeira vez em 1975, e *Desenvolvendo uma filosofia de investimentos*, em 1980.

PHILIP FISHER

Ações comuns, lucros extraordinários

Seu guia clássico para investimento em ações

Inclui *Investidores conservadores dormem tranquilos*

Tradução
Mauro Raposo de Mello

Benvirá

Copyright © 1996, 2003 by Philip A. Fisher
Título original: *Common Stocks and Uncommon Profits and Other Writings*
Todos os direitos reservados. Esta tradução foi publicada mediante autorização da editora original, John Wiley & Sons, Inc.

Consultoria técnica Miguel Longuini
Tradução do prefácio Cristina Yamagami
Preparação do prefácio Paula Carvalho
Revisão Maurício Katayama
Diagramação Negrito Produção Editorial
Capa Deborah Mattos
Impressão e acabamento Edições Loyola

Dados Internacionais de Catalogação na Publicação (CIP)
Angélica Ilacqua CRB-8/7057

Fisher, Philip A. (1907-2004)
   Ações comuns, lucros extraordinários : seu guia clássico para investimento em ações / Philip A. Fisher; tradução Mauro Raposo de Mello. – 2. ed. – São Paulo: Benvirá, 2021.
   344 p.

Bibliografia
ISBN 978-65-5810-012-6 (impresso)
Título original: *Common Stocks, Uncommon Profits and Other Writings*

1. Ações (Finanças). 2. Investimentos. I. Título. II. Mello, Mauro Raposo de.

20-0771
                   CDD 332.6322
                   CDU 336.76

Índices para catálogo sistemático:
1. Ações
2. Investimentos

1ª edição, janeiro de 2021 | 6ª tiragem, fevereiro de 2023

Nenhuma parte desta publicação poderá ser reproduzida por qualquer meio ou forma sem a prévia autorização da Saraiva Educação. A violação dos direitos autorais é crime estabelecido na lei n. 9.610/98 e punido pelo art. 184 do Código Penal.

Todos os direitos reservados à Benvirá, um selo da Saraiva Educação.
Av. Paulista, 901 – 4º andar
Bela Vista – São Paulo – SP – CEP: 01311-100

SAC: sac.sets@somoseducacao.com.br

CÓDIGO DA OBRA 704117   CL 670961   CAE 752068

*Este livro é dedicado a todos os investidores,
grandes ou pequenos, que NÃO aderem à filosofia contida na afirmação:
"Já decidi o que fazer, não me confunda com fatos novos".*

Sumário

Prefácio: O que aprendi com os livros do meu pai 9
Kenneth L. Fisher

Introdução 25
Kenneth L. Fisher

PARTE UM | Ações comuns, lucros extraordinários 55

Prefácio 57

1 Lições do passado 61
2 O que o método *scuttlebutt* pode fazer 73
3 O que comprar – 15 questões para verificar no mercado de ações 77
4 O que comprar – Aplicando os princípios às suas próprias
   necessidades 111
5 Quando comprar 123
6 Quando vender (e quando não vender) 141
7 A turbulência dos dividendos 151
8 Cinco negativas para os investidores 163

9   Outras cinco negativas para os investidores..177

10   Como encontrar ações em fase de valorização......................................207

11   Resumo e Conclusão...219

PARTE DOIS | Investidores conservadores dormem tranquilos.........221

Introdução...225

1   A primeira dimensão de um investimento conservador – Superioridade em produção, marketing, pesquisa e habilidade financeira....................229

2   A segunda dimensão – O fator humano..237

3   A terceira dimensão – Características de investimento de alguns negócios..249

4   A quarta dimensão – O preço de um investimento conservador.........259

5   Mais sobre a quarta dimensão...267

6   Ainda mais sobre a quarta dimensão..273

PARTE TRÊS | Desenvolvendo uma filosofia de investimentos.........281

1   Origens de uma filosofia..285

2   Aprendendo com a experiência..297

3   O amadurecimento da filosofia..311

4   O mercado é eficiente?...327

Apêndice: Fatores essenciais na avaliação de empresas promissoras...........339

Prefácio
O QUE APRENDI COM OS LIVROS DO MEU PAI

Este é um daqueles livros que, quanto mais você relê, mais você gosta. Sei disso porque foi o que aconteceu comigo. Levei uns quinze anos para entender o que meu pai quis dizer em *Ações comuns, lucros extraordinários*. Quando o li pela primeira vez, confesso que não entendi quase nada. Eu tinha 8 anos e acabei desperdiçando alguns preciosos dias de férias na empreitada. O livro tinha um monte de palavras difíceis que só eram possíveis de entender com um dicionário do lado. Mas era o nome do meu pai na capa, e eu estava orgulhoso dele. Eu tinha ouvido na escola e no bairro e lido no jornal da cidade que o livro estava fazendo muito sucesso. Fiquei sabendo que aquele tinha sido o primeiro livro de investimentos a entrar na lista dos mais vendidos do *New York Times*, embora eu não soubesse o que aquilo significava. Senti que eu tinha o dever de ler o livro. E, quando terminei, foi um alívio finalmente estar livre para brincar durante o resto das minhas férias.

Quem diria que eu viria a fundar uma grande firma de gestão de investimentos com milhares de clientes, que escreveria meus próprios livros e me tornaria o sexto colunista com mais tempo de casa na formidável história de mais de oitenta anos da revista *Forbes*, ou que eu passaria décadas elaborando incontáveis avaliações dos melhores livros de investimento do ano e recomendando dezenas deles aos leitores? E o fato de eu poder dizer que li meu primeiro livro de investimento quando tinha só 8 anos pode ter ajudado na minha carreira, mesmo eu não tendo entendido nada na época.

Reli o livro aos 20 anos, pouco antes de me formar na faculdade. Meu pai sugeriu que eu fosse trabalhar com ele e com meu irmão mais velho. Ansioso, mas um pouco cético, eu estava curioso para saber se aquela oferta de emprego seria realmente uma oportunidade. Foi nesse contexto que li *Ações comuns, lucros extraordinários* pela segunda vez. (Posso dizer que dessa vez entendi a maioria das palavras.)

Lendo as quinze questões que meu pai sugere usar para analisar uma ação, fiquei me perguntando se eu não poderia aplicar a metodologia para comprar ações de uma empresa local. Se fosse o caso, pensei, isso confirmaria os benefícios de trabalhar com meu pai.

Bem, não foi o caso. Perto de onde eu morava, tinha uma madeireira de capital aberto, a Pacific Lumber, que me pareceu uma boa oportunidade de lucrar. Mas as poucas pessoas com quem conversei não se impressionaram muito com um jovem aspirante a detetive, que mal tinha saído da faculdade, chegando do nada para pedir informações relevantes sobre a empresa e que claramente não tinha preparo nenhum para analisar e muito menos fazer qualquer coisa útil com os dados coletados. Eu nem sabia como fazer as perguntas certas. Depois de ser recebido com desconfiança pelos primeiros sujeitos que abordei com meu questionário investigativo, acabei desistindo. Mas aprendi que eu precisava desenvolver meu trato com as pessoas.

Trabalhar com meu pai foi como dirigir numa estrada acidentada, um pouco como o que ocorreu com a primeira ação que escolhi comprar como profissional: ela simplesmente despencou. Estou contando isso tudo para mostrar que eu era só um garoto de 20 anos, tinha sido no máximo um aluno mediano, não havia estudado numa faculdade de renome e nunca tinha feito nada do qual pudesse me gabar, mas mesmo assim consegui aplicar os princípios ensinados neste livro em alguns poucos anos. Se eu consegui, você com certeza também consegue.

As quinze questões

Se você é um jovem que decidiu recentemente começar a investir no mercado de ações e ainda não comprou nenhuma, parece muito mais urgente saber o que comprar do que decidir o que vender. Por sorte, este livro ensina que, se você comprar as ações certas, será menos importante decidir o que vender, porque você poderá manter suas ações por muito mais tempo. E, com as quinze questões elaboradas pelo meu pai, você saberá exatamente o que comprar.

Apliquei repetidamente as quinze questões sugeridas pelo meu pai, aliadas ao método *scuttlebutt* que ele propõe, para investigar uma ação aqui e outra ali. E deu certo. Não vou contar em detalhes aqui os sucessos que as questões me ajudaram a alcançar no início da minha carreira, mas posso dizer que a metodologia do meu pai me ajudou a encontrar um punhado de ações espetaculares que fizeram maravilhas para mim. Usei as questões para ter uma ideia geral de como a empresa se posicionava no mundo e suas chances de sucesso. Se ela tivesse poucas chances de prosperar, quais poderiam ser os problemas que ela enfrentava? Não demorou para eu descobrir por que minhas tentativas de usar as questões na época da faculdade tinham sido tão decepcionantes. O segredo está no *scuttlebutt*, que é mais uma arte do que uma técnica e que, como toda arte, leva um tempo para se aprender. A ideia do *scuttlebutt* é simplesmente ir direto à fonte para descobrir se uma empresa é forte ou fraca. A maioria dos investidores não usa essa abordagem e prefere se basear nos burburinhos e nas tendências do mercado financeiro, sendo que a maioria dos rumores é só para tentar vender algum produto financeiro.

Seria de esperar que, passado tanto tempo, o potencial do *scuttlebutt* já tivesse ficado claro para a maioria das pessoas, mas não foi o que aconteceu. Se você tivesse usado as quinze questões apresentadas neste livro e se informado direto na fonte em vez de perder seu tempo lendo relatórios de analistas financeiros, você jamais teria comprado qualquer uma das ações escandalosas que ganharam as manchetes no mercado em baixa de 2000-2002. Sempre foi fácil evitar empresas como a Enron, a Tyco e a WorldCom. Só se deixou iludir por essas ações quem se baseou em fofocas e opiniões de analistas financeiros em vez de checar direto na fonte a solidez dessas empresas. As quinze questões se baseiam em atributos básicos que uma empresa não tem como simular. O método *scuttlebutt* implica evitar boatos e rumores e procurar informações concretas sobre a empresa, se informando com concorrentes, clientes e fornecedores, com base no fato de que esses grupos têm algum interesse na empresa que você está investigando e que tendem a saber informações concretas sobre ela. Para isso, você vai conversar com vendedores dos concorrentes da companhia que está investigando, que podem até não gostar muito dela, mas que saberão dizer se é sólida. Você também pode ter de falar com o pessoal dos setores de pesquisa e desenvolvimento e de administração dos concorrentes. Se todos esses sujeitos forem realistas e confirmarem que as operações da empresa que você está investigando são sólidas, respeitáveis e até temíveis, pode ter certeza de que você não está lidando com uma Enron ou uma Adelphia.

O método *scuttlebutt* é uma forma de arte voltada a identificar os atributos revelados pelas quinze questões. É a diferença entre aprender a tocar piano (técnica) e compor uma música para piano (arte). Leva tempo aprender uma arte. É provável que você só consiga compor uma música depois de dominar um instrumento. Em praticamente qualquer área, uma técnica só é aprendida pela repetição. Você não precisa ser um compositor para apreciar uma boa música. E você pode até se transformar em um artista depois de dominar uma técnica. Por sorte, este livro lhe dará uma boa ideia da arte e você não vai levar muito tempo para aprendê-la, porque grande parte do que encontrará aqui não passa de uma questão de bom senso. O problema da maioria das pessoas é que elas não sabem como aplicar o bom senso e acabam nunca tentando. Mas fique tranquilo, porque com *Ações comuns, lucros extraordinários* você vai aprender como fazer isso.

Vamos focar nas quinze questões por um momento. Sei que você não leu o livro ainda, então vou fazer um pequeno resumo aqui para veja como esses atributos são desejáveis para qualquer empresa que estiver avaliando. Você vai poder ler e apreciar as explicações detalhadas nas palavras do meu pai mais adiante.

As quinze questões que meu pai sugere indicam quais ações comprar. Elas descrevem uma empresa com um enorme potencial de produto e mercado e uma administração decidida a continuar explorando esse potencial, muito além da geração atual de produtos. Descrevem uma companhia capaz de desenvolver novos e excelentes produtos, que conta com uma grande equipe de vendas e uma eficácia capaz de superar todos os obstáculos para levar seus produtos, existentes e a serem desenvolvidos, ao mercado. Isso é uma visão de longo prazo. Estamos falando da capacidade de comprar insumos com objetivo de garantir a lucratividade, combinando margens de lucro bruto e a razão entre o lucro bruto e os custos administrativos para cobrir todas as operações. Estamos falando de um plano realista e concreto para manter e melhorar essa lucratividade e de funcionários satisfeitos em todos os níveis hierárquicos da empresa, que serão leais e produtivos, também com uma visão de longo prazo e que nunca se exaurem. E estamos falando de um excelente controle de custos e de algumas características, específicas do setor, que permitem que a empresa em questão se destaque em relação às concorrentes. Por fim, todos esses fatores devem se encaixar e ser orientados por uma administração aberta e bem articulada, de uma integridade inquestionável.

Pense nos escândalos de algumas ações ou portfólios supervalorizados. Nenhuma dessas empresas teria passado no teste do *scuttlebutt*, porque bastaria conversar diretamente com alguns de seus concorrentes para ver que essas companhias prestes a desmoronar não eram temidas por ninguém. Se você conversasse com clientes ou fornecedores, saberia que eles também não estavam muito impressionados com ela. Os clientes não se impressionavam porque os produtos não eram tão bons em comparação com os outros disponíveis no mercado. Os vendedores e fornecedores não se impressionavam muito porque sabiam que os concorrentes eram melhores e estavam comprando mais. Em outras palavras, a empresa não tinha muito volume de vendas em comparação com outras do setor. E os concorrentes não se impressionavam muito porque a empresa não tinha qualquer vantagem competitiva sobre eles.

As quinze questões não só teriam eliminado com facilidade todas as ações escandalosas do mercado em baixa de 2000-2002, como também teriam excluído todas as ações do "clube dos 95%" – ações de empresas de tecnologia que perderam 95% ou mais do valor por não passarem de ilusões digitais, com nada de concreto além de uma enorme badalação. Pense em todas as empresas de internet que nem chegaram a ter uma verdadeira força de vendas (muito menos a ponto de intimidar um concorrente), absolutamente nenhuma margem de lucro, nenhum plano para atingir a lucratividade, muito menos para melhorá-la, nenhuma pesquisa de verdade e nenhuma capacidade de sobreviver sem uma bela injeção de fundos. Pense em todos esses problemas. Essas empresas não teriam passado nem na metade das quinze questões. E as questões também teriam eliminado uma batelada de outras companhias. Agora pense nas empresas das décadas anteriores que as quinze questões não teriam eliminado. Elas seriam negócios concretos, baratos ou caros, e teriam lhe dado a chance de navegar pelas difíceis correntes da volatilidade do mercado financeiro, não importa se você prefere ações de crescimento (*growth stocks*) ou ações de valor (*value stocks*), empresas pequenas ou grandes.

Objetivos × *scuttlebutt*

Os objetivos do meu pai e os meus nunca foram os mesmos. Mas este livro funciona para o objetivo dos dois, e com certeza o ajudará com os seus também. Meu pai sempre tendeu a investir em ações de crescimento. Era simplesmente o jeito dele. Eu, quando era mais jovem, e por várias razões, preferia investir em ações de valor. Nos dias de hoje, minhas decisões não se norteiam por fatores como perspectivas de crescimento mais ou menos rápido ou empresas de grande ou pequeno porte. Eu meio que tendo a seguir por onde me dá vontade, mas essa é outra história e não cabe abordar isso aqui. De qualquer maneira, mesmo quando eu era mais jovem, focado em ações de valor, as quinze questões sempre me ajudaram a encontrar companhias de alta qualidade com ações baratas que, embora tivessem um desempenho espetacular nos negócios, eram negligenciadas pelos investidores em meados da década de 1970. Meu pai queria ações de uma empresa capaz de crescer e manter esse crescimento por um bom tempo e queria ações que ele poderia comprar por um valor razoável e praticamente nunca vender. Eu queria ações com o preço no chão de companhias espetaculares mas ignoradas pelo mercado financeiro, uma empresa que pudesse ter um crescimento de base e ações que pudessem valorizar muito para eu poder vender a um preço bem mais alto depois de uns cinco a dez anos.

O que eu quero dizer com tudo isso é que o método *scuttlebutt* e as quinze questões funcionam tanto para as ações de crescimento quanto para as de valor, tanto para companhias pequenas quanto para grandes. Vejamos, por exemplo, a questão 4: "A empresa possui um departamento de vendas acima da média?". Uma força de vendas acima da média é tão importante, ou até mais, para avaliar uma empresa que não conta com um grande ímpeto natural de vendas quanto para analisar uma que está no auge de suas vendas. Esse atributo também é crucial para uma pequena empresa que ambiciona vencer concorrentes maiores. Não é fácil criar um departamento de vendas acima da média, mas é um atributo necessário para qualquer grande empresa que deseja impedir o avanço de uma série de pequenos aspirantes financiados por capital de risco e famintos por uma fatia de seu mercado. O mesmo pode ser dito sobre a questão 5: "A empresa possui uma margem de lucro considerável?". Por exemplo, para uma empresa de commodities que não tem um crescimento natural, a participação de mercado, os custos relativos de produção e as margens de lucro de longo prazo são fatores que tendem a estar intimamente relacionados. Uma boa administração seria capaz de conquistar participação de mercado e reduzir os custos relativos de produção, muitas vezes aprimorando a tecnologia de produção (em outras palavras, melhorando a aplicação da tecnologia em vez de melhorar sua produção). Já uma administração ineficiente se restringiria a reduzir as margens até elas desaparecerem. Foi assim que, em 1976, encontrei a Nucor, uma minúscula fornecedora de aço de baixo custo, com uma excelente administração, uma tecnologia inovadora, um custo de produção mais baixo, uma grande participação relativa de mercado em minúsculos nichos de aço e que na época vinha ganhando participação de mercado e agregando novos nichos. Comprei as ações dessa empresa de olho na valorização, e meu pai fez o mesmo, só que de olho no crescimento. Nós dois aplicamos as mesmas quinze questões. Vendi as ações depois de alguns anos com um lucro enorme, e meu pai passou décadas com a empresa, vendendo suas ações com um lucro muito maior quando ela se tornou nada menos que a segunda maior fabricante de aço dos Estados Unidos.

Acho que meu pai, que tinha 51 anos quando este livro foi lançado e foi uma espécie de gênio eclético que teve enorme sucesso, não se deu conta de que um neófito demoraria a aprender o processo de dominar a técnica e transformá-la em uma arte, um processo que ele levou anos desenvolvendo, de forma lenta e intuitiva. Era comum ele pensar nas coisas de um jeito e explicá-las de outro. O cérebro dele funcionava assim, de uma maneira peculiar. Enquanto escrevo estas linhas, tenho 52 anos, quase a mesma idade que ele tinha na época, e sei, por experiência própria, que esse processo leva um tempo.

Sou mais linear do que meu pai e, em muitos aspectos, mais introspectivo, e recomendo que você leia e releia este livro no decorrer de sua vida de investidor. Vamos voltar ao *scuttlebutt*. O capítulo sobre o método tem só quatro páginas. Mas essas são algumas das páginas mais importantes do livro. Olhando para trás agora, fica claro para mim que meu pai simplesmente pulou toda a parte de dominar a técnica. Ele simplesmente presumiu que não era necessário.

Com o passar dos anos, apliquei esse processo a muitas ações de meu portfólio e tive alguns excelentes insights. O segredo é manter o foco nos clientes, concorrentes e fornecedores. Descrevi a técnica no meu primeiro livro, *Super Stocks*, lançado em 1984, incluindo vários exemplos reais. Meu livro era bom, e foi até o mais vendido sobre mercado de ações entre 1984 e 1985. E eu tenho orgulho de tê-lo escrito. Mas ficou longe de ser tão bom quanto este aqui. *Ações comuns, lucros extraordinários* tem uma natureza muito mais perene do que vários tópicos que abordei no meu primeiro livro e, embora as duas obras apresentem novos conceitos, os do meu pai foram mais radicais para a época, além de mais universais e atemporais – e é isso que faz dele um livro tão bom. Meu livro focou principalmente na técnica, não na arte. No que diz respeito à técnica, as perguntas sempre têm respostas. Já o foco da arte é fazer mais perguntas (e as perguntas certas) com base nas respostas aos questionamentos já feitos. Algumas pessoas insistem em percorrer a mesma lista de perguntas, não importa quais respostas recebam. Isso não é arte. Você pergunta, alguém responde. Mas qual é a pergunta que surge dessa resposta? Se você for capaz de seguir esse fluxo, pode ser considerado um compositor, um artista, um investidor criativo e investigativo. E meu pai fazia isso muito bem.

Acompanhei meu pai pelo menos um zilhão de vezes em visitas a empresas entre 1972 e 1982. Passei só um ano trabalhando com ele, mas fizemos muitas coisas juntos depois disso. Quando analisava empresas, ele sempre preparava as perguntas antes, datilografadas em folhas amarelas com um espaço entre elas para fazer anotações. Ele gostava de se preparar e queria que a empresa visse que ele tinha se preparado, assim gostariam dele. Ele usava as perguntas como um tipo de esboço dos temas que pensava em abordar. E também era um ótimo recurso para o caso de a conversa esfriar, o que às vezes acontecia. Nesses casos, ele podia consultar as perguntas e fazer as coisas voltarem ao seu curso. Mas as melhores perguntas dele eram sempre espontâneas, não tinham sido preparadas com antecedência, porque resultavam de uma resposta a uma pergunta que em geral nem era tão importante. A arte estava na criatividade dessas perguntas. E é essa arte, na minha opinião, que fazia dele um analista tão perspicaz.

Ele sempre teve uma mente afiadíssima para finanças, mesmo com a idade avançada. Quero aproveitar para revelar uma das melhores perguntas que meu pai fez e que só fiquei sabendo depois, da boca de James Michaels, o brilhante editor da *Forbes*. Ela não está em nenhum de seus livros, mas teria sido um ótimo acréscimo em qualquer um deles.

Uma grande honra da minha vida foi que, durante quinze anos antes de sua aposentadoria, as colunas que escrevi para a *Forbes* foram editadas pessoalmente por James Walker Michaels, que, quando se aposentou como editor da revista em 1998, era indubitavelmente um gigante do jornalismo de negócios dos Estados Unidos. Ele me chamou para escrever na *Forbes*, me colocou debaixo de suas asas e editou sozinho praticamente todas as colunas que escrevi (o que é raro para um editor de uma revista) até sua aposentadoria. Ele também foi um grande admirador do meu pai. Na única vez que James e eu passamos um fim de semana na Costa Oeste, ele aproveitou para chegar algum tempo antes na esperança de conversar com meu pai, que na época estava prestes a completar 89 anos.

Eles passaram algumas horas conversando numa sala de reunião da sede da minha empresa em Kings Mountain, na Califórnia. Depois disso, James e eu fomos de carro para nosso destino, e, no caminho, ele só queria falar sobre "aquela pergunta". Eu não fazia ideia do que ele estava falando, mesmo conhecendo meu pai melhor do que qualquer pessoa no mundo, e cheguei a ficar com vergonha. James passou quase uma hora tentando resumir a ideia, até que desistiu. Como costuma acontecer, assim que ele desistiu de tentar, foi como se uma lâmpada tivesse acendido na cabeça dele e ele exclamou: "O que você está fazendo que seus concorrentes ainda não fazem?". Que pergunta genial! A ênfase estava na palavra *ainda*. Impressionante. Diante dessa pergunta, a maioria das empresas percebe que simplesmente não está tentando nada que seus concorrentes ainda não estejam fazendo e se surpreende com o fato de você ter feito uma pergunta sobre a qual eles nunca tinham pensado.

A empresa que vive se fazendo essa pergunta nunca se torna complacente. Nunca fica para trás. Nunca deixa de pensar sobre como transformar o futuro em algo melhor. Uma empresa com essa postura, uma organização íntegra e com uma excelente administração, põe em prática as quinze questões. "O que você está fazendo que seus concorrentes ainda não fazem?" implica liderar o mercado, forçar os concorrentes a seguir e atingir a excelência para melhorar a vida dos clientes, dos funcionários e dos acionistas. A pergunta de James resumiu as aspirações da vida do meu pai e resumiu a essência de suas quinze questões. Até hoje eu não sei de onde ele tirou isso. Mas é uma pergunta de um brilhantismo incrível.

James, que sempre teve um faro para as reviravoltas que davam uma excelente história, voltou a Nova York depois daquele fim de semana e publicou na *Forbes* um artigo inteiro sobre essa pergunta. O texto combinou o melhor dele e do meu pai, e a coisa toda me lembrou de que eu não passo de uma formiga em comparação ao brilhantismo do meu pai. Veja bem, não estou querendo me menosprezar. Tive um relativo sucesso na vida, mas sou um sujeito mais linear, mais dedutivo, mais diligente, mais determinado e mais direto do que meu pai, que era muito mais um gênio não linear.

Minha empresa aplicou as quinze questões e o *scuttlebutt* para avaliar companhias de todo tipo, com uma ligeira tendência a empresas menores e em baixa. Varejistas, diversas empresas de tecnologia, de serviços, de concreto, aço, substâncias químicas especializadas, produtos de consumo, jogos de azar, tudo o que você puder imaginar. Nem todas as decisões, minhas e da minha empresa, se basearam unicamente nas quinze questões, mas elas sem dúvida agregaram valor. Sempre me senti livre para traçar meus próprios caminhos. Pensando no quadro geral e tentando tomar decisões sobre centenas de ações todos os anos, minha empresa passou anos aplicando em massa um processo que batizamos de "Doze Ligações", que detalhamos em um manual de operações que nossos funcionários remotos usavam para fazer entrevistas por telefone com clientes, concorrentes e fornecedores. Não era tão eficaz quanto alocar cada funcionário para investigar uma única ação, mas nos permitiu cobrir um terreno muito mais amplo. Com o tempo, substituímos esse método por tecnologias de mercado de capitais, mas essa é outra história e está fora do escopo deste livro.

Hoje, minha empresa tem mais de 500 funcionários administrando muitos bilhões de dólares voltados a um punhado de metas diferentes, enquanto compra ações ao redor do mundo. Imagino que esse não seja o seu caso. E é por isso que você não deve fazer o que eu faço, e eu não devo fazer o que você precisa fazer. Se for um investidor individual, todas as quinze questões do meu pai se aplicam a você. Você deve usá-las como eu as usei no início da minha carreira, quando eu não tinha a estrutura que tenho agora. Você não tem como cobrir todo o terreno que eu cubro hoje, mas provavelmente isso não seria necessário nem desejável no seu caso. O que eu quero dizer com isso é que as quinze questões são aplicáveis, não importa se você as usar exatamente como meu pai as concebeu ou se preferir adaptá-las a um portfólio muito mais amplo de ações. Não importa se você as usar para analisar ações nacionais ou estrangeiras, pensando em médio ou em longo prazo, se preferir comprar empresas de capital fechado e não ações de capital aberto, se quiser comprar ações de muitas empresas ou só de uma que você mesmo gostaria de administrar, grande ou pequena. Todos os mesmos princípios se aplicam.

Mas não é só isso

Agora, não pense que as lições de *Ações comuns, lucros extraordinários* se limitam ao *scuttlebutt* e às quinze questões. É só que eu acho que esses dois conceitos são as joias da coroa. Mas o livro todo está cheio de outras lições testadas e comprovadas. Por exemplo, em 1990 eu já estava trabalhando na área com bastante sucesso havia dezoito anos. Minha coluna na *Forbes* já tinha seis anos. Então entra em cena Saddam Hussein. Diante da ameaça de guerra, os investidores americanos passaram a hesitar. O mercado começou a desaquecer. Eu já tinha estudado bastante história e tinha escrito dois livros sobre história financeira. Tudo o que eu sabia sobre a história me dizia para comprar. O problema é que eu não tinha muita vivência dessa história. Um dia, peguei este livro que você tem em mãos e reli o Capítulo 8, "Cinco negativas para os investidores", e o Capítulo 9, "Outras cinco negativas para os investidores", para me ajudar a decidir. Eu sabia que a ameaça de guerra tinha que ser uma oportunidade de compra no mercado de ações. Aliei esse conhecimento com algumas projeções econômicas que realizamos e fiz várias compras oportunas no fim de 1990. O *timing* acertado, quando a maioria dos outros investidores estava pessimista, ajudou a consolidar meu sucesso. E você também pode ter se beneficiado desse mesmo conhecimento mais recentemente, no mercado em baixa de 2000-2002 e com o que poderia ser considerado o segundo Saddam Hussein.

No momento em que eu escrevo estas linhas, em 2002, tivemos o pior mercado em baixa desde – dependendo do seu ponto de vista – o início da minha carreira em 1974 ou a Grande Depressão de 1937-1938. Nessas ocasiões, muitos investidores se deram conta de que tudo o que eles sabiam sobre investimentos não valia nada. Muitos se agarraram a novas metodologias que sem dúvida vão decepcionar por serem rasas, banais e de validade efêmera. Isso é o que meu pai diria sobre o futuro. Ele diria simplesmente que o capitalismo prevalecerá e que os Estados Unidos e o mundo ocidental progredirão, que ninguém tem como saber ao certo onde fica o fundo do poço do mercado e que nem ele faz isso muito bem (embora ele tenha tomado algumas decisões espetaculares em sua longa carreira na área de investimentos). Ele diria que, se você tiver ações de empresas que passaram no teste das quinze questões e se não se deixa levar pelo que ele chama de "modismos e caprichos", vai sair desta muito bem. Ele diria que, caso ainda não tenha um portfólio, este é o momento perfeito para você comprar ações de companhias que passaram no teste das quinze questões. O mercado em baixa de 2000-2002 já se encarregou disso para você. As ações podem cair mais antes de subir? Ele nunca deixaria de considerar essa possibilidade. Mas ele diria que não vai fazer muita diferença daqui a alguns anos. Será que ele pensaria em sair vendendo tudo para se livrar do mercado em baixa de agora? De jeito nenhum. Seria muito improvável ele fazer isso. É bem verdade que ele vendeu algumas ações em várias ocasiões no decorrer de sua longa carreira, mas só quando sabia que o mercado ainda não tinha caído e ainda podia cair, nunca depois de cair, esperando que caísse ainda mais.

Será que meu pai teria medo de Saddam Hussein, de Osama bin Laden ou de terroristas? Não. Temeria a guerra? Ele disse explicitamente nestas páginas que não. Admiraria o presidente Bush por levar o país para uma guerra? Não. Ele raramente admirava os presidentes porque os via como políticos e ele nunca gostou muito de políticos. Os poucos de quem gostava não eram do alto escalão. Ele dizia: "Quanto mais sobem, mais mentem". Ele era contra qualquer guerra e raramente achava que elas podiam ser justificadas. Será que ele teria se preocupado com todas as outras notícias negativas que vivem nos jornais hoje em dia, como integridade corporativa, possibilidades de repique recessivo, altos índices preço/lucro no mercado, o risco de inadimplência do Brasil ou qualquer outra coisa? Não, não muito. Ele teria usado o tempo que os outros passariam focados nas coisas erradas para se voltar aos fundamentos básicos das empresas de seu portfólio e decidir se seria ou não interessante manter essas ações. E, ao analisar as empresas mais fracas, ele procuraria uma ou duas melhores para substituí-las. Ele sempre viu mercados em baixa e voláteis como uma excelente oportunidade de aumentar a qualidade de seu portfólio escolhido a dedo. E, quanto mais os investidores focavam no mercado, mais ele focava nas ações que estavam e não estavam incluídas em seu portfólio.

No fim de sua carreira, quando lhe perguntavam sobre o *timing* do mercado ou sobre problemas de um ou outro setor específico, ele sempre respondia algo como: "Bom, meu filho já provou que é capaz de navegar por essas águas muito melhor do que eu e ele costuma dizer que... mas eu ainda prefiro confiar no meu próprio taco". Ele nunca deixou que ninguém tomasse esse tipo de decisão por ele. Ele confiava na administração das empresas que apresentavam os atributos das quinze questões. E tenho certeza de que ele manteria essa atitude até hoje.

Acontece muito de alguém me dizer que (a) eu estou errado (o que pode muito bem ser verdade) e (b) que meu pai jamais teria feito o que estou fazendo. Eu sei que a pessoa que me diz isso não conheceu meu pai tão bem quanto eu conheci e que não leu e releu os livros dele tanto quanto eu. Por isso nunca me preocupei muito com o que as pessoas dizem sobre o que meu pai faria ou não. O que eu quero dizer com isso é que eu não só conheci muito bem meu pai, como pouca gente leu mais o que ele escreveu do que eu. Mesmo se você entender muito bem o conteúdo deste livro, garanto que se beneficiará de reler estas páginas várias vezes no decorrer de sua vida de investidor e que irá sofrer se confiar exclusivamente no que aprender em uma única leitura. Para começar, com o passar do tempo, você não vai conseguir se lembrar de todas as lições. Além disso, quanto mais você as ler, mais condições vai ter de aplicá-las. Sem querer parecer um herege, este livro é como uma pequena bíblia do investimento, um livro que deve ser lido várias vezes e cuja utilidade não termina na última página.

Você, como eu, vai encontrar muitas outras joias nestas páginas. Mas acho importante concluir dizendo que, em *Ações comuns, lucros extraordinários*, você aprenderá não apenas os fundamentos que poderão orientar todas as suas decisões, mas também os verdadeiros princípios de investimento aplicados pelos melhores investidores. Por muitos anos, este livro fez parte currículo do curso de investimento da Faculdade de Pós-Graduação em Administração de Stanford. Alunos de todas as áreas passaram por Stanford, leram o livro e vieram a se tornar alguns dos investidores de maior sucesso dos Estados Unidos. Mas o livro não se reduz a isso. Por exemplo, Warren Buffett costuma dizer que meu pai e *Ações comuns, lucros extraordinários* foram fundamentais para o desenvolvimento de sua filosofia de investimento. A primeira das "outras negativas" que meu pai apresenta no Capítulo 9, "Não exagere na diversificação", apresenta o leitor diretamente a um dos fundamentos do "buffettismo". E você terá o privilégio de encontrar esse fundamento no mesmo lugar em que Buffett o encontrou.

Nada de grande importância para o fundamentalismo do mercado mudou entre o primeiro livro de meu pai e seu terceiro e último livro, *Investidores conservadores dormem tranquilos*.* Mas muita água passou debaixo da ponte dos investimentos: um enorme mercado em alta, um enorme mercado em baixa, entre 1958 e 1974, e incontáveis modismos e caprichos. Naquela época, meu pai estava com 67 anos. Seu último livro foi bom, mas eu diria que *Ações comuns, lucros extraordinários* conseguiu ser muito melhor. Ele escreveu um livro tão espetacular da primeira vez que seus dois livros subsequentes não passaram de complementos. Se você só tiver tempo para ler um dos livros de meu pai, sugiro ler este. Foi sem dúvida o melhor. Mesmo assim, se quiser ler mais, o segundo livro mais importante foi *Investidores conservadores dormem tranquilos*, que também apresenta algumas lições fundamentais. Ele usou muitos exemplos da época, mas a obra permanece atemporal.

A seção sobre a Motorola, no Capítulo 6, apresenta Phil Fisher em sua melhor forma. Ele explica por que a Motorola, que na época outros investidores viam com desconfiança, era uma excelente empresa para investir e por que ele botaria a mão no fogo pela valorização da empresa no longo prazo. É difícil ler essa parte do livro e não concordar que a Motorola de fato foi uma empresa de alta qualidade. Mas veja o que aconteceu depois. Nos 25 anos seguintes, as ações da empresa valorizaram nada menos que trinta vezes, tudo isso antes dos dividendos, com uma empresa segura e bem administrada, sem incorrer em custos de corretagem ano a ano, livre de índices de

---

* Conforme já apontado na p. 2, este livro que você tem em mãos reúne três obras de Fisher, que originalmente foram publicadas em épocas diferentes. [N. E.]

despesas operacionais de fundos mútuos e sem exigir muito esforço de um investidor que acredita firmemente na capacidade da empresa. Quantas vezes você recebeu de bandeja uma dica de investimento de longo prazo como essa? Acho que quase nunca. Será que alguém realmente manteria uma ação por nada menos que 25 anos? Bom, estou aqui para dizer que um tal de Philip A. Fisher manteve as ações da Motorola como a maior parte de seu portfólio pessoal, vencendo o Standard & Poor's 500 ano após ano. Essa era a filosofia básica do Phil Fisher. Encontrar algumas poucas excelentes empresas que ele pudesse conhecer a fundo e passar muito, muito tempo com as ações enquanto a empresa crescia e as ações subiam. *Investidores conservadores dormem tranquilos* é simplesmente o melhor tratado que conheço sobre como comprar e manter ações de crescimento sem correr muito risco. Esses princípios podem ser encontrados no primeiro ou no terceiro livro. Em muitos aspectos, apesar de terem sido lançados com dezesseis anos de diferença, os dois livros compartilham um vínculo intelectual. Mesmo assim, se você tiver de escolher só um deles, recomendo ler *Ações comuns, lucros extraordinários*. Este livro apresenta mais princípios, é mais radical para sua época, é mais bem escrito, é mais atemporal, é mais abrangente e é mais intelectual. Se você puder ler os dois, não deixe de fazer isso.

A seguir, na Introdução, conto algumas histórias do meu pai que pouca gente sabe. Ao longo dos anos, muita gente me pergunta sobre meu relacionamento com ele, sobre a relação de pai e filho trabalhando no mesmo setor. E, como ele foi um sujeito peculiar, eu sou um sujeito peculiar e muitas vezes as pessoas que me fazem essas perguntas também são peculiares, acontece de eu frequentemente dar respostas peculiares. Por exemplo, quando me perguntavam qual lembrança do meu pai era a minha favorita, eu costumava responder: "A próxima". Eu não tenho mais como responder isso, mas passei um bom tempo dando essa resposta. Muita gente insistia: "Mas suas memórias favoritas com ele não foram da sua infância?". Concordo que tenho muitas lembranças incríveis dele de quando eu era um menino. Ele sabia contar as melhores histórias para dormir, e elas não tinham absolutamente nada a ver com o mercado de ações. Muitas delas eram histórias que ele mesmo inventava. Na minha infância, eu adorava todos os momentos daquelas histórias... e sujeitos como a crescente legião de buffettófilos ficam muito decepcionados com essa resposta. Eles querem alguma dica de análise de ações. Mas analisar ações nunca levou a momentos de ternura com meu pai. Era só um trabalho. Frustradas, as pessoas me perguntam: "Se você pudesse resumir todos os conselhos do seu pai numa única frase, qual seria?". Minha resposta é: "Leia os livros dele e tente colocá-los em prática". E é isso que você vai encontrar nestas páginas. Divirta-se e faça valer essas lições.

Kenneth L. Fisher
Kings Mountain, Califórnia
Julho de 2003

Introdução

Este é um dos livros sobre investimento mais apreciados de todos os tempos. Ele está entre os mais vendidos na categoria de livros clássicos sobre o tema, e agora completa 45 anos de idade. Meu pai escreveu o prefácio original em setembro de 1957, na casa em que passei a infância. Ele permanece intacto. Quarenta e cinco anos depois, em outubro de 2002, atrevo-me a escrever, em minha casa, esta introdução, depois de todos esses anos.

Se o leitor tiver contato com ela, poderá pensar que meu pai já é falecido. Não é. No momento em que escrevo, ele está com 95 anos e vivo.* Limitado, no entanto, pela ruína devastadora provocada pelos estágios avançados da senilidade e provavelmente pelo mal de Alzheimer (não há como termos certeza disso). Ele está em casa, acamado e apenas a alguns metros de distância do lugar onde escreveu *Ações comuns, lucros extraordinários* e suas outras obras.

Sua decadência física e mental é progressiva. Para nós que cuidamos dele, é um processo assustadoramente rápido. Quando o leitor iniciar a leitura deste livro, ele poderá já ter falecido. Ele nunca lerá este texto – mesmo que fosse lido para ele, não seria capaz de digerir seu significado além de uma ou duas frases, até perder o fio da meada em decorrência de sua terrível doença. Outrora um grande homem, hoje ele é apenas um pequeno e velho homem já no final da vida. No entanto, é o meu velhinho. O que essa doença causa comumente às

---

* Philip A. Fisher faleceu em 2004, aos 96 anos. [N. E.]

pessoas não é motivo para se envergonhar; é apenas uma doença, e não um desvio. Quando escrevi meu terceiro livro, baseado em cem breves biografias de pioneiros já falecidos do mundo financeiro norte-americano, eu delimitei pioneiros "mortos" a partir da premissa de que pessoas mortas não entrariam com ações judiciais caso eu tivesse escrito algo equivocado. Mas também agi assim porque não queria mencionar meu pai em circunstância alguma. Não queria dizer nada que pudesse magoá-lo, caso eu o interpretasse de forma diferente do que ele desejava – o que eu certamente já fiz.

Agora não preciso me preocupar com isso porque ele nunca saberá o que relatei aqui. Portanto, é hora de contar-lhes um pouco a respeito do homem que escreveu um dos livros de investimento mais consagrados de todos os tempos. Considero-me a pessoa mais qualificada para a tarefa, pois o conheço como ninguém, se unirmos negócios a questões pessoais. Ah, sim... Certamente, em outros aspectos, minha mãe, sua esposa, o conheceu melhor do que ninguém. Minha tia, irmã dele, o conheceu por mais tempo do que qualquer um. Contudo, eram relacionamentos basicamente pessoais, não de negócios. Tenho, ainda, um irmão mais velho, Arthur, que trabalhou com ele por um breve período e foi temporariamente meu sócio nos negócios, e com quem mantenho um contato bastante próximo. Entretanto, o tempo profissional de Arthur despendido com nosso pai foi relativamente curto. Ele se voltou para as ciências humanas na universidade, onde permanece até hoje. Arthur sempre foi o preferido entre seus três filhos, e era mais ligado emocionalmente ao meu pai do que eu era. No entanto, Arthur seria o primeiro a admitir que passei muito mais tempo lidando profissionalmente com nosso pai, ao longo desses anos todos, e que eu mantinha uma relação diária com ele – que Arthur não podia ter, já que morava a quilômetros de distância.

Origens

Meus antepassados paternos eram judeus, sobretudo de Praga, na antiga Tchecoslováquia, e da Alemanha, tendo todos chegado em São Francisco no começo da década de 1850. Meu bisavô paterno se chamava Philip Isaac Fisher e foi o primeiro contador da Levi Strauss, além de ser a pessoa que abria e fechava a primeira loja da Levi's diariamente, e serviu Strauss durante toda a sua carreira. Meu bisavô não era rico, mas quando morreu a família estava financeiramente confortável. Sua esposa faleceu ainda jovem e sua filha mais velha, Caroline – ou Cary –, teve importante participação na criação de seus irmãos.

Meu avô, Arthur Lawrence Fisher, o mais novo de oito filhos, adorava Cary, que desempenhava o papel parcial de mãe substituta.

Nascido em 1875 na cidade de São Francisco, Arthur Lawrence Fisher cresceu, formou-se na Universidade de Berkeley e frequentou a Escola de Medicina da Universidade Johns Hopkins, graduando-se em 1900 e voltando para São Francisco, para exercer a profissão como clínico geral. Mais tarde (talvez durante a Primeira Guerra Mundial, ou mesmo antes dela, durante uma pesquisa de pós-doutorado, por meio de uma bolsa da Universidade Rockefeller), ele se especializou em ortopedia, tornando-se o terceiro cirurgião ortopedista no oeste do Mississipi e membro fundador da Western Orthopedics Society [Sociedade de Ortopedia do Oeste]. Em 1906, Philip Isaac Fisher faleceu, adiando o casamento entre Arthur Fisher e Eugenia Samuels. O casamento foi novamente protelado pelo terremoto seguido do incêndio que abalou São Francisco em 1906. Finalmente, eles se casaram e meu pai nasceu dessa união no ano seguinte, em 8 de setembro de 1907. Ele foi chamado originalmente Philip Isaac Fisher, em homenagem ao seu recém-falecido avô.

Quatro anos mais tarde, em 1911, nasceu a irmã de meu pai, sua única irmã. Ela recebeu o nome de Caroline em homenagem à tia Cary. Tia Cary havia tido um bom casamento com um parente de Levi Strauss chamado Henry Sahlein, que lhe foi apresentado por seu pai. Ela teve um papel importante na vida da família Fisher por duas gerações, a do meu avô e a do meu pai. Tia Cary não apenas custeou secretamente a educação de meu pai (algo que ele nunca veio a saber) como, também secretamente, deu dinheiro ao meu avô para comprar um carro para meu pai, o que foi essencial para a evolução da sua carreira. Cary, ainda, contribuiu para a estrutura familiar e social cotidiana que enriqueceu a existência frágil de meu pai quando criança – um processo que continuou por décadas. Se meus pais tivessem tido uma filha, ela teria se chamado Cary, como o foi sua primeira neta.

Diferente de muitos médicos, meu avô paterno era bastante desinteressado por dinheiro. Ele realizou muitos trabalhos filantrópicos e de medicina acadêmica, porém nunca se importou com dinheiro ou negócios. Quando seus pacientes particulares não podiam lhe pagar, ele os tratava mesmo assim. Ao emitir cobranças que não eram quitadas, ignorava-as e não cobrava novamente. Ele era considerado pela maioria das pessoas um santo por sua bondade e generosidade. Felizmente, por parte de seus parentes diretos, ele tinha tia Cary para custeá-lo "secretamente" nos bastidores. Sem ela, provavelmente, o leitor nunca poderia ter adquirido este livro.

Papai foi originariamente educado por tutores. Meu avô não acreditava nas escolas elementares da época e a tia Cary podia muito bem custear seus estudos. Mais tarde, no ensino médio, meu pai foi matriculado na renomada Escola Lowell, em São Francisco. Ele se formou com 16 anos. Inteligente, jovem demais e bem instruído em virtude de sua educação privada, papai era também desajeitado e faltavam-lhe habilidades para o convívio social, normalmente aprendidas pelas crianças na escola elementar. Ele era frágil, quebradiço, e sem aptidão esportiva. Como era mais jovem, era também pequeno comparado com seus colegas da Escola Lowell. Dessa forma, ele se sentia socialmente inseguro, o que foi reforçado pela incessante natureza negativa e crítica de sua mãe. Aos 16 anos, papai iniciou seus estudos na Universidade de Berkeley. Mais tarde, com a ajuda financeira da tia Cary, e um carro pago por ela, transferiu-se para a menor e mais acolhedora Universidade Stanford. Mudança que se provou decisiva.

Ele zelosamente voltava a São Francisco nos finais de semana, que começavam com um jantar familiar ritual às sextas-feiras, na casa da tia Cary e do tio Henry. Os jantares repetiram-se por quase cinquenta anos, tendo começado antes do nascimento do meu pai, e incluíam até mesmo membros distantes da família. Esses jantares foram cruciais para a construção das primeiras habilidades sociais de meu pai. (O ritual persistiu ainda por um tempo quando eu era criança.) Meus avós sempre estavam presentes. Meu pai chegava diretamente de Berkeley ou, mais tarde, de Stanford. A casa da tia Cary, que se ainda existisse hoje poderia ser chamada de mansão, foi construída na década de 1890 pelo tio Henry na rua Jackson, bem ao lado da avenida Van Ness. O banquete, com pratos variados, envolvia discursos e debates posteriores que frequentemente se transformavam em discussões entre os participantes, algo que meu avô adorava presenciar. Havia muitas meninas entre as crianças e, como único homem da sua geração, papai era o preferido do tio Henry, o que tornou esses eventos especialmente memoráveis para ele – sua oportunidade única, como um jovem rapaz, de sobressair no grupo. Após o jantar, ele voltava para casa com seus pais, retornando à faculdade na segunda-feira de manhã.

Para meu pai, Stanford foi espetacular. Calorosa, bela, extrovertida e de prestígio, ele se sentia mais à vontade em Stanford do que em Berkeley, ou em qualquer outro lugar. Graduou-se aos 20 anos e, ainda inseguro, porém sentindo o amparo de Stanford, permaneceu na então primeira turma da recém-criada Escola de Administração de Stanford – mais uma vez financiado secretamente pela tia Cary. Meu pai nunca soube a respeito das dádivas financeiras dela em seu benefício. Muitos outros membros da família sabiam. Tia Cary e meu avô achavam melhor que o beneficiário dessas contribuições pensasse que elas vinham das economias de seu pai, em vez dos recursos de uma tia que havia enriquecido com o casamento.

Stanford não contava, naquela ocasião, com uma disciplina sobre investimentos tal como hoje; entretanto, como meu pai já descreveu em outras obras, havia uma disciplina por meio da qual os alunos viajavam para visitar e analisar negócios locais. Ele tinha um carro e voluntariamente levava o professor, Boris Emmett. Dessa forma, eles passavam bastante tempo juntos, o que teve um efeito significativo sobre meu pai. Ele sentia que aprendia mais com Emmett durante o trajeto de carro do que no tempo regular vivido em Stanford. E descreveu tudo isso melhor do que eu em sua monografia da Financial Analysts Research Foundation (FAF) em 1980, denominada *Desenvolvendo uma filosofia de investimentos*, de modo que não preciso me estender na questão. Em seu prefácio original ao livro *Ações comuns, lucros extraordinários*, ele descreveu seus primeiros anos no mundo dos negócios; portanto, não há necessidade de me estender nesse aspecto também.

Vida adulta

Conforme evoluía a Segunda Guerra Mundial, meu pai deixou o interesse pelos negócios de lado e se alistou. Velho demais e extremamente instruído para se tornar um soldado ideal, ele teve sorte. Seu mentor de longa data, Ed Heller, se alistou antes dele e ajeitou as coisas – de algum modo, papai se tornou imediatamente um oficial e, a partir daí, nunca ficou na linha de frente. Em vez disso, ele lutou na guerra, do seu gabinete, em toda a região central da América, processando a contabilidade e as finanças para a Aeronáutica. No primeiro dia, ele já era tenente, o que estranhou bastante. Ao apresentar-se para o posto, usando uniforme, o pessoal de escalão inferior lhe prestou continência mas ele não sabia como responder. O pessoal de escalão elevado esperava dele certo respeito e um comportamento adequado, cujas formalidades ele também não dominava. Levou algum tempo para que se adaptasse. Ele odiava o serviço militar, achava que essa fase havia sido uma época terrível em sua vida, apesar de reconhecer prontamente ter sido bem tratado na instituição. Detestava o regimento, a falta de liberdade, e ter de cumprir ordens.

Quando instalado em Little Rock, Arkansas, ele conheceu minha mãe, Dorothy Whyte, que também estava a serviço no local. Minha mãe veio de Camden, Arkansas, que é bem perto de onde o presidente Bill Clinton foi criado alguns anos depois. Meu pai se apaixonou à primeira vista por minha mãe e pediu-lhe que se casasse com ele apenas algumas semanas depois do início de seu relacionamento; ela aceitou imediatamente. Em 1944, meu irmão mais velho, Arthur, nasceu – minha mãe foi para São Francisco, permanecendo com meu avô, sob sua supervisão médica, antes e depois do parto. Ela ficou por lá até a dispensa de meu pai, ocasião na qual ele voltou para casa e renovou seus interesses nos negócios, conforme descrito em sua monografia. Donald nasceu em 1947 e eu, em 1950. Entre o nascimento de Donald e o meu, uma filha faleceu no parto.

Logo após meu nascimento, eles compraram uma casa no terreno onde moram até hoje, na cidade de San Mateo, na Califórnia, cerca de vinte minutos ao sul de São Francisco. Entretanto, eles odiavam a casa, ao passo que adoravam sua localização. Eles adoravam a vista, as árvores e a paisagem. Meu pai demoliu a casa e construiu uma nova, onde cresci e onde eles passaram a residir desde então. Durante a construção, nós alugamos uma casa a uma quadra de distância. Quando ficou pronta, a casa era espaçosa, toda branca, limpa e austera. Na casa de meu pai, tudo sempre teve de estar impecavelmente arrumado. Os objetos de qualquer tipo deveriam ser poucos e estar nos seus respectivos lugares; caso contrário, ele se aborrecia.

Ele adorava o quintal. Até quando bem mais velho, ele costumava passar quase um dia inteiro, todos os finais de semana, no fundo do quintal, que era quase selvagem, com carvalhos espetaculares e flores silvestres. Ele então cultivava e cuidava daquele seu jardim selvagem, enquanto refletia sobre todas as coisas que o afligiam, fosse o mercado de ações, a política, questões familiares ou qualquer outra coisa; aquele momento era uma terapia fantástica para tudo o que o aborrecia. Foi somente quando o processo degenerativo de demência começou, causando-lhe grande debilidade, que renunciou ao jardim.

A meu ver, o final da década de 1950 e os anos 1960 foram o ponto alto da vida de meu pai. Em 1958, *Ações comuns, lucros extraordinários* foi publicado, transformando-o instantaneamente em estrela nacional. Em nível regional, o livro transformou-o num tipo de decano da comunidade financeira de São Francisco. Duvido que alguém tivesse conquistado antes tanto prestígio imediato decorrente de um livro de investimentos. Certamente, na sua época, o livro de Benjamin Graham, *Security analysis*, levou muito mais tempo para se tornar proeminente. Nomes regionais que se destacaram em 1960 incluíam Dean Witter, que fundou e dirigiu uma grande firma de corretagem local. Entretanto, para Dean Witter, Nova York era a meca. E o público já havia absorvido o conceito de que um corretor da bolsa de valores não era um gerenciador financeiro. O então famoso Gerald Loeb, nascido em São Francisco, de origem judaica e também corretor, pode ter sido maior do ponto de vista nacional, mas já havia partido há muito tempo para Nova York e perdido a ligação com suas raízes locais.

Em suma, em São Francisco, nos anos 1960, não havia nenhum consultor financeiro tão conhecido e renomado como meu pai. Diferentemente dos dias de hoje, todas as atividades do norte da Califórnia relacionadas a investimentos eram geograficamente centralizadas num raio de poucas quadras entre as ruas Montgomery e Bush, em São Francisco. Foi nesse universo que meu pai obteve o prestígio com o qual mal poderia sonhar durante sua infância insegura.

Havia um dispositivo na legislação estadual da Califórnia, em vigor ainda hoje, permitindo a um consultor que tivesse menos de quinze clientes, e não tivesse oferecido seus serviços ao público em geral como assessor de investimentos, ser desobrigado do registro na Securities and Exchange Commission (SEC) [Comissão de Valores Mobiliários dos Estados Unidos] e manter contratos numa compensação percentual de lucros, o que, de outra forma, era considerado ilegal nos anos 1940 e uma questão que muitos investidores não apreciam atualmente. Antes disso, os que eram trapaceiros conquistavam seus clientes, diziam à metade deles para agir de um modo, à outra metade para fazer exatamente o contrário, cobravam uma taxa de 20% sobre o lucro independentemente do que acontecesse e retinham 10% da diferença, qualquer que fosse o resultado. Portanto, os contratos que possuem porcentagens de lucro como referência foram considerados ilegais para todos os assessores de investimentos por mais de quarenta anos, a menos que a pessoa tivesse menos de quinze clientes e não se apresentasse como um assessor de investimentos.

E foi assim que meu pai estruturou seus negócios ao voltar do serviço militar. Com a fama do livro *Ações comuns, lucros extraordinários*, ele pôde manter facilmente uma carteira de clientes bastante ricos pertencentes às famílias locais, que lhe pagavam bem e não exigiam nenhuma organização para sustentá-lo. Isso lhe possibilitou sentir-se superior àqueles que necessitavam de uma clientela mais popular e, ainda, permanecer como uma pessoa bastante discreta, o que se encaixava bem com sua inabilidade social e sua insegurança. Apesar de sua fama e notoriedade, ele sempre se sentiu pouco à vontade em público, evitando tais situações.

Voltando a 1945, Herbert Dougall foi contratado pela Universidade Stanford e iniciou o primeiro curso dedicado a investimentos da Escola de

Administração. Em toda a história, apenas três pessoas ministraram esse curso. Dougall o ministrou de 1946 a 1968, 22 anos ao todo, exceto pelo intervalo sabático de dois anos em 1961 e 1962, quando meu pai assumiu o curso temporariamente, com dedicação de meio período. Entre os alunos de meu pai estava Jack McDonald, que foi contratado pela Universidade Stanford em 1968 e passou a ministrar o curso a partir de então.

Quando Dougall esteve ausente, foi devido à sua reputação por *Ações comuns, lucros extraordinários* e a seu *status* de ex-aluno, em grande parte, que meu pai foi escolhido. Meu pai adorava esse trabalho, pois ele revivia seu velho caso de amor com a Universidade Stanford. Se Dougall não tivesse retornado, acho que meu pai teria ministrado o curso, por meio período, para sempre. Entretanto, Dougall efetivamente retornou, e Jack McDonald assumiu em 1968.

Segundo o testemunho de Jack, foi papai quem lhe despertou o interesse pelo mercado financeiro. Antes disso, Jack era um jovem engenheiro da Hewlett-Packard que mudou o curso de sua vida profissional quando conheceu meu pai. Jack tem dito, desde então, que a principal contribuição de meu pai, conforme apontado em *Ações comuns, lucros extraordinários*, é de ter sido a primeira pessoa a conjugar os modelos de crescimento sustentável com o conceito da vantagem competitiva. Embora hoje em dia esse seja um padrão predominante, naquela época ainda não era. Em alguns aspectos, Jack enxerga meu pai mais como um estrategista seminal do que como um operador ou inovador do mercado de ações.

Enfim, para todos os alunos e pesquisadores de administração que veem Stanford com respeito, que prestigiam seus cursos de MBA e acham que aqueles que cursaram a disciplina de graduação em investimentos se destacaram, observem: por um período bastante longo, esse curso foi ministrado ou pelo autor deste livro (por dois anos), ou por seu discípulo; e por um único homem antes disso. Um testamento e tanto para *Ações comuns, lucros extraordinários* – que poucos leitores valorizam ou conhecem.

Por um bom período, até que eu viesse temporariamente a deter os direitos do livro e, depois, iniciasse uma luta estúpida com Jack McDonald (por culpa exclusivamente minha), Jack sempre utilizava *Ações comuns, lucros extraordinários* como um livro-texto da Universidade Stanford, de maneira formal ou informal, para ministrar o curso. Ao longo de vários anos, meu pai ia até Stanford, a pedido de Jack, para apresentar uma palestra anual e para responder a perguntas nas aulas. Em maio de 2000, depois de muitos anos de ausência e estando meu pai já com sintomas de demência senil, Jack pediu que ele voltasse e desse uma palestra. Fiquei muito temeroso de que meu pai pudesse se sentir constrangido, pois eu sabia que ele não era mais o mesmo homem de antes. No entanto, meu pai aceitou o convite e usufruiu um dos melhores dias que teve em muito tempo, apresentando uma palestra estimulante e respondendo a todas as perguntas dos participantes. A palestra, incluindo a apresentação calorosa de meu pai feita por Jack, foi publicada na íntegra, no volume XV, edição número 7, da revista *Outstanding Investor Digest*.

Conforme a senilidade foi avançando, meu pai foi lentamente perdendo as lembranças das pessoas que ele havia conhecido no mundo dos negócios. Na maior parte das vezes, ele se lembrava das pessoas do seu passado remoto e esquecia com facilidade aquelas que havia conhecido recentemente. Por exemplo, ele se lembrava de muitas pessoas dos anos 1950, enquanto já havia esquecido quase todas as que conhecera na década de 1970. Esses são os sintomas da demência senil. Entretanto, as lembranças mais emotivas ficam profundamente enraizadas em nossa mente. Jack McDonald, que papai conheceu em 1961 – durante 33 anos, portanto, numa carreira de 72 anos –, foi uma das últimas pessoas do mundo dos negócios a desaparecer de sua memória, demonstrando o quanto McDonald significava para ele.

Conforme os anos 1960 passavam, meu pai ia se tornando menos interessado em sua imagem pública e mais interessado em sua tranquilidade. Ele se tinha na conta de figura de grande prestígio entre as pessoas do ramo dos negócios, e em grande parte o era, mas também sabia que era uma atividade privada. Ele atendia a alguns poucos pedidos locais para que aparecesse em público, mas recusava a maioria deles, e nunca mais viajou com essa finalidade.

Em 1970, aos 63 anos de idade, ele ainda não tinha um fio de cabelo branco sequer na cabeça. Nesse mesmo ano, meu irmão mais velho, Arthur, um historiador eclesiástico dos bons, formado pela prática, foi trabalhar com ele. Dois anos depois, eu me juntei a eles. A ideia de papai era que trabalharíamos durante alguns anos e, aos poucos, assumiríamos seus negócios. Isso nunca poderia acontecer. Levou apenas cerca de um ano para que eu percebesse o porquê. Meu pai era tão zeloso com os detalhes, tão concentrado e, ao mesmo tempo, inseguro e desajeitado nas relações sociais que era absolutamente incapaz de delegar qualquer tarefa. Portanto, Arthur e eu nunca pudemos realmente evoluir como colaboradores significativos.

Eu era inerentemente enérgico, rebelde e emocionalmente brutal nos relacionamentos pessoais; tão logo percebi que papai jamais delegaria funções, soube que tinha de me distanciar dele para nosso próprio bem. Caso contrário, não haveria nenhuma oportunidade para mim: ou ele me magoaria ou vice-versa, ou ambos. Levou mais quatro anos para que Arthur fosse embora, deixando inicialmente meu pai para se juntar a mim. Entretanto, é difícil para um irmão mais velho juntar-se a um irmão mais novo como um sócio de menor importância, e essa tentativa também não deu certo. Assim, Arthur deixou os negócios e eu permaneci; porém separado, interagindo com meu pai, mas a distância.

Esses anos marcaram as primeiras decepções desde a publicação de *Ações comuns, lucros extraordinários*. Foram os anos do mercado em baixa (1973-1974), e o começo da decadência física de meu pai. Em 1977, ele estava com 70 anos e, embora não admitisse e ainda contasse com uma energia excepcional para um homem daquela idade, não era mais tão ligeiro como antes; pela primeira vez, começou a demonstrar os sinais iniciais de envelhecimento. Seu cabelo começou a cair e a embranquecer. Ele passou a cair no sono regularmente durante os trajetos vespertinos de trem pela península. Às vezes, durante a tarde, ele acabava dormindo à sua mesa de trabalho. Ele estava cansado, mas não desistia.

Durante esses anos, ele decidiu que iria aprimorar a qualidade de seus títulos e ações, desfazendo-se daqueles que considerava fracos, entre os poucos que possuía, para possuir ainda menos, porém de melhor qualidade. Em retrospecto, sem me aprofundar muito no assunto, o que ele fez foi limitar o universo que exigia demais sua atenção, para corresponder proporcionalmente à sua queda de energia. No começo de sua carreira, ele teve cerca de trinta ações: poucas de grande porte e bem estabelecidas, algumas de porte médio que ele havia adquirido sob a forma de empresas menores. Durante décadas, ele deteve a posse de algumas ações de pequeno porte pelas quais alimentava grandes esperanças, além de um bom número de colocações privadas e investimentos de *venture capital** de menor valor. Em meados da década de 1970, ele passou a vender as ações que considerava menos importantes e a se concentrar em suas favoritas, de modo que, até meados de 1990, ele detinha seis e, nos anos 2000, apenas três. Nenhuma delas progrediu.

Meu conselho a todos os investidores é parar de tomar decisões sobre investimentos de qualquer espécie quando ficar velho, qualquer que seja o significado da palavra "velho". Pare antes de ficar velho. Tenho observado grandes

---

* O termo *venture capital* refere-se ao financiamento de PMEs pelos investidores que buscam empresas com um alto potencial de crescimento. [N. C. T.]

investidores envelhecerem e lhes asseguro de que não há bons investidores velhos. Há, sim, homens velhos que foram grandes investidores. O processo de investir, todavia, é exigente demais para permitir que a idade avançada caminhe ao lado da prosperidade futura, e a velhice acaba sendo mais poderosa do que a grandiosidade do passado, deixando-a em segundo plano. Na medicina, a fragilidade senil representa uma grande fronteira reconhecida como uma nova doença a ser combatida no futuro, no entanto, até o presente momento, ela continua interrompendo a atividade de todos os investidores idosos. Simplesmente não existem grandes investidores octogenários.

Nos últimos anos, meu pai era capaz de conversar e pensar de maneira adequada, mas já não possuía a clareza para tomar grandes decisões e suas vendas passaram a ficar extremamente comprometidas. Mais tarde em sua vida, ele passou a dizer coisas como estar procurando ações que pudesse manter durante trinta anos, o que soava ingênuo para um homem de 85. As pessoas costumavam achar charmosas essas suas afirmações, o que também considero ingênuo. Acredito que muitas pessoas sabiam que ele fazia isso porque adorava o mundo dos investimentos e não poderia abandoná-lo, mesmo sob o risco de algum prejuízo financeiro. Entretanto, ele foi perdoado por todos, inclusive por mim. Por que eu deveria me preocupar? Se isso o fazia feliz, então estava tudo bem.

Algumas pessoas podiam observar, contudo, que ele era como um homem que estava em campo, com o uniforme de seu time e com a bola nos pés, porém sem condições de disputar. Suas últimas e escassas transações, no final de sua vida, não tiveram sucesso. Ele teria se saído bem melhor financeiramente se tivesse abandonado a atividade com 80 ou 70 anos. Não teria importância se ele tivesse vendido e entrado em fundos atrelados a índices, ou tivesse simplesmente mantido, até sua morte, o que havia adquirido. Suas decisões, da maneira como se desenrolaram, lhe acarretaram uma contínua perda financeira.

Sua recomendação aos investidores, em longo prazo, era de comprar de grandes empresas e mantê-las eternamente. E ele teve grandes empresas. Se tivesse seguido as próprias recomendações no final de sua vida e não tivesse colocado em risco suas reservas, ele poderia ter mantido seu patrimônio até a morte e agido de maneira mais sensata.

Não me recordo da composição de todo o seu patrimônio, apenas de suas aquisições mais importantes. Em 1973, durante o pico do mercado, ele possuía participações em grandes empresas, com valores significativos, tais como a Dow Química, a FMC Corporation, a Motorola e a Texas Instruments. Entre as empresas de médio porte e com grandes participações, posso mencionar a Raychem e a Reynolds and Reynolds. Essas seis ações constituíam, naquele momento, dois terços de seu patrimônio. As maiores posições eram da Motorola, da Texas Instruments e da Raychem – e se ele as tivesse mantido até os dias de hoje, apesar do período de baixa de 2000-2002, teria se saído muito bem. Entretanto, com exceção da Motorola, elas foram todas vendidas, e em péssimas ocasiões, algo que ele não teria feito se fosse mais jovem. Entre as empresas de menor porte, ele possuía muitas participações, todas escolhidas entre os anos de 1968 e 1973 – e poucas lhe proporcionaram lucro depois de 1973. A melhor de todas, indubitavelmente, foi uma companhia *holding* de investimentos na Manufacturing Data Systems, que se tornou pública e depois foi adquirida na década de 1980, e por meio da qual ele angariou um lucro cem vezes maior com relação ao seu investimento. A mais recente de todas, a Rogers Corporation, ele ainda detém. A Motorola, idem. Mais tarde em sua vida, ele tinha uma tendência para vender as ações que estavam em baixa por muito tempo e, com frequência, um pouco antes de elas se recuperarem de maneira espetacular. Ele agiu assim especificamente com a FMC e com a Texas Instruments na década de 1980, e com a Raychem na década de 1990.

Ainda nos anos 1970, algo aconteceu à sua maneira de pensar que eu não consigo entender. Meu avô praticou a medicina até pouco antes de falecer em 1959. Em poucos anos, desenvolveu o que hoje seria provavelmente diagnosticado como mal de Alzheimer ou algum tipo de demência. Ele decaiu rapidamente e, então, faleceu. No entanto, a análise de meu pai foi diferente. Ele achava que meu avô havia ficado debilitado por ter parado de trabalhar e concluiu que, se ele também o fizesse, sofreria as mesmas consequências. Dessa forma, decidiu continuar trabalhando. Pelo resto de sua vida, o trabalho passou a ser sua própria vida. Gradativamente, passou a se conformar com o fato de não poder fazer muito, mas obrigava-se a fazer o máximo possível e realizou um trabalho notável. Ele enxergava a vida como um músculo – quando você o exercita devidamente, ele passa a trabalhar para você, mas se você o deixa inerte ele se enfraquece (e, segundo sua maneira de pensar, isso levaria à decadência e à morte). Mesmo quando sua demência o forçou, de maneira inevitável, a abandonar de vez o trabalho, ele se ressentiu terrivelmente, acreditando que isso o levaria à morte – em vez de olhar pelo prisma de que sua doença o levaria fatalmente a esse fim, estivesse ele trabalhando ou não.

Mesmo depois de a demência senil ter sido diagnosticada, ele continuou a trabalhar, consultando o neurologista todos os meses para verificar seu estado de saúde. Em 1999, com seu estado de demência o restringindo, porém não o impedindo de trabalhar, mudei o escritório dele para sua casa, para meu antigo quarto, com tudo o que havia em seu escritório anterior. Ele comunicou sua condição aos poucos clientes remanescentes, os quais permaneceram com ele mesmo assim. No entanto, ele pôde conter a marcha de suas falhas de memória por apenas mais dezoito meses. Em 2000, desistiu completamente. No ano seguinte, ele conversou comigo e me consultou sobre a ideia de escrever outro livro, reingressar nos negócios e poder viajar visitando universidades para dar palestras, tal como fazia em Stanford. Fez até mesmo uma tentativa de escrever um novo livro, que ele intitularia *O que aprendi nos últimos 25 anos*. Mas ele não passou das sete primeiras páginas, na verdade, ditadas.

Sua energia se esgotava mês a mês e sua capacidade mental diminuía sem parar. Como é característico dessa doença, ele falava sobre seus planos pela manhã e à tarde já os havia esquecido. Quando sua carreira acabou, depois de 72 anos, ele ficou muito deprimido, pois sua autoimagem era fortemente ligada a seu desempenho profissional. Como costumava dizer minha falecida sogra, "A velhice não é para os fracos".

Que tipo de homem era ele?

Meu pai era disperso, austero e sério, porém com um estranho senso de humor ligado ao jogo de palavras. Ele adorava trocadilhos e se referia aos trocadilhos alheios como "um semitrocadilho", ou um "troc!". Quando eu era criança, meus amigos morriam de medo dele porque ele tinha um olhar fixo, frio e não intencional que parecia atravessar nossa alma. Se você não o conhecesse bem, ele o amedrontaria – cabelos pretos, tez escura, um homem não muito grande (de fato, quase delgado), porém dono de um olhar assustador, e geralmente vestindo roupas escuras. Se ele fosse vinte anos mais jovem, 75 anos antes, pareceria com o arquétipo do vilão magro, de cabelos escuros, vestido de preto, que aparecia nos *westerns* antigos. Você poderia imaginá-lo dizendo: "Não se mova ou eu atiro". Mas ele não "atiraria" em ninguém. Não era um homem mau. Apenas tinha essa aparência. Ele não precisava dizer uma palavra sequer e mesmo assim as crianças o temiam e fugiam dele. Reafirmo, ele não era mau, mas também não era nem caloroso nem acolhedor; e nunca elogiava ninguém, exceto meu irmão mais velho, que ele adorava desde o nascimento. O fato é que eu sempre soube que meu pai tinha muita consideração por mim, talvez até mais do que por qualquer outra pessoa com a qual ele tivesse contato, mesmo que demonstrasse esse sentimento de maneira estranha, ou não o fizesse absolutamente. Geralmente, não demonstrava. Por exemplo, com exceção de uma só vez, da qual me lembro distintamente, quando eu tinha 16 anos, ele jamais me elogiou diretamente sobre coisa alguma até que eu já tivesse meus 40 e tantos anos. Isso me chateava muito quando eu era jovem; no entanto, passei a aceitar o fato. É assim que ele era. Simplesmente não era o tipo de homem que fazia elogios. Ele dizia aos outros, de maneira quase ostensiva, como tinha orgulho de mim, e eu acabava ouvindo isso das outras pessoas; mas ele nunca falava comigo diretamente. Ele me disse, mais tarde, que havia se arrependido, mas não havia aprendido a lidar com isso. Esse tipo de comunicação era difícil para ele.

Deixe-me ajudá-lo a visualizar essa questão descrevendo um episódio da carreira de meu pai. Décadas antes do evento mundial do computador, ele já utilizava uma metodologia para descobrir novas ideias para novas ações do mercado. Ele divulgou a informação de que qualquer jovem investidor poderia agendar uma consulta com ele, apenas uma vez, para falar sobre investimentos. Geralmente, ele não via essa pessoa nunca mais. Entretanto, se a considerasse extraordinariamente competente, ele a veria diversas vezes e se ofereceria para trocar ideias sempre que possível. Ele falaria dos seus interesses com a pessoa e vice-versa; e posteriormente, se eles detectassem algo interessante, poderiam trocar ideias. Esses investidores transmitiram muitas ideias ao meu pai durante décadas. No entanto, ele era tão claro naquilo que desejava, haja vista as quinze questões que elaborou, e tão voltado somente para isso que em toda a sua carreira seguiu o conselho de apenas um homem com relação ao mercado de ações, e somente uma vez. Outras ideias dessa mesma pessoa foram rejeitadas porque, segundo ele, não eram suficientemente adequadas – não lhe pareciam corretas.

Ele seguiu o raciocínio de dois indivíduos específicos, por duas vezes. Um deles teve ideias que provocaram perdas financeiras nessas duas vezes. A única pessoa cujas sugestões ele seguiu por três vezes fui eu. Ele adotou três das minhas sugestões sobre ações, integralmente, para seu núcleo de clientes e para seus investimentos pessoais e de minha mãe, e obteve mais de 1.000% em cada uma delas. Essas foram as únicas ideias que ele adotou em toda a sua vida, de qualquer pessoa que fosse, e se beneficiou delas. As minhas surgiram no final dos anos 1970, tarde em sua carreira, e, como já mencionei, uma época em que seus êxitos começaram a escassear; devem ter sido, portanto, duplamente preciosas.

Deixe-me mostrar quem ele era. Entre essas três ideias sobre o mercado de ações, duas ele jamais reconheceu como minhas. A terceira? Mais de quinze anos depois, já com meus 40 anos de idade, ele me enviou uma pequena nota para dizer como eu tinha sido feliz com aquela sugestão – ele ainda mantinha as ações naquela ocasião, assim como nos anos seguintes. Quando eu o relembrei das outras duas ideias, ele as reconheceu, mas nada além disso. Sem congratulações. Sem agradecimentos. Pelo fato de eu sentir menos medo dele do que os outros, eu o desafiava verbalmente, às vezes, exatamente como fiz naquela ocasião, perguntando-lhe de quem mais ele já tinha recebido três ideias de sucesso sobre investimentos. Ele afirmou que de ninguém mais, mas que isso não era tão importante. E explicou que a chave estava nele, por saber quais ideias deveria seguir e quais deveria descartar, e não ter seguido nenhuma das minhas ideias más. Isso me aborreceu e contestei afirmando que ele havia seguido diversas ideias erradas de terceiros. Ele ficou furioso comigo e ficamos sem nos falar durante um mês. Depois, ele se esqueceu do episódio e o assunto nunca mais veio à tona. Assim era meu pai: calmo, frio, duro, rígido, disciplinado, antissocial, persistente, por fora sempre confiante, porém internamente sempre assustado. E extraordinário. Sei que ele me respeitava; porém, as pessoas que ele mais respeitava eram aquelas às quais ele tinha mais dificuldade de comunicar isso diretamente.

Como era sua rotina diária? Em 1958, quando *Ações comuns, lucros extraordinários* foi publicado, papai chegou em casa do trabalho no final da tarde, trocou de roupa, jantou formalmente com a família na sala de jantar e, então, recolheu-se à sala de estar – onde costumava ler, às vezes, literatura sobre negócios, mas também, com frequência, livros policiais – até a hora de dormir.

Quando eu era criança, ele costumava fazer uma pausa antes de dormirmos, contando histórias a mim e a meus irmãos, por meio das quais ele nos ninava – mais a mim que a meus irmãos, já que eu era o que mais as apreciava. Às vezes, eram histórias reais sobre personagens ou eventos heroicos, como a história de Joana d'Arc, a Revolução Americana, a Marcha de Paul Revere ou a vida de Napoleão. Outras, eram histórias fictícias de sua própria criação, algo que ele esperava um dia transformar em livros infantis, mas nunca o fez. Suas histórias eram ótimas. Eu e meus irmãos dormíamos em quartos separados, e papai sentava no canto da cama daquele ao qual estivesse contando a história. Alguns de nós deitávamos no chão e, quando caíamos no sono, ele nos levava para a cama. Ele e minha mãe costumavam dormir por volta das 22 horas.

Pela manhã, ele nos levava para a escola às 7h30 num velho e rodado Oldsmobile azul e dirigia até determinado ponto, cerca de oitocentos metros da estação de trem San Mateo. Caminhava até a estação e tomava o trem para São Francisco. Os lojistas de San Mateo que abriam suas lojas bem cedo chegaram a chamá-lo de *"the flash"* porque ele caminhava muito rápido, inclinando-se para a frente, e isso bem antes de esse tipo de caminhada entrar na moda como forma de perder peso. Ele acreditava que se a chuva não fosse forte ela não nos faria bem e que se não caminhássemos depressa seria um desperdício de milhagens. Ele adorava os trens ferroviários e utilizava esse meio de transporte desde criança.

Seu trem da manhã partia às 8 horas. Ele chegava na estação de São Francisco, localizada entre as ruas Third e Townsend, às 8h30 (a uma quadra de onde fica a estação atualmente). No trajeto, lia sobre negócios todos os dias. Se alguém tentasse falar com ele, dizia que estava ocupado com seu trabalho – o que era verdade – e continuava a ler, sempre calmo e solitário. Então, caminhava cerca de 1.500 metros até seu escritório em Mills Tower, na esquina das ruas Bush e Sansome. Se alguém quisesse caminhar com ele, não conseguiria, porque ele caminhava rápido demais para que alguém pudesse acompanhá-lo. Solitário e calmo. Um tipo de ermitão por sua própria escolha.

Em Mills Tower, ele subia pelo elevador até o 18º andar e entrava em seu escritório. Sozinho. Na verdade, ele teve dois escritórios nesses anos todos. Permaneceu no conjunto 1810 da Segunda Guerra Mundial até 1970 e depois se mudou para o conjunto 1820. As gravuras da contracapa da edição original de *Investidores conservadores dormem tranquilos* podiam ser vistas nos dois escritórios dele, e hoje estão na parede de uma sala de conferências na sede da minha empresa.

Sua mobília nunca foi trocada durante todos aqueles anos. A mesma escrivaninha, hoje, está no quarto onde eu dormia quando era criança. As cadeiras e todos os outros apetrechos – nada foi alterado em quarenta anos e tudo era bastante austero. Meu pai era austero. Seu luxo naquele local? Era a vista para a Baía de São Francisco. Quando ele se mudou para o conjunto 1820, foi para o escritório de esquina, com vista para a baía em duas direções; esse era o seu luxo. Na década de 1950, o Mills Tower era um dos dois edifícios comerciais mais altos da cidade, juntamente com o Russ Building. Quando ele se mudou, em 1970, para o conjunto 1820, a vista para a baía, das duas janelas e em ambas as direções, era bastante ampla. Porém, em meados dos anos 1980, quando o tirei de lá, ele não podia ver nada além dos edifícios comerciais mais altos do outro lado da rua, em todas as direções. Presa pela multiplicação desenfreada dos escritórios comerciais em São Francisco nos anos 1970, a cidade simplesmente cresceu em torno dele – e, com a falta da vista da baía, grande parte de sua paixão pelo fato de estar ali esmoreceu.

Todas as noites, ele caminhava cerca de 1.500 metros de retorno à estação de trem e lia novamente no caminho de volta, embora em sua velhice, como eu já disse antes, ele caísse no sono frequentemente a bordo do trem no fim do dia. Ele chegava no escritório às 9 horas e voltava para casa às 16 horas. Quando chovia, ele tinha de tomar o ônibus, algo que detestava. O ônibus colocava-o em contato próximo com todos os tipos de pessoas – afinal, qualquer pessoa pode utilizar esse meio de transporte –, e até mesmo a melhor pessoa que pudermos imaginar (já que ele definitivamente não era uma pessoa extrovertida) o deixava desconfortável.

Ele nunca trabalhou demais, comparado ao grande sucesso obtido nos negócios, pelo menos não de maneira incessante e frenética. Antigamente, eu me surpreendia com o fato de alguém poder ter tido tanto sucesso como ele obteve trabalhando por tão poucas horas como ele costumava fazer e utilizando o mínimo de esforços extenuantes. Entretanto, creio que era em razão de sua habilidade natural. Às vezes, ele parecia um foco de luz radiante, bonito de ver. Nós precisamos de relativamente poucas dessas oportunidades em nossa carreira para realizar muita coisa, desde que não cometamos erros graves demais em outros momentos. Ele conseguiu essas duas coisas e esse é o segredo do seu sucesso.

A verdade é que ele estava sempre sozinho. Até que meu irmão fosse trabalhar com ele em 1970, ele nunca teve por perto mais do que uma secretária que trabalhava meio período em alguns dias da semana. Durante décadas, até o começo dos anos 1970 (o que também marcou o começo do seu declínio nos negócios), ele contava com apenas uma funcionária, a sra. Del Poso. Como eu era muito jovem, nunca cheguei a conhecê-la profundamente, fato do qual me arrependo hoje, pois tenho certeza de que poderia ter aprendido muito sobre meu pai com ela. Fora isso, ele ficava só. Antissocial. Pensando. Lendo. Ele costumava falar ao telefone, é claro, mas nunca com a intenção de estar com as pessoas. Enfim, uma pessoa bastante introvertida.

Meu pai adorava assistir às apurações eleitorais. Sempre. Era uma paixão. Ele tinha uma memória fantástica antes da senilidade. Usualmente, memorizava os nomes de todos os 435 membros da Câmara dos Deputados e dos cem senadores. À noite, costumava contar os nomes, passando por todos os estados da Federação, até pegar no sono. Ele também memorizava cada capital estadual e me fazia decorá-las quando eu era criança. Para ele, lembrar de cada uma delas não era tão desafiador porque elas nunca mudavam. No entanto, os deputados sim, o que lhe dava um novo estímulo. A única vez que esse exercício realmente provocou um efeito contrário sobre meu pai foi quando Warren Buffett começou a interagir com ele. Pelo fato de ter o nome do pai de Buffett consolidado na memória em decorrência da época de Howard Buffett como deputado em Omaha, papai sempre se referia a Warren Buffett como "Howard", o que frequentemente lhe causava bastante constrangimento. Warren, no entanto, nunca se importou. Eu chamava a atenção dele diversas vezes, e ele sempre retrucava.

Ele adorava assistir às apurações eleitorais porque seriam o início de um novo ciclo de memorização. Esse interesse também estava ligado a seu gosto pela análise política, algo que sempre o fascinou. E até que se saía bem nisso. Ele já começava com uma vantagem. Pelo fato de ter os nomes de todos aqueles homens na memória, já estava um passo adiante com relação aos demais. Aposto com qualquer um que não há mais do que quinhentas pessoas no país inteiro que saibam os nomes de todos os representantes da Câmara dos Deputados e do Senado. Mas ele sabia. Sempre.

Também, pelo fato de saber os nomes, era mais fácil para ele do que para a maioria das pessoas, quando as eleições se aproximavam, aprender e memorizar quais disputas seriam mais acirradas e o caminho que elas tomariam. Bem antes que algumas pessoas, tal como o analista político Charles Cook, refinassem sua estrutura analítica, meu pai já tinha as prévias classificadas em grupos por região e pela posição de cada um dos partidos, a probabilidade dos resultados, a competitividade de cada cargo político e suas variações.

Na noite das eleições, ele se concentrava nas disputas mais acirradas por alguns cargos políticos, em especial naquelas cujo resultado era imprevisível. Quando chegava a fase de apurações, ele adorava ficar acordado até tarde, reunindo dados, anotando-os, avaliando seu significado para o equilíbrio do poder no Congresso nos dois anos seguintes e seus efeitos sobre o presidente e a política americana em geral. Ele podia não saber muito bem quais seriam os efeitos do resultado dessas disputas, nem era essa sua pretensão; ele só queria saber quais eram as mais competitivas e as acompanhava detalhadamente. Apenas por saber que ele não era muito bom nisso, passei a me esforçar para realizar essa tarefa, simplesmente porque queria aprender algo que ele não soubesse fazer. Mais tarde em sua vida, ele se surpreendeu com o fato de que eu conseguisse prever os efeitos, já que para ele era inconcebível que alguém pudesse. Trata-se, no entanto, de um conjunto de habilidades bastante simples. A ironia é que, se alguém tivesse ensinado isso a ele anteriormente em sua carreira, ele seria capaz de fazê-lo muito bem e, tenho certeza, muito melhor que eu. Entretanto, outra característica na sua vida foi o fato de que, se ele não aprendeu determinada técnica antes dos 50 anos, não aprenderia mais. Muitas coisas já estavam acontecendo em sua vida naquele momento, justamente quando surgiu o livro *Ações comuns, lucros extraordinários*.

A publicação do livro se uniu a outras qualidades pessoais não muito usuais. Notem sua dedicatória a este livro. Ele diz: "Este livro é dedicado a todos os investidores, grandes ou pequenos, que **NÃO** aderem à filosofia contida na afirmação: 'Já decidi o que fazer, não me confunda com fatos novos'". Se eu bem o conhecia, em qualquer outro setor que não fosse o de investimentos, ele não queria ser confundido com os fatos porque não desejava ter sua vida modificada, já que ele era, acima de tudo, uma pessoa de hábitos consolidados. Tudo deveria permanecer da mesma maneira. Não era possível substituir qualquer coisa por uma versão nova e aprimorada. O fato de ele ter demolido sua casa e a reconstruído foi milagroso. Ele não gostava de coisas que pudessem levá-lo a mudanças. Isso incluía tudo, desde seu jardim até seus carros, suas roupas, sua mobília, seus amigos; o que quer que fosse, ele simplesmente não queria mudar. Quando trabalhei para ele por um breve período, eu na verdade não o conhecia bem em um contexto profissional, mas pude notar que seu escritório era antiquado. Passei, então, a introduzir pequenas melhorias.

Em 1972, ele ainda utilizava três telefones de discagem manual sobre a mesa de trabalho – e tinha dificuldade para ouvir. Portanto, quando ele falava em uma linha e a outra tocava, ele não tinha ideia de qual delas estava tocando e frequentemente atendia a linha errada, desligando-a rapidamente e atendendo a terceira. Eu instalei um aparelho simultâneo digital, de linhas múltiplas e luzes indicativas. Levou meses para que ele superasse o ressentimento contra mim. Eu interferia em seu mundo e ele não encarava a mudança como uma melhoria nas suas condições de trabalho. Entretanto, ele entendeu a importância disso nos negócios e em prol dos negócios ele aceitava mudanças. Por fim, ele acabou se acostumando com o novo sistema, sua utilização se transformou em um novo hábito e ele esqueceu o ressentimento. Mas quando eu tinha 14 anos gastei todo o dinheiro que havia economizado, do meu trabalho em período parcial, comprando-lhe uma jaqueta para que ele a usasse no campo quando viajássemos em família, e ele nunca a vestiu, preferindo, acredite se quiser, um velho casaco esporte que ele tinha havia séculos. Enfim, ele detestava mudanças.

Ele tinha em seu escritório uma velha máquina de calcular manual, que provavelmente tinha sido utilizada antes pelo Tiranossauro Rex. Quando o vi, pela primeira vez, lidando com aquela coisa, pensei que a mesa fosse implodir ou que ele poderia abrir o pulso. A uma pequena distância da minha mesa, atualmente, ainda tenho uma coleção de lembranças que guardo dele. Um item do seu escritório se tornou notícia em 20 de outubro de 1961 no *Wall Street Journal*: a primeira calculadora com quatro funções. Naquela época ela não tinha esse nome. Era chamada de computador de bolso e utilizava circuitos integrados (Jack Kilby, da Texas Instruments, foi coinventor do circuito integrado na década de 1950, façanha que lhe deu o Prêmio Nobel), que eram chamados naquela época de "rede semicondutora de circuitos sólidos". As calculadoras haviam sido criadas para o programa espacial, pesavam cerca de 300g e custavam US$ 29,35 cada uma. Meu pai tinha sido um dos primeiros investidores públicos da Texas Instruments, conforme descrito em sua monografia; e, quando cheguei, ele já se dedicava intensamente a essa companhia. Então, em 1973, eu consegui para ele uma calculadora comercial de última geração e aposentei sua velha máquina manual. Pensei que ele fosse gostar, pois ela era da Texas Instruments e bastante superior à sua máquina de somar antiga, e ele poderia, ainda, fazer muitas coisas que antes não eram possíveis. No entanto, ele não gostou nem um pouco, pois o episódio envolvia mudanças e ele demorou mais de um ano para se adaptar àquela mudança de hábito. Por fim, ele acabou se acostumando à nova máquina e parecia ter sempre a utilizado. Ele vendeu suas ações da Texas Instruments nos anos 1980, mas continuou a utilizar calculadoras velhas e ultrapassadas da Texas pelo resto de sua vida profissional porque odiava mudanças.

Por opção própria, meu pai teve apenas cinco amigos durante toda a vida – David Samuels (seu primo mais jovem), Ed Heller, Frank Sloss, Louis Langfeld e John Herschfelder –, todos desde cedo. Com apenas um deles não tinha nenhum tipo de ligação familiar. Apesar de todos esses amigos estarem próximos, meu pai raramente os via na maturidade. Ele manteve a amizade com David por toda a vida e telefonava para ele regularmente, embora o visse apenas umas duas vezes ao ano. Ed Heller era meia geração mais velho. Bem-sucedido e rico antes da época de meu pai, tornou-se uma espécie de mentor principal dele desde cedo. Eles se conheceram quando Ed casou-se com uma prima. Heller era um investidor de sucesso no mercado de ações, um homem de negócios, em termos gerais, um capitalista empreendedor. Pode ter sido o homem que meu pai mais admirou até o início dos anos 1950. Depois, meu pai concluiu que ele era um mulherengo e rompeu relações. Heller morreu logo em seguida. Frank Sloss dividiu os aposentos com meu pai em Stanford, e eles se tornaram grandes amigos desde então; Frank se casou com uma prima de meu pai, o que os aproximou ainda mais, até que Frank faleceu na década de 1980. Frank era o que chamamos, hoje em dia, de advogado de direito imobiliário e realizou quase todo o trabalho jurídico de meu pai não relacionado a títulos mobiliários, até o dia da sua morte; e, dessa forma, eles conversavam frequentemente. Entretanto, eles se viam pouco em outras ocasiões. Louis Langfeld era um parente distante, que foi cliente de meu pai durante muitos anos, e com quem geralmente ia de trem para São Francisco. Eu o via muito mais do que seus outros amigos porque ele morava perto de nós e costumava buscar meu pai para que eles pudessem tomar o trem juntos. Louis morreu nos anos 1950; seu filho deliberadamente se recusou a pagar os honorários finais e meu pai o processou e ganhou a causa. Calmo, rígido e extremamente solitário. Com relação ao filho de seu amigo, ele também já faleceu.

O amigo mais duradouro de meu pai? John Herschfelder, um engenheiro, próximo de meu pai desde a infância. No entanto, depois de adulto, ele somente via ou falava com Johnny cerca de uma vez a cada quatro anos. Meu pai não suportava a mulher dele, ela o tirava do sério. Mesmo assim, quando Johnny estava no hospital, morrendo, papai o visitava regularmente, ficando ao seu lado. Johnny era importante para meu pai. Entretanto, em sua vida, ele não conseguia encontrar maneiras de estar com seu amigo, pois era um solitário. Impassível. Sozinho – com exceção de minha mãe. Ele simplesmente não gostava muito das pessoas. A maioria das pessoas gosta de ficar entre amigos, apenas por ficar e compartilhar da sua companhia, por mero prazer. Meu pai não gostava.

Ele gostava de ficar só, ou em companhia de minha mãe – e na maior parte do tempo que ele passava com ela eles ficavam separados: ela na sala íntima da família e ele na sala de estar. Assim era ele. Porém, ele ficava extremamente angustiado caso se separasse dela quando não estava no trabalho ou no jardim. Outras pessoas? Ele não gostava muito de estar com outras pessoas. Ele gostava de mim, mas se eu ficasse perto dele por muito tempo isso o incomodava. Até mesmo o Arthur, e ele gostava do Arthur mais do que ninguém, com exceção da minha mãe. Mas o fato é que meu pai era simplesmente um homem solitário. Sem levar em conta com quem ele interagia, tudo era uma questão de níveis relativos de solidão.

Quando Arthur e, posteriormente, eu fomos trabalhar com ele, no começo da década de 1970, acho que quase o levamos à loucura. Papai vinha trabalhando sozinho por toda a sua vida, e estar conosco o tempo todo era demais para ele. Vendo que ele estava descontente, que eu ainda não tinha entendido realmente como ele era, conforme já comentei antes, e percebendo que não havia uma oportunidade profissional com ele, já que ele não conseguia delegar atribuições, resolvi imediatamente me distanciar um pouco, para nosso próprio bem. Eu abandonei minhas atividades com ele e comecei a trabalhar por conta própria em um ano. Entretanto, permaneci no mesmo edifício. Eu tinha uma habilidade incomum para não me aborrecer demais com as esquisitices de meu pai e para me distanciar dele, embora continuasse perto o suficiente. Arthur já não conseguia fazer isso. Havia um componente emocional muito forte envolvido. Arthur não é tão forte emocionalmente como eu, nunca foi, não sei bem por quê. Sempre achei que meus dois irmãos levavam papai muito a sério e, consequentemente, não conseguiam lidar com ele tão bem como eu. Por fim, o temperamento de meu pai teve um impacto tão grande sobre Arthur que ele abandonou completamente o trabalho em 1977 e mudou-se para Seattle, ingressando na vida acadêmica. Meu pai não queria mesmo ficar perto de outras pessoas.

Ele era econômico demais às vezes. Quando eu era jovem e íamos a algum lugar em virtude de nosso trabalho, eu tinha de dividir o quarto do hotel com ele. Chegamos a fazê-lo mesmo quando eu já podia arcar com os gastos do meu próprio quarto, pois ele não me deixava "desperdiçar" dinheiro. Por volta de meus 30 anos, eu já não conseguia fazer isso. Entretanto, certa noite, no início dos anos 1970, estávamos juntos em Monterey, numa das primeiras conferências sobre ações voltadas para a tecnologia – na época, conhecida como "Conferência de Monterey" – organizadas pela Associação Americana de Eletrônica, e meu pai mostrou outra qualidade que nunca esqueci. A conferência anunciou um concurso durante o jantar. Havia um cartão em cada lugar da mesa e cada pessoa deveria escrever aquilo que achava que aconteceria com os índices da Dow Jones no dia seguinte, o que é, na verdade, um exercício tolo. Os cartões foram recolhidos. A pessoa que chegasse mais perto das variações da Dow daquele dia ganharia uma pequena TV em cores (que era a última novidade naquela época). O vencedor seria anunciado na hora do almoço do dia seguinte, logo após o mercado ter fechado, às 13 horas (horário do Pacífico). A maioria das pessoas, pelo que parecia, fez o que eu tinha feito: colocaram um índice pequeno, em torno de 5,57 pontos. Eu fiz isso pressupondo que o mercado não faria nada especialmente extraordinário, porque na maioria das vezes ele não fazia. Naqueles dias, a cotação da Dow estava em torno de 900, portanto 5 pontos não eram número exorbitante nem um número pequeno demais.

Naquela noite, de volta ao quarto do hotel, perguntei ao meu pai o que ele havia colocado e ele respondeu: "Acima de 30 pontos", o que correspondia a mais de 3%. Eu lhe perguntei por que e ele disse que não fazia a menor ideia com relação ao que o mercado faria; e, se você o conhecesse, saberia que ele nunca tinha uma visão específica sobre os resultados do mercado numa data em especial. Entretanto, ele disse que, se colocasse um número baixo como o meu e vencesse, as pessoas pensariam que ele tinha tido apenas sorte; que vencer com 5,57 pontos significaria vencer aquele que tivesse colocado 5,50 ou aquele outro que tivesse colocado 6 pontos. Isso seria considerado, claramente, pura sorte. Porém, se ele vencesse optando por um número acima de 30 pontos, as pessoas achariam que ele realmente sabia algo sobre o mercado e que a suposição dele não se baseava puramente na sorte. Se ele perdesse, o que era provável, e o que ele esperava, ninguém saberia qual número ele havia colocado e isso não lhe oneraria em nada. O fato é que, no dia seguinte, a Dow atingiu acima de 26 pontos, e meu pai venceu a disputa por uma diferença de 10 pontos.

Quando foi anunciado, no almoço, que Phil Fisher havia ganhado, e o número altíssimo que ele havia escolhido, houve interjeições de surpresa em meio às centenas de pessoas. Houve também, naturalmente, as notícias do dia, que tentaram explicar a variação. Pelo resto da conferência, meu pai prontamente explicou às pessoas a lógica pela qual ele havia previsto aquele valor, o que era pura ficção, e o porquê de o mercado ter feito o que fez, novamente pura ficção, e nada mais. Porém, eu ouvi com bastante atenção, e todos a quem ele contou tudo aquilo caíram na conversa dele sem titubear. Embora ele fosse socialmente inábil e inseguro em público, percebi naquele dia que meu pai era um *showman* melhor do que eu jamais havia imaginado. Além de tudo, ele não quis a pequena TV porque não desejava mudanças em sua vida pessoal. Ele me deu o aparelho, que levei para casa e dei à minha mãe, que fez uso dele por muito tempo.

As três atividades preferidas de meu pai

O que mais meu pai gostava de fazer? Três coisas: caminhar, preocupar-se e trabalhar. Ele adorava essas atividades. Eu nunca o vi relaxar como a maioria das pessoas faz, acho que pelo fato de ele gostar tanto de se preocupar. Por baixo da sua aparência, havia um tipo de energia ondulante e interminável que ele gostava de canalizar por meio da preocupação. Ele se preocupava com qualquer coisa. Tal atitude o fazia se sentir seguro de alguma maneira.

Era como se ele acreditasse, de algum modo, que ao se preocupar em demasia poderia evitar todos os riscos e nada de mal lhe aconteceria. Ele se preocupava com as mesmas coisas de forma repetitiva. Em razão do excesso de preocupação por parte dele, e por eu ser um tanto rebelde, eu jamais me preocupei em excesso. Esse fato o incomodava. Eu sempre fui inclinado a apenas refletir profundamente sobre qualquer questão até poder tomar uma decisão acertada. Quando chego à conclusão de que estou errado, procuro modificar alguma coisa. Isso acabava irritando-o. Meu pai me dizia: "Ken, queria que você fosse mais temeroso e cauteloso, mesmo que uma vez na vida". Ele achava que ser temeroso era uma grande virtude. Quanto a mim, eu simplesmente não podia viver dessa forma, embora ele desejasse isso para mim e para si próprio.

No jardim, meu pai podia se sentar e se preocupar com tudo o que ele quisesse, e assim ele se sentia melhor. Tal costume pode muito bem ter contribuído para o fato de ele ter cometido menos erros nos investimentos do que a maioria dos investidores. Ele se preocupava com tudo até o limite máximo. Talvez ele tenha reduzido os riscos agindo assim. Entretanto, isso também pode ter contribuído para que ele não tenha enriquecido tanto. Ele não gostava de assumir riscos em assuntos sobre os quais ele não podia desconsiderar os erros. Dessa forma, ele nunca foi uma pessoa que se arriscava, e aqueles que ficam verdadeiramente ricos sempre assumem riscos calculados numa proporção bem maior do que ele costumava fazer.

E quanto a caminhar? Quando meu pai caminhava, seu corpo exalava aquela energia excessiva e ondulante, e era quando ele conseguia relaxar ao máximo. Ele dava longos passeios, na cidade ou no campo, para se acalmar. Conseguia até mesmo conversar enquanto caminhava e continuar calmo. Ele iniciava cada dia de trabalho caminhando de casa para a estação de trem e vice-versa, e encerrava o dia dessa maneira também. Se não estivesse caminhando depressa, então não era válido. Quando Arthur e eu costumávamos pegar o trem e caminhar com ele para a cidade e depois de volta para casa, nós acabávamos transpirando muito e nos sentíamos desconfortáveis e cansados. Meu pai nunca transpirava. Ele gostava do calor. Era caminhando que ele era capaz de dizer o que pensava de uma maneira que jamais faria em outra situação. Depois que eu mudei o escritório dele para San Mateo, no final de sua carreira, ele caminhava de casa para o trabalho e dizia que aquele era o maior momento de paz interior que ele jamais havia vivenciado em toda a sua vida adulta, simplesmente caminhando pelos jardins residenciais de San Mateo, observando suas belas flores. Dono de uma resistência surpreendente para as caminhadas, tinha um corpo impressionante. Vigoroso. Ele podia caminhar eternamente sobre pernas que não desistiriam nunca, em hipótese alguma, não importava a distância ou o grau de dificuldade. Ele adorava isso.

Eu moro e trabalho no alto de uma montanha, a dois mil pés de altitude, com vista para o oceano Pacífico. Moro naquele local há trinta anos e tenho um rancho muito bonito no alto dessa montanha, bem próximo dali, que é a única propriedade privada em cinco mil acres de área de preservação. Certa vez, quando meu pai tinha 80 anos, ele, meu filho Nathan (que na época tinha 12 anos) e eu deixamos o resto da família no rancho e descemos a montanha, na direção do Pacífico, passando pelas árvores e pelas trilhas, seguindo para o coração da região do Purisima Canyon.

Meu pai assobiava e conversava conosco como se fosse um menino. Sem preocupações. Caminhando. Caminhar afastava suas preocupações. Quase toda a minha vida, tenho sido um homem das montanhas naquele local, e conheço a região excepcionalmente bem, além de minhas pernas estarem acostumadas a superfícies íngremes pelo fato de eu viver ali. A cada bifurcação da trilha, eu dizia a ele qual era o caminho mais curto, menos cansativo e mais rápido para voltarmos, e qual seria o mais longo, distante e íngreme, perguntando sempre que caminho ele desejava seguir. Todas as vezes, ele escolhia o mais difícil e mais longo. Nós nos deslocamos cerca de quatro quilômetros, em altitude, e caminhamos oito quilômetros até o ponto em que tivemos de retornar. Eu fiquei um pouco preocupado. Quando parávamos, e meu pai, portanto, não estava caminhando, ele começava a se preocupar. Ele podia não estar preocupado com nada e de repente surgia uma preocupação enorme. Naquele momento, ele passou a se preocupar com minha mãe, achando que ela poderia pensar que estávamos perdidos ou feridos no mato, pois estávamos demorando a retornar. Nathan subia as montanhas, ligeiramente, como um animal em fuga. Conforme o sol se punha, meu pai se apressava ainda mais e nos forçava a acompanhar seu passo. É claro que minha mãe não estava preocupada. Ela não era o tipo de pessoa que se preocupava facilmente. Enfim, era disto que ele gostava: caminhar, preocupar-se e trabalhar.

Um dos melhores momentos que passei com meu pai aconteceu por acaso. Eu tinha 14 anos. A família – minha mãe, meu pai, Donald e eu – estava passando férias de verão num rancho no Wyoming. Arthur já tinha saído de casa naquela ocasião. Meu pai e eu caminhávamos diariamente. Eu era maluco pela vida selvagem naquela época; adorava animais de todas as espécies. Um dia, nós estávamos numa caminhada procurando antílopes. Enquanto meu pai caminhava e conversava, eu procurava esses animais. Estávamos bem distantes do carro, talvez uns seis quilômetros, numa grande planície, uma extensa chapada. Algumas nuvens começaram a cobrir o céu, então iniciamos a caminhada de volta para o carro. As nuvens escureceram muito rápido e de forma assustadora. Do nada, começou a esfriar, raios e trovões toavam no céu e começou a chover granizo – grandes pedras de granizo começaram a cair sobre nós. Enquanto corríamos para o carro, os relâmpagos ficavam cada vez mais fortes. Deveríamos ter ficado rente ao chão, mas eu era jovem e inexperiente e ele tampouco sabia o que fazer, e nós continuamos a correr. Os raios atingiam o solo a três metros ou sete metros de distância, sem parar, e estávamos aterrorizados. O granizo atingia a cabeça de meu pai e ele tentava protegê-la enquanto corria. Eu era adolescente e relativamente atlético. Ele tinha 59 anos e conseguia me acompanhar perfeitamente, sempre correndo sem qualquer dificuldade, por ter pernas que jamais desistiam. Finalmente, conseguimos chegar ao carro e entramos às pressas. Os raios continuavam à nossa volta, mas estávamos enfim salvos. Eu nunca vi meu pai rir tanto de uma situação. Como ele tinha corrido muito, pôde ficar sem se preocupar por cerca de uma hora.

No começo dos anos 1980, meu pai teve algumas experiências desagradáveis caminhando da estação de trem de São Francisco para seu escritório e vice-versa. Certa vez, sem olhar por onde ia, bateu a cabeça em um poste. Outra vez, desmaiou. Outra, ainda, foi abordado por um aspirante a assaltante. Por esse motivo, minha mãe e eu o convencemos a seguir meus passos e mudar seu escritório para a península, algo que eu tinha feito em 1977. Eu providenciei a mudança e fixei seu escritório em San Mateo, num pequeno edifício comercial na rua Cinco com a El Camino Real. Ele continuou a caminhar de casa para o trabalho todos os dias e adorava isso. Havia apenas jardins. Nada de assaltantes. Somente alguns semáforos e alguns taxistas malucos para enfrentar. Flores belíssimas e nenhuma preocupação.

Conforme mencionado antes, mais tarde em sua vida, meu pai começou a sofrer pequenas quedas no jardim de casa aos domingos. Eram os primeiros sintomas de demência senil, embora ninguém tivesse percebido o fato naquela época. Retrocedendo, posso ver que havia outros sinais da doença, então. Mas eu não sabia nada sobre sintomas de demência e não pude reconhecê-los. Meu avô provavelmente sofria de Alzheimer também, mas antigamente não havia sequer um nome para a doença. A evolução precoce da doença é geralmente muito difícil de detectar e praticamente impossível quando a pessoa não busca ajuda, o que nós acabamos não fazendo no caso de meu pai. De qualquer maneira, mesmo que tivéssemos percebido, o velho teimoso e cabeça-dura não teria nos dado ouvidos, pois sempre foi extremamente independente e obstinado.

Um de seus ex-alunos de Stanford, Tony Spare, que passou a administrar as operações financeiras do Banco da Califórnia e depois abriu o próprio e bem-sucedido escritório de gerenciamento financeiro, por muito tempo reverenciou meu pai. Em 5 de novembro de 1998, Tony estava tendo um seminário com clientes em São Francisco e pediu ao meu pai para fazer uma apresentação na hora do jantar. Meu pai deixou seu escritório em San Mateo no final da tarde para caminhar até a estação e ir de trem para a cidade, onde ele poderia tomar um táxi no centro até o evento. Tony o levaria para casa naquela noite. A caminhada foi acompanhada da leve garoa da tarde. Quando meu pai passava pelo centro de San Mateo, ele viu que o semáforo à sua frente começou a mudar do verde para o amarelo e correu para atravessar a rua – algo que ele sempre fez durante toda a sua vida. Ele escorregou e caiu no meio-fio, quebrando o quadril direito. A recuperação correu relativamente bem; no entanto, a partir daquele trauma, os sintomas de demência desencadearam como uma inundação diante do rompimento de uma comporta de água.

Meu pai se recuperou fisicamente, porém sua memória e seu raciocínio lógico começaram a piorar. Embora eu tenha ficado feliz quanto à rapidez da recuperação de sua queda, como acontece geralmente com as pessoas idosas que sofrem alguma fratura, em 15 de janeiro de 1999, ele contraiu pneumonia, o que o deixou bastante debilitado e quase o matou. Em 19 de janeiro, ele estava na terapia intensiva, e nós esperávamos a morte dele na manhã seguinte. Minha mãe estava bastante transtornada. Arthur veio logo de Seattle e passou a noite com ele. Por volta das 3 horas da madrugada, o velho teimoso e durão começou a se recuperar, saindo do coma e reagindo rapidamente. Às 5 horas da manhã, Arthur me chamou para voltar ao hospital. Às 8 horas, eu chamei minha mãe, que já estava chorando a sua morte, dizendo a ela para se encontrar comigo, pois ela ia falar novamente com o marido, que estava consciente e lúcido, embora ainda estivesse no respirador.

Contratei um grupo de enfermeiras por tempo integral e as coloquei dentro do hospital, sob a supervisão do meu médico particular, para acompanhar meu pai enquanto ele saía da terapia intensiva. Os hospitais fazem o melhor que podem por seus pacientes idosos, mas seu cuidado com as pessoas nessas condições é, na verdade, totalmente inadequado; e não há muito que eles possam fazer a esse respeito, em decorrência da forma como funcionam.

Entretanto, a família tinha certeza de que eles fariam o melhor possível. Esse hospital nunca havia permitido antes que alguém trouxesse uma equipe externa de profissionais; no entanto, foram muito gentis comigo quando fiz essa solicitação, proporcionando-nos mais liberdade do que eu esperava ou podia merecer. O fato é que meu pai necessitava disso. Ele já tinha estado em contato com a morte por duas vezes antes, finalmente se restabelecendo e, inclusive, precisando de um imediato procedimento emergencial de retirada de água dos seus pulmões por meio de drenagem. A água havia enchido seus pulmões quase que instantaneamente. Sem nosso dedicado grupo de profissionais de medicina para sanar o problema com rapidez, ele não teria sobrevivido. Contudo, todo esse trauma abalou seu corpo e sua mente.

Toda a crise e diversos pequenos derrames foram também fatores desencadeantes da demência com resultados desastrosos. Mesmo assim, a forte resistência física desse velho homem fez com que ele se recuperasse o suficiente para caminhar diversos quilômetros por dia e conversar relativamente bem, ainda que não pudesse se lembrar de muitas coisas. Entretanto, até aquele momento, ele já havia esquecido grande parte de tudo o que havia acontecido depois de 1968. Gradativamente, conforme a demência evoluía, suas lembranças ficavam cada vez mais antigas e relacionadas a eventos cada vez mais remotos. Ele, atualmente, encontra-se num estágio em que se lembra de muito pouca coisa e reconhece bem poucas pessoas, algo típico da demência avançada. O processo caracteriza um declínio vagaroso e irregular que pareceu incrivelmente veloz para todos nós, conforme se comprovava num período de alguns poucos meses. As únicas pessoas que ele sempre reconhece, atualmente, são minha mãe e eu. Fiquei chocado quando ele não reconheceu o Arthur pela primeira vez – seu filho preferido que ele às vezes reconhece e outras vezes, não. Ele se lembra de mim porque me vê com mais frequência e há mais tempo. Em casa, com assistência domiciliar 24 horas por dia, ele está preso a uma cama, impossibilitado de andar, e sentindo falta daquelas que foram suas atividades preferidas durante toda a vida: caminhar, preocupar-se e trabalhar. Eu tomo conta de quase tudo referente a cuidados médicos, financeiros e o que mais for preciso para ele e para minha mãe. Enquanto minha mãe ainda está em boas condições de saúde, meu pai não é mais o homem que eu conheci. Absolutamente. O homem que eu conheci há muito se foi.

Atualmente, minha mãe dedica a ele um tempo infindável e, ao mesmo tempo, padece sob esse encargo. Apesar do excelente trabalho dos profissionais de saúde, ela nunca acha que o cuidado é suficiente e interfere com frequência nas atividades, o que por fim a leva à exaustão. Ele, por sua vez, quando ela não está presente, chama sempre por ela, o que causa grande estresse a todos nós. Não sei dizer se será uma maldição ou uma bênção para ela quando ele finalmente falecer. É impossível dizer. A única coisa que posso afirmar com certeza é que envelhecer, definitivamente, não é para os fracos.

Eles tiveram onze netos e quatro bisnetos. A primeira neta tem o nome da minha tia: a tia Cary. O segundo tem o nome de meu pai, Philip A. Fisher. Eles são os únicos que têm nomes de parentes. Meu pai sempre se ressentiu de que nenhum dos seus netos recebeu o nome de minha mãe, mas ela nunca se importou. Não é do feitio dela se preocupar com coisas desse tipo. Pelo fato de meu pai ter tido filhos tardiamente, ele era muito próximo dos seus netos mais velhos. Minha mãe, sendo a mais nova da família dela, era naturalmente mais ligada aos seus netos mais novos. Dois dos bisnetos meus pais mal conhecem. Os outros dois eles jamais conheceram. Todos moram longe demais. Poucos dos netos têm uma noção real do homem que eu conheci. Eles nunca viram o espelho.

O significado – a imagem no espelho

Meu pai é um grande homem que influenciou muitas pessoas, grandes e pequenas, desde líderes empresariais nacionais a alunos e alunos de seus alunos que se dedicaram a outras áreas. Ele tinha a habilidade de fazer as pessoas enxergarem coisas que elas não enxergariam de outra maneira – não dizendo isso a elas diretamente, mas, de alguma forma, fazendo-as refletir de um modo que elas jamais imaginariam se não tivessem tido uma interação com ele. Às vezes, era como se ele fosse um espelho na frente da nossa mente.

Não sei dizer quantas pessoas, em todas essas décadas, afirmaram tê-lo encontrado rapidamente e apenas uma vez. O que ele lhes disse, porém, fez com que elas começassem a refletir e abrissem seu próprio negócio. Foi ideia delas, naturalmente, mas essas pessoas de algum modo atribuíam a ele a sua criação. Ele fazia brotar essa qualidade nas pessoas. De alguma forma, ele fazia com que pensassem sobre coisas que talvez elas já tivessem pensado a respeito, mas com certeza acreditavam ter vindo à tona em virtude das interações com ele. Eu me lembro claramente de algumas dessas pessoas e, que eu saiba, meu pai não chegou a dizer-lhes as coisas que elas pensavam que ele havia dito. Entretanto, de algum modo, elas ouviram as palavras certas e é isso o que importa. O mesmo pode-se dizer de seus livros, o que pode ser confirmado pelos seus leitores. Muitos investidores têm me contado, ao longo desses anos todos, o que eles fizeram em virtude de alguma coisa que leram em *Ações comuns, lucros extraordinários* ou em *Investidores conservadores dormem tranquilos*. É claro que isso não é verdade. Eles conseguiram seus feitos em virtude de algo de dentro deles, no seu pensamento, embora acreditem ter sido inspirados por algo que leram nesses livros. Os livros são bons. As inspirações, ainda melhores.

E isso é ótimo. Se o leitor, ao ler os livros de meu pai, puder sentir as ideias surgindo, mesmo que ele não as tenha mencionado, e se sentir motivado por elas, tanto melhor. Eis mais uma razão para a releitura de seus livros. De alguma forma, meu pai foi como um espelho para muitas pessoas: ele permitiu que elas se enxergassem de uma maneira que não acreditavam ser possível sem a ajuda dele. Hoje, 45 anos depois da primeira edição de *Ações comuns, lucros extraordinários*, meu pai nunca mais terá, diretamente, aquele impacto sobre alguém novamente. Seus livros, entretanto, continuam tendo. Se você nunca os leu, espero que aprecie. Se você já os leu antes, dou-lhe boas-vindas mais uma vez. Com a resposta que seus livros têm recebido nos últimos 45 anos, fica bem claro que eles permanecerão pelo resto de nossas vidas e provavelmente muito além disso, tal como a lembrança dele viverá para mim.

Kenneth L. Fisher
Outubro de 2002

PARTE 1

Ações comuns, lucros extraordinários

Prefácio

A publicação de um novo livro no campo dos investimentos torna necessárias algumas explicações de seu autor. As observações a seguir terão de ser, portanto, de alguma forma pessoais, a fim de fornecer uma explanação adequada à minha ousadia de oferecer mais um livro sobre o assunto ao público investidor.

Após um ano na então recém-criada Escola de Administração da Universidade Stanford, entrei para o mundo dos negócios em maio de 1928. Comecei a trabalhar e, vinte meses mais tarde, tornei-me diretor do departamento de estatística de uma das principais unidades do atual Crocker-Anglo National Bank da cidade de São Francisco. Segundo a nomenclatura atual, eu seria chamado de analista de investimentos.

Eu ocupava um lugar privilegiado na incrível orgia financeira que culminou no outono de 1929, bem como no período de adversidade que se seguiu. Minhas observações me levavam a acreditar que havia uma oportunidade magnífica na Costa Oeste para uma empresa especializada em consultoria de investimentos, que se tornaria uma antítese direta das descrições antigas e pouco lisonjeiras de certos corretores da bolsa de valores – homens que sabem o preço de tudo e o valor de nada.

Em 1º de março de 1931, fundei a Fisher & Co., então uma empresa de consultoria de investimentos que prestava serviços ao público em geral, embora com seus interesses centralizados amplamente em torno de algumas poucas empresas em crescimento. Essa atividade prosperou. Então, veio a Segunda

Guerra Mundial. Por três anos e meio, enquanto eu estava envolvido em diversas tarefas de gabinete para a Aeronáutica, passei parte do meu tempo livre revendo as decisões de investimento bem-sucedidas e, mais especificamente, as decisões malsucedidas que tomara e havia visto outras pessoas tomarem durante os dez anos precedentes. Comecei a ver determinados princípios de investimento emergirem dessa revisão, os quais eram diferentes de alguns comumente aceitos como cartilha na comunidade financeira.

Quando retornei à vida civil, decidi colocar esses princípios em prática em um ambiente de negócios pouco conturbado, afastando questões paralelas e de pouca importância o máximo possível. Em vez de prestar serviços ao público em geral, a Fisher & Co., por mais de onze anos, nunca atendeu mais que uma dúzia de clientes ao mesmo tempo. A maioria dos clientes foi basicamente a mesma durante esse período. Em vez de dar preferência à valorização do capital, toda a atividade da Fisher & Co. foi centralizada nesse único objetivo. Tenho consciência de que esses últimos onze anos foram um período de alta geral nos preços das ações, durante o qual todos aqueles que se envolveram nessas atividades devem ter obtido bons lucros. Não obstante, de acordo com o grau em que esses fundos consistentemente progrediram, a partir dos índices gerais reconhecidos pelo mercado como um todo, creio que seguir esses princípios justificou-se ainda mais no decorrer do período pós-guerra do que nos dez anos antecedentes, quando eu apenas os aplicava parcialmente. Talvez seja ainda mais importante lembrar que eles não foram menos compensadores durante alguns desses anos, quando o mercado em geral estava estático e decadente, em comparação ao período em que o mercado se encontrava em notória ascensão.

Ao estudar os registros de investimentos, tanto os meus como os de outras pessoas, duas questões representaram influências significativas para que este livro fosse escrito. Uma delas, que menciono diversas vezes no decorrer do texto, é a necessidade de ser paciente para que se possam obter altos rendimentos a partir de investimento. Deixe-me colocar de outra forma: é geralmente mais fácil dizer o que vai acontecer com o preço de uma ação no mercado do que quanto tempo vai levar para que isso aconteça. A outra questão é a natureza inerentemente enganosa do mercado de ações. Fazer o que todos estão fazendo no momento e, portanto, o que você quase que irresistivelmente tem o ímpeto de fazer é, em geral, uma atitude absolutamente errada.

Por essas razões, com o passar dos anos me surpreendi explicando aos proprietários dos fundos que administro, em detalhes, os princípios por trás de uma ou outra atitude por mim tomada. Somente assim eles teriam entendimento suficiente do porquê eu estava adquirindo alguns títulos, para eles totalmente desconhecidos, de tal forma que não houvesse qualquer impulso de dispor deles antes de decorrido tempo bastante para que a compra se justificasse pelas cotações do mercado.

Gradualmente, surgiu o desejo de compilar esses princípios de investimento e dispor de um registro impresso que eu pudesse usar como referência. Isso resultou no primeiro prospecto para a organização deste livro. Posteriormente, comecei a pensar nas muitas pessoas, a maioria delas proprietárias de fundos bem menores do que aqueles pertencentes aos poucos indivíduos que atendo em meus negócios, que me procuram há mais de dez anos e me perguntam como elas, como pequenas investidoras, devem começar a seguir o rumo correto.

Pensei, também, nas dificuldades do grande número de pequenos investidores que absorveram, não intencionalmente, todo o tipo de ideias e noções de investimento que podem se tornar onerosas com o passar dos anos, provavelmente por nunca terem sido colocados diante do desafio de conceitos mais fundamentais. Por fim, pensei nos diversos debates que tive com outro grupo, também essencialmente interessado nessas questões, embora de um ponto de vista diferente. Essas pessoas são presidentes corporativos, vice-presidentes financeiros e tesoureiros de empresas públicas, muitos dos quais demonstram um profundo interesse em aprender o máximo possível sobre essas questões.

Concluí que havia a necessidade de um livro do gênero. Decidi que o livro teria uma apresentação informal, na qual eu me dirigiria a você, leitor, na primeira pessoa. Eu utilizaria grande parte da linguagem e muitos dos exemplos e analogias que costumo aplicar ao apresentar esses conceitos àqueles cujos fundos administro. Espero que minha franqueza e, muitas vezes, minha aspereza não lhe sejam ofensivas. Especialmente, espero que o leitor conclua que o mérito das ideias que aqui apresento possa compensar minhas falhas como escritor.

Philip A. Fisher
San Mateo, Califórnia
Setembro de 1957

Lições do passado

Você possui algum dinheiro no banco. Você decide investir em ações. Você pode ter tomado essa decisão por desejar obter um rendimento maior do que teria se utilizasse esse fundo de outra forma. Você pode ter tomado essa decisão por desejar crescer com o país. Provavelmente, você pensou em épocas passadas, quando Henry Ford inaugurou a Ford Motor, ou quando Andrew Mellon construiu a Aluminum Company of America (Alcoa), e se questiona se não poderia descobrir algum empreendimento novo que pudesse, hoje em dia, estabelecer uma base para uma grande fortuna pessoal para você também. Como é de costume, você deve estar mais temeroso que esperançoso e quer se resguardar para os dias de crise. Consequentemente, após ouvir falar cada vez mais sobre a inflação, seu desejo é realizar algo com segurança e protegido da posterior redução do poder de compra da moeda.

Provavelmente, seus reais motivos são uma mistura de vários fatores, influenciados de alguma maneira por um vizinho que ganhou algum dinheiro no mercado e, possivelmente, por algum folheto promocional na sua correspondência explicando por que investir na Midwestern Pumpernickel seria um bom negócio. Entretanto, um único motivo fundamental se esconde por trás disso. Por uma ou outra razão, por meio de um ou outro método, você compra ações ordinárias com a finalidade de ganhar dinheiro.

Portanto, parece lógico que, antes mesmo de pensar em comprar ações, o primeiro passo seja observar quais foram as formas mais bem-sucedidas de ganhar dinheiro no passado. Até mesmo uma breve e casual olhadela na história do mercado de ações americano demonstrará que dois métodos bastante diferentes têm sido usados para acumular fortunas espetaculares. No século XIX e no começo do século XX, um bom número de grandes fortunas – e muitas pequenas fortunas também – foi obtido principalmente apostando no ciclo de negócios. Num período em que um sistema bancário instável provocava surtos de prosperidade e decadência recorrentes, comprar ações nos maus tempos e vendê-las em tempos melhores constituía um elemento de grande valor. Esse fato era particularmente verdadeiro com aquelas pessoas que contavam com boas conexões financeiras e podiam prever quando o sistema bancário poderia se tornar um pouco sobrecarregado.

No entanto, o fato mais significativo a ser percebido é que até mesmo na era do mercado de ações, que começou a se extinguir com a chegada do Federal Reserve System [Sistema do Banco Central dos Estados Unidos], em 1913, e se tornou história com a promulgação das leis de valores mobiliários e câmbio, no início da administração de Roosevelt, aqueles que faziam uso de um método diferente ganharam muito mais dinheiro e se arriscaram bem menos. Mesmo nesses tempos remotos, encontrar as verdadeiras empresas de destaque e permanecer com elas durante os períodos de flutuação de um mercado cíclico provou ser bem mais proveitoso para um grande número de pessoas do que a prática vibrante de comprar ações por um preço baixo e vendê-las por outro mais alto.

Se essa afirmação lhe parece surpreendente, uma explanação mais abrangente pode ser ainda mais. Ela pode, ainda, fornecer a chave para abrir a primeira porta para o investimento de sucesso. Enumeradas nas diversas bolsas de valores dos Estados Unidos, nos dias de hoje, não há poucas, mas numerosas empresas nas quais teria sido possível investir, digamos, US$ 10 mil, num período entre 25 e cinquenta anos atrás, e, hoje, ter com essa aquisição o equivalente a algo como US$ 250 mil, ou diversas vezes esse valor. Em outras palavras, dentro do período de vida da maioria dos investidores e dentro do período no qual seus pais poderiam ter agido em prol de quase todos eles, havia uma série de oportunidades disponíveis para estabelecer a base para fortunas substanciais para si ou para seus filhos. Essas oportunidades não exigiam a compra num dia específico em meio a uma fase de grande pânico. As ações dessas empresas estavam disponíveis, ano após ano, por preços que deveriam possibilitar esse tipo de lucro. O que se exigia era habilidade para distinguir essas poucas empresas, que contavam com possibilidades de investimento consideráveis, daquelas bem mais numerosas, cujo futuro oscilaria entre o sucesso moderado e o fracasso total.

Será que existem oportunidades, hoje, para fazermos investimentos de modo que pudéssemos obter ganhos percentuais correspondentes nos anos que se seguem? A resposta a essa pergunta merece uma atenção mais detalhada. Se ela for afirmativa, o caminho para obter lucros reais por meio do investimento em ações começa a ficar claro. Felizmente, há uma forte evidência indicando que as oportunidades, nos dias de hoje, não são apenas tão boas como aquelas do primeiro quarto do último século – são, na verdade, muito melhores.

Uma razão para tanto é a mudança que ocorreu, durante esse período, no conceito fundamental de administração corporativa e as mudanças correspondentes, ao lidar com negócios corporativos, que esse fato provocou. Antes, os executivos de uma grande corporação eram geralmente membros da família à qual pertencia o negócio. Eles consideravam a corporação uma posse pessoal. Os interesses de acionistas externos eram amplamente ignorados. Quando alguma atenção, de modo geral, era dispensada ao problema da continuidade gerencial – quer dizer, a necessidade de treinar elementos mais jovens para tomarem o lugar daqueles cuja idade já era avançada –, a questão se baseava, quase que totalmente, em tomar conta de um filho ou de um sobrinho que herdaria a respectiva função. Fornecer o melhor talento disponível para proteger o investimento do acionista médio era um assunto que raramente prevalecia no pensamento da diretoria. Naquela era de dominação pessoal autocrática, a tendência da diretoria mais velha era de resistir à inovação ou ao aprimoramento e, frequentemente, se recusar a ouvir sugestões ou críticas. Esse é um apelo distante comparado à atual busca competitiva constante por maneiras de obter um melhor desempenho. A cúpula administrativa nos dias de hoje está geralmente envolvida numa autoanálise contínua e, numa busca infindável pelo aprimoramento, deixa muitas vezes até mesmo a própria organização para consultar todos os tipos de especialistas, num esforço de obter um aconselhamento ideal.

Nos velhos tempos, havia sempre um grande perigo de que a empresa mais atraente do momento não permanecesse no seu ramo ou, se permanecesse, de que seus representantes internos pudessem angariar todos os benefícios para si. Atualmente, riscos de investimento como esse, embora não inteiramente considerados algo do passado, têm uma probabilidade bem menor de causar prejuízo ao investidor cauteloso.

Uma faceta da mudança que surgiu na administração corporativa merece nossa atenção. Trata-se do crescimento da pesquisa corporativa e do laboratório de engenharia – uma ocorrência que dificilmente teria beneficiado o acionista se não tivesse vindo acompanhada do aprendizado de uma técnica paralela, pela administração corporativa por meio da qual essa pesquisa pudesse ter sido transformada numa ferramenta para proporcionar uma colheita valiosa de lucros crescentes para o acionista. Mesmo nos dias de hoje, muitos investidores parecem pouco cientes de como foi rápido esse desenvolvimento, de quanto ele provavelmente ainda avançará e de seu impacto sobre a política básica de investimentos.

Na verdade, mesmo no final da década de 1920, apenas cerca de meia dúzia de corporações industriais possuía organizações de pesquisa significativas. Elas eram de pequeno porte para os padrões atuais. Foi somente quando o temor a Adolf Hitler acelerou esse tipo de atividade para fins militares que a pesquisa industrial realmente começou a crescer.

E, desde então, ela não parou de crescer. Uma pesquisa realizada na primavera de 1956, editada na revista *Business Week* e em várias outras publicações comerciais da McGraw-Hill, indicou que em 1953 os gastos corporativos privados para pesquisa e desenvolvimento giravam em torno de US$ 3,7 bilhões. Por volta de 1956, eles haviam aumentado para US$ 5,5 bilhões e o planejamento corporativo naquele momento previa que chegassem a mais de US$ 6,3 bilhões até 1959. De forma também surpreendente, essa pesquisa indicou que até 1959, ou seja, em apenas três anos, grande parte de nossas empresas líderes esperava obter de 15% até mais de 20% do seu total de vendas por meio de produtos que não existiam comercialmente em 1956.

Na primavera de 1957, a mesma fonte realizou uma pesquisa semelhante. Se os números revelados em 1956 eram considerados surpreendentes, aqueles revelados apenas um ano depois podem ser chamados de explosivos. Os gastos com pesquisa estavam acima de 20% em comparação com o ano anterior, somando US$ 7,3 bilhões! Isso representa quase 100% de crescimento em quatro anos. Significa que o crescimento real em doze meses era de US$ 1 bilhão a mais do que se esperava, apenas um ano antes, com relação ao crescimento total que aconteceria nos próximos 36 meses. Nesse meio-tempo, gastos com pesquisa foram estimados em US$ 9 bilhões para 1960. Ademais, todas as indústrias manufatureiras, em vez de apenas algumas poucas indústrias selecionadas e representadas na pesquisa anterior, esperavam que 10% das vendas de 1960 procederiam de produtos ainda não comercializados apenas três anos antes. Para determinadas indústrias específicas, esse percentual – do qual haviam sido excluídas as vendas que representavam meramente um novo modelo e mudanças de estilo – era muitas vezes maior.

O impacto de um fato como esse sobre os investimentos não pode ser considerado exagerado. O custo desse tipo de pesquisa está se tornando tão alto que a empresa que não o administra com sabedoria, do ponto de vista comercial, pode cambalear sob o peso esmagador de despesas operacionais. Além disso, não há nenhum termo de comparação fácil e rápido, tanto para o administrador como para o investidor, para medir a lucratividade da pesquisa. Assim como o jogador de beisebol profissional não pode prever o número de arremessos numa partida, um número considerável de projetos de pesquisa, regulados meramente pela lei das probabilidades, pode não produzir nenhum lucro. Além disso, por puro acaso, um número anormal de tais projetos não rentáveis pode ocorrer agrupado dentro de um curto período de tempo, mesmo no mais bem administrado laboratório comercial. Finalmente, é provável que leve de sete a onze anos, a partir do momento em que um projeto é inicialmente concebido, até que ele tenha um efeito favorável significativo nos lucros de uma corporação. Portanto, até mesmo o projeto de pesquisa mais promissor é, com certeza, um mecanismo de drenagem financeira até finalmente proporcionar algum lucro ao acionista.

Entretanto, se o custo da pesquisa deficientemente organizada é alto e difícil de detectar, o custo da escassez de pesquisa pode ser ainda maior. Durante os próximos anos, a introdução de diversos tipos de novos materiais e de novas maquinarias irá imediatamente afunilar o mercado para milhares de empresas, provavelmente indústrias inteiras, que não têm condições de manter o ritmo acelerado dos tempos. O mesmo acontecerá às principais mudanças na maneira de realizar tarefas básicas, provocadas pela adoção dos computadores eletrônicos para armazenamento de dados e pela utilização de irradiação no processamento industrial. Outras empresas, porém, estarão alertas para as tendências e poderão obter lucros comerciais enormes por meio desse conhecimento. A administração de algumas dessas empresas continuará a manter os mais elevados padrões de eficiência ao lidar com suas operações rotineiras e, ao mesmo tempo, utilizará igualmente um bom julgamento para se manter à frente no campo dessas questões de impacto futuro. E seus felizardos acionistas poderão muito bem, em vez dos proverbiais mansos, herdar a Terra.

Além dessas influências do panorama modificado na administração corporativa e da ascensão da pesquisa, há um terceiro fator que também tende a proporcionar ao investidor moderno maiores oportunidades do que as existentes na maioria dos períodos de nosso passado. Posteriormente, neste livro – nos trechos que versam sobre o momento em que as ações devem ser compradas e vendidas –, seria mais apropriado discutir que tipo de influência, se há alguma, o ciclo dos negócios deveria ter sobre a política de investimentos. Entretanto, a discussão sobre um aspecto desse assunto parece ser necessária neste momento. Essa é a maior vantagem em possuir certos tipos de ações, como resultado de uma mudança na política básica que tem ocorrido em grande escala na estrutura de nosso governo federal desde 1932.

Tanto anteriormente como a partir dessa data, sem levar em conta o porte da sua contribuição, os dois principais partidos políticos geralmente recebiam créditos em razão do desenvolvimento que pudesse ocorrer enquanto estivessem no poder. Da mesma forma, eles também seriam condenados, tanto pela oposição quanto pela população em geral, caso algum fato negativo acontecesse. No entanto, antes de 1932 havia um questionamento intenso das lideranças de cada um dos partidos sobre alguma justificativa moral ou mesmo sabedoria política ao administrar deliberadamente um déficit enorme a fim de escorar segmentos debilitados dos negócios. Combater o desemprego por meio de métodos bem mais dispendiosos do que oferecer soluções assistencialistas aos desempregados não obtinha atenção suficiente, independentemente do partido que estivesse no poder.

A partir de 1932, tudo isso mudou. Os democratas podem ou não estar menos envolvidos com o equilíbrio do orçamento federal do que os republicanos. Entretanto, a partir do governo do presidente Eisenhower, com a possível exceção do ex-secretário do Tesouro, Humphrey, a liderança republicana responsável afirmou repetidas vezes que, se os negócios estivessem em baixa, eles não hesitariam em baixar os impostos, ou tomar qualquer outra medida de produção de déficit que se fizesse necessária para restaurar a prosperidade e eliminar o desemprego. Algo bem diferente das doutrinas que prevaleceram antes da grande depressão.

Mesmo que essa mudança na política não tivesse sido amplamente aceita, outras mudanças específicas que ocorreram teriam produzido praticamente os mesmos resultados, embora talvez não tão rapidamente. O imposto de renda só foi legalizado durante a administração de Wilson. Ele não representou uma influência primordial sobre a economia até a década de 1930. Nos anos anteriores, grande parte da receita federal era proveniente de impostos alfandegários e fontes similares. Esses valores oscilavam moderadamente com o nível de prosperidade, mas eram relativamente estáveis como um todo. Hoje em dia, ao contrário, cerca de 80% da arrecadação da receita federal provém do imposto de renda de pessoas físicas e jurídicas. Isso significa que qualquer declínio considerável no nível geral dos negócios provoca um declínio correspondente na receita federal.

Ao mesmo tempo, diversos mecanismos, tais como os subsídios agrícolas e o seguro-desemprego, se tornaram imperativos em nossa legislação. No momento em que o declínio de um negócio reduzisse consideravelmente a arrecadação do governo federal, verbas para esses setores, legalmente obrigatórias, fariam com que as despesas governamentais aumentassem muito. Acrescente-se a esse fator a intenção precisa de reverter qualquer tendência comercial desfavorável reduzindo os impostos, construindo mais obras públicas e emprestando dinheiro a diversos grupos empresariais pressionados; assim, fica bem claro que, se uma depressão ocorresse, o déficit federal poderia facilmente correr a um ritmo de US$ 25 bilhões a US$ 30 bilhões por ano. Déficits dessa natureza produziriam maior inflação, do mesmo modo que déficits resultantes de gastos em tempos de guerra produziram as principais espirais de preços do período pós-guerra.

Isso significa que, quando um período de depressão efetivamente ocorre, ele tende a ser mais breve do que algumas das maiores depressões do passado. É quase certo que ele seja seguido de uma inflação suficiente para produzir o típico aumento de preços, que no passado foi benéfico para algumas indústrias e nocivo para outras. Dentro desse cenário econômico geral, a ameaça do ciclo dos negócios pode ser tão grande como sempre foi para o acionista da empresa financeiramente fraca ou marginal. Entretanto, para o acionista de uma empresa em crescimento, com força financeira suficiente ou capacidade de endividamento para suportar um ou dois anos de tempos difíceis, um declínio dos negócios nas condições econômicas atuais representa muito mais um encolhimento temporário do valor de mercado dos seus bens do que a ameaça básica à existência do próprio investimento que teve de ser calculado anteriormente a 1932.

Outra tendência financeira fundamental resultou da inclinação à inflação embutida que se tornou tão profundamente enraizada tanto em nossas leis como em nossos conceitos sobre os encargos econômicos do governo. Os títulos se tornaram investimentos indesejáveis para os recursos estritamente de longo prazo do investidor individual médio. O aumento das taxas de juros, que já vinha acontecendo havia muitos anos, teve seu maior momento no outono de 1956. Com os títulos mais valiosos subsequentemente sendo vendidos pelos menores preços em 25 anos, muitas vozes no mercado financeiro passaram a advogar a troca das ações que eram vendidas nos níveis historicamente mais altos por títulos de renda fixa. A taxa de rendimento absurdamente elevada dos títulos sobre o retorno de dividendos em ações, com respeito à proporção que normalmente prevalece, parecia ter proporcionado grande sustentação à retidão dessa política. Em curto prazo, essa política, mais cedo ou mais tarde, se provaria lucrativa. Como tal, ela deve ter sido bastante atraente para aqueles que faziam investimentos de curto e médio prazo, ou seja, para os "negociantes" com sutileza e noção de tempo para julgar o momento certo para comprar e vender. Isso ocorre porque a chegada de qualquer recessão significativa nos negócios provoca quase que absolutamente uma suavização das taxas monetárias e um aumento correspondente nos preços dos títulos, num momento em que as taxas de participação geralmente não flutuam. Esse fato nos leva à conclusão de que os títulos mais valiosos podem ser favoráveis ao especulador e desfavoráveis ao investidor de longo prazo. Isso parece nos levar também a uma direção totalmente contrária a todo o pensamento voltado para esse assunto. No entanto, qualquer entendimento sobre as influências da inflação demonstrará por que esse seria provavelmente o caso em questão.

Na sua carta de dezembro de 1956, o First National City Bank of New York apresentava um estudo que mostrava a natureza mundial da depreciação do poder aquisitivo do dinheiro que havia ocorrido entre 1946 e 1956. Dezesseis das principais nações do mundo livre estavam incluídas nesse estudo. Em todas elas, o valor do dinheiro decaía de forma significativa. Esse declínio variava de um mínimo, na Suíça, onde ao final de um período de uma década o dinheiro mantinha a capacidade de comprar 85% do que era possível dez anos antes, ao outro extremo, no Chile, onde depois de dez anos o dinheiro havia perdido 95% do seu valor. Nos Estados Unidos, esse declínio somava 29% e no Canadá chegava a 35%, o que significa que, nos Estados Unidos, a taxa anual de depreciação monetária durante o período era de 3,4% e, no Canadá, era de 4,2%. Comparativamente, o rendimento oferecido pelos títulos do governo dos Estados Unidos comprados no início do período, certamente um dos que contavam com as taxas de juros mais baixas, era de apenas 2,19%. Isso quer dizer que o portador desse tipo de investimento de renda fixa de valor elevado, na verdade, recebia juros negativos, ou seja, um prejuízo de cerca de 1% ao ano se o valor real do seu dinheiro fosse considerado.

Suponhamos, todavia, que em vez de adquirir títulos pelas taxas mais baixas que prevaleciam no começo desse período o investidor pudesse tê-los adquirido mediante as taxas de juros mais altas que prevaleciam dez anos depois. O First National City Bank of New York, no mesmo estudo, também apresentou números sobre essa questão. No final do período analisado pelo estudo, era estimado um retorno sobre os títulos do governo americano de 3,27%, que mesmo assim não proporcionaria nenhum lucro, mas, na verdade, um pequeno prejuízo sobre o investimento. Entretanto, seis meses após esse estudo ter sido publicado, as taxas de juros haviam subido consideravelmente e se encontravam acima de 3,5%. Como teria de fato o investidor se saído se tivesse tido a oportunidade, no início desse período, de investir com os mais altos retornos que prevaleceram em mais de um quarto de século? Na grande maioria dos casos, ele não teria obtido nenhum lucro real sobre seu investimento. Em diversos casos, ele teria tido um prejuízo real. Essa afirmação se justifica pelo fato de quase todos os compradores desses títulos terem tido de pagar, pelo menos, 20% de imposto de renda sobre o juro recebido, antes que a verdadeira taxa do seu rendimento sobre o investimento pudesse ter sido calculada. Em diversos casos, o imposto sobre o portador de títulos teria sido fixado segundo taxas consideravelmente altas, já que apenas os primeiros US$ 2 mil até os US$ 4 mil do rendimento tributável permaneceriam no nível de 20%. De forma semelhante, se um investidor tivesse adquirido títulos municipais isentos de tributação nesse período de taxas elevadas, a taxa de juros relativamente baixa que esses títulos não tributáveis oferecem não teria, mais uma vez, proporcionado lucros reais sobre o investimento.

Naturalmente, esses números são conclusivos apenas quanto a esse período de dez anos específico. Eles indicam, todavia, que essas condições são mundiais e, portanto, não muito prováveis de ser revertidas por tendências políticas de qualquer país. O que é realmente importante com relação à atratividade dos títulos como investimentos de longo prazo é sabermos se é possível esperar uma tendência semelhante no período subsequente. Parece-me que, quando todo esse mecanismo inflacionário é estudado em detalhes, fica claro que os principais saltos inflacionários surgem das expansões de crédito das vendas por atacado que, em contrapartida, resultam em grandes déficits do governo, ampliando consideravelmente a base monetária do sistema de crédito. O enorme déficit em decorrência da Segunda Guerra Mundial estabeleceu essa base. O resultado foi a perda de mais da metade do valor real dos seus investimentos por parte dos portadores de títulos que haviam mantido suas aplicações em títulos de renda fixa antes da guerra.

Como já foi explicado, nossas leis e, ainda mais importante, nossas crenças do que deve ser feito durante um período de depressão fazem com que uma das duas rotas pareça inevitável. Ou os negócios permanecerão numa boa fase, na qual ações em circulação continuarão a dar lucro, ou haverá uma recessão significativa. Se isso acontecer, os títulos devem temporariamente representar as melhores ações, porém uma série de medidas importantes de produção de déficit será, dessa forma, acionada, causando um novo e considerável declínio no poder aquisitivo real dos investimentos com base em títulos de crédito. É quase certo que uma depressão produziria uma inflação mais elevada; a extrema dificuldade para determinar quando, num período tão conturbado, os títulos devem ser vendidos me faz crer que investimentos desse tipo, em nossa complexa economia, voltam-se em primeiro lugar para bancos, companhias de seguro e outras instituições que possuem obrigações financeiras a serem compensadas, ou a indivíduos com objetivos de curto prazo. Esses investimentos não proporcionam um ganho suficiente ao investidor de longo prazo que compense a probabilidade da depreciação do seu poder aquisitivo.

Antes de prosseguirmos, seria interessante resumir rapidamente as diversas dicas de investimentos que podem ser reunidas de um estudo do passado e da comparação das principais diferenças, do ponto de vista do investimento, entre o passado e o presente. Esse estudo indica que a maior compensação nos investimentos vai para aqueles que, por sorte, ou por bom-senso, encontram a empresa que, ocasionalmente, no decorrer dos anos, pode crescer nas vendas e nos lucros bem mais do que a indústria como um todo. Esse estudo demonstra, ainda, que quando acreditamos ter encontrado essa empresa é melhor permanecermos com ela por um longo período. Ele nos dá uma forte indicação de que essas empresas não precisam ser necessariamente novas e pequenas. Em vez disso, sem levar em conta o porte, o que realmente importa é uma administração com determinação para atingir um crescimento significativo adicional e habilidade para colocar suas estratégias em prática.

O passado nos dá outra dica de como esse crescimento é associado ao conhecimento ligado à organização da pesquisa nas mais variadas áreas das ciências naturais, visando introduzir no mercado linhas de produtos inter-relacionadas e economicamente valiosas. Fica claro, para nós, que uma característica geral dessas empresas é uma administração que não permite que as preocupações com o planejamento de longo prazo a impeçam de exercer, da melhor maneira possível, uma vigilância constante na realização das tarefas diárias de seus negócios habituais.

Por fim, ele nos assegura firmemente que, apesar das diversas oportunidades espetaculares de investimentos que existiram há 25 ou cinquenta anos, existem provavelmente até mais oportunidades desse tipo disponíveis nos dias de hoje.

O que o método *scuttlebutt**
pode fazer

Todo o conteúdo exposto até agora pode ser útil como uma descrição geral do que devemos procurar. Mas, como guia prático para a busca de investimentos importantes, o conteúdo apresentado contribui relativamente pouco. Levando-se em consideração que ele fornece um perfil amplo do tipo de investimento a ser almejado, como o investidor encontraria a empresa específica que poderia abrir caminho para melhores resultados em seus investimentos?

Um caminho que logo surge em nossa mente é lógico, porém não muito prático. Seria encontrar alguém suficientemente capacitado para lidar com as diversas facetas da administração, para analisar cada subdivisão de uma organização e, por meio da investigação detalhada de seu pessoal executivo, de sua produção, de seu departamento de vendas, de sua pesquisa e de cada uma de suas outras funções principais, elaborar uma conclusão confiável sobre se a empresa em questão possui as principais potencialidades para o crescimento e para o desenvolvimento.

Tal método pode parecer sensato. Infelizmente, há diversas razões pelas quais ele geralmente não serve muito bem ao investidor médio. Em primeiro lugar, poucos indivíduos dispõem do grau necessário de habilidade gerencial

---

* O termo *scuttlebutt* significa literalmente "boato" ou "fofoca". Nesta edição, optamos por manter o termo sem tradução. [N. C. T.]

para realizar um trabalho desse tipo. A maioria deles ocupa sempre cargos executivos bem remunerados e de alto escalão. Eles não dispõem nem de tempo nem de inclinação para se ocupar dessa maneira. Além disso, mesmo que eles estivessem voltados para essa atividade, há dúvidas de que muitas das empresas em crescimento real no país permitissem que alguém de fora da sua própria organização tivesse acesso a todos os dados necessários para tomar uma decisão acertada. Uma grande parte do conhecimento adquirido dessa forma seria valiosa demais, diante da competição existente ou potencial, para permitir que esse conhecimento fosse transmitido a qualquer pessoa que não tivesse responsabilidade nenhuma com a empresa fornecedora dos dados.

Felizmente, existe outro caminho que o investidor pode seguir. Quando utilizado da maneira adequada, esse método fornece as dicas necessárias para encontrar os investimentos verdadeiramente significativos. Por falta de uma terminologia melhor, vou chamar esse procedimento de método *scuttlebutt*.

Quando esse método for descrito em detalhes nas páginas que se seguem, o investidor médio terá uma reação predominante. Será a sensação de que, independentemente de quanto o método *scuttlebutt* possa ser benéfico para terceiros, ele não será útil para ele, pois ele não terá muitas oportunidades para aplicá-lo. Tenho consciência de que muitos investidores não se encontram na posição de fazer, por conta própria, grande parte do que é necessário para tirar o melhor de seus investimentos. Não obstante, creio que eles devem entender completamente o que é necessário e por qual razão. Somente dessa maneira eles estarão na posição de escolher o tipo de consultor que melhor pode ajudá-los. Somente assim poderão avaliar adequadamente o trabalho de tal consultor. Além disso, quando eles compreenderem não apenas o que pode ser realizado, mas também como isso pode ser realizado, se surpreenderão com o fato de estarem, às vezes, numa posição de enriquecer e tornar mais lucrativo o trabalho valioso que já está sendo feito para eles por seus assessores de investimentos.

A forma como as notícias correm no mercado financeiro é notável. É incrível como um retrato apurado dos respectivos pontos fortes e fracos de cada empresa, em determinado setor industrial, pode ser obtido de uma amostra representativa das opiniões daqueles que, de uma maneira ou de outra, têm ligação com alguma empresa em especial. A maioria das pessoas, principalmente quando têm certeza de que não há perigo algum de serem mencionadas, gosta de falar sobre sua área de atuação e fala ainda mais livremente sobre seus concorrentes. Vá a cinco empresas de determinado setor industrial, faça a cada uma delas perguntas inteligentes sobre os pontos fortes e fracos das outras quatro, e terá um retrato apurado e surpreendentemente detalhado de todas as cinco.

Entretanto, os concorrentes compõem apenas uma e não necessariamente a melhor fonte de opiniões confiáveis. É igualmente impressionante o quanto se pode aprender com vendedores e clientes sobre a real natureza das pessoas com quem eles lidam. Os pesquisadores científicos em universidades, no governo e em empresas competitivas constituem outra fonte fértil de dados valiosos. O mesmo ocorre com executivos de associações comerciais.

Nesse caso específico – embora, até certo ponto, nos outros grupos também –, é impossível enfatizar a importância de uma ou outra questão. O investidor em busca de informações deve ser capaz de deixar claro, acima de qualquer dúvida, que sua fonte jamais será revelada. Posteriormente, ele deverá corresponder a essa política escrupulosamente. Caso contrário, o perigo de causar problemas a um informante é obviamente tão grande que opiniões desfavoráveis simplesmente não seriam passadas adiante.

Há, ainda, outro grupo que pode ser de grande auxílio para o provável investidor em busca de uma empresa próspera. Esse grupo, todavia, pode se tornar mais nocivo do que prestativo se o investidor não fizer um bom julgamento e uma ampla verificação cruzada, com terceiros, para averiguar seu próprio julgamento com relação à credibilidade do que lhe foi dito. Esse grupo é composto por ex-funcionários. Essas pessoas, frequentemente, possuem uma visão bastante profunda sobre os pontos fortes e fracos de seus ex-empregadores. Além disso, em geral, irão falar com liberdade sobre eles. Entretanto, como alguns ex-funcionários podem achar, com razão ou não, que foram dispensados sem justa causa, ou que deixaram a empresa devido a uma ofensa justificável, é sempre importante verificar com cuidado as causas que ocasionaram sua saída da empresa. Somente assim é possível determinar o grau de preconceito que pode existir e levar isso em consideração ao ouvir o que o ex-funcionário tem a dizer.

Se fontes diferentes e suficientes de informação sobre uma empresa são consultadas, não há razão para crer que todos os componentes dos dados obtidos devam concordar entre si. Aliás, não há necessidade nenhuma de que isso aconteça. No caso de empresas realmente significativas, a informação preponderante é tão clara que até mesmo um investidor que seja moderadamente experiente e saiba o que está procurando será capaz de dizer quais empresas provavelmente lhe serão mais interessantes para garantir-lhe o próximo passo na sua investigação. Esse próximo passo é entrar em contato com os funcionários da empresa para preencher algumas das lacunas ainda existentes no quadro do investidor sobre a situação que está sendo estudada.

3

O que comprar

15 QUESTÕES PARA VERIFICAR NO MERCADO DE AÇÕES

Que questões o investidor deveria analisar e saber se quisesse obter um tipo de investimento que, em poucos anos, poderia render-lhe um ganho de mais de 100% ou, num período mais longo, poderia proporcionar-lhe um rendimento proporcionalmente maior? Em outras palavras, que atributos deveria uma empresa ter para oferecer uma probabilidade maior de garantia desses resultados aos seus acionistas?

Há quinze questões com as quais acredito que o investidor deva se preocupar. Uma empresa pode muito bem ser considerada próspera, em termos de investimento, se deixar de preencher integralmente apenas alguns desses requisitos; porém, poucos deles. Não acredito que possa ser considerada um investimento vantajoso uma empresa que não se qualifica para a maioria deles. Alguns dos requisitos são questões de política empresarial, outros lidam com a eficiência com que essa política é aplicada. Algumas das questões se relacionam a assuntos que deveriam ser amplamente determinados por meio da informação obtida de fontes externas à companhia que está sendo avaliada, enquanto outras são mais bem solucionadas pela verificação direta com seus funcionários. Essas quinze questões são apresentadas a seguir.

Questão 1: A empresa possui produtos ou serviços com potencial de mercado suficiente para viabilizar um aumento considerável nas vendas por vários anos?

Em hipótese alguma é impossível obter um lucro, único e justo, de empresas com uma curva de vendas estacionária ou até mesmo em declínio. Economias em operação que resultam de um melhor controle dos gastos podem, às vezes, criar uma melhoria considerável na renda líquida para produzir um aumento no preço de mercado das ações de uma companhia. Esse tipo de lucro único é bastante procurado por muitos especuladores e caçadores de barganhas. Ele não oferece, todavia, o grau de oportunidade que despertaria o interesse daqueles que desejam obter o maior lucro possível dos seus fundos de investimento.

No mesmo sentido, também não é satisfatório outro tipo de situação que, às vezes, oferece uma margem consideravelmente mais ampla de lucro. Tal situação ocorre quando uma condição modificada dá margem a um grande aumento das vendas durante poucos anos, seguido por uma paralisação no crescimento dessas vendas. Um exemplo disso, em grande escala, é o que aconteceu com os numerosos fabricantes de aparelhos de rádio em decorrência do desenvolvimento comercial da TV. Um aumento enorme nas vendas ocorreu por muitos anos. Hoje em dia, quase 90% dos lares americanos que dispõem de eletricidade possuem aparelhos de TV, e a curva de vendas voltou a ser estática. A exemplo de uma grande quantidade de empresas na indústria, um grande lucro foi obtido por aqueles que compraram o produto precocemente. Depois disso, conforme a curva de vendas se estabilizou, também cessou a atratividade de muitas dessas ações.

Nem mesmo as empresas com crescimento mais evidente precisam obrigatoriamente apresentar vendas, a cada ano, maiores do que aquelas apresentadas durante o ano anterior. Em outro capítulo, tentarei demonstrar por que as implicações usuais da pesquisa comercial e os problemas de inserção dos produtos novos no mercado tendem a provocar esses aumentos nas vendas, que surgem por meio de uma série de aumentos repentinos e irregulares em vez de acontecer progressivamente ano a ano. Os caprichos do ciclo dos negócios também terão uma influência maior sobre as comparações feitas todos os anos. Dessa forma, o crescimento não deve ser julgado numa base anual, mas, digamos, verificando os números da empresa de diversos anos separadamente. Algumas empresas prometem um crescimento acima do normal não apenas para o período anual seguinte, mas também por um período considerável além dele.

Essas empresas que, década após década, têm demonstrado consistentemente um crescimento espetacular podem ser divididas em dois grupos. Na falta de uma terminologia mais adequada, vou classificar um dos grupos como o daqueles que são "bem-afortunados e capazes" e o outro como o dos que são "bem-afortunados por serem capazes". Uma grande parcela de habilidade gerencial é exigível para ambos os grupos. Nenhuma empresa cresce por um longo período, que pode durar anos, simplesmente por uma questão de sorte. Ela deve ter e continuar mantendo uma grande parcela de habilidade nos negócios; caso contrário, não será capaz de capitalizar seus bens e defender sua posição competitiva das incursões de terceiros.

A Aluminum Company of America (Alcoa) é um exemplo de empresa "bem-afortunada e capaz". Os fundadores dessa empresa eram homens de grande visão. Eles puderam prever, com exatidão, diversas utilizações comerciais significativas para seu novo produto. Entretanto, nem eles nem mais ninguém, naquela época, poderiam prever algo como a ampliação do mercado para produtos do alumínio que viria a se desenvolver ao longo dos setenta anos subsequentes. Uma combinação de desenvolvimento técnico e economias, da qual a empresa foi muito mais beneficiária do que instigadora, fez com que isso acontecesse. A Alcoa possui, e continua a demonstrar, grande habilidade para encorajar essas tendências e tirar proveito delas. Entretanto, se condições de base, tais como o aperfeiçoamento do transporte aéreo, não tivessem provocado efeitos totalmente fora do controle da Alcoa para abrir novos mercados extensivos, ainda assim a empresa teria crescido – embora num passo menos acelerado.

A empresa teve a sorte de se colocar numa indústria ainda melhor do que aquela que a atraiu, almejada pela sua administração anterior. Os lucros adquiridos no passado por muitos acionistas dessa empresa que mantiveram suas ações é um fato notório por todos. O que pode não ser amplamente conhecido é o sucesso que até mesmo os acionistas relativamente novos têm obtido. Quando escrevi a primeira edição deste livro [em 1958]*, as ações da Alcoa estavam em baixa de quase 40% em comparação com a sua alta verificada no ano de 1956. Mesmo com esse preço "baixo", os títulos apresentaram uma valorização de quase 500%, não sobre o valor menor, mas sobre a mediana do preço médio pelo qual eles poderiam ter sido vendidos em 1947, apenas dez anos antes.

---

*   Este texto foi traduzido a partir da segunda edição da obra, publicada em 1960. [N. E.]

Tomemos agora a Du Pont como exemplo do segundo grupo de crescimento no mercado de ações – o grupo que descrevi como "bem-afortunado em razão da sua capacidade". Essa empresa não se encontrava originariamente no negócio de produção de náilon, celofane, lucite, neoprene, orlon, milar, ou de qualquer um dos diversos produtos famosos aos quais ela está frequentemente associada no pensamento popular e que têm se mostrado extraordinariamente lucrativos para o investidor. Por muitos anos, a Du Pont produziu explosivos. Em tempos de paz, seu crescimento seria equiparado ao da indústria da mineração. Nos últimos anos, a empresa pode ter crescido um pouco mais rapidamente do que isso, já que o volume das vendas adicionais acompanhou o aumento da construção de estradas. Nada disso teria sido mais do que uma fração insignificante do volume do negócio que se desenvolveu; no entanto, como o brilhante julgamento financeiro e administrativo da empresa se equiparou com a soberba habilidade técnica, a Du Pont atingiu um volume de vendas que, hoje, excede US$ 2 bilhões por ano. Aplicando as estratégias e o conhecimento absorvido em seu negócio original ligado ao mercado de explosivos, a empresa lançou, com êxito, um produto após o outro, tornando-se uma das maiores histórias de sucesso da indústria americana.

O novato em investimentos que observa a indústria química pela primeira vez pode pensar que é uma coincidência da sorte o fato de as empresas que geralmente possuem as taxas de investimento mais altas em diversos aspectos do seu negócio serem também aquelas que produzem muitos dos produtos em desenvolvimento mais atraentes na indústria. Esse investidor confunde causa e efeito. É o mesmo que pensar que é coincidência o fato de os grandes rios passarem pelo coração das principais metrópoles europeias. Estudos da história de corporações tais como a Du Pont, a Dow Química ou a Union Carbide demonstram claramente como esse tipo de empresa se encaixa na categoria do grupo "bem-afortunado em razão da sua capacidade", no que diz respeito à sua curva de vendas.

Possivelmente, um dos exemplos mais surpreendentes das empresas pertencentes a esse grupo é a General American Transportation. Há pouco mais de cinquenta anos, quando a empresa foi estruturada, a indústria de equipamentos ferroviários parecia promissora, com amplas perspectivas de crescimento. Nos últimos anos, poucas indústrias parecem oferecer menos perspectivas compensadoras de crescimento contínuo. No entanto, quando a previsão alterada para as ferrovias começou a tornar os prospectos para os fabricantes de veículos de frete cada vez menos atraentes, a criatividade brilhante e a abundância de recursos mantiveram a renda da empresa numa constante curva positiva. Não satisfeita com isso, a administração começou a se aproveitar de algumas das estratégias e do conhecimento absorvido de seus negócios básicos, adentrando em outras linhas não relacionadas e permitindo maiores possibilidades de crescimento.

Uma empresa que parece ter vendas em franca ascensão durante alguns anos pode provar sua prosperidade ao investidor, independentemente do fato de se parecer com uma companhia da categoria dos "bem-afortunados e capazes" ou com uma empresa do grupo dos "bem-afortunados em razão de sua capacidade". Não obstante, exemplos como o da General American Transportation deixam um aspecto bastante claro. Em qualquer hipótese, o investidor deve estar alerta para o fato de a direção dispor e continuar a dispor de grande habilidade; sem tal requisito, o crescimento das vendas não prosseguirá.

Julgar corretamente a curva de vendas de longo prazo de uma empresa é de extrema importância para o investidor. O julgamento superficial pode nos levar a conclusões equivocadas. A título de ilustração, já mencionei o exemplo das ações de rádios e televisores, que, em vez de apresentar um crescimento contínuo em longo prazo, apresentaram um grande aumento repentino, quando a maioria dos lares no país adquiriu aparelhos de TV. Não obstante, nos últimos anos, algumas dessas companhias de rádios e televisores mostraram uma nova tendência. Elas utilizaram suas habilidades eletrônicas para criar negócios de porte considerável em outros campos da eletrônica, tais como equipamentos de automação e comunicação. Essas linhas eletrônicas industriais e, em alguns casos, militares prometem um crescimento equilibrado por muitos anos no futuro. Em poucas dessas empresas, tal como a Motorola, elas já são de maior importância do que a comercialização da TV. Enquanto isso, alguns novos processos de desenvolvimento técnico criam a possibilidade de que os modelos de aparelhos de TV mais modernos, no começo dos anos 1960, se tornem tão ultrapassados e obsoletos como os telefones originais de parede nos parecem hoje em dia.

Uma evolução potencial, a TV em cores, será possivelmente considerada obsoleta pelo público em geral. Outro exemplo é o resultado direto do desenvolvimento do transistor e do circuito impresso. Trata-se de uma TV com uma tela de alta definição e recursos diferenciados no seu formato e tamanho, comparados aos recursos de que dispomos atualmente em nossas casas. O atual *rack* de aparelhos eletrônicos logo será algo do passado. Basta tal evolução obter a aceitação comercial em massa para que algumas das fábricas tecnicamente mais especializadas de aparelhos de TV existentes usufruam um novo aumento significativo nas vendas, ainda maior e mais duradouro do que aquele vivenciado há alguns anos. Essas empresas podem considerar esse aumento sobreposto, num universo dos negócios eletrônicos, industriais e militares, em constante crescimento. Elas podem, assim, usufruir o tipo de crescimento de vendas em grande escala, que deve ser o primeiro aspecto a ser considerado por aqueles que buscam o tipo de investimento mais lucrativo.

Mencionei esse exemplo não como algo que é certo, mas como algo que pode acontecer facilmente. O motivo é que acredito que, com relação à curva de vendas futura de uma empresa, existe um aspecto que deve ser sempre lembrado. Se a administração da empresa é destacada e a indústria está sujeita a mudanças tecnológicas e à pesquisa de desenvolvimento, o investidor astuto deve ficar alerta para a possibilidade de a administração poder manejar assuntos da empresa com a finalidade de produzir, no futuro, exatamente o tipo de curva de vendas que constitui a primeira etapa a ser analisada ao escolher um investimento diferenciado.

Como escrevi essas palavras anteriormente, vale observar não o que "é certo", ou o que "pode acontecer", e sim o que aconteceu à Motorola. Embora não estejamos no início dos anos 1960, essa é a época mais próxima que posso mencionar como viável para o desenvolvimento de modelos de televisores que tornariam obsoletos os modelos da década de 1950. Isso não aconteceu nem é provável que aconteça num futuro próximo. Entretanto, nesse meio-tempo, vejamos o que uma administração atenta fez para aproveitar as mudanças tecnológicas a fim de desenvolver o tipo de curva de vendas ascendente que afirmei ser o primeiro requisito de um investimento de destaque.

A Motorola se tornou uma líder de destaque no campo das comunicações eletrônicas de mão dupla, que começou como uma especialização em carros da polícia, veículos particulares e táxis, e atualmente parece oferecer um crescimento quase que ilimitado. As empresas de transporte terrestre, os proprietários de frotas de todos os tipos de entregas, os serviços públicos, os projetos de construção de grande porte e oleodutos constituem apenas alguns dos seus usuários nesse gênero de equipamento versátil. Nesse ínterim, após muitos anos de esforços dispendiosos de desenvolvimento, a empresa estabeleceu uma divisão semicondutora (transistor), com fins lucrativos, que parece estar voltada a obter uma participação na fabulosa tendência de crescimento dessa indústria. Ela se tornou um fator primordial no novo campo dos fonógrafos estereofônicos e está conseguindo uma importante e nova fonte crescente de vendas nesse sentido. Ao unir-se com uma líder nacional, a fabricante de móveis Drexel, ela aumentou de forma significativa seu volume no preço final e elevado de sua linha de televisores. Finalmente, por meio de uma pequena aquisição, ela passou a penetrar o campo dos recursos auditivos e poderá, também, desenvolver outras novas especialidades. Em suma, em algum momento na próxima década, estímulos importantes e essenciais podem provocar um novo e grande aumento nas suas linhas originais de rádios e televisores, embora isso ainda não tenha acontecido nem provavelmente aconteça em breve. No entanto, a direção da empresa aproveitou os recursos e habilidades dentro da organização, mais uma vez, colocando-a na linha de crescimento. E como o mercado de ações responde diante desse fato? Quando terminei de escrever a primeira edição, em 1957, a Motorola apresentava 45,5 pontos. Hoje, apresenta 122.

Quando o investidor está atento para esse tipo de oportunidade, quão rentável ela pode ser? Tomemos um exemplo real exatamente da indústria sobre a qual estamos discutindo. Em 1947, um amigo meu em Wall Street fazia uma pesquisa sobre a recente indústria de televisores. Ele avaliou, aproximadamente, uma dúzia dos principais fabricantes do produto por quase um ano. Sua conclusão foi de que o negócio seria competitivo, de que haveria alterações significativas na posição das preocupações principais e de que algumas ações da indústria tinham caráter especulativo. Todavia, durante o curso da pesquisa, foi revelado que um dos produtos mais escassos era a lâmpada de vidro para a fabricação da válvula dos televisores. O fabricante mais bem-sucedido foi a Corning Glass Works. Após um exame mais detalhado dos aspectos técnicos e de pesquisa da Corning Glass Works, ficou evidente que a empresa era altamente qualificada para produzir essas lâmpadas para a indústria de televisores. Estimativas do mercado indicavam que essa seria uma importante fonte de novos negócios para a empresa. Como os prospectos para outras linhas de produção pareciam favoráveis, em termos gerais, esse analista recomendou as ações tanto para o investimento individual como para o institucional. Os títulos, naquela época, estavam sendo vendidos em cerca de 20 pontos. Desde então, foram divididos de 2½–para–l, e dez anos depois a sua compra estava numa cotação acima de 100, que era o equivalente ao preço de 250 na antiga bolsa de valores.

Questão 2: A administração está determinada a continuar desenvolvendo produtos ou processos que aumentariam ainda mais o potencial do total de vendas caso o potencial de crescimento das linhas de produção mais atraentes no momento já tenha sido explorado exaustivamente?

Empresas que possuem uma perspectiva de crescimento significativo para um futuro próximo por causa de novas demandas por linhas de produção existentes, mas não possuem estratégias ou planos para levar a cabo novos desenvolvimentos além disso, podem criar um veículo para um rendimento único. Elas não são capazes de prover os meios para obter lucros consistentes em dez ou 25 anos, o que constitui a rota mais certa para o sucesso financeiro. É nesse momento que a pesquisa científica e a engenharia de desenvolvimento entram em cena. É, em grande parte, usando esses recursos que as empresas aperfeiçoam velhos produtos e desenvolvem produtos novos. É a rota usual por meio da qual uma administração não contente com um aumento isolado de crescimento verifica que o crescimento ocorre numa série de movimentos ascendentes mais ou menos contínuos.

O investidor geralmente obtém os melhores resultados em empresas cujos setores de engenharia ou de pesquisa dedicam-se a produtos que tenham alguma relação comercial com aqueles que já se encontram no escopo das atividades da empresa. Isso não quer dizer que uma empresa desejável não possa ter várias divisões, algumas das quais contando com linhas de produção bastante diferentes. Significa, na verdade, que uma empresa com a pesquisa centrada em cada uma dessas divisões, tal como um grupo de árvores alinhadas, em que cada uma possua galhos adicionais brotando do mesmo tronco, se dará muito melhor do que outra que trabalhe com base numa série de novos produtos não relacionados que, caso tenham sucesso, desembarcarão em diversas novas indústrias, sem necessariamente uma ligação com sua atividade comercial existente.

À primeira vista, a *Questão 2* pode parecer uma mera repetição da *Questão 1*. Isso não é verdade. A *Questão 1* é factual, avaliando o atual grau de crescimento potencial das vendas para um produto de determinada empresa. A *Questão 2* relaciona-se à postura administrativa. A empresa reconhece atualmente que, com o passar do tempo, ela terá provavelmente crescido até o nível potencial do seu mercado presente e, para continuar a crescer, terá de desenvolver novos mercados no futuro? Se a empresa tem uma boa avaliação na primeira questão e uma atitude afirmativa na segunda, ela provavelmente caracteriza o melhor investimento.

Questão 3: Quão eficazes são os esforços da empresa em termos de pesquisa e desenvolvimento, com relação ao seu porte?

Para um grande número de empresas de capital aberto, não é tão difícil obter uma estimativa do número de dólares gastos a cada ano em pesquisa e desenvolvimento. Como essas empresas reportam seu total de vendas anual virtualmente, trata-se apenas de uma questão matemática simples de dividir o número relativo à pesquisa pelo total das vendas e, portanto, chegar ao percentual em dólares que uma empresa dedica a esse tipo de atividade. Muitos analistas de investimento profissionais preferem comparar esse número relativo a pesquisas de uma empresa com o de outras empresas pertencentes à mesma área de atuação. Às vezes, eles comparam esse número com a média das indústrias, calculando-a numericamente com base em muitas empresas da mesma natureza. A partir daí, as conclusões são tiradas com base na importância dos esforços de uma empresa quanto à competitividade e à quantidade de pesquisa por ações que o investidor obtém numa empresa especificamente.

Números desse tipo podem apresentar uma medida bruta que nos fornece dicas valiosas sobre a possível dedicação exagerada de uma empresa à pesquisa, ou a atenção insuficiente de outra. Entretanto, a menos que se obtenha maior conhecimento a respeito da questão, esses números podem se tornar enganosos. Uma razão para tanto é o fato de as empresas variarem enormemente no que elas incluem ou excluem como despesas com pesquisa e desenvolvimento. Uma empresa incluiria, por exemplo, algum tipo de despesa de engenharia que a maioria das instituições governamentais não consideraria, de forma nenhuma, uma pesquisa genuína, já que estaria, na verdade, representando um produto existente ligado a uma ordem específica – ou seja, o ramo da engenharia. Inversamente, outra empresa poderia relacionar os gastos de operação de uma fábrica piloto ligada à criação de um produto totalmente novo em vez de mencionar a pesquisa. A maioria dos especialistas classificaria isso como mera função de pesquisa, já que se refere diretamente à obtenção de *know-how* para criar um produto novo. Se todas as empresas tivessem de apresentar suas pesquisas em bases comparativas, os números referentes à quantidade de pesquisas realizadas por diversas empresas conhecidas poderiam parecer demasiadamente diferentes daqueles frequentemente utilizados nos círculos financeiros.

Em nenhuma outra subdivisão principal do ramo dos negócios são encontradas variações tão grandes de uma empresa para outra, entre aquilo que entra como despesa e o que sai como benefício, como geralmente encontramos na área de pesquisa. Mesmo entre as empresas mais bem gerenciadas, tal variação parece girar em torno de uma proporção de dois para um. Ante esses fatos, podemos concluir que algumas empresas bem administradas poderiam obter o dobro do lucro final sobre cada dólar investido em pesquisa em comparação às demais. Se incluirmos empresas administradas de forma relativamente adequada, essa variação entre a melhor e a mais medíocre será ainda maior. Isso ocorre porque os grandes passos no caminho de novos produtos e processos não seriam mais o resultado do trabalho de um único gênio. Eles surgiriam de grupos de homens altamente qualificados, cada um com uma especialidade diferente. Um deles poderia ser um químico, outro um físico, o terceiro um metalúrgico e o último, um matemático. O grau de habilidades de cada um desses especialistas é apenas parte do que é preciso para alcançar ótimos resultados. É necessária, ainda, a presença de líderes que possam coordenar o trabalho dessas pessoas de formações tão distintas e mantê-las na direção de um objetivo comum. Consequentemente, o número ou o prestígio dos trabalhadores na área de pesquisa de uma empresa pode ser obscurecido pela eficiência com a qual eles são auxiliados em trabalhar como um grupo em outra empresa.

Também não se trata de uma habilidade da administração coordenar diversas funções técnicas num grupo específico e estimular o máximo da produtividade de cada especialista daquele grupo quanto ao único tipo de coordenação complexa sobre a qual dependem os melhores resultados das pesquisas. A coordenação detalhada e próxima entre os trabalhadores da área de pesquisa de cada projeto de desenvolvimento e aqueles inteiramente familiarizados, tanto com a produção como com os problemas ligados às vendas, é igualmente importante. Não é uma tarefa simples para a direção proporcionar essa relação estreita entre a pesquisa, a produção e as vendas. No entanto, se isso não for feito, produtos recém-concebidos acabam, não raro, não sendo projetados de forma a garantir a fabricação mais econômica possível, ou, quando o são, não exercem uma atração de vendas ideal dentro do mercado. Esse tipo de pesquisa geralmente resulta em produtos vulneráveis à concorrência mais eficiente.

Por fim, há outro tipo de coordenação necessária, caso se pretenda que os gastos com pesquisa atinjam a eficiência máxima. Trata-se da coordenação junto com a alta cúpula administrativa. Seria melhor, talvez, denominá-la de entendimento da alta cúpula administrativa com relação à natureza fundamental da pesquisa comercial. Projetos de desenvolvimento não podem ser expandidos nos anos prósperos e, depois, abruptamente restringidos nos anos menos favoráveis, sem que isso aumente demais o custo total para a obtenção do objetivo desejado. Os programas de "impacto", tão apreciados por alguns executivos de alto escalão, podem ocasionalmente se tornar necessários, porém quase sempre são muito caros. Um programa de impacto é o que ocorre quando indivíduos importantes do pessoal de pesquisa são repentinamente retirados dos projetos nos quais vinham trabalhando para se concentrar em alguma nova tarefa, que pode ser de grande importância no momento mas, frequentemente, não justifica os danos que produz. A essência da pesquisa comercial bem-sucedida se baseia na exigência de que apenas sejam escolhidas tarefas que prometam uma compensação financeira muitas vezes maior do que seu próprio custo. Entretanto, uma vez que o projeto tenha sido iniciado, permitir considerações orçamentárias e outros fatores externos ao projeto em si, para restringi-lo ou acelerá-lo, aumenta invariavelmente o custo total com relação aos benefícios obtidos.

Alguns altos executivos parecem não entender isso. Tenho ouvido executivos de pequenas, porém bem-sucedidas, empresas eletrônicas demonstrarem surpreendentemente pouco temor à concorrência de alguma empresa gigantesca no ramo da indústria. Tal falta de preocupação, referente à capacidade da empresa de maior porte para criar produtos competitivos, não se deve à falta de respeito pelas habilidades dos pesquisadores individuais da empresa maior, ou ao desconhecimento do que poderia ser realizado com as grandes quantias que esse tipo de empresa normalmente investe em pesquisa. Essa sensação de falta de preocupação deve-se, sim, à tendência histórica das grandes empresas de interromper seus projetos de pesquisa regulares com programas de impacto, visando atingir os objetivos imediatos da alta cúpula executiva. De maneira semelhante, há alguns anos, ouvi dizer que, enquanto fugia da publicidade relacionada a essa questão por motivos óbvios, uma renomada escola de nível técnico superior aconselhou discretamente seus alunos graduandos a evitar o vínculo empregatício com certa companhia de petróleo. Isso se devia ao fato de a cúpula administrativa dessa companhia ter a tendência de contratar pessoas altamente capacitadas para o que seriam projetos com uma duração média de cinco anos. Cerca de três anos depois disso, a empresa perdia o interesse pelo projeto específico e o abandonava, não apenas jogando fora o próprio dinheiro, mas também impedindo que seus funcionários alcançassem a conquista da reputação técnica que eles tanto desejavam.

Outro fator que torna a avaliação adequada do investimento na pesquisa ainda mais complexa é a maneira de determinar a grande quantidade de pesquisa relacionada aos contratos de defesa. Grande parte dessa pesquisa é frequentemente realizada não sob a responsabilidade da empresa, e sim sob a responsabilidade do governo federal. Alguns dos subcontratados no campo da defesa também fazem uma pesquisa significativa sob a responsabilidade dos contratantes aos quais eles prestam serviços. Será que esses valores totais deveriam ser considerados pelo investidor tão significativos como a pesquisa realizada à custa da própria empresa? Em caso negativo, como deveriam ser avaliados com relação à pesquisa patrocinada pela empresa? Como muitas outras fases no campo dos investimentos, essas questões não podem ser respondidas por fórmulas matemáticas. Cada caso é um caso.

A margem de lucro nos contratos de defesa é menor do que a encontrada nas negociações não governamentais, e a natureza do trabalho se apresenta geralmente de tal forma que o contrato para uma nova arma encontra-se sempre sujeito a uma licitação competitiva, por meio do plano governamental. Isso significa que, às vezes, é impossível estabelecer uma negociação imediata e contínua para um produto desenvolvido pela pesquisa patrocinada pelo governo da mesma maneira que pode ser estabelecida com relação à pesquisa patrocinada pela iniciativa privada, na qual as patentes e a boa vontade do cliente podem ser frequentemente utilizadas. Por essas razões, do ponto de vista do investidor, há variações enormes no valor econômico de diferentes projetos de pesquisa patrocinados pelo governo, embora eles possam ser basicamente semelhantes em sua importância no que diz respeito aos benefícios para os esforços de defesa. O exemplo teórico a seguir pode ser útil para demonstrar como os próximos três projetos podem adquirir valores bastante variados para o investidor.

Um desses projetos poderia produzir uma nova e poderosa arma que não tivesse nenhuma aplicação fora do âmbito militar. Os direitos sobre ela seriam de posse governamental e, uma vez inventada, seria suficientemente simples alegar que a empresa que realizou a pesquisa não teria nenhuma vantagem sobre terceiros na licitação de um contrato de produção. Esse trabalho de pesquisa não teria quase valor nenhum para o investidor.

Um segundo possibilitaria produzir a mesma arma, porém a técnica de fabricação poderia ser tão complexa que uma empresa que não tivesse participado do desenvolvimento original teria muita dificuldade ao tentar fabricá-la. Um projeto de pesquisa desse tipo teria um valor moderado para o investidor, já que haveria uma tendência para assegurar uma negociação contínua, embora provavelmente não muito lucrativa, com o governo.

Uma terceira empresa poderia, ainda, projetar a suposta arma e, dessa forma, absorver princípios e aprender novas técnicas diretamente aplicáveis às suas linhas comerciais regulares, o que, presume-se, apresentaria uma margem de lucro maior. Um projeto de pesquisa desse tipo poderia ter um grande valor para o investidor. Algumas das empresas mais visivelmente bem-sucedidas do nosso passado recente têm sido aquelas que demonstram grande talento para desenvolver um trabalho de defesa técnico e complexo, cuja execução lhes fornece um *know-how* custeado pelo governo, que pode ser legitimamente transferido para áreas lucrativas fora do âmbito da defesa e relacionadas às suas atividades comerciais usuais. Essas empresas fornecem ao governo resultados de pesquisas vitais para as autoridades governamentais. Contudo, ao mesmo tempo, elas obtêm mediante um custo baixo, ou absolutamente custo nenhum, os benefícios referentes para a pesquisa não relacionada à defesa que, de outra forma, elas provavelmente teriam de custear. Tal fator pode muito bem ter sido uma das razões para o sucesso impressionante da Texas Instruments, Inc., que em quatro anos elevou em quase 500% o preço de 5¼, valor pelo qual era negociada quando foi listada pela primeira vez no Mercado de Ações de Nova York em 1953. Esse fator pode também ter contribuído, no mesmo período, para o aumento ainda maior, de 700%, vivido pelos acionistas da Ampex, a partir do momento em que as ações dessa companhia foram oferecidas pela primeira vez ao público no mesmo ano.

Finalmente, ao julgarmos o valor do investimento relativo de organizações de pesquisa empresarial, outro tipo de atividade deve ser avaliado. Trata-se de algo que, em geral, não é considerado absolutamente pesquisa de desenvolvimento – o ramo aparentemente não relacionado da pesquisa de mercado. A pesquisa de mercado pode ser considerada uma ponte entre a pesquisa de desenvolvimento e as vendas. A cúpula administrativa deve permanecer alerta contra a tentação de investir montantes significativos na pesquisa e no desenvolvimento de um produto milagroso ou de um processo que, quando aperfeiçoado, obtém um mercado genuíno, porém pequeno demais para ser lucrativo. Entendo como pequeno demais para ser lucrativo aquele mercado que nunca terá um volume de vendas grande o suficiente para recuperar os gastos com pesquisa, e muito menos possibilitar um lucro considerável ao investidor. Uma pesquisadora de mercado que é capaz de conduzir um trabalho de pesquisa de grande vulto de uma empresa a partir de um projeto que, tecnicamente bem-sucedido, possa recuperar os gastos automaticamente, ou possa atender a um mercado tão amplo compensando três vezes os gastos investidos, pode elevar muito o valor para seus acionistas da força de trabalho científica dessa empresa.

Se medidas quantitativas – tais como despesas anuais com pesquisa ou com o número de funcionários que detêm o *know-how* científico – constituem apenas uma diretriz grosseira, e não uma resposta final para sabermos se uma empresa possui um órgão de pesquisa de qualidade, como o investidor cauteloso poderia obter essas informações? Mais uma vez, é surpreendente o que o método *scuttlebutt* pode fazer. Quando o investidor médio experimentá-lo, ele provavelmente não acreditará em como uma situação lhe parecerá clara se ele optar por fazer perguntas inteligentes sobre as atividades de pesquisa de uma empresa, de grupos diversificados do time de pesquisa, alguns de dentro da empresa, outros envolvidos com linhas similares em empresas concorrentes em universidades e no governo. Outro método mais simples, e frequentemente considerado válido, seria realizar um estudo detalhado sobre quanto, em vendas unitárias ou em lucro líquido, tem sido acrescentado a uma companhia por meio dos resultados da sua pesquisadora durante um período específico, tal como os dez anos antecedentes. Uma organização que, com relação ao porte de suas atividades, tenha gerado um bom fluxo de novos produtos rentáveis durante determinado período provavelmente será igualmente produtiva no futuro, desde que continue a operar segundo os mesmos métodos em geral.

Questão 4: A empresa possui um departamento de vendas acima da média?

Em nossa era competitiva, apenas os produtos ou os serviços de algumas poucas empresas são suficientemente destacados para atingir a potencialidade máxima em vendas sem ser habilmente comercializados. É a realização das vendas que constitui a principal atividade básica de qualquer tipo de negócio. Sem as vendas, a sobrevivência é impossível. É a continuidade da comercialização direcionada a clientes satisfeitos com o produto que traça o caminho para o sucesso. Entretanto, por mais estranho que possa parecer, a eficiência relativa das vendas de uma companhia, a propaganda e as organizações distributivas costumam receber muito menos atenção por parte da maioria dos investidores, mesmo os mais cautelosos, do que a produção, a pesquisa, as finanças e outras importantes subdivisões da atividade corporativa.

Há provavelmente uma boa razão para isso. É relativamente fácil elaborar simples cálculos matemáticos que forneçam algum tipo de orientação sobre a atratividade dos custos de produção de uma empresa, a atividade de pesquisa, ou a estrutura financeira em comparação com seus concorrentes. Torna-se muito mais difícil elaborar cálculos que tenham certa semelhança de significado com relação às vendas e à eficiência da distribuição. Com respeito à pesquisa, já vimos que esses cálculos mais simples são imperfeitos demais, fornecendo-nos apenas os primeiros elementos daquilo que devemos buscar. Seu valor com relação à produção e à estrutura financeira será discutido resumidamente. No entanto, embora esses cálculos possam não merecer o valor que lhes é frequentemente atribuído nos círculos financeiros, o fato é que os investidores, ainda assim, costumam se basear neles. Em decorrência de o trabalho de vendas não se encaixar nesse tipo de fórmula, muitos investidores acabam não realizando essa avaliação, apesar da importância básica de determinar o valor real do investimento.

Mais uma vez, a saída para esse dilema é sustentada pelo uso do método *scuttlebutt*. De todas as fases da atividade empresarial, nenhuma é considerada mais fácil para obtermos algum aprendizado de fontes externas da companhia do que a eficiência de um departamento de vendas. Tanto os concorrentes como os clientes sabem a resposta. Igualmente importante, eles raramente hesitam em expressar seus pontos de vista. O tempo gasto pelo investidor cauteloso na investigação dessa questão em geral é bastante compensador.

Influência em seis anos de vendas de produtos recentemente desenvolvidos e classificados de acordo com o ano em que cada produto novo foi introduzido pela primeira vez

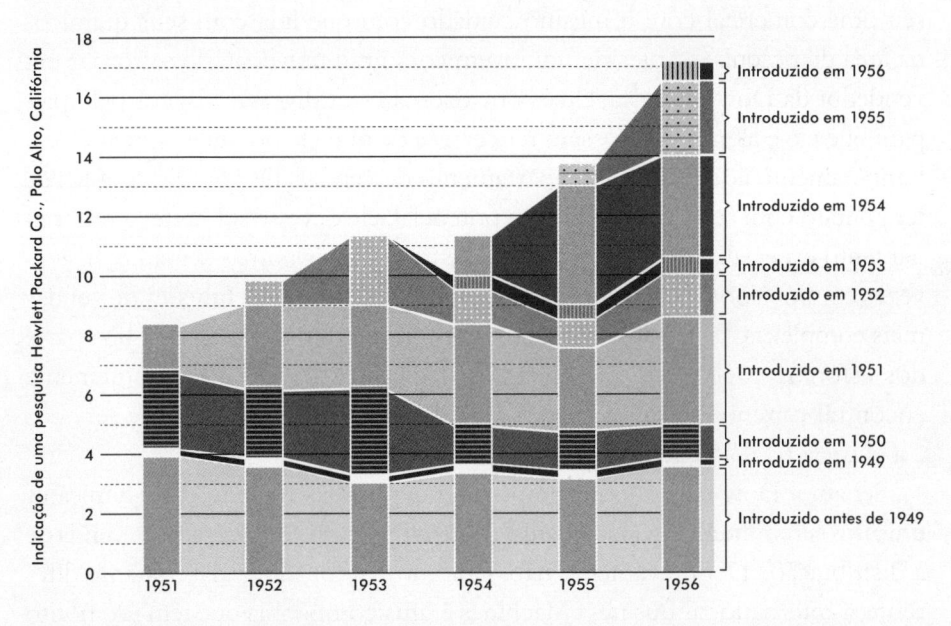

Dedico menos espaço a essa questão da habilidade de vendas relativa do que dediquei à questão da habilidade de pesquisa relativa. Isso não significa que a considero menos importante. No mundo competitivo dos dias de hoje, muitas coisas são importantes para o sucesso corporativo. Entretanto, a produção destacada, as vendas e a pesquisa podem ser consideradas os três pilares principais sobre os quais esse sucesso é sustentado. Dizer que um é mais importante do que o outro seria o mesmo que dizer que o coração, os pulmões ou o sistema digestório são órgãos mais importantes para o perfeito funcionamento do corpo humano. Todos são necessários para a sobrevivência, e todos devem funcionar adequadamente para uma saúde vigorosa. Analisemos as empresas que provaram ser investimentos de destaque. Tente encontrar alguma que não possua uma distribuição agressiva e um departamento de vendas em constante processo de aprimoramento.

Já me referi à Dow Química e posso fazê-lo muitas vezes ainda, já que acredito que essa empresa, que tem se mostrado tão compensadora aos seus acionistas no decorrer dos anos, configura um exemplo claro do investimento conservador ideal em longo prazo. Eis uma empresa que, no consciente popular, é quase um sinônimo da pesquisa bem-sucedida e destacada. No entanto, o que não é muito bem conhecido é o fato de essa empresa selecionar e treinar seu time comercial com o mesmo cuidado com que lida com seus químicos na área de pesquisa. Antes de um jovem com grau universitário se tornar um vendedor da Dow Química, ele é convidado a fazer diversas viagens pelo país para que ele e a empresa possam ter certeza de que ele possui a formação e o temperamento adequados ao departamento de vendas. Depois disso, antes de ter contato com seu primeiro cliente potencial, ele deve se submeter a um treinamento especializado, que dura geralmente apenas algumas semanas, mas às vezes continua por mais de um ano, para prepará-lo para as funções de vendas mais complexas. Isso é só o começo do treinamento que ele recebe; boa parte dos esforços intelectuais da empresa é dedicada a buscar e frequentemente encontrar caminhos mais eficientes para a solicitação, a prestação de serviços e a entrega final ao cliente.

Seriam a Dow e as outras companhias destacadas na indústria química as únicas a serem mencionadas quanto à grande atenção dispensada às vendas e à distribuição? Definitivamente não. Em outro setor industrial bastante diferente, a International Business Machines é uma companhia que tem (do ponto de vista conservador) recompensado bastante seus proprietários. Um executivo da IBM recentemente me disse que o vendedor médio dedica um terço do seu tempo integral ao treinamento em instituições patrocinadas pela empresa! Essa proporção resulta, em grande parte, da tentativa de manter a equipe de vendas lado a lado com a tecnologia em rápida transformação. Contudo, acredito que essa é mais uma indicação quanto ao peso que as empresas de maior sucesso atribuem a aprimorar imediatamente seus recursos de vendas. O lucro único pode ser adquirido numa empresa que, em razão da sua habilidade na produção industrial ou na área de pesquisa, é capaz de conseguir bons negócios sem uma forte organização de distribuição. Essas empresas podem, entretanto, ser bastante vulneráveis. Para um sólido crescimento em longo prazo, a disponibilidade de recursos comerciais consistentes é vital.

Questão 5: A empresa possui uma margem de lucro considerável?

Eis aqui, afinal, um assunto de grande importância que corresponde adequadamente ao tipo de análise matemática que tantas pessoas da área financeira acreditam ser a espinha dorsal das decisões saudáveis sobre investimentos. Do ponto de vista do investidor, as vendas são somente consideráveis quando produzirem, e se produzirem, lucros elevados. Qualquer crescimento de vendas que seja, no mundo todo, não produzirá o tipo correto de veículo de investimento se, com o passar dos anos, os lucros não forem correspondentes. O primeiro passo para examinar os rendimentos é analisar a margem de lucro de uma companhia, ou seja, determinar o valor unitário de cada centavo de dólar ligado às vendas que é abatido do lucro da operação. A grande variação entre empresas diferentes, mesmo aquelas pertencentes ao mesmo ramo industrial, imediatamente se torna clara. Tal análise deve ser feita não somente por um ano, mas durante vários anos. Depois disso, fica evidente que quase todas as empresas possuem amplas margens de lucro – bem como grandes lucros totais em dólares – durante os anos em que um setor industrial é excepcionalmente próspero. No entanto, fica bastante claro que as empresas marginais, ou seja, aquelas com as menores margens de lucro, quase sempre aumentam suas margens de lucro num percentual consideravelmente maior durante os anos prósperos do que as empresas de custo mais reduzido, cujas margens de lucro também apresentam uma melhora, embora não num nível tão elevado. Esse fato geralmente faz as companhias mais fracas apresentar um aumento percentual considerável dos lucros num ano de sucesso comercial anormal quando comparadas às empresas mais fortes que atuam no mesmo ramo. Entretanto, deve ainda ser lembrado que esses lucros terão um declínio correspondente mais rápido quando a maré dos negócios mudar.

Por essa razão, acredito que os maiores lucros de investimento de longo prazo nunca são obtidos com a aplicação de fundos em empresas marginais. A única razão para considerarmos um investimento de longo prazo numa companhia com uma margem de lucro incrivelmente baixa seria a presença de fortes indícios de que uma mudança fundamental viesse a acontecer dentro da empresa. Essa mudança deveria acontecer em decorrência da melhoria das margens de lucro por outras razões que não um volume temporariamente expandido dos negócios. Em outras palavras, a companhia não seria considerada marginal no sentido literal da expressão, já que a verdadeira razão para participar dos seus lucros seria acreditar que a eficiência ou os novos produtos desenvolvidos dentro da empresa a excluiriam da categoria marginal. Quando essas mudanças internas acontecem numa corporação que, em outros aspectos, se qualifica perfeitamente como o tipo certo de investimento em longo prazo, essa empresa pode ser considerada uma aquisição excepcionalmente atraente.

No que diz respeito a companhias maiores e mais velhas, a maioria dos grandes ganhos de investimento tem origem nas empresas que possuem margens de lucro relativamente amplas. Geralmente, elas contam com as melhores margens do seu setor industrial. Com relação a empresas novas, e ocasionalmente as mais velhas, há um desvio importante dessa regra: um desvio, todavia, que em geral é mais aparente do que real. Tais empresas, às vezes, optam deliberadamente por acelerar o crescimento, investindo todo o lucro que elas poderiam obter, ou grande parte dele, em pesquisa ou na promoção de vendas, mais ainda do que costumam fazer. É importante ter absoluta certeza, nesses casos, de que se trata realmente de pesquisa adicional, de promoção de vendas adicional, ou ainda de mais alguma outra atividade adicional, que é financiada nos dias de hoje com a finalidade de se garantir no futuro – ter segurança de que isso caracteriza a verdadeira causa da margem de lucro pequena ou inexistente.

É preciso tomar cuidado e ter certeza de que o volume das atividades creditadas com a redução da margem de lucro não constitui simplesmente o volume dessas atividades necessário para um bom nível de crescimento, mas, na verdade, representa um número ainda maior de pesquisa, de promoção de vendas etc. do que o número apresentado. Quando isso ocorre, a companhia de pesquisa com uma margem de lucro aparentemente pobre pode se tornar um investimento excepcionalmente atraente. Entretanto, com exceção das empresas desse tipo, nas quais a baixa margem de lucro é deliberadamente arquitetada com a finalidade de acelerar demais a taxa de crescimento, os investidores que desejem máximo de ganhos ao longo dos anos devem ficar longe de empresas marginais ou com baixas margens de lucro.

Questão 6: O que a empresa faz para manter ou melhorar as margens de lucro?

O sucesso na compra de ações não depende do que geralmente se sabe sobre a companhia no momento em que as ações são adquiridas. Na verdade, depende do que passamos a saber sobre elas depois que as ações são adquiridas. Portanto, não são as margens de lucro do passado, mas as do futuro que são basicamente importantes para o investidor.

Na era em que vivemos, parece existir uma ameaça constante às margens de lucro. Os custos sobre os salários e as remunerações aumentam a cada ano. Muitas empresas, atualmente, contam com contratos de trabalho de longo prazo, exigindo aumentos ainda maiores por diversos períodos anuais subsequentes. O aumento sobre os custos trabalhistas resulta em aumentos correspondentes na matéria-prima e nos bens de consumo. A tendência dos índices tributários, especificamente no mercado imobiliário e nos impostos locais, também parece ser de um aumento incessante. Nesse cenário, diferentes empresas terão diferentes resultados nas tendências das suas margens de lucro. Algumas empresas se encontram numa posição aparentemente confortável apenas mantendo suas margens de lucro por meio do aumento dos preços. Geralmente, isso se deve ao fato de essas empresas estarem inseridas num setor industrial cuja demanda pelos seus produtos é extremamente forte, ou de os preços de venda dos produtos concorrentes no mercado aumentarem ainda mais do que os seus. Em nossa economia, entretanto, manter ou otimizar as margens de lucro dessa maneira em geral acaba sendo uma questão relativamente temporária. Isso se deve à criação da capacidade de produção competitiva adicional. Essa nova capacidade se sobrepõe suficientemente ao aumento do rendimento para que, em tempo, os aumentos dos custos não sejam mais repassados como aumentos de preços. As margens de lucro, portanto, começam a encolher.

Um exemplo surpreendente disso é a mudança brusca que ocorreu no outono de 1956, quando o mercado do alumínio passou, em poucas semanas, da condição de produto de oferta reduzida para a situação de um produto de concorrência comercial agressiva. Anteriormente, os preços do alumínio aumentavam junto com os custos. A menos que a demanda pelo produto cresça ainda mais rápido do que as facilidades para a produção, os aumentos de preço futuros serão mais lentos. De maneira semelhante, o desinteresse persistente de alguns dos maiores produtores de aço em aumentar os preços no mercado de certos tipos de produtos escassos derivados dessa matéria-prima pode, em parte, refletir o pensamento, em longo prazo, sobre a natureza temporária das amplas margens de lucro que decorrem simplesmente da habilidade de repassar gastos elevados para preços de venda elevados.

O perigo diante do exposto, em longo prazo, talvez possa ser mais bem ilustrado pelo que aconteceu com os produtores de cobre líderes no mercado durante o segundo semestre do mesmo ano de 1956. Essas companhias fizeram uso de consideráveis restrições, chegando a ponto de vender por valores abaixo do nível mundial numa tentativa de evitar o aumento excessivo dos preços. Não obstante, o cobre aumentou bastante, restringindo a demanda e provocando uma oferta maior. Agravada pelo cerceamento do consumo ocidental europeu, provocado pelo fechamento do Canal de Suez, a situação se desequilibrou. É provável que as margens de lucro de 1957 pudessem ter sido consideradas notoriamente mais escassas, caso as de 1956 não tivessem sido tão boas. Quando as margens de lucro de uma empresa sobem em decorrência de aumentos de preço repetitivos, a indicação não é boa para um investidor em longo prazo.

Por outro lado, algumas companhias, incluindo empresas dentro do mesmo setor industrial, tentam melhorar as margens de lucro por outros meios mais criativos em vez de simplesmente aumentar os preços. Algumas empresas têm êxito ao manter o aumento de capital ou os setores de engenharia de produtos. A única função desses setores é projetar novos equipamentos que deverão reduzir custos e, dessa forma, compensar, mesmo que parcialmente, a tendência de aumento dos salários. Muitas empresas estão sempre reavaliando procedimentos e métodos para ver quanto as economias podem caminhar. O trabalho da contabilidade e do manuseio da escrituração tem sido um campo especialmente fértil para esse tipo de atividade. O mesmo ocorre no setor de transportes. As despesas de envio têm aumentado mais do que a maioria das despesas em geral, por causa do percentual maior dos custos trabalhistas na maioria dos meios de transporte, em comparação com a maioria dos setores de produtos industrializados. A utilização de novos tipos de contêineres, meios e veículos de transporte outrora não usados, e até mesmo a armazenagem em fábricas, para evitar possíveis danos durante o transporte, tem cortado alguns gastos para as companhias mais atentas.

Nada disso pode ser realizado num só dia. Essas medidas exigem um estudo detalhado e um planejamento adequado. O investidor de visão deve estar atento à criatividade do trabalho que deve ser realizado com novas ideias para reduzir os gastos e melhorar as margens de lucro. Aqui, o método *scuttlebutt* pode ser valioso, porém bem menos do que a investigação direta do *staff* da empresa. Felizmente, essa é uma área bastante discutida entre a maioria dos executivos. As companhias que realizam um trabalho mais bem-sucedido nessa linha no presente são provavelmente aquelas que construíram a organização com um *know-how* especializado para continuar edificando algo de sólido no futuro. Elas podem, muito provavelmente, ser encaixadas num grupo que oferece a melhor compensação em longo prazo aos seus acionistas.

Questão 7: A empresa possui boas relações (trabalhistas) com seu quadro de pessoal?

Muitos investidores podem não ver com bons olhos os lucros provenientes de boas relações trabalhistas. Poucos deles deixam de reconhecer o impacto das más relações no trabalho. Os efeitos das greves prolongadas e frequentes são óbvios a qualquer um que faça até mesmo uma revisão precipitada e superficial dos registros financeiros de uma empresa.

Entretanto, a diferença no nível de lucratividade entre uma companhia com boas relações no seu quadro de funcionários e outra com relações pessoais medíocres é muito maior do que o custo direto das greves. Quando os trabalhadores sentem-se tratados de maneira justa pelo seu empregador, é criado um cenário em que a liderança eficiente pode realizar muitas ações para aumentar a produtividade por trabalhador. Além disso, há sempre um custo considerável no treinamento de cada funcionário novo. Essas empresas com uma rotatividade anormal de pessoal possuem, dessa forma, uma despesa desnecessária, evitada por companhias mais bem administradas.

No entanto, como o investidor poderia julgar adequadamente a qualidade de trabalho de uma companhia e suas relações no quadro de pessoal? Não existe uma resposta simples. Não há nenhuma medida estabelecida que possa ser aplicada em todos os casos. O melhor a ser feito é observar uma série de fatores e, dessa forma, julgar pela imagem geral.

Nos dias de hoje, de ampla sindicalização, essas empresas que ainda não têm nenhum sindicato ou associação corporativa possuem também, provavelmente, trabalho e relações de funcionalismo bem acima da média. Se não fosse assim, os sindicatos as teriam incorporado há muito tempo. O investidor pode ter certeza, por exemplo, de que a Motorola, situada na cidade altamente sindicalizada de Chicago, e a Texas Instruments, Inc., situada na cidade de Dallas, que se encontra em crescente processo de sindicalização, convenceram pelo menos grande parte da sua população economicamente ativa sobre os reais objetivos da empresa e a habilidade em tratar bem seus funcionários. A falta de associação a um sindicato internacional somente pode ser explicada por políticas de funcionalismo bem-sucedidas em exemplos desse tipo.

Por outro lado, a sindicalização não constitui, de modo algum, um sinal de relações trabalhistas enfraquecidas. Algumas empresas com as melhores relações trabalhistas são totalmente sindicalizadas, mas aprenderam a lidar com seus sindicatos num grau razoável de respeito mútuo e confiança. De maneira semelhante, enquanto a constatação de greves frequentes e prolongadas constitui uma boa indicação de más relações trabalhistas, a ausência completa de greves não representa necessariamente um sinal fundamental de boas relações. Às vezes, a companhia que nunca entra em greve lembra o exemplo do marido comandado pela esposa. A ausência de conflitos pode não refletir basicamente um relacionamento feliz em decorrência do temor das consequências desses conflitos.

Por que os trabalhadores, em geral, demonstram uma lealdade incomum para com algum empregador em especial e se sentem ressentidos com relação a outros? As razões são frequentemente tão complexas e difíceis de ser identificadas que, na maioria das vezes, é melhor o investidor se preocupar mais em analisar os dados comparativos que demonstram o sentimento dos trabalhadores em relação aos seus empregadores do que tentar investigar a razão pela qual eles se sentem assim. Uma série de números que indicam a qualidade subjacente das políticas de trabalho e de funcionalismo é a rotatividade da força de trabalho numa companhia, em comparação com outra, numa mesma área de atuação específica. Bastante relevante, ainda, é identificar o número de candidatos interessados em determinadas vagas numa empresa, em comparação com outras empresas na mesma localidade. Numa área de atuação em que não há uma oferta excessiva de empregos, as empresas que contam com uma lista excepcionalmente extensa de profissionais tentando entrar no seu quadro de pessoal constituem geralmente opções atraentes para o mercado de investimentos do ponto de vista das boas relações profissionais e de trabalho.

Não obstante, além desses números genéricos há alguns detalhes específicos que o investidor pode identificar. As empresas que contam com boas relações de trabalho em geral são aquelas que fazem o possível para solucionar conflitos rapidamente. Os pequenos conflitos individuais que demoram muito para ser solucionados e são ignorados pela direção são aqueles que começam com uma pequena faísca e incandescem com maior intensidade depois. Além de avaliar os métodos disponíveis para a solução de conflitos, o investidor pode dispensar atenção especial às escalas de níveis salariais. A empresa que aufere lucros acima da média e paga salários acima da média para determinada área de atuação em que está situada provavelmente tem boas relações de trabalho. Aquele que investe numa situação na qual grande parte dos rendimentos provém de salários abaixo da média, em determinada área de atuação, pode ter de enfrentar sérios problemas no futuro.

Enfim, o investidor deve ter sensibilidade para a posição da diretoria no que diz respeito aos seus funcionários. Por baixo das generalidades bem-intencionadas, algumas administrações pouco se importam ou se interessam por seus funcionários comuns. A preocupação principal é que nenhuma participação maior sobre as vendas chegue ao baixo escalão de funcionários, driblando a pressão exercida pelo sindicalismo militante. Os trabalhadores são facilmente contratados ou dispensados em massa, dependendo das pequenas mudanças na previsão de vendas da empresa ou da sua projeção de lucros. Não existe, na verdade, nenhum sentimento de responsabilidade pelos danos que podem ser causados aos funcionários e às suas famílias. Nada, absolutamente, é realizado para fazer os funcionários comuns de uma empresa se sentirem queridos, necessários ou participantes do empreendimento em geral. Nada, absolutamente, é feito visando fortalecer a dignidade do trabalhador individual. Administrações com esse perfil não constituem, geralmente, o melhor cenário para o investimento ideal.

Questão 8: A empresa conta com boas relações com seus executivos?

Se é importante ter um bom relacionamento com os funcionários de escalão inferior, criar um clima adequado na cúpula executiva chega a ser vital. Esses são os homens cujo julgamento, criatividade e trabalho de equipe, com o tempo, deverão decidir o destino de qualquer empreendimento. Pelo fato de defenderem altos interesses, a tensão no trabalho é muito grande. No mesmo sentido, há a possibilidade de que a tensão ou o ressentimento crie condições para que os indivíduos mais talentosos da alta cúpula executiva ou optem por não permanecer mais na companhia ou passem a produzir abaixo do seu limite máximo, caso decidam permanecer.

A empresa que oferece grandes oportunidades de investimento é aquela na qual existe um clima empresarial executivo agradável. Os executivos terão confiança no seu presidente ou no presidente do Conselho. Isso significa, entre outras coisas, que desde os níveis mais inferiores até os níveis mais elevados da hierarquia empresarial existe a sensação de que as promoções são baseadas na habilidade e não na facciosidade. Uma família que dirige uma organização não é promovida segundo a linguagem dos homens mais competentes. Os ajustes salariais são revistos regularmente para que os executivos possam fazer os aumentos de mérito ser concedidos sem ter de ser exigidos. Os salários devem estar pelo menos alinhados com os padrões do setor industrial da localidade. A administração deve somente recorrer a candidatos externos para o preenchimento de alguma vaga caso não encontre nenhum funcionário dentro da companhia que possa ser promovido para exercer a função vacante. A cúpula administrativa deve reconhecer que, onde quer que haja seres humanos trabalhando juntos, sempre haverá certo nível de facciosidade e conflito; entretanto, não deve tolerar aqueles que se recusam a cooperar com o trabalho em equipe, de modo que a facciosidade e o conflito devem ser reduzidos ao mínimo. Grande parte desse conhecimento o investidor geralmente pode obter sem muito questionamento direto, por meio da troca de ideias sobre a companhia com alguns executivos de diferentes graus de responsabilidade. Quanto mais distante uma empresa se coloca desses critérios, menor a chance de ser considerada uma fonte de bons investimentos.

Questão 9: A empresa conta com certa "profundidade" com relação à sua gestão?

Uma pequena empresa pode ir extremamente bem e, se outros fatores derem certo, proporcionar um investimento magnífico por muitos anos sob a administração competente de um único homem. Todavia, os seres humanos não são eternos e, mesmo nas empresas menores, o investidor deve ter ideia do que fazer para impedir um desastre corporativo caso o homem-chave não esteja mais disponível. Atualmente, esse risco de investimento perante uma pequena empresa de destaque não é tão grande como parece, levando-se em conta a tendência recente das grandes empresas com considerável talento administrativo de comprar as corporações de menor porte.

Todavia, as empresas dignas do interesse de investimento por parte do investidor são aquelas que continuarão a crescer. Mais cedo ou mais tarde, uma companhia alcança determinado nível em que ela não é mais capaz de aproveitar as oportunidades ou usufruir as vantagens se não desenvolver um talento executivo com certa intensidade. Essa questão varia entre as empresas, dependendo da indústria em cuja área de atuação ela esteja engajada e da habilidade de gerenciamento do seu líder empresarial. Isso geralmente ocorre quando o total de vendas anual atinge determinado nível, entre US$ 15 e 40 milhões. Contar com um clima executivo adequado, conforme discutido na *Questão 8*, torna-se um fator de investimento essencial nesse momento.

Os pontos discutidos na *Questão 8* são obviamente necessários para o desenvolvimento do gerenciamento de qualidade. Entretanto, essa gestão só se desenvolverá se certas políticas adicionais também forem efetivadas. O mais importante de tudo isso é a delegação de autoridade. Se desde a cúpula até a base da pirâmide hierárquica cada nível executivo específico não puder dispor de plena autoridade para desempenhar suas funções de forma criativa e eficiente, conforme permite a habilidade de cada indivíduo, o aparato executivo de qualidade passa a ser como um grupo de animais enjaulados que não consegue se movimentar. Eles não desenvolvem suas faculdades por não terem oportunidades suficientes para utilizá-las.

As organizações em que a nata administrativa interfere pessoalmente e tenta controlar problemas da rotina diária dificilmente são consideradas instituições atraentes na área dos investimentos. O rompimento das linhas de autoridade que a própria administração estabeleceu frequentemente resulta na redução significativa do potencial de investimento por parte de executivos bem-intencionados nas empresas geridas por eles. Não importa o quanto sejam competentes um ou dois membros da chefia na gestão desses detalhes, pois quando uma corporação atinge determinado grau esses executivos passam a ter problemas nas duas frentes. Uma quantidade excessiva de detalhes, a partir desse momento, já terá surgido para eles administrarem. Pessoas capazes não são treinadas para lidar com o crescimento que ainda está por vir.

Outro aspecto merece a atenção do investidor ao julgar a qualidade de gerenciamento de uma companhia. A cúpula administrativa aceita e avalia sugestões do seu quadro de pessoal mesmo que, às vezes, essas sugestões venham carregadas de críticas adversas das práticas administrativas correntes? O mundo dos negócios atual é tão competitivo, e a necessidade de aprimoramento e de mudanças é tão grande, que se o orgulho ou a indiferença impedirem a diretoria de explorar o que frequentemente é descoberto, como uma verdadeira mina de ouro de ideias válidas, o clima de investimento resultante provavelmente não será o melhor para o investidor. No mesmo sentido, esse ambiente profissional também não propicia o desenvolvimento a um número crescente de executivos jovens necessários às empresas em geral.

Questão 10: Quão boa é a autoanálise de custos da empresa e seu controle contábil?

Nenhuma empresa é capaz de manter o sucesso contínuo por um longo período se não puder analisar seus custos gerais de maneira apurada e detalhada para demonstrar o custo de cada etapa do seu processo operacional. Somente assim a administração pode saber o que mais exige sua atenção e julgar se está solucionando adequadamente cada problema que não necessita da sua atenção em especial. Além disso, a maioria das empresas bem-sucedidas produz não apenas um, mas uma diversificada variedade de produtos. Se a administração não tiver um conhecimento preciso do custo real de cada produto com relação aos demais, ela estará numa posição de extrema deficiência. É praticamente impossível estabelecer políticas de preços que assegurem o máximo de lucro a ser obtido diante de uma concorrência desestimuladora e inadequada. Não há como saber quais produtos merecem estímulos de venda e promoções especiais. Pior do que isso, algumas atividades aparentemente bem-sucedidas podem, na verdade, estar operando com prejuízo e, sem o conhecimento da administração, podem estar decrescendo ao invés de acrescentar valores no total geral dos lucros. O planejamento inteligente acaba sendo praticamente impossível.

Apesar da importância do controle contábil em termos de investimento, é apenas em casos de extrema ineficiência que o investidor cauteloso geralmente obtém um retrato exato do *status* da contabilidade de custos e outras atividades correlatas de uma companhia na qual ele pretende investir. É nessa esfera que o método *scuttlebutt* revela, às vezes, a empresa realmente deficiente. Ele dificilmente dará alguma indicação melhor do que essa. A investigação direta sobre o quadro de funcionários da empresa costuma resultar numa resposta sincera de que os dados sobre os custos são totalmente adequados. Um relatório detalhado em geral é apresentado para comprovar essa informação. Entretanto, não é tanto a existência de números detalhados, mas sua comprovação de exatidão relativa que é importante. O melhor que o investidor cauteloso pode fazer, nesse caso, é reconhecer tanto a importância do assunto como as próprias limitações ao fazer uma avaliação confiável da sua decisão. Dentro dessas limitações, ele quase sempre chega à conclusão geral de que uma companhia bem acima da média em muitos outros aspectos da habilidade nos negócios provavelmente estará acima da média nesse campo também, desde que a administração superior possa compreender a importância básica do controle contábil especializado e da análise de custos.

Questão 11: Há outros aspectos dos negócios da empresa, peculiares ao segmento de atuação envolvido, que possam dar ao investidor dicas importantes sobre como a empresa pode sobressair com relação à competitividade?

Por definição, essa é uma pergunta abrangente. Isso se deve ao fato de questões desse tipo em geral diferirem consideravelmente umas das outras – algumas delas, que são de grande importância em alguns aspectos dos negócios, podem, às vezes, ser de pouca ou nenhuma importância em outros. Por exemplo, nas operações mais importantes que envolvem o comércio varejista, o grau de habilidade que uma empresa detém no trato de questões ligadas a bens imóveis – a qualidade das suas instalações arrendadas, por exemplo – é de grande valor. Em muitas outras ramificações da atividade comercial, um elevado grau de habilidade nesse aspecto não é considerado tão importante. No mesmo sentido, a habilidade relativa com a qual uma empresa manuseia seus créditos é essencial para algumas empresas, e menos significativa ou insignificante para outras. Em ambos os casos, nosso velho amigo, o método *scuttlebutt*, geralmente proporciona ao investidor um quadro bastante esclarecedor. Frequentemente, suas conclusões podem ser constatadas pela comparação a cálculos matemáticos, tais como custos de arrendamento comparativo em vendas unitárias, ou pela proporção da perda de crédito, caso a questão seja relevante para garantir um estudo cauteloso.

Numa série de ramificações do mundo dos negócios, as despesas com seguro de cobertura total acrescentam um percentual significativo às vendas. Às vezes, esse fator é tão importante que uma companhia, digamos, com um custo de seguro total 35% mais baixo que o do seu concorrente de mesmo porte terá uma margem de lucro mais ampla. Nos setores industriais, em que o seguro é um fator suficientemente considerável, a ponto de afetar os ganhos, um estudo dessa proporção e uma discussão sobre ela com especialistas da área podem ser bastante compensadores para o investidor. Esse estudo fornece uma verificação suplementar e indicativa para sabermos o desempenho de uma administração em especial. Isso se deve ao fato de os custos baixos com seguro não decorrerem apenas de uma habilidade maior em lidar com esse assunto, na mesma intensidade, por exemplo, que a habilidade em lidar com bens imóveis resulta em custos de arrendamento médios mais baixos. Pelo contrário, eles são o reflexo da habilidade geral de lidar com sua equipe, seu estoque e seu ativo fixo, visando reduzir possíveis gastos com acidentes, perdas, danos e demais despesas, reduzindo esses custos.

Um índice de despesas com seguro, relativo à sua cobertura obtida, indica claramente quais são as empresas bem administradas em determinada área de atuação.

As patentes configuram outra questão cujo significado varia de uma empresa para outra. Em grandes empresas, uma posição fortalecida com relação a patentes em geral é uma indicação de potencial adicional. Ela geralmente acaba bloqueando certas subdivisões das atividades empresariais a partir da intensa concorrência que pode prevalecer. Esse fato normalmente possibilita margens de lucro mais amplas a esses segmentos das linhas de produto da empresa. Consequentemente, esse fato tende a ampliar a média da linha de produtos como um todo. No mesmo sentido, a posição privilegiada das patentes pode, às vezes, proporcionar a uma empresa direitos exclusivos sobre o modo de produção mais fácil ou mais econômico para a fabricação de determinado produto. Os concorrentes devem percorrer um longo caminho para chegar ao mesmo lugar, proporcionando ao proprietário da patente uma vantagem competitiva tangível, embora frequentemente pequena.

Em nossa era de difundido *know-how* técnico, as grandes empresas não podem usufruir mais do que uma pequena parcela das suas atividades em áreas protegidas pelas patentes. Entretanto, as patentes geralmente bloqueiam alguns caminhos para alcançar um mesmo resultado. Por essa razão, muitas empresas de grande porte não pretendem eliminar a concorrência por meio do instituto jurídico da patente e, mediante o pagamento de taxas relativamente modestas, firmam contratos de uso de patentes com seus concorrentes, esperando em troca o mesmo tratamento dos seus licenciados. Fatores como a produção de *know-how*, vendas e serviços, organização, clientela e conhecimento sobre os problemas dos clientes dependem de muitas outras coisas além das patentes para a manutenção de uma posição competitiva. Na verdade, quando grandes empresas dependem basicamente da proteção do uso de patentes para a manutenção da sua margem de lucro, isso é considerado muito mais um sinal de fragilidade no campo dos investimentos do que propriamente de força. As patentes não são eternas. Quando sua proteção jurídica deixa de existir, os lucros da empresa podem ser comprometidos.

Uma nova empresa em fase de desenvolvimento do seu processo de produção, de vendas, de organização dos seus serviços, e numa fase inicial de fortalecimento da confiança de seus clientes, encontra-se numa posição bastante diferente. Sem a proteção das patentes, seus produtos correm o risco de ser copiados por empresas maiores que podem utilizar seus canais já estabelecidos no relacionamento com os clientes, excluindo do mercado a pequena e jovem concorrente. Para as pequenas empresas, nos primeiros anos de marketing de produtos e serviços, o investidor deve, portanto, estudar cuidadosamente a situação das patentes. Ele deve coletar informações de fontes qualificadas para avaliar a extensão real dessa proteção. Uma coisa é obter uma patente sobre determinado dispositivo. Outra, bastante diferente, é obter a proteção segura que impeça terceiros de usar esse dispositivo de forma ligeiramente diversa. Entretanto, mesmo nesse caso, a engenharia que visa sempre aperfeiçoar o produto pode se mostrar consideravelmente mais vantajosa do que a mera proteção estática concedida à patente.

Por exemplo, há alguns anos, quando era uma organização bem menor do que é hoje, um jovem fabricante de eletrônicos da Costa Oeste teve grande sucesso com um produto novo. Um dos gigantes da indústria realizou o que definiram ser uma "cópia chinesa" do produto e o registrou sob seu conhecido nome comercial. Segundo um jovem engenheiro da companhia, esse grande concorrente havia conseguido estruturar todos os pequenos erros de engenharia da empresa num único modelo junto com seus pontos positivos. O modelo criado pela grande companhia surgiu exatamente no mesmo momento em que o pequeno fabricante havia introduzido seu modelo aperfeiçoado, com a exclusão de seus pontos negativos. Com um produto incapaz de vender, a grande empresa se retirou do mercado. Como tem sido constatado muitas vezes, até os dias de hoje, é a liderança constante da engenharia, e não das patentes, que constitui a fonte básica de proteção. O investidor deve ser pelo menos suficientemente cauteloso para não superestimar a proteção das patentes, reconhecendo o seu significado naqueles locais onde esse fator possa ser primordial na avaliação da atratividade de um investimento vantajoso.

Questão 12: A empresa possui uma estratégia de curto ou de longo prazo em relação aos lucros e resultados?

Algumas empresas conduzem seus negócios visando obter os maiores lucros possíveis de imediato. Outras, deliberadamente, limitam os lucros imediatos máximos para adquirir confiança e, dessa forma, obter lucros gerais melhores em alguns anos. O tratamento aos clientes e aos vendedores nos dá frequentes exemplos disso. Uma empresa, constantemente, faz os melhores acordos possíveis com seus fornecedores. Outra, às vezes, pode pagar um valor acima do estipulado contratualmente a um vendedor que tem despesas inesperadas ao fazer entregas, pois ela pretende ter a certeza de contar com uma fonte dependente de matéria-prima ou de componentes de alta qualidade disponíveis quando o mercado mudar e o abastecimento se tornar extremamente necessário. A diferença no tratamento aos clientes é igualmente notória. A empresa que enfrenta problemas e arca com despesas especiais para atender às necessidades de um cliente regular que se encontra numa situação inesperada pode apresentar lucros menores numa transação específica, porém auferir lucros bem maiores ao longo dos anos.

O método *scuttlebutt* geralmente reflete com clareza essas diferenças nas políticas empresariais. O investidor que deseja resultados máximos deve beneficiar as empresas com um perfil real de longo prazo no que diz respeito aos lucros.

Questão 13: Será que, num futuro previsível, o crescimento da empresa exigirá uma parcela maior de financiamento via capital próprio de tal forma que o número maior de ações poderá diminuir o benefício dos acionistas atuais sobre esse crescimento antecipado?

Um livro típico sobre investimentos costuma dedicar tanto espaço à discussão sobre a posição de caixa da companhia, a estrutura corporativa, o percentual de capitalização em várias classes de títulos mobiliários etc. que muitos podem questionar por que esses aspectos puramente financeiros ocupariam o espaço de apenas uma questão dentre as quinze apresentadas. A razão é o esforço básico deste livro de afirmar que o investidor inteligente não deve adquirir ações simplesmente por serem baratas, mas apenas se forem promissoras para a aquisição de um lucro considerável.

Apenas um pequeno percentual do total das companhias, em geral, se qualifica satisfatoriamente para o preenchimento de todos, ou de quase todos, os requisitos contidos nos outros catorze tópicos enumerados nesta discussão. Qualquer empresa qualificada pode contrair empréstimos com facilidade, pelas taxas de mercado correspondentes ao porte da sua organização, até o percentual máximo de débito aceito para o tipo de negócio específico. Se tal empresa necessitar de mais dinheiro, além do limite máximo de débito estipulado – sempre levando em consideração, é claro, que sua qualificação se refere a um crescimento de vendas adicional, às margens de lucro, à administração gerencial, à pesquisa e às demais questões que ora analisamos –, ela poderia, ainda, levantar um montante excedente por um valor específico, já que os investidores estão sempre ansiosos por participar de empreendimentos desse tipo.

Portanto, se o investimento for limitado a situações excepcionais, o que realmente importa é sabermos se o dinheiro em caixa da empresa, mais a capacidade de endividamento adicional, é suficiente para assumir o capital necessário e explorar os prospectos dos anos subsequentes. Em caso positivo, e se a empresa desejar contrair o empréstimo no limite da prudência, o investidor em ações não precisará se preocupar com o futuro mais distante. Após o investidor ter analisado adequadamente a situação, qualquer participação no capital social que possa ser efetuada alguns anos mais tarde terá valores bem mais elevados do que os dos níveis atuais, de modo que ele não precisa se preocupar. Isso ocorre porque o financiamento num período próximo terá produzido um aumento suficiente dos lucros, num momento em que o financiamento adicional ainda será necessário nos anos seguintes, levando as ações a um nível de preços substancialmente mais elevado.

Todavia, caso esse poder de endividamento não seja suficiente no momento, a participação no capital social será necessária. Nesse caso, a atratividade do investimento dependerá de cálculos cautelosos de quanto a diluição que resulta do grande número de ações promissoras se converterá em benefícios para o acionista atual que, por sua vez, resultarão do aumento dos lucros que esse financiamento possibilitou. Essa diluição do patrimônio líquido é matematicamente calculável quando ela ocorre por meio da emissão de títulos seniores e conversíveis, exatamente como ocorre com a emissão direta de ações. Isso se dá porque essas características de conversão são usualmente praticadas num nível moderado, acima do valor de mercado no momento da sua emissão – geralmente de 10% a 20%. Como o investidor nunca deve se interessar por pequenos ganhos de 10% a 20%, mas por rendimentos que, após alguns anos, se aproximem de um total em torno de dez a cem vezes esse montante, o valor da conversão pode normalmente ser ignorado e a diluição ser calculada com a base de conversão completa da nova emissão sênior. Em outras palavras, deve-se assegurar que todas as emissões seniores conversíveis tenham sido convertidas e todas as garantias, opções etc. tenham sido exercidas ao calcular o número real de ações ordinárias.

Se a participação no capital social acontecer no decorrer de vários anos, a partir do momento da compra das ações, e se essa participação no capital proporcionar aos acionistas apenas um pequeno aumento no lucro por ação subsequente, somente uma conclusão é justificável. Essa conclusão é que a companhia possui uma administração de julgamento financeiro bastante pobre para fazer as ações se tornar indesejáveis para um investimento que valha a pena. A menos que essa situação prevaleça, o investidor não precisa se sentir desestimulado por considerações puramente financeiras que o impeçam de usufruir uma situação que, em razão da grande importância dos demais tópicos apresentados, pode lhe ser promissora. Por outro lado, do ponto de vista da intenção de obter lucros máximos, com o passar dos anos, o investidor nunca deve entrar numa situação que apresente uma qualificação insuficiente com relação aos demais catorze tópicos enumerados, simplesmente por causa do grande potencial financeiro ou da situação de caixa de uma corporação.

Questão 14: A empresa fala abertamente com os investidores sobre seus negócios quando as coisas vão bem, mas "se fecha" em situações conturbadas e diante de decepções?

É da natureza dos negócios que, mesmo nas empresas mais bem administradas, dificuldades inesperadas, diminuição dos lucros e períodos desfavoráveis na demanda dos seus produtos ocorram de tempos em tempos. Além disso, as empresas cujas ações o investidor deve adquirir para que possa eventualmente obter grandes ganhos são aquelas que, ao longo dos anos, estão constantemente, por meio do trabalho da pesquisa técnica, tentando conceber e vender novos produtos e novos processos. Pela lei da probabilidade, algumas delas possivelmente fracassarão financeiramente. Outras terão atrasos inesperados e despesas enormes no período inicial de adaptação das suas instalações. Durante meses contínuos, esses gastos adicionais e fora do orçamento devem arruinar a previsão de lucros mais bem elaborada para a atividade como um todo. Esses imprevistos e decepções são inevitáveis até mesmo nas empresas mais bem-sucedidas. Quando solucionados adequadamente e com bom-senso, eles passam a ser apenas um dos preços a serem pagos pelo sucesso. Eles representam muito mais um sinal de força do que de fraqueza dentro de uma empresa.

O modo como a diretoria administrativa reage diante desses problemas pode ser uma dica valiosa para o investidor. A diretoria administrativa que não fala tão abertamente em situações difíceis como em situações prósperas geralmente "se fecha" em decorrência de uma ou diversas razões significativas. Essa diretoria pode não ter um programa elaborado para solucionar imprevistos. Ela pode, também, estar atemorizada com a situação, ou ainda não contar com um senso adequado de responsabilidade perante seus acionistas, não vendo nenhuma razão para reportar qualquer fato que não faça parte do expediente usual naquele momento. Em qualquer hipótese, o investidor deve excluir dos seus investimentos toda companhia que venha a omitir ou reter as más notícias.

Tendências dos preços do mercado – Gladding, McBean & Company vs. Ações de materiais de construção

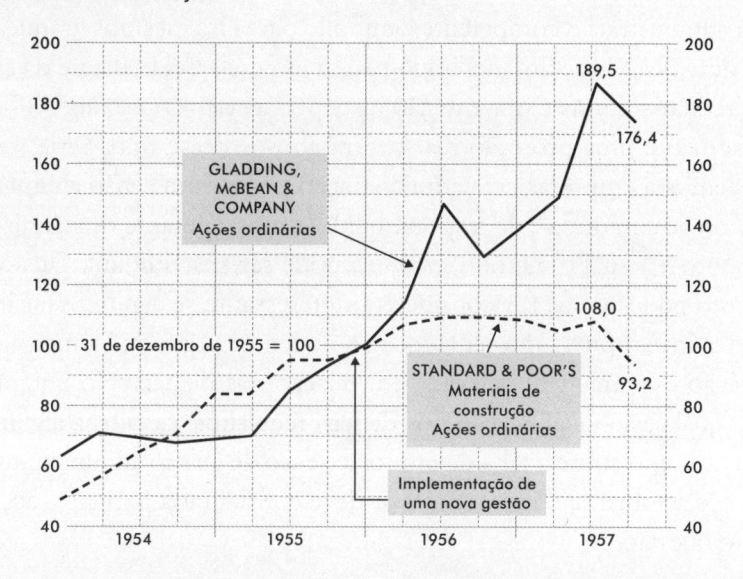

```
200 ┬──────────────────────────────────── 200
    │                          189,5
180 ┤                           ╱╲        180
    │                          ╱  ╲ 176,4
160 ┤      GLADDING,          ╱    ╲      160
    │      McBEAN &          ╱
140 ┤      COMPANY          ╱              140
    │      Ações ordinárias╱
120 ┤                     ╱                120
    │                    ╱        108,0
100 ┤ 31 de dezembro de 1955 = 100         100
    │                STANDARD & POOR'S
 80 ┤                Materiais de    93,2   80
    │                construção
    │                Ações ordinárias
 60 ┤                                       60
    │            Implementação de
 40 ┤            uma nova gestão            40
       1954    1955    1956    1957
```

Questão 15: A empresa conta com uma diretoria de integridade inquestionável?

A diretoria de uma empresa tem sempre um contato mais estreito com os ativos da companhia do que seus acionistas. Sem desrespeitar nenhuma lei, as maneiras pelas quais aqueles que mantêm o controle dos negócios podem se beneficiar e beneficiar seus familiares à custa do acionista comum são quase infinitas. Uma delas é se colocar – sem mencionar seus filhos ou parentes – na folha de pagamento, com salários bem acima do valor merecido pelo trabalho realizado. Outra maneira é vender ou alugar bens de sua propriedade à corporação acima dos valores de mercado. Entre as companhias menores isso é, às vezes, difícil de detectar, já que as famílias controladoras ou seus principais representantes, às vezes, compram e alugam bens imóveis a essas mesmas companhias – não para fins de ganhos desonestos, mas com base num desejo sincero de liberar capital de giro limitado para outros objetivos da corporação.

Outra maneira de os administradores enriquecerem é conseguir que os vendedores da empresa operem por meio de determinados escritórios de corretagem que pouco ou nada fazem para obter as taxas de corretagem contratadas e geralmente são de propriedade de amigos ou parentes desses administradores. Provavelmente, o fator mais oneroso de todos sobre o investidor é o abuso por parte dos administradores da companhia do seu poder de emitir ações. Eles são capazes de corromper esse sistema legítimo, que visa compensar uma administração competente, emitindo para eles mesmos grandes quantidades de ações, o que um indivíduo não muito esclarecido diante da situação pode acreditar ser uma compensação justa por serviços prestados.

Há somente uma proteção real contra abusos desse tipo. Seria restringir investimentos a empresas cuja administração possua um senso altamente desenvolvido de curadoria e de responsabilidade moral perante os acionistas. Eis outro ponto no qual o método *scuttlebutt* pode ser bastante útil. Qualquer investimento pode, ainda, ser considerado interessante se algum requisito contido nos quinze tópicos apresentados não puder ser preenchido, mas haja uma qualificação extremamente elevada em relação aos demais. No entanto, não importa qual seja a qualificação nos demais requisitos; caso haja algum questionamento sério sobre a falta de um forte senso de gestão administrativa com relação aos acionistas, o investidor não deve considerar a participação na empresa em questão.

O que comprar
APLICANDO OS PRINCÍPIOS ÀS SUAS PRÓPRIAS NECESSIDADES

Em geral, investidor não é um especialista no campo dos investimentos. Um homem geralmente gasta uma pequena fração do seu tempo ou dos seus esforços intelectuais administrando seus investimentos, em comparação ao tempo que ele costuma dedicar ao seu trabalho. No caso de uma mulher, o tempo e os esforços voltados para os investimentos também são reduzidos quando comparados ao tempo dedicado às suas atividades usuais. Como resultado, o investidor típico costuma reunir um grande número de meias verdades, conceitos equivocados e crenças irreais que o público, em geral, gradualmente acumula sobre investimentos de sucesso.

Uma das mais divulgadas e menos precisas dessas ideias é o conceito popular sobre quais atitudes são necessárias para que alguém se torne um vencedor no campo dos investimentos. Se uma pesquisa de opinião pública fosse realizada sobre esse assunto, suponho que o senso comum retrataria um especialista dessa área como sendo um indivíduo introvertido, erudito e com uma mentalidade direcionada especificamente para a contabilidade. Esse especialista, acadêmico em investimentos, deveria permanecer sentado no seu escritório, o dia inteiro, num isolamento impenetrável, em meio a uma vasta quantidade de balancetes, extratos dos lucros auferidos pelas empresas e estatísticas comerciais. A partir desse material, seu profundo conhecimento sobre o assunto e seu intelecto superior com relação aos números colheriam informações pouco acessíveis ao investidor comum. Esse tipo de estudo enclausurado produziria um conhecimento inestimável sobre a posição de investimentos excepcionais.

Como tantos outros conceitos errôneos bastante divulgados e incorporados, esse retrato mental conta com capacidade suficiente para se tornar bastante perigoso para qualquer um que pretenda adquirir os maiores benefícios do mercado de ações em longo prazo.

Exatamente como apontado na discussão das quinze questões a serem consideradas, caso um vencedor de destaque na área dos investimentos seja contemplado por qualquer outro meio que não seja pura sorte, algumas dessas questões são amplamente determinadas por cálculos matemáticos exatos. Além disso, conforme mencionado no início deste livro, há mais de um método pelo qual um investidor, quando suficientemente habilidoso, pode ganhar algum dinheiro ao longo dos anos e chegar até mesmo a obter um lucro realmente considerável por meio dos investimentos. O objetivo deste livro não é identificar todas as maneiras pelas quais esse lucro pode ser auferido. Antes, sua finalidade é identificar a *melhor* maneira. Entende-se pela melhor maneira o maior lucro total pela menor margem de risco. O tipo de atividade estatística contabilista que o público, em geral, parece visualizar como o âmago do interesse dos investimentos bem-sucedidos, quando bem desempenhada, faz surgir aparentes barganhas. Algumas podem ser consideradas excelentes. Nos demais casos, podem ocorrer sérios problemas posteriores nos negócios, embora não detectáveis por um mero estudo estatístico; ou seja, em vez de serem simplesmente consideradas ótimas barganhas, elas são, na verdade, a venda por um preço que, em poucos anos, se comprovará bastante elevado.

Enquanto isso, no caso até mesmo da barganha genuína, o grau em que ela é subestimada se mostra, de algum modo, geralmente limitado. O tempo que ela leva para se ajustar ao seu valor real é frequentemente considerável. Pelo que tenho observado, isso significa que, no decorrer de algum tempo, suficiente para que seja feita uma comparação justa – digamos, o período de cinco anos –, o caçador de barganhas estatísticas mais habilidoso termina por obter um lucro que nada mais é do que uma pequena parcela do lucro alcançado pelos que fazem uso de uma inteligência razoável, na avaliação das características dos negócios de empresas em crescimento administradas magnificamente. Essa constatação ocorre, é claro, após atribuirmos ao investidor das ações com potencial de crescimento as perdas sobre os empreendimentos que não surtiram o resultado esperado e, ao caçador de barganhas, uma quantidade proporcional de barganhas que simplesmente não aconteceram.

A razão pela qual as ações com potencial de crescimento obtêm um resultado muito melhor é o fato de elas demonstrarem ganhos em valores percentuais a cada década. Em contrapartida, é incomum encontrarmos uma barganha por um valor abaixo dos 50% do seu valor real. O efeito cumulativo dessa simples equação aritmética é óbvio.

Nessa ocasião, o investidor potencial deve começar a rever suas ideias sobre o tempo necessário para detectar os investimentos certos, adequados aos seus objetivos, sem mencionar as características que ele deve possuir se estiver disposto a encontrá-los. Talvez ele pretenda dedicar algumas horas semanais, em sua própria casa, analisando o conteúdo de todo o material documental que ache necessário para alcançar lucros consideráveis. Talvez ele não tenha tempo disponível para pesquisar, coletar informações ou dialogar com todos os tipos de pessoas cujo contato seria conveniente, caso queira levar seus investimentos em ações a um nível máximo. Ou, talvez, ele disponha desse tempo. Ele pode, ainda, não possuir a inclinação ou a personalidade adequada para obter informações com um grupo de pessoas, a maioria das quais ele não conheça muito bem. Além disso, não basta trocar ideias com elas; é necessário despertar o interesse e a confiança delas até um nível em que transmitam aquilo que sabem. O investidor de sucesso costuma ser um indivíduo interessado por natureza nos problemas dos negócios. Isso o faz discutir essas questões de maneira a despertar o interesse daqueles dos quais ele tenta angariar dados. Naturalmente, ele deve ter um julgamento razoavelmente justo ou todos os dados que obtiver não lhe valerão para nada.

Um investidor pode contar com o tempo, a inclinação e o julgamento, mas ainda continuar impedido de obter os melhores resultados ao lidar com suas ações. A questão da geografia é outro fator relevante. Um investidor, por exemplo, que more próximo, ou até mesmo nos limites da cidade de Detroit, teria maiores oportunidades de aprender sobre companhias de peças e acessórios automotivos; o que não seria possível a outro investidor igualmente diligente ou competente no estado do Oregon. Entretanto, muitas empresas e indústrias conhecidas são organizadas, hoje em dia, em bases nacionais, com seus centros de distribuição, ou até mesmo manufatureiros, na maioria das principais cidade dos Estados Unidos, de forma que os investidores que moram em grandes centros industriais ou nos subúrbios que os circundam geralmente possuem amplas oportunidades para praticar a arte de encontrar pelo menos alguns poucos investimentos consideráveis em longo prazo. Esse aspecto, infelizmente, não vale para aqueles que vivem em áreas rurais afastadas desses grandes centros.

Entretanto, o investidor rural ou a maioria massiva dos outros investidores que podem não dispor do tempo necessário, nem contar com as inclinações essenciais ou a habilidade para detectar excelentes investimentos para si mesmos, não estão, de maneira nenhuma, impedidos de realizar tais investimentos por conta disso. Na verdade, o trabalho do investidor é tão especializado e complexo que um indivíduo pode exercer a tarefa de administrar suas próprias aplicações da mesma forma que ele realizaria os serviços de um advogado, de um médico, um arquiteto ou um mecânico de automóveis. Ele deve desempenhar essas funções se contar com o interesse especial e habilidade nesse campo específico. Caso contrário, ele definitivamente deve procurar um especialista.

O importante é que ele saiba o suficiente sobre os princípios envolvidos para poder escolher um verdadeiro especialista, em vez de contratar os serviços de um farsante ou de um charlatão. Em certos aspectos, é mais fácil para um leigo escolher um assessor de investimentos destacado do que, digamos, contratar um advogado ou um médico de um grau relativamente superior. Em outros, essa tarefa acaba se tornando muito mais difícil. Ela é mais difícil porque o campo dos investimentos se desenvolveu muito mais recentemente do que a maioria das outras áreas afins. Como resultado, as ideias gerais ainda não se cristalizaram a ponto de haver uma linha de demarcação convencional entre o conhecimento verdadeiro e o fantasioso. Não encontramos, dessa forma, na área financeira, as barreiras que afastam os ignorantes e incompetentes que existem, por exemplo, nas áreas do direito ou da medicina. Mesmo entre algumas das mais renomadas autoridades em investimentos, há ainda uma relativa falta de concordância sobre os princípios básicos envolvidos, o que torna, até o momento, impossível encontrar instituições para o treinamento de especialistas nesse campo que possam ser comparadas às conceituadas escolas dedicadas ao ensino do direito ou da medicina. Esse fato torna ainda mais remota a prática da concessão de serviços, por parte das autoridades governamentais, daqueles que possuem o nível de conhecimento necessário para orientar as pessoas em investimentos, em comparação à maneira como os estados norte-americanos concedem a prática profissional do exercício do direito ou da medicina. É verdade que muitos deles o fazem por meio da concessão de serviços a assessores financeiros. Entretanto, nesses casos, apenas a desonestidade conhecida ou a insolvência financeira, no lugar da falta de treinamento ou habilidade, podem fornecer a base para o indeferimento de uma concessão de serviços.

Tudo isso provavelmente resulta num percentual mais alto de incompetência entre os assessores financeiros do que poderia existir nas áreas do direito e da medicina. Há fatores compensadores, no entanto, que podem possibilitar a um indivíduo sem nenhuma prática ou especialidade na área de investimentos escolher um consultor financeiro competente com mais facilidade do que escolheria um médico ou um advogado. Procurar um médico com base no baixo percentual de mortes durante seu tempo de prática profissional não seria uma maneira adequada de escolher um médico excepcional. No mesmo sentido, escolher um advogado pelo *ranking* de casos ganhos e perdidos não demonstra as habilidades relativas de um advogado. Felizmente, a maioria dos tratamentos médicos não é de questões extremas de vida ou morte, e um bom advogado frequentemente evita entrar em litígios.

O caso do consultor de investimentos é bastante diferente, no entanto. Existe um quadro de desempenho que, após algum tempo ter se passado, deve refletir com clareza alguma habilidade específica do consultor. Em casos eventuais, leva no máximo cinco anos para que os investimentos demonstrem seu mérito real. Em geral, não demoraria tanto tempo assim. Normalmente, seria arriscado confiar suas economias às habilidades de um consultor, por assim dizer, que trabalhando como autônomo, ou para terceiros, tenha tido menos de cinco anos de experiência. Portanto, no caso dos investimentos, não há razão por que aqueles que tentam escolher um consultor profissional não devam exigir a comprovação de uma seção transversal de resultados obtidos em favor de terceiros. Esses resultados, comparados a um relatório de preços em valores mobiliários para o mesmo período, proporcionam uma indicação real da habilidade do consultor.

Duas outras etapas são ainda necessárias antes que um investidor chegue a uma conclusão final sobre indivíduo ou organização aos quais ele delega a importante responsabilidade pelas suas finanças. Uma delas é a etapa óbvia de ter certeza da honestidade total e inquestionável do consultor. A outra etapa é mais complexa. Um consultor financeiro pode ter obtido resultados bem acima da média durante um período de queda de preços não por sua habilidade, mas por manter sempre grande parte dos fundos que ele administra em, digamos, títulos de elevada qualidade. Em outro momento, após um longo período de alta de preços, outro consultor pode ter obtido resultados acima da média em razão de uma tendência de adentrar em empresas marginais e arriscadas. Conforme explicado na discussão sobre as margens de lucro, essas empresas geralmente se dão bem apenas nesse período específico e em seguida costumam decair muito. Mesmo assim, um terceiro consultor pode ter sucesso em ambos os períodos em razão da tendência de tentar adivinhar o que os mercados de títulos e valores irão fazer. Esse fato pode produzir resultados magníficos em determinado momento, mas é quase impossível que eles perdurem indefinidamente.

Antes de escolher um consultor, um investidor deve obter informações sobre a natureza do conceito básico de administração financeira desse profissional. Ele deve, então, aceitar apenas um consultor com conceitos fundamentalmente semelhantes aos seus. Naturalmente, creio que os conceitos expressos neste livro são aqueles que fundamentalmente devem prevalecer. Muitos, criados no antigo ambiente financeiro do princípio "Compre as ações quando estiverem em baixa e venda-as quando estiverem em alta", discordariam piamente dessa conclusão.

Levando em consideração que um investidor deseja grandes lucros em longo prazo, o que acredito deva ser o objetivo de quase todos aqueles que compram ações no mercado, há uma questão que ele deve decidir por si mesmo: ou ele faz uso de um consultor de finanças ou tenta lidar sozinho com os próprios negócios. Essa é uma decisão que precisa ser tomada porque as ações que se qualificam mais satisfatoriamente nos termos das quinze questões previamente discutidas podem variar consideravelmente entre si em suas características de investimento.

Num dos extremos dessa escala encontram-se grandes empresas que, apesar de seus destacados prospectos de crescimento avançado serem financeiramente sólidos, com raízes tão profundas fincadas no solo econômico, são qualificadas pela terminologia geral de "ações institucionais". Isso significa que companhias de seguro, curadores profissionais e outros compradores institucionais afins irão adquiri-las. Eles as comprarão pois sentem que, enquanto podem avaliar mal os preços de mercado e perder uma parcela do seu investimento original, sendo forçados a vender essas ações num momento de baixas cotações, evitarão o perigo maior do prejuízo que poderiam sofrer caso comprassem de uma empresa que posteriormente perdesse sua posição competitiva atual.

A Dow Química, a Du Pont e a International Business Machines são bons exemplos desse tipo de ações em crescimento. No primeiro capítulo, mencionei o retorno totalmente insignificante e disponível em títulos de qualidade superior entre 1946 e 1956. No final desse período, cada uma das ações dessas três companhias – a Dow, a Du Pont e a IBM – possuía um valor aproximadamente cinco vezes maior do que aquele pelo qual era vendida no início do período. Nem mesmo durante esses dez anos, seus acionistas tiveram algum tipo de perda, do ponto de vista da renda corrente. A Dow Química, por exemplo, chega a ser conhecida pela baixa taxa de retorno que normalmente paga sobre o preço corrente de mercado. Entretanto, o investidor que comprasse ações da Dow no início desse período estaria, ao final dele, numa situação favorável, do ponto de vista da renda corrente. Embora a Dow, no momento da compra, tivesse oferecido apenas um retorno de cerca de 2,5% (esse foi um período em que as rentabilidades das ações, em geral, foram altas), apenas dez anos depois ela acrescentou dividendos ou ações subdivididas tantas vezes que o investidor estaria gozando de um retorno em dividendos entre 8% e 9% sobre o preço dos seus investimentos realizados dez anos antes. Um fator ainda mais importante é o de que o período de dez anos mencionado não é incomum para empresas do porte das três organizações citadas. Década após década, com apenas interrupções ocasionais por influências excepcionais, como o grande mercado em baixa da crise entre 1929 e 1932 ou a Segunda Guerra Mundial, essas ações apresentaram um desempenho praticamente fabuloso.

No outro extremo da escala, também de grande interesse para o tipo de investimento certo em longo prazo, encontramos frequentemente pequenas e novas empresas que podem contar apenas com vendas totais de um até 6 ou 7 milhões de dólares por ano, mas podem também possuir produtos que proporcionarem um futuro sensacional. Para que possam se qualificar, segundo os termos das quinze questões apresentadas, essas empresas geralmente contam com a combinação de um gerenciamento de negócios destacado e um pessoal científica e igualmente capaz, que penetra num campo novo e economicamente promissor. A Ampex Corporation, no momento em que suas ações foram oferecidas pela primeira vez ao público em 1953, pode servir de exemplo desse tipo de companhia. Depois de quatro anos, o valor dessas ações havia aumentado em mais de sete vezes.

Entre esses dois extremos encontramos uma série de outras empresas promissoras em crescimento, que variam entre as mais novas e arriscadas, como era a Ampex em 1953, até as mais sólidas e engajadas no mercado, como a Dow Química, a Du Pont e a IBM, nos dias de hoje. Considerando que este seja o momento de comprar (veja o próximo capítulo), que tipo de ação o investidor deveria adquirir?

As novas ações em fase de valorização oferecem, de longe, a maior possibilidade de ganhos. Às vezes, o lucro pode chegar a um percentual elevadíssimo no período de uma década. Entretanto, cometer ocasionalmente pelo menos um erro de investimento é inevitável, até mesmo para o profissional mais habilidoso. Não devemos nos esquecer de que, se esse erro for cometido com esse tipo de ação do mercado, cada dólar aplicado no investimento pode ser considerado perdido. Em contrapartida, se as ações forem adquiridas de acordo com as regras descritas no próximo capítulo, quaisquer perdas que eventualmente ocorressem com relação às ações mais antigas e mais bem estabelecidas seriam temporárias, resultando de um período de declínio imprevisto no mercado de ações como um todo. Os lucros em valores, em longo prazo, desse tipo de ações em crescimento na companhia serão, ao longo dos anos, consideravelmente menores do que aqueles observados em empresas mais novas e de menor porte. Não obstante, eles chegarão a valores finais consideráveis. Mesmo nas ações mais conservadoras ele costuma superar, pelo menos diversas vezes, o montante original investido.

Portanto, para que qualquer pessoa venha a arriscar um valor suficientemente elevado e significativo para si ou para seus familiares, a regra a ser seguida é bastante óbvia. Seria investir "a maioria" dos seus recursos financeiros num tipo de empresa que, embora não tão grande como a Dow Química, a Du Pont ou a International Business Machines, pelo menos se aproxime mais desse padrão de capital acionário do que aquele oferecido pelas empresas menores e mais jovens. Se essa "maioria" dos recursos é de 60% ou de 100% dos investimentos totais, esse aspecto é variável, conforme as necessidades ou exigências de cada indivíduo. Uma viúva sem filhos, com um patrimônio total de meio milhão de dólares, poderia aplicar todos os seus recursos numa classe mais conservadora de ações em fase de valorização. Outra, com um milhão de dólares para investir e três filhos para os quais ela pretende aumentar o patrimônio – porém num grau que não comprometa o padrão de vida –, poderia muito bem aplicar até 15% de seus recursos em pequenas e novas empresas cuidadosamente selecionadas. Um executivo casado, com dois filhos, um capital atual avaliado em US$ 400 mil, além de uma renda suficiente para poupar US$ 10 mil líquidos ao ano, poderia investir o capital de US$ 400 mil em empresas mais conservadoras, porém empreender o montante de US$ 10 mil das suas economias anuais na metade mais arriscada da escala de investimentos.

Em todos esses casos, entretanto, o ganho em valores, ao longo dos anos, do grupo mais conservador no mercado de ações seria suficiente para se sobrepor até mesmo à perda total dos recursos investidos em um mercado com risco maior. Ao mesmo tempo, quando adequadamente selecionado, o mercado de risco pode aumentar significativamente o ganho de capital total. De forma igualmente relevante, caso isso aconteça, essas novas empresas do mercado de risco terão, nesse momento, chegado a um ponto de seu desenvolvimento em que suas ações não mais carregarão o grau de risco previamente observado e poderão até mesmo ter progredido, chegando a um *status* em que as instituições venham a adquirir suas ações.

Os problemas do pequeno investidor são, de certo modo, mais difíceis. O grande investidor pode, frequentemente, ignorar por completo a questão dos retornos em dividendos no seu empenho de aplicar seus recursos em situações que permitem um potencial de crescimento máximo. Depois que seus recursos são dessa forma investidos, ele pode ainda retirar deles dividendos suficientes, ou para proteger um padrão de vida por ele alcançado, ou para possibilitar-lhe a aquisição desse padrão, caso a renda em dividendos seja acrescentada aos seus rendimentos regulares. A maioria dos pequenos investidores não consegue viver do retorno de suas aplicações, mesmo com uma taxa de rendimento elevada, já que o valor total dos seus valores em carteira não é suficientemente grande. Portanto, para o pequeno investidor, a questão corrente do retorno em dividendos em geral acaba sendo de uma escolha entre algumas centenas de dólares ao ano, a partir do momento em que o investimento é realizado, ou a oportunidade de obter um rendimento muitas vezes acima dessa quantidade em dinheiro, no período de um ano ou numa data posterior.

Antes de chegar a uma decisão sobre essa questão crucial, há um aspecto que o pequeno investidor deve encarar condignamente. Essa questão baseia-se no fato de que os únicos recursos cuja utilização ele deve considerar para o investimento no mercado de ações são aqueles verdadeiramente excedentes. Isso não significa a utilização de todos os recursos que estejam acima e além do que ele necessita para as despesas usuais. Exceto em circunstâncias extraordinárias, ele deve ter uma reserva monetária em espécie, suficiente para arcar com despesas de saúde ou outros imprevistos, antes de tentar adquirir qualquer coisa revestida de demasiado risco intrínseco como as ações do mercado. De maneira semelhante, os recursos já reservados para alguns objetivos futuros específicos, tal como mandar um filho para a universidade, nunca devem ser colocados em risco no mercado de ações. Somente após cuidar de assuntos desse tipo o investidor deve considerar a aplicação na bolsa de valores.

O objetivo que o pequeno investidor possui para esses recursos excedentes torna-se, de certo modo, uma questão de escolha pessoal e de circunstâncias pessoais específicas, incluindo o tamanho e a natureza de seu rendimento pessoal usual. Uma pessoa jovem, ou um investidor mais velho com filhos, ou outros herdeiros que ele preze, pode desejar sacrificar um rendimento em dividendos de, digamos, US$ 30,00 ou US$ 40,00 ao mês, com a finalidade de obter um rendimento dez vezes maior em quinze anos. Em contrapartida, uma pessoa mais velha e sem herdeiros naturalmente preferiria um rendimento mais imediato. Nesse mesmo sentido, uma pessoa com um rendimento relativamente pequeno e obrigações financeiras pesadas pode não ter escolha, a não ser satisfazer suas necessidades imediatas.

Entretanto, para a grande maioria dos pequenos investidores, a decisão sobre a importância do rendimento imediato é uma questão de escolha pessoal. Ela provavelmente depende, em grande parte, da psicologia individual de cada investidor. Em minha visão pessoal, uma pequena quantidade de rendimento adicional (já tributado) perde a força em comparação com um investimento que, nos anos que se seguem, pode proporcionar um rendimento de porte e, com o tempo, tornar meus filhos realmente ricos. Outras pessoas podem ter uma opinião diferente sobre essa questão. É ao grande investidor e ao pequeno que pensa como eu sobre esse aspecto e deseja uma abordagem inteligente dos princípios que fizeram com que esses resultados fossem possíveis que os procedimentos estabelecidos neste livro são apresentados.

O sucesso de qualquer indivíduo ao aplicar esses princípios aos seus próprios investimentos dependerá de duas coisas. Uma delas é o grau de habilidade com o qual esse indivíduo irá aplicá-los. A outra, naturalmente, é a questão da sorte. Numa era em que descobertas imprevisíveis podem acontecer a qualquer momento, num laboratório de pesquisas sem nenhuma ligação com a empresa onde seus recursos foram investidos, e numa era na qual, em cinco anos a partir de agora, aquele desenvolvimento de pesquisa não esperado pode resultar na triplicação ou na redução pela metade dos lucros do investimento, a boa sorte obviamente pode desempenhar um papel importantíssimo no que diz respeito ao universo dos investimentos. É por isso que até mesmo o investidor médio tem uma vantagem sobre aqueles com recursos reduzidos. O fator sorte pesa muito quando diversos investimentos selecionados são escolhidos.

No entanto, para aqueles investidores, tanto os pequenos como os grandes, que preferem um rendimento bem superior num período futuro de alguns anos e com o máximo retorno possível no presente, seria aconselhável lembrar que durante os 35 anos passados numerosos estudos foram realizados por várias autoridades financeiras. Elas compararam os resultados obtidos pelas ações do mercado que possibilitaram um elevado rendimento de dividendos com aqueles obtidos com a compra de ações de rentabilidade baixa de companhias que se concentraram no crescimento e no reinvestimento de seus recursos. Pelo que sei, todos esses estudos demonstraram as mesmas tendências. As ações em fase de valorização, num período de cinco a dez anos, se mostraram extremamente melhores no que diz respeito ao seu aumento de capital.

De maneira surpreendente, no mesmo período de tempo, essas ações geralmente aumentaram tanto os dividendos que, mesmo pagando um baixo retorno com relação ao valor maior pelo qual elas estavam sendo vendidas naquele momento, elas passaram a pagar um maior retorno em dividendos sobre o investimento original do que as ações selecionadas simplesmente pela rentabilidade. Em outras palavras, as ações em fase de valorização não haviam apenas demonstrado uma superioridade marcante no campo da apreciação de capital. Decorrido um período de tempo razoável, elas haviam crescido a ponto de demonstrar superioridade também no aspecto do retorno em dividendos.

Quando comprar

Os capítulos anteriores tentaram mostrar que o âmago do investimento bem-sucedido está em saber como detectar uma minoria de ações do mercado que, com o passar dos anos, terá uma valorização extraordinária na sua rentabilidade individual. Portanto, haveria alguma razão para desviar o tempo ou os esforços intelectuais do tema principal? Será que a questão sobre quando adquirir as ações teria uma importância relativamente menor? Uma vez que o investidor tenha a certeza de ter encontrado ações de destaque no mercado, seria então sempre o momento ideal de adquiri-las? A resposta a essa pergunta depende, em parte, do objetivo do investidor. Depende, também, do seu temperamento.

Tomemos um exemplo. O uso da previsão dos fatos pode caracterizar um exemplo extremo na história do universo financeiro moderno. Isso ocorreu com a compra de ações de diversas empresas, primorosamente selecionadas no verão de 1929, ou seja, um pouco antes do maior *crash* da história da bolsa de valores americana. Com o tempo, essa compra teria sido considerada favorável. Entretanto, 25 anos depois, ela ofereceria um percentual de ganhos bem menor do que teria sido o caso se, tendo realizado a parte mais difícil do trabalho de selecionar adequadamente essas empresas, um investidor tivesse feito um pequeno esforço adicional necessário para entender alguns princípios simples sobre o momento da valorização das ações.

Em outras palavras, se as ações adequadas são adquiridas e mantidas pelo tempo suficiente, elas sempre renderão algum lucro. Geralmente, elas produzem um lucro considerável. Entretanto, para que essa produção se aproxime do lucro máximo, ou seja, da espécie de lucro extraordinário definido anteriormente, é preciso considerar alguns aspectos temporais.

O método convencional sobre o momento certo para adquirir ações é, creio eu, tão simplório como nos parece superficialmente a própria sensatez. Esse método visa reunir uma grande massa de dados econômicos. Desses dados, são tiradas conclusões para o curso dos negócios em geral em curto e em médio prazos. Os investidores mais sofisticados usualmente formam opiniões sobre o curso futuro das taxas monetárias, bem como da atividade empresarial. Depois disso, se as previsões para todas essas questões não indicarem nenhum agravamento considerável das condições conhecidas, pode-se concluir que as ações em questão devem ser adquiridas. Às vezes, surgem algumas nuvens carregadas no horizonte. Quando isso ocorre, aqueles que utilizam o método geralmente aceito provavelmente postergam ou cancelam a compra das ações que, em outra situação, não hesitariam em comprar.

Minha objeção a essa abordagem não se esteia na sua irracionalidade teórica, mas no fato de que, no estado corrente do conhecimento humano sobre a economia que lida com a previsão das tendências dos negócios futuros, a aplicação prática desse método torna-se absolutamente impossível. As chances de certeza não são suficientemente boas para garantir a utilização desses métodos como base, ao assumirmos os riscos de investimento de nossas economias. Nem sempre esse é o caso. Pode nem mesmo ser o caso daqui a cinco ou dez anos. Atualmente, pessoas competentes tentam aperfeiçoar os computadores eletrônicos, visando estabelecer uma "entrada e saída" de dados com uma complexidade suficiente para que talvez, em algum momento no futuro, seja possível sabermos com algum grau de precisão quais seriam as tendências mais recentes no universo dos negócios.

Quando, e se, essa evolução acontecer, a arte do investimento no mercado de ações talvez tenha de ser radicalmente revisada. Até que isso ocorra, no entanto, acredito que a economia que lida com a previsão das tendências no mundo dos negócios pode ser considerada tão distante como a química nos tempos da alquimia na Idade Média. Na química, tal como ocorre com a previsão dos negócios hoje em dia, os princípios básicos apenas começavam a emergir de uma massa misteriosa e obscura. Entretanto, a química não havia chegado ao ponto em que tais princípios pudessem ser seguramente utilizados como base para a escolha de um curso de ação.

Ocasionalmente, como aconteceu em 1929, a economia se torna tão imprevisível que o entusiasmo especulativo para o futuro atinge proporções sem precedentes. Mesmo no nosso estado atual de ignorância econômica, é possível fazer uma previsão bastante apurada do que pode ocorrer. Entretanto, duvido que, dentro de um período de dez anos, seja seguro fazer uma previsão apurada num período maior do que um ano. Essa previsão pode se tornar ainda mais rara no futuro.

O investidor típico está tão acostumado a solicitar serviços de previsões econômicas que ele pode passar a confiar e depender demais dessas previsões. Nesse caso, sugiro que ele examine os arquivos das edições antigas do *Commercial & Financial Chronicle*, de qualquer ano que seja, desde o final da Segunda Guerra Mundial. Na verdade, pode valer a pena analisar essas informações mesmo que ele esteja a par da falibilidade dessas previsões. Sem levar em conta o ano selecionado, ele poderá encontrar, entre outras coisas, um número considerável de artigos em que autoridades financeiras e econômicas apresentam suas opiniões sobre o panorama do período subsequente. Como os editores desse jornal parecem selecionar material visando proporcionar os comentários mais competentes disponíveis, tanto das opiniões otimistas quanto das mais pessimistas, não é de admirar que previsões contraditórias sejam encontradas nesses exemplares de edições passadas. O que é surpreendente é o grau de divergência entre esses especialistas. O que chama mais a atenção ainda é a convicção e o caráter incisivo encontrados em algumas dessas argumentações. É verdade, também, que algumas dessas previsões se mostraram totalmente equivocadas.

Os esforços intelectuais que a comunidade financeira tem depositado nessa tentativa constante de prever o futuro econômico, baseando-se em uma série de fatos aleatórios e provavelmente incompletos, nos fazem pensar sobre o que poderia ter sido realizado se apenas uma fração desses esforços tivesse sido investida em algo mais útil. Comparei a previsão econômica com a química nos tempos da alquimia. Talvez essa preocupação em tentar fazer algo que aparentemente ainda não pode ser realizado com perfeição me permita outra comparação com a Idade Média.

Esse foi um período da história em que a maioria do mundo ocidental vivia num ambiente de precariedade desnecessária e de sofrimento humano. Isso se deve, em grande parte, ao fato de que o potencial intelectual da época se dedicava a resultados inócuos. Imaginem o que poderia ter sido realizado se metade dos esforços intelectuais tivesse sido dedicada à luta contra a fome, as doenças e a ganância, em vez de ser desperdiçada na discussão sobre adornos religiosos dentro de uma igreja. Se apenas uma parte do potencial intelectual coletivo utilizado atualmente pela comunidade financeira para prever as tendências futuras no ciclo dos negócios fosse direcionada para fins mais produtivos, resultados excepcionais talvez pudessem ser obtidos.

Se os estudos convencionais sobre o prospecto econômico futuro não representam a abordagem adequada para o momento certo de aquisição das ações do mercado, qual abordagem representaria? A resposta está na própria natureza das ações.

Assumindo o risco de ser repetitivo, devo revisar por um momento algumas das características básicas dos investimentos consideráveis, conforme discutido no capítulo anterior. Essas empresas geralmente trabalham, de uma forma ou de outra, nos limites máximos da tecnologia científica. Elas desenvolvem diversos novos produtos e processos nos seus laboratórios localizados em suas instalações piloto para os primeiros estágios da produção comercial. Tudo isso custa dinheiro, além de caracterizar um escoamento dos outros lucros da empresa. Mesmo no estágio inicial de produção comercial, as despesas adicionais com vendas envolvidas na construção de volume suficiente para um novo produto fornecer a margem de lucro desejada são tão grandes que os gastos com manutenção, nessa etapa de desenvolvimento, podem ser maiores do que antes, durante o período das instalações piloto.

Do ponto de vista do investidor, dois aspectos sobre esse assunto possuem um significado especial. O primeiro é a impossibilidade de depender de um cronograma exato no ciclo de desenvolvimento de um produto novo. O segundo é o fato de que até mesmo para as empresas mais bem administradas um percentual de insucessos faz parte do custo do negócio. No esporte, como no beisebol, por exemplo, até mesmo a liga de campeões de maior destaque perde alguns dos seus jogos disputados.

O aspecto do desenvolvimento de um novo processo que talvez mereça um estudo mais detalhado quanto ao momento certo para adquirir ações do mercado é aquele que determina quando a primeira fábrica em escala integral está prestes a iniciar a produção. Numa fábrica nova, até mesmo para processos ou produtos já estabelecidos, provavelmente há um período de fragilidade que varia entre seis e oito semanas e acaba sendo bastante dispendioso. Esse é o tempo que se leva para ajustar o equipamento às exigências de uma operação eficiente e eliminar os "aborrecimentos" inevitáveis que ocorrem no funcionamento de um complexo maquinário moderno. Quando o processo é verdadeiramente revolucionário, esse dispendioso período de fragilidade pode se estender muito além das estimativas dos engenheiros mais pessimistas de uma empresa. Além disso, quando os problemas finalmente são resolvidos, o acionista, já cansado, ainda não pode contar com os lucros imediatos. Há, ainda, um período de drenagem adicional que dura meses, em que os lucros da empresa, mesmo aqueles de linhas de produção mais antigas, são investidos em vendas e material de publicidade para que o produto novo seja bem recebido.

Pode ser que a empresa empenhada nesses esforços esteja tendo um crescimento tão grande na sua receita por meio de outros produtos mais antigos que esse escoamento dos lucros não seja percebido pelo acionista médio. Em geral, porém, acontece justamente o contrário. Assim que a notícia sobre um novo e excepcional produto no laboratório de uma empresa bem administrada vem à tona, os compradores elevam o preço das ações da companhia. Quando surge a notícia sobre uma operação bem-sucedida numa fábrica piloto, o valor das ações aumenta ainda mais. Poucos acreditam na velha analogia de que operar uma fábrica piloto é como dirigir um automóvel numa estrada sinuosa e precária a 15 quilômetros por hora. Administrar uma fábrica comercial é como dirigir nessa mesma estrada a 160 quilômetros por hora.

Assim, quando as dificuldades começam a surgir, mês a mês, após o início do funcionamento da fábrica comercial, essas despesas inesperadas fazem as ações unitárias ter uma queda notória. Surgem as notícias de que a fábrica está com problemas. Ninguém pode garantir quando os problemas serão solucionados, se é que há solução. Os antigos compradores das ações tornam-se vendedores desencorajados. Em consequência disso, o preço das ações cai. Quanto mais tempo dura o período de fragilidade, mais entram em declínio as cotações do mercado. Surge, então, a boa notícia de que a fábrica finalmente está indo bem. Um revigoramento pelo período de uns dois dias ocorre no preço das ações. Entretanto, no trimestre seguinte, quando as despesas extraordinárias de vendas causam um declínio ainda maior no lucro líquido, as ações caem ao mais baixo nível de preços dos últimos anos. Voltam os rumores nos meios financeiros de que a administração da empresa entrou em colapso.

Nesse momento, as ações podem muito bem ser vistas como uma excelente aquisição. Uma vez que os esforços para as vendas adicionais produziram um volume suficiente para fazer a primeira unidade de produção valer a pena, os esforços para as vendas usuais são frequentemente suficientes para dar continuidade ao movimento positivo nas curvas de vendas durante muitos anos. Como as mesmas técnicas são utilizadas, o funcionamento de uma segunda, terceira, quarta ou quinta unidade de produção pode, quase sempre, ser iniciado sem os atrasos e as despesas extraordinárias que se fizeram necessários no prolongado período de fragilidade da primeira unidade. Quando a quinta unidade de produção estiver funcionando na sua capacidade máxima, a empresa terá crescido e prosperado tanto que todo o ciclo poderá ser repetido com outro produto inteiramente novo, sem a mesma drenagem no percentual dos ganhos ou sem o mesmo efeito negativo sobre o preço das ações da companhia. O investidor terá adquirido, no momento certo, um investimento que poderá lhe proporcionar lucros durante muitos anos.

Na primeira edição deste livro [de 1958], utilizei as seguintes palavras para descrever um exemplo desse tipo de oportunidade. Usei um exemplo que ainda era relativamente recente naquele tempo. Eu disse:

> Um pouco antes das eleições de 1954 no Congresso, alguns fundos de investimento se aproveitaram desse tipo de situação. Durante muitos anos antes, as ações da American Cyanamid haviam sido vendidas no mercado por um preço consideravelmente baixo em comparação com as outras principais indústrias químicas. Acredito que isso se deve ao sentimento generalizado na comunidade financeira de que, enquanto a divisão Lederle representava uma das organizações farmacêuticas mais destacadas do mundo, as atividades químicas agrícolas e industriais constituíam uma série de unidades de produção caras e ineficientes, reunidas no típico período de absorção do "mercado de ações" na fase de ascensão da década de 1920. Esses ativos eram geralmente considerados qualquer coisa, menos um investimento desejável.
>
> O que foi ainda menos observado foi o fato de que uma nova administração encontrava-se reduzindo firmemente, porém sem muito alarde, os custos de produção, eliminando o peso morto e aperfeiçoando a eficiência da organização. O que se observou foi o fato de essa empresa "apostar alto" – realizando enormes gastos de capital para uma empresa daquele porte, numa nova e gigantesca unidade de produção química na cidade de Fortier, no estado de Louisiana. Foi projetada uma engenharia tão complexa para essa unidade que não deve ter surpreendido ninguém o fato de ela ter se atrasado por meses a fio para atingir o ponto de não ter nem lucro nem prejuízo. Como os problemas na cidade de Fortier continuaram, a situação se juntou à frivolidade desfavorável com a qual as ações da American Cyanamid eram consideradas. Nessa etapa, na crença de que um momento para a compra era propício, os fundos de

capital mencionados chegaram a um valor médio de 45¾. Isso significaria 22⅞ sobre as ações presentes como resultado de uma divisão acionária de 2 por 1 que ocorreu em 1957.

O que tem acontecido desde então? Algum tempo se passou para que a companhia começasse a gozar dos benefícios de algumas das atividades administrativas que produziam custos acima do normal em 1954. Fortier é agora lucrativa. Os rendimentos aumentaram de US$ 1,48 por ação do mercado em 1954 para US$ 2,10 por ação unitária em 1956, e prometem ser ligeiramente mais elevados em 1957, um ano em que a maioria dos lucros provenientes dos produtos químicos (não incluindo, porém, os produtos farmacêuticos) se manteve num nível inferior em comparação ao ano anterior. Pelo menos Wall Street passou a perceber que as atividades agrícolas, químicas e industriais da American Cyanamid merecem um investimento institucional. Como resultado, a relação de rentabilidade dos preços dessas ações modificou-se notoriamente. Um aumento de 37% nos resultados, que aconteceu num período de, digamos, três anos, produziu um ganho em valor de mercado de aproximadamente 85%.

Desde que esse texto foi escrito, o prestígio atribuído pela comunidade financeira ao *status* da American Cyanamid parece ter continuado. Com resultados para o ano de 1959 prometendo superar o pico máximo anterior de US$ 2,42 em 1957, o preço de mercado dessas ações tem avançado vigorosamente. Ele se encontra agora em torno de 60, representando um ganho de cerca de 70% em rentabilidade e 163% em valor de mercado desde que as ações mencionadas na primeira edição foram adquiridas.

Gostaria de finalizar a discussão sobre a American Cyanamid com essa nota bem-humorada. Entretanto, pretendo tornar essa revisão um registro honesto, e não o registro mais favorável disponível até o presente momento. O leitor deve ter notado que, na edição anterior, me referi à compra das ações da Cyanamid em 1954 como "certos fundos de capital"; esses fundos não mais retêm as ações, que foram vendidas na primavera de 1959 por um preço médio de 49. Esse número se encontrava, é claro, significativamente abaixo dos números do mercado corrente, mas ainda assim representou um lucro de cerca de 110%.

O porte do lucro não tinha, entretanto, nada a ver com a decisão de vender. Havia dois motivos por trás dessa decisão. Um deles foi a visão de longo prazo de que outra companhia seria melhor. O leitor terá a oportunidade de constatar, pela discussão no próximo capítulo, que esse fator foi uma das principais razões para a venda das ações. Como ainda não se passou tempo suficiente para darmos provas conclusivas, de uma forma ou de outra, as cotações comparativas do mercado até agora para os dois tipos de ações parecem justificar essa manobra.

Entretanto, houve uma segunda razão por trás dessa troca de investimentos cuja percepção pode parecer menos confiável. Era a preocupação de que, com relação às empresas mais destacadas entre as concorrentes, o polo químico da American Cyanamid (em contraste com o polo farmacêutico) não demonstrava tanto progresso em ampliar margens de lucro e estabelecer novas linhas de produção lucrativas como esperado. A preocupação com esses fatores foi acentuada pela incerteza quanto aos possíveis gastos diante da tentativa da companhia de se estabelecer no negócio da fibra acrílica dentro da altamente competitiva indústria têxtil. Essa justificativa pode estar correta e, mesmo assim, ter sido uma equivocada decisão de investimento por causa dos brilhantes prospectos em Lederle ou da divisão farmacêutica. Esses prospectos ficaram mais aparentes depois que as ações foram vendidas. As possibilidades para um salto ambicioso e definitivo na produtividade financeira de Lederle num futuro, em médio prazo, se baseiam em: 1) um novo e promissor antibiótico e 2) com o tempo, um mercado considerável para uma vacina "inédita", via oral, contra a pólio, uma área na qual essa empresa tem sido líder. Essas inovações tornam a questão problemática, e apenas o futuro determinará se a decisão de dispor das ações da Cyanamid virá a ser considerada um erro de investimento ou não. Como estudar possíveis erros pode ser ainda mais compensador do que rever sucessos do passado, devo sugerir, mesmo sob o risco de parecer presunçoso, que qualquer um que esteja realmente interessado em aperfeiçoar suas técnicas de investimento observe com atenção esses últimos parágrafos e os releia após ter lido o próximo capítulo sobre "quando vender".

Pretendo, agora, abordar o próximo e mais novo exemplo desse tipo de oportunidade de compra que já mencionei na primeira edição. Eu afirmei que:

> Uma situação semelhante poderia estar ocorrendo no segundo semestre de 1957, no caso da Food Machinery and Chemical Corporation. Alguns grandes compradores institucionais se sentiram atraídos por essas ações por algum tempo. Muitos outros, no entanto, apesar de alguns elementos de interesse, quiseram buscar evidências de certas questões antes de adquirir ações. Para que possamos entender essa atitude é necessário penetrar um pouco no cenário do nosso passado.

Anteriormente à Segunda Guerra Mundial, essa empresa havia restringido as atividades a uma linha de produtos diversificada na fabricação de maquinários. Como resultado de uma administração brilhante e uma engenharia de desenvolvimento igualmente destacada, a Food Machinery se tornou, na época, um dos investimentos mais bem-sucedidos do período pré-guerra. Depois disso, no decorrer da guerra, além de penetrar no campo dos produtos de artilharia, no qual a empresa obteve um sucesso semelhante, ela montou uma estrutura de negócios diversificada, voltada para a indústria química. A razão disso foi o desejo de estabilizar a tendência cíclica do negócio de maquinários por meio da fabricação de produtos consumíveis cujas vendas, com o passar dos anos, poderiam ser continuamente expandidas pela pesquisa, da mesma maneira como havia sido explorada com tanto êxito nas divisões de maquinários e de produtos bélicos.

Até 1952, quatro empresas separadas já haviam sido adquiridas e convertidas em quatro (atualmente cinco) divisões. Ao todo elas representam um pouco menos do que a metade do total do volume de vendas se incluirmos as atividades do mercado bélico, um pouco mais do que a metade se apenas as atividades usuais não relacionadas à defesa forem consideradas. Anteriormente, e nos primeiros anos de aquisição, essas unidades de produtos químicos variavam extremamente. Uma delas era líder num campo que crescia rapidamente com amplas margens de lucro e com um excelente prestígio técnico na indústria. A outra sofria com fábricas obsoletas, baixas margens de lucro e poucos incentivos. A média de todas elas deixava muito a desejar comparada com a média das verdadeiras líderes entre as indústrias químicas. Em alguns casos, havia produtos intermediários sem a matéria-prima básica. Em outros, havia muita matéria-prima de lucratividade baixa, porém poucos produtos com altas margens de lucro que pudessem ser elaborados com essa matéria-prima disponível.

A comunidade financeira chegou a algumas conclusões bastante definidas sobre tudo isso. As divisões de maquinários – com uma taxa de crescimento interno de 9% a 10% ao ano (comparável à indústria química como um todo), com uma habilidade comprovada para conceber e vender novos produtos, criativos e comercialmente viáveis, ano após ano, e contando com algumas das unidades de produção de mais baixo custo do setor – representavam o melhor investimento. Entretanto, até que as divisões de produtos químicos pudessem demonstrar margens de lucro mais amplas, além de outras evidências de qualidade intrínseca, havia pouco estímulo para investir nesse empreendimento combinado.

Nesse ínterim, a administração tentou de forma agressiva solucionar o problema. O que eles fizeram? A primeira medida foi tomada por meio de promoções internas e recrutamentos externos para formar a alta gestão. Esse novo grupo investiu dinheiro para a modernização de velhas unidades de produção, para o desenvolvimento das unidades novas e para a pesquisa. Deixando de lado as despesas usuais de uma unidade de produção que são normalmente capitalizadas, é impossível submeter-se a uma modernização maior e à expansão de uma unidade de produção sem também aumentar as despesas correntes. É bastante surpreendente que todas as despesas excepcionais que ocorreram em 1955, 1956 e 1957 não tenham provocado o declínio dos resultados provenientes dos produtos químicos durante esse período. A estabilidade dos lucros nos dá uma forte indicação da importância do que havia sido feito anteriormente.

Em qualquer hipótese, se os projetos forem adequadamente elaborados, o efeito cumulativo daqueles que já foram concluídos deve, com o tempo, se sobrepor à despesa adicional dos que ainda estão por vir. Algo desse tipo poderia ter acontecido em 1956, caso as despesas com pesquisa naquele ano não tivessem sido aumentadas em cerca de 50% acima dos níveis do ano de 1955. Isso teria sido feito mesmo que em 1955 essas despesas com a pesquisa de produtos químicos não estivessem muito abaixo da média da indústria e as despesas com a pesquisa de maquinários estivessem bem acima da maioria dos segmentos do setor de maquinários. Apesar de continuar com o alto nível de pesquisas, esse aumento brusco nos rendimentos foi previsto na segunda metade de 1957. No meio do ano, as modernizadas células de clorina da companhia na região de South Charleston, West Virginia, estavam programadas para ser lançadas no mercado. Imprevistos, típicos da indústria química, mas dos quais a empresa surpreendentemente havia se livrado na maioria dos seus demais programas de expansão e modernização, indicavam que o aumento nos rendimentos aconteceria no primeiro trimestre de 1958.

Suspeito que, até que haja essa melhoria nos rendimentos, até que as margens de lucro cresçam e continuem a se expandir por determinado período de tempo, o comprador institucional, em termos gerais, não analisará a questão além da sua superfície e se distanciará desse tipo de ação do mercado. Se acontecer o que imagino, esse desenvolvimento se manifestará em 1958 e 1959, e o sentimento financeiro em algum momento, nesse período, virá à tona para o reconhecimento do aprimoramento básico de fundamentos que surgiram diversos anos antes. Nesse momento, as ações, que podem continuar a crescer por muitos anos, serão vendidas por um preço que terá avançado parcialmente em razão da melhoria dos rendimentos acionários que já ocorreram; porém ainda mais por causa do índice preço/lucro modificado que resulta de uma reavaliação geral da qualidade intrínseca da companhia.

Acredito que os dados dos dois últimos anos enfaticamente comprovam esses comentários. Possivelmente, o primeiro reconhecimento geral do que estava acontecendo por baixo da aparência surgiu quando, em 1958, um ano com características de recessão, em que quase todas as indústrias de produtos químicos e de maquinários demonstravam uma queda decisiva na produtividade financeira, a companhia Food Machinery apresentou lucros sobre um pico constante de US$ 2,39 por unidade acionária. Esse número estava moderadamente acima dos níveis dos diversos anos anteriores quando a economia, em geral, se encontrava em níveis elevados. Isso era um indício de que as divisões de produtos químicos estavam finalmente sendo trazidas a um ponto em que podiam assumir seu lugar, junto com os objetivos do empreendimento dos maquinários, como um investimento altamente viável, e não um investimento marginal. Como os lucros de 1959 ainda não se encontram disponíveis à data de elaboração desse texto, os ganhos exatos de rentabilidade registrados para os primeiros nove meses, sobre o período correspondente de 1958, nos asseguram firmemente que o longo período de reorganização das divisões de produtos químicos dará bons frutos. Os lucros de 1959 talvez possam ser considerados especialmente significativos, pois nesse ano a divisão de produtos bélicos se encontrava numa transição do seu principal produto anterior: um tanque anfíbio para o porte de materiais leves, feito de aço, para um novo tanque de alumínio que podia ser jogado de paraquedas. Isso significa que o ano de 1959 foi o único de um passado recente ou de um futuro previsível no qual as atividades bélicas não deram nenhuma contribuição expressiva para o total da produtividade financeira. Entretanto, um novo e importante pico de rendimentos foi alcançado.

Como o mercado respondeu a esse fato? No final de setembro de 1957, quando a redação da primeira edição foi concluída, essas ações eram vendidas por 25¼. Hoje, elas estão na marca dos 51, um ganho de 102%. A mentalidade financeira que mencionei parece estar começando a "reconhecer o aperfeiçoamento básico dos fundamentos iniciados alguns anos antes".

Outros acontecimentos confirmam essa tendência e podem acrescentar a ela um novo ímpeto. Em 1959, a editora McGraw-Hill criou um novo costume. A empresa decidiu, todos os anos, premiar conquistas administrativas de destaque nas indústrias químicas. Para escolher o primeiro vencedor desse prêmio, eles selecionaram um grupo distinto e bem informado composto por dez membros. Quatro deles representavam as escolas universitárias de liderança na área da administração de empresas, três vinham das principais instituições de investimento com elevados títulos em carteira na indústria química, e os outros três eram membros de liderança de proeminentes firmas de consultoria da indústria químicas. Vinte e duas empresas eram nomeadas e catorze faziam apresentações. Esse prêmio por desempenho gerencial não foi para nenhum dos gigantes da indústria, companhias cujo potencial de gestão, com justificadas razões, é altamente respeitado em Wall Street. Em vez disso, ele foi dado à Chemical Divisions of the Food Machinery Corporation, que dois anos antes havia sido considerada, como ainda é hoje, por muitos compradores no mercado de ações um investimento bastante indesejável!

Por que um assunto desse tipo seria primordial para investidores em longo prazo? Em primeiro lugar, porque ele assegura com firmeza que, de acordo com as tendências das atividades empresariais em geral, os rendimentos dessa empresa devem crescer nos anos posteriores. Executivos bem esclarecidos da indústria química não dariam um prêmio desse tipo a uma companhia que não tivesse departamentos de pesquisa que desenvolvessem produtos novos e viáveis e engenheiros químicos que os produzam de maneira lucrativa. Em segundo lugar, esse tipo de prêmio deixa suas impressões na comunidade econômica. Nada é mais interessante para os acionistas do que a influência sobre os preços das ações de uma tendência positiva nos lucros, multiplicada pela tendência positiva comparável ao modo como cada dólar desse lucro é avaliado no mercado econômico, conforme mencionei nas minhas observações conclusivas sobre essa empresa na primeira edição.

Outras questões, além da introdução de novos produtos e dos problemas do início do funcionamento de unidades de produção complexas, também podem abrir um horizonte de oportunidades para a compra de ações numa companhia não muito usual. Por exemplo, a empresa eletrônica Middle Western era, entre outras coisas, conhecida pelas suas excelentes e excepcionais relações de trabalho. Ela cresceu a tal ponto que foi forçada a realizar algumas mudanças na sua filosofia de relacionamento com os funcionários. Uma interação desafortunada de personalidades provocou conflito, greves de longa duração e baixa produtividade numa empresa conhecida pelas suas boas relações trabalhistas e pela sua alta produtividade. Foi nesse exato momento que a companhia cometeu um dos seus poucos erros ao julgar o mercado potencial para um novo produto. O lucro caiu drasticamente e, com ele, o preço das ações.

A competente e excepcionalmente criativa cúpula administrativa elaborou planos imediatos para sanar esses problemas. Ao passo que planos são elaborados em questão de algumas semanas, colocá-los em prática leva muito mais tempo. Como os resultados desses planos estratégicos começaram a surtir efeito nos rendimentos, o mercado chegou ao que chamamos de "momento de compra A". Entretanto, levou cerca de um ano e meio até que todos os benefícios pudessem ser transferidos para o DRE (Demonstrativo de Resultado do Exercício). No final desse período, ocorreu uma segunda greve, cuja solução seria o último passo necessário para possibilitar que a empresa restaurasse sua eficiência competitiva. Essa greve não durou muito. Não obstante, enquanto essa greve curta e de prejuízos relativamente baixos acontecia, correram boatos na comunidade financeira de que as questões trabalhistas iam de mal a pior. Apesar da compra massiva por parte dos representantes da companhia, as ações caíram. Elas não ficaram com um preço baixo por muito tempo. Esse fato provou ser mais um tipo conveniente de oportunidade de compra do ponto de vista do momento exato de aquisição e pode ser chamado de "momento de compra B". Aqueles que olharam além da aparência e foram capazes de ver aquilo que realmente acontecia puderam comprar, por preços realmente acessíveis, ações que lhes seriam lucrativas durante muitos anos.

Vejamos como poderia ter sido lucrativo caso um investidor tivesse comprado ações no momento de compra A ou no momento de compra B. Não pretendo utilizar o preço mais baixo do que aquele que uma tabela mensal de preços indicaria quanto às ações nesses dois períodos. Não pretendo fazer isso porque algumas centenas dessas ações foram transferidas no seu momento mais extremo de baixa. Se um investidor tivesse comprado na baixa absoluta, teria sido muito mais uma questão de sorte do que qualquer outra coisa. Em vez disso, usarei um número moderadamente acima da baixa em uma das situações e diversos pontos acima na outra. Em cada caso, milhares de ações estavam disponíveis e foram transferidas nesses estágios. Utilizarei somente preços pelos quais as ações poderiam ter sido facilmente adquiridas por qualquer um que fizesse um estudo realista da situação.

No momento de compra A, as ações haviam caído, em apenas alguns meses, 24% com relação ao seu pico anterior. No período de mais ou menos um ano, aqueles que compraram nessa fase teriam tido um ganho no valor de mercado entre 55% e 60%. Depois disso, veio a greve que produziu o momento de compra B. As ações caíram novamente em quase 20%. De maneira bastante estranha, elas permaneceram em baixa por algumas semanas depois que a greve acabou. Nesse momento, um funcionário brilhante de um grande consórcio de investimentos me disse que sabia como a situação era favorável e o que muito provavelmente aconteceria. Não obstante, ele não recomendaria a compra ao seu comitê financeiro. Ele afirmou que determinados membros checariam com amigos em Wall Street e não declinariam o seu pedido, mas o repreenderiam por levar ao seu conhecimento uma companhia com uma administração tão depreciada e com relações de trabalho sem perspectivas!

Durante a elaboração desse texto, apenas alguns meses depois, as ações já haviam alcançado 50%, a contar do momento de compra B. Isso quer dizer que agora elas se encontram na casa dos 90% a contar do momento de compra A. Ainda mais importante, o futuro da companhia parece brilhante, com todos os prospectos de que terá um crescimento excepcional nos próximos anos, exatamente como teve durante alguns anos antes que o conjunto de acontecimentos extraordinários e temporários produzisse os momentos de compra A e B. Os que adquiriram ações em qualquer um desses momentos penetraram nos negócios da empresa certa no momento certo.

Em suma, a companhia da qual o investidor deve comprar é a empresa que tem suas atividades coordenadas pela orientação de um gerenciamento excepcionalmente competente. Algumas dessas atividades, poucas delas, podem falhar. Outras irão, de tempos em tempos, provocar imprevistos antes de obter sucesso. O investidor deve ter absoluta certeza, no seu íntimo, de que eles são temporários, e não permanentes. E, se esses problemas produzirem um declínio significativo no preço das ações afetadas e prometerem uma solução em questão de meses, e não de anos, ele provavelmente estará em solo seguro ao considerar que é o momento certo de adquirir uma ação.

Não são todos os momentos de compra que surgem de problemas corporativos. Em setores industriais, tal como a produção química, em que grandes capitais financeiros são exigidos para cada dólar sobre as vendas, outro tipo de oportunidade às vezes ocorre. A matemática dessas situações é geralmente assim: uma nova unidade ou novas unidades de produção são erguidas por, digamos, US$ 10 milhões. Um ano ou dois depois de essas unidades terem entrado em funcionamento integral, os engenheiros da companhia as avaliarão em detalhes. Eles surgem com propostas para o emprego de um investimento de, digamos, US$ 1,5 milhão. Para esse investimento maior de 15%, os engenheiros demonstram como a produção das unidades pode aumentar em, talvez, 40% da capacidade prévia.

Obviamente, como as unidades já apresentam lucro e uma produção de 40% a mais já pôde ser alcançada e vendida com um investimento apenas 15% superior, e como quase nenhum investimento geral em infraestrutura está envolvido, a margem de lucro sobre esses 40% adicionais de produção é excepcionalmente favorável. Se o projeto for bastante grande a ponto de afetar a rentabilidade da companhia como um todo, comprar ações da empresa antes que essa melhoria na produtividade financeira seja refletida no preço de mercado dessas ações pode significar, de maneira semelhante, uma oportunidade de escolher a empresa certa no momento certo.

Qual o denominador comum em cada um dos exemplos apresentados? É o fato de que uma melhoria considerável nos rendimentos seja detectada no tipo de empresa certa, mas cujo aumento específico no resultado não tenha produzido ainda um movimento de alta nos preços das ações da companhia. Creio que sempre que essa situação ocorrer o tipo certo de investimento pode ser considerado um fator de predisponibilidade total para a compra. Por outro lado, quando isso não ocorrer, um investidor ainda poderá ganhar dinheiro em longo prazo se ele comprar ações de companhias destacadas. Entretanto, é melhor que ele seja paciente, pois levará um tempo maior até que ele possa auferir ganhos maiores. Em curto prazo, ele terá de se contentar com um lucro consideravelmente pequeno com relação ao seu investimento original.

Isso significa que, se uma pessoa possui algum dinheiro para investir, deve ignorar completamente as tendências futuras do ciclo dos negócios e aplicar 100% desses recursos quando encontrar as ações certas, conforme definido no Capítulo 3, e detectar um bom momento para a compra, conforme indicado neste capítulo? Um período de recessão pode acontecer logo depois que essa pessoa tenha feito esse investimento. Como um declínio de 40% a 50% do seu pico não é considerado um índice absolutamente incomum, até mesmo para as melhores ações num período usual de recessão, não seria muito arriscado ignorar completamente o ciclo dos negócios?

Acredito que se possa expor a esse risco numa etapa avançada pelo investidor que, por um período considerável, já possui a maioria das suas ações numa situação bem estabelecida. Quando adequadamente escolhidas, essas ações já devem ter apresentado alguns ganhos de capital substanciais. Entretanto, para o momento em questão, ou pelo fato de ele acreditar que alguns dos seus títulos de crédito devam ser vendidos, ou ainda por alguns fundos financeiros novos terem cruzado o seu caminho, esse investidor possui recursos afinal para comprar algo novo. A menos que seja um daqueles anos raros em que a compra especulativa prevalece no mercado de ações e os principais sinais de tempestade econômica são virtualmente percebidos (como aconteceu em 1928 e 1929), acredito que esse tipo de investidor deva ignorar quaisquer adivinhações das tendências futuras dos negócios em geral, ou do mercado de ações. Em vez disso, ele deve investir seus recursos financeiros tão logo surja uma boa oportunidade de compra.

Em vez de adivinhar qual caminho os negócios em geral, ou o mercado de ações, irão tomar, ele deve julgar, com apenas uma pequena margem de erro, o que a companhia da qual ele pretende adquirir ações de participação fará com relação aos negócios em termos gerais. Dessa forma, ele poderá dar início aos seus investimentos contando com duas vantagens. Ele poderá apostar em algo com bases sólidas, em vez de confiar em suposições. Além disso, desde que, por definição, ele esteja somente comprando ações numa situação em que, por uma ou outra razão, estejam prestes a apresentar um aumento significativo na sua rentabilidade, num futuro em curto ou médio prazo, ele terá um segundo fator de sustentação. Assim como suas ações podem aumentar acima da média depois que essa nova fonte de lucros passa a ser reconhecida no mercado e, caso tudo dê certo nos negócios, se por infortúnio ele tiver feito essa nova aquisição antes de uma crise geral no mercado, tal fonte de lucros deve impedir que essas ações caiam, bem como as outras do mesmo gênero.

Entretanto, muitos investidores não se encontram na situação privilegiada de ter à disposição uma série de investimentos bem selecionados adquiridos confortavelmente abaixo dos preços correntes. Talvez essa seja a primeira vez que eles disponham de recursos para aplicar. Talvez eles possuam um portfólio de títulos ou de ações relativamente estáticas que, por fim, pretendam converter em ações que no futuro lhes apresentem lucros consideráveis. Se esses investidores passassem a possuir novos recursos ou desenvolvessem o desejo de mudar para as ações de participação, após um prolongado período de prosperidade e muitos anos de aumento nos preços das ações, eles deveriam, mesmo assim, ignorar os riscos de uma possível recessão nos negócios? Esse investidor não estaria numa posição muito favorável se, mais tarde, ele percebesse que havia comprometido todos, ou quase todos, os seus recursos, perto do ápice de um longo aumento ou um pouco antes de um grande declínio.

Esse fato representa um problema. No entanto, a solução para essa questão não é particularmente difícil; como em tantas outras coisas relacionadas ao mercado de ações, é necessário um pouco de paciência. Acredito que os investidores desse grupo devam começar a comprar o tipo adequado de ações tão logo tenham a certeza de tê-las encontrado. Todavia, tendo escolhido esse tipo de compra, devem programar o momento certo para outras aquisições. Eles devem aguardar muitos anos até que a parcela final dos seus recursos disponíveis tenha sido investida. Ao fazer isso, se o mercado apresentar um declínio severo em algum momento durante esse período, eles ainda terão um poder aquisitivo disponível para usufruir as vantagens dessa situação. Se nenhum declínio acontecer e eles já tiverem selecionado adequadamente suas aquisições previamente, poderão obter, pelo menos, alguns lucros substanciais sobre esses títulos. Isso proporcionaria uma amortização para que, caso um severo declínio aconteça num momento inoportuno – logo depois de a parcela final de seus recursos ter sido totalmente investida –, os lucros sobre as primeiras aquisições compensem em grande parte, senão totalmente, os declínios sobre as aquisições mais recentes. Dessa forma, nenhum prejuízo grave ao capital original seria observado.

Há outra razão igualmente relevante para que os investidores que ainda não tenham obtido um resultado de investimentos satisfatório, e não possuam recursos financeiros suficientes para programar suas aquisições, devam fazê-lo. Essa razão se baseia no fato de que esses investidores têm como demonstrar na prática, antes de utilizar todos os seus recursos, que eles ou seus consultores são suficientemente capazes de lidar com a técnica dos investimentos para atuar com certa eficiência. Na hipótese de esse resultado não ser obtido, pelo menos todos os recursos do investidor não estariam comprometidos antes que ele tenha um sinal de alerta para revisar suas técnicas de investimento ou contratar alguém que faça isso em seu lugar.

Todos os tipos de investidores do mercado de ações devem ter em mente uma ideia fundamental; caso contrário, a constante preocupação da comunidade financeira com as fases negativas do ciclo dos negócios impedirá que diversos investimentos de valor sejam realizados. Essa ideia consiste no fato de que na segunda metade do século XX a fase atual do ciclo dos negócios é somente uma, com pelo menos cinco forças potenciais. Todas essas forças, seja pela psicologia de massa, seja pela operação econômica direta, podem exercer uma influência extremamente poderosa sobre os níveis gerais dos preços das ações.

As outras quatro influências são: as tendências das taxas de juros, as medidas governamentais gerais voltadas para os investimentos e para o setor privado, o aumento inflacionário em longo prazo e, talvez a mais poderosa de todas, as novas invenções e técnicas como elementos que afetam o setor industrial obsoleto. Essas forças dificilmente impulsionam os preços das ações na mesma direção e ao mesmo tempo. Além disso, nenhuma delas terá necessariamente uma importância maior por longos períodos de tempo. Essas influências são tão complexas e diversas que o curso mais seguro a ser seguido é aquele que, à primeira vista, parece ser o mais arriscado. Esse curso seria realizar um investimento sempre que seu conhecimento sobre uma empresa específica puder justificar essa atitude. Não devemos nos deter diante de temores ou expectativas baseadas em conjecturas, ou ainda nos basearmos em conclusões decorrentes de rumores e desconfianças.

Quando vender
(E QUANDO NÃO VENDER)

Há várias boas razões pelas quais um investidor pode querer vender ações. Ele pode estar pretendendo construir uma nova casa ou ajudar um filho a abrir um negócio. Qualquer outra razão semelhante pode, do ponto de vista de melhorar nossa vida, justificar a venda de ações. De qualquer maneira, a motivação para esse tipo de venda se baseia muito mais em uma questão pessoal do que financeira. Como tal, ela está além do escopo deste livro. Esses comentários são elaborados apenas para especificar o tipo de venda que é motivado por um único objetivo – obter o maior benefício financeiro possível por meio do investimento dos recursos disponíveis.

Acredito haver apenas três razões para a venda de qualquer ação do mercado que tenha sido originariamente selecionada segundo os princípios de investimento já discutidos. A primeira dessas razões é óbvia para qualquer um. Ela é identificada quando um erro é cometido durante a compra original, e fica claro que as perspectivas factuais de determinada empresa são, em uma margem significativa, menos favoráveis do que se imaginava. O manuseio adequado desse tipo de situação é, em grande parte, uma questão de autocontrole emocional. Até certo ponto, ele também depende da habilidade do investidor de ser honesto consigo mesmo.

Duas características importantes do investimento em ações são os altos lucros que podem advir de uma administração adequada e o alto grau de habilidade, conhecimento e julgamento exigido para essa administração. Como o processo para obter esses lucros extraordinários é bastante complexo, não é de admirar que certo percentual de erros na aquisição de ações certamente ocorra. Felizmente, os lucros em longo prazo provenientes de ações em valorização no mercado em geral vão além da compensação das perdas percentuais usuais causadas por esses erros. Normalmente, eles também deixam uma enorme margem de ganhos. Tal fato é especialmente verdadeiro quando o erro é logo reconhecido. Quando isso ocorre, os prejuízos, se existirem, costumam ser bem menores do que quando percebidos tardiamente. Um fator ainda mais importante é que os recursos presos a uma situação indesejável podem ser liberados para ser utilizados de outra maneira que, quando escolhida com sabedoria, poderá render ganhos substanciais.

Entretanto, há um fator complicador que torna mais difícil lidar com os erros de investimento. Essa questão é o ego em cada um de nós. Ninguém gosta de admitir a si mesmo que errou. Quando cometemos um erro ao comprar ações, mas podemos vendê-las com um lucro baixo, perdemos, de algum modo, a noção do nosso ato tolo. Por outro lado, se as vendemos com um pequeno prejuízo, ficamos contrariados com a situação. Essa reação, embora completamente natural e esperada, constitui provavelmente um dos fatores mais perigosos com o qual nos deparamos durante todo o processo de investimento. Muito mais dinheiro provavelmente foi perdido por investidores em ações que eles na verdade não desejavam manter para que "pelo menos saíssem ilesos" da situação. Se às perdas reais fossem acrescentados os lucros que poderiam ter sido auferidos pelo reinvestimento adequado desses recursos caso ele tivesse sido feito no momento inicial de identificação do erro, o preço do autofavorecimento seria enorme.

Além disso, esse descontentamento em assumir perdas, mesmo uma perda pequena, é tão ilógico quanto natural. Se o verdadeiro objetivo do investimento em ações é a obtenção de lucros percentuais em períodos anuais, a diferença entre, digamos, um prejuízo de 20% e um lucro de 5% torna-se uma questão comparativamente insignificante. O que importa não é o fato de uma perda ocorrer ocasionalmente. O que conta realmente é sabermos se os lucros consideráveis deixam de se materializar com uma frequência tal que nos faça questionar a habilidade do investidor ou do seu consultor no manuseio dos investimentos.

Embora as perdas nunca devam nos causar grandes pesares ou preocupações emocionais, também não devem ser ignoradas. Elas devem ser sempre revisadas com cuidado para que possamos aprender com cada uma delas.

Se os elementos específicos que causaram um julgamento equivocado na aquisição de ações do mercado forem bem interpretados, é improvável que outra aquisição errônea venha a ser feita por meio de uma nova análise equivocada desses mesmos fatores de investimento.

Deparamo-nos agora com a segunda razão pela qual a venda de ações deveria ser realizada, segundo os princípios de investimento já descritos nos Capítulos 2 e 3. As escolhas referentes às vendas devem recair sobre as ações de uma companhia que, em razão de mudanças ao longo do tempo, não mais se qualifique, com relação às quinze questões analisadas no Capítulo 3, da mesma forma como foi qualificada no momento da compra. É por esse motivo que os investidores devem estar em constante estado de alerta. É por isso que é tão importante manter sempre um contato estreito com os negócios das empresas cujas ações possuímos.

Quando as empresas se deterioram dessa maneira, isso geralmente ocorre por uma ou duas razões. Ou houve uma deterioração na administração, ou a companhia não conta mais com o prospecto de ampliar o mercado para seus produtos da maneira como outrora fazia. Às vezes, a administração se deteriora pelo fato de o sucesso ter afetado um ou alguns dos seus principais executivos. Vaidade, egoísmo e inércia entram no lugar da extinta criatividade e do senso de orientação. Frequentemente, isso ocorre quando um novo grupo de executivos não alcança os padrões de desempenho estabelecidos por seus predecessores. Talvez eles não mantenham mais as estratégias que proporcionaram sucesso à companhia, ou não tenham habilidade suficiente para levar adiante essas estratégias. Quando algum desses fatores ocorre, as ações afetadas devem ser vendidas imediatamente, sem levar em consideração as boas condições do mercado ou a quantidade de ganhos capitais auferidos.

De maneira semelhante, ocorre, às vezes, de uma companhia que cresce de forma espetacular durante muitos anos atingir um estágio em que as perspectivas de crescimento no mercado estejam exauridas. A partir daí, ela somente acompanhará o desempenho da indústria como um todo. Ela só progredirá em torno do mesmo nível da economia nacional. Essa mudança pode não ser atribuída a nenhuma deterioração administrativa. Muitas administrações demonstram grande habilidade em desenvolver produtos relacionados ou afins para usufruir as vantagens de crescimento no seu campo imediato. Elas reconhecem, todavia, que não possuem nenhuma vantagem especial caso tentem se inserir em esferas de atividade não relacionadas. Dessa forma, se depois de vários anos como especialista num setor industrial jovem e em fase de crescimento, os tempos mudam e a companhia esgota os prospectos de crescimento do seu mercado, suas ações passam a se deteriorar de modo considerável, segundo os critérios frequentemente descritos em nossas quinze questões. Nesse momento, essas ações devem ser vendidas.

Nesse caso, a venda deve acontecer num ritmo mais moderado do que diante da hipótese de uma decadência administrativa. Possivelmente, uma parte do investimento deve ser mantida até que um novo investimento mais adequado seja encontrado. Entretanto, em qualquer hipótese, a empresa não deve mais ser identificada como uma fonte conveniente de investimentos vantajosos. A quantidade de ganhos de capital, sem levar em consideração sua magnitude, raramente impede a transformação desses recursos em outra situação que, nos anos subsequentes, possa crescer de maneira similar ao modo como esse investimento outrora cresceu.

Existe um bom teste para sabermos se as empresas não mais se qualificam adequadamente para essa questão do crescimento adicional. Basta o investidor verificar se, no próximo pico do ciclo dos negócios, independentemente do que possa acontecer nesse meio-tempo, o comparativo do lucro por ação (após dividendos e aumento do número de ações sem alterar seu valor nominal, mas não para as novas ações emitidas para capital adicional) demonstrará, pelo menos, um crescimento tão grande a partir dos níveis atuais quanto o do último pico conhecido da atividade da empresa em termos gerais. Se a resposta for afirmativa, as ações provavelmente devem ser mantidas. Se for negativa, elas devem ser vendidas.

Para aqueles que seguem os princípios certos ao realizarem suas aquisições originais, a terceira razão por que as ações podem ser vendidas raramente é justificada e deve ser colocada em prática apenas se um investidor tiver absoluta certeza sobre sua posição. Ela decorre do fato de que as oportunidades para um investimento atraente são extremamente difíceis de ser encontradas. Quanto ao seu momento de ocorrência, elas raramente são encontradas exatamente quando os recursos podem ser disponibilizados. Caso um investidor disponha de recursos para aplicações por um bom tempo e identifique algumas situações atraentes nas quais ele pretenda aplicar esses recursos, ele deve concentrá-los, total ou parcialmente, numa companhia que ele acredite ter perspectivas de crescimento definidas. Entretanto, essas perspectivas de crescimento podem se encontrar num nível anual médio mais vagaroso com relação a outra situação ainda mais atraente no futuro. A empresa escolhida pode, em alguns outros aspectos importantes, parecer menos atraente.

Se as evidências forem nítidas e o investidor tiver certeza de sua posição, pode ser compensador, mesmo tendo de pagar impostos sobre os ganhos de capital, aderir à situação nova com perspectivas mais promissoras. A companhia que demonstra um aumento anual médio de 12% por um longo período que pode durar anos representa uma fonte de retorno financeiro considerável para os acionistas. No entanto, a diferença entre esses resultados e aqueles que podem provir de uma companhia que apresenta um ganho anual médio de 20% compensaria os inconvenientes adicionais e os impostos sobre os ganhos de capital envolvidos.

Entretanto, deve-se ter um pouco de cautela com relação a vender ações precipitadamente na esperança de transformar esses recursos num investimento ainda melhor. Há sempre o risco de que o elemento principal no quadro geral dos negócios seja julgado erroneamente. Se isso acontecer, o investimento provavelmente não terá o resultado esperado. Ao contrário, um investidor alerta que possua ações valorizadas durante algum tempo normalmente passa a conhecer suas características positivas bem como suas características negativas. Portanto, antes de abrir mão de títulos relativamente satisfatórios com a finalidade de obter um investimento melhor, há a necessidade de um cuidado especial ao tentar apurar todos os elementos da situação.

Neste momento, o leitor crítico provavelmente já identificou um princípio de investimento fundamental que, de longe, parece apenas ser compreendido por uma pequena minoria de investidores de sucesso. Ele se baseia no fato de que, uma vez que as ações sejam convenientemente selecionadas e tenham resistido ao teste do tempo, poucas vezes haverá alguma razão para vendê-las. Entretanto, comentários e recomendações sempre surgem na comunidade financeira, justificando as razões para a venda de ações no mercado. E quanto à validade dessas razões?

A justificativa mais frequente para essas razões é a convicção de que um declínio geral no mercado de ações, de determinada proporção, esteja na iminência de acontecer. No capítulo anterior, tentei demonstrar que adiar uma aquisição atraente em razão do medo daquilo que o mercado, em termos gerais, possa apresentar se mostrará por demais oneroso ao longo dos anos. Isso se deve ao fato de o investidor ignorar uma influência poderosa sobre a qual ele tem um conhecimento positivo e ceder ao medo de uma força menos poderosa sobre a qual, no estado presente do conhecimento humano, ele próprio ou qualquer outra pessoa estejam apenas conjecturando. Se estiver correta a argumentação de que a compra de ações atraentes do mercado não deve ser indevidamente influenciada pelo temor do usual mercado em baixa, o argumento contra a venda de ações em evidência em razão desses temores é ainda mais marcante. Todos os argumentos mencionados no capítulo anterior aplicam-se aqui com a mesma intensidade. Além disso, a chance de o investidor ter sucesso ao realizar essas vendas passa a ser ainda mais comprometida pela questão dos impostos sobre os ganhos de capital. Em razão dos altos lucros que essas ações em evidência oferecem quando mantidas por um período de alguns anos, os impostos sobre os ganhos de capital podem vir a acentuar ainda mais os custos dessas vendas.

Há outra razão, ainda mais onerosa, pela qual um investidor nunca deve abrir mão de uma situação de destaque em decorrência da possibilidade de uma eventual fase de baixa no mercado. Se a companhia for a companhia certa, a próxima fase de alta no mercado apresentará um novo pico nas ações acima dos níveis até então obtidos. Como o investidor poderia saber quando comprar de novo? Teoricamente, o momento seria após o declínio. No entanto, pressupõe-se que o investidor deva saber quando o declínio irá terminar. Tenho presenciado muitos investidores disporem de títulos que ofereceriam ganhos magníficos nos anos subsequentes em razão desse temor de um eventual mercado em baixa. Com frequência, o mercado em baixa nunca aconteceu e as ações subiram paulatinamente. Na ocorrência de um mercado em baixa, não presenciei uma só vez em que o investidor efetivamente retornasse às mesmas ações antes que elas ultrapassassem seu preço de venda. Geralmente, ou ele esperava que elas caíssem bem mais do que de fato acontecia, ou, quando elas estavam em declínio, o temor por algum outro fator impedia seu restabelecimento.

Isso nos leva para outra linha de raciocínio muitas vezes utilizada para fazer investidores bem-intencionados, porém pouco sofisticados, perderem grandes lucros futuros. Trata-se do argumento de que ações destacadas passam a ser supervalorizadas e, portanto, devem ser vendidas. O que seria mais lógico do que isso? Se determinadas ações do mercado estão em fase de supervalorização, por que não vendê-las em vez de mantê-las?

Antes de chegarmos a conclusões precipitadas, devemos enxergar um pouco além da superfície. O que vem a ser a supervalorização? O que buscamos realizar? Quaisquer ações em fase de valorização devem ser vendidas, e o serão, numa proporção elevada com relação aos rendimentos correntes em comparação àquelas ações com uma produtividade financeira estável e não expansiva. Afinal de contas, essa probabilidade de participação num processo de crescimento contínuo é obviamente vantajosa. Quando afirmamos que determinadas ações encontram-se supervalorizadas, podemos estar querendo dizer que elas estão sendo vendidas numa proporção ainda mais elevada com relação a essa rentabilidade esperada do que efetivamente esperávamos. Possivelmente, podemos estar querendo dizer que elas estão sendo vendidas por um valor ainda mais elevado em comparação com outras ações com perspectivas semelhantes de ampliar materialmente seus rendimentos futuros.

Todos esses fatores almejam mensurar algo com um grau de precisão maior do que de fato é possível. O investidor não pode determinar com exatidão quanto em ações individuais uma empresa privada poderia auferir em dois anos a partir do momento presente. Ele pode, na melhor das hipóteses, fazer um julgamento subjetivo utilizando critérios gerais e não matemáticos, manifestados por meio de expressões como "valores em torno da média", "um pouco acima da média", "bem acima da média", ou "demasiadamente acima da média". Na verdade, a cúpula administrativa de uma companhia não pode fazer muito mais do que isso. Ela, ou o próprio investidor, pode chegar bem perto de uma análise satisfatória, ao julgar a probabilidade de um aumento considerável na média de lucros em alguns anos no futuro. Entretanto, o valor exato desse aumento, ou exatamente o ano em que ele virá a ocorrer, costuma envolver conjecturas sobre condições variáveis o suficiente para tornar essas previsões impossíveis.

Sob essas circunstâncias, como alguém poderia determinar com moderada precisão o conceito do que é supervalorizado para uma empresa destacada no mercado com uma taxa de crescimento extraordinariamente veloz? Suponhamos que, em vez de serem negociadas com base num rendimento 25 vezes maior, como normalmente acontece, as ações fossem, no momento, negociadas com base num rendimento 35 vezes maior. Talvez surjam novos produtos num futuro imediato, o único elemento de importância econômica real que a comunidade financeira parece ainda não ter compreendido. Ou, talvez, esses produtos nunca venham a existir. Se a taxa de crescimento for boa o suficiente para quadruplicar o potencial da companhia dentro de um período de dez anos, por que deveríamos nos preocupar se, no momento, as ações apresentassem 35% de supervalorização? O mais importante é não comprometermos uma posição que pode ser bastante proveitosa no futuro.

Mais uma vez, nosso velho amigo, o imposto sobre os ganhos de capital, acrescenta algo às nossas conclusões. Ações em crescimento que são recomendadas para a venda por estarem supostamente supervalorizadas quase sempre incidem num considerável ônus tributário aos seus portadores quando são vendidas. Portanto, além do risco de perder uma posição permanente numa companhia que, ao longo dos anos, deve continuar a oferecer ganhos adicionais excepcionais, também incorremos numa responsabilidade fiscal considerável. Não seria mais seguro e menos oneroso simplesmente interpretar que essas ações poderiam estar momentaneamente além do seu valor real? Nós já podemos contar com um lucro considerável em cima delas. Se, por um momento, essas ações vêm a perder, digamos, 35% da sua cotação corrente no mercado, seria essa realmente uma questão para nos preocuparmos? Mais uma vez, não seria uma questão mais importante a manutenção de nossa posição, em vez da possibilidade de perdermos temporariamente uma pequena parcela do nosso ganho de capital?

Há, ainda, outro argumento que os investidores, às vezes, utilizam para se dissociar dos lucros que eles, de outro modo, aufeririam. Este é o mais absurdo de todos. Baseia-se no fato de as ações que eles possuem terem tido um grande progresso. Dessa forma, justamente por terem tido alta no mercado, elas provavelmente esgotaram grande parte do seu potencial. Consequentemente, os investidores devem vendê-las e comprar outras ações que ainda não subiram no mercado. As empresas de destaque, aquelas que acredito serem as únicas das quais o investidor deve adquirir as ações, simplesmente não funcionam dessa maneira. Seu funcionamento pode ser mais bem compreendido por meio da análise da seguinte analogia fictícia:

Suponhamos que hoje fosse o dia da sua formatura na universidade. Caso você nunca tenha cursado uma universidade, imaginemos que hoje fosse o dia da sua formatura no curso secundário; para nosso exemplo não haveria diferença nenhuma. Agora vamos supor que nesse dia seus colegas de classe tivessem uma necessidade urgente de dinheiro o mais breve possível. Cada um deles lhe propõe o mesmo acordo. Se você lhes disponibilizasse uma quantia em dinheiro equivalente a dez vezes o que eles ganhariam durante os primeiros doze meses depois de terem conseguido emprego, aquele seu colega em especial deveria, como um saldo devedor, lhe devolver um quarto dos seus rendimentos de cada ano! Por fim, vamos supor que, embora tenha achado essa proposta excelente, você disponha apenas de um dinheiro extra, o suficiente para fechar o acordo com apenas três de seus colegas.

Nesse momento, sua lógica se assemelharia muito à do investidor que utiliza princípios de investimentos saudáveis ao selecionar ações do mercado. Você passaria automaticamente a analisar seus colegas, não do ponto de vista de sua simpatia por eles, ou segundo o talento pessoal deles, mas unicamente em razão da quantidade de dinheiro que eles seriam capazes de ganhar. Se você pertencesse a uma classe numerosa, provavelmente eliminaria muitos deles apenas pelo fato de não conhecê-los suficientemente bem para julgá-los de forma válida pelo potencial financeiro que eles efetivamente poderiam ter. Aqui, mais uma vez, a analogia com a compra de ações de valor é bastante estreita.

Com certeza, você escolheria os três colegas de classe que julgasse oferecerem a melhor perspectiva de produtividade financeira no futuro. Você fecharia seu acordo com eles. Dez anos se passaram. Um de seus três colegas se saiu magnificamente. Tendo conseguido emprego numa grande companhia, ele obteve sucessivas promoções. Pessoas ligadas à companhia afirmam que o presidente está de olho nele e que, em cerca de mais uns dez anos, ele provavelmente estará no topo da hierarquia na organização. Ele consequentemente será muito bem recompensado do ponto de vista financeiro, terá opções para a compra de ações da companhia, além dos demais benefícios decorrentes do seu emprego.

Sob essas circunstâncias, o que achariam até mesmo aqueles que elaboram os relatórios do mercado de ações – e defendem a obtenção de lucros sobre ações extraordinárias que "superam os valores de mercado" – se você desistisse do contrato com esse colega apenas porque alguém tivesse lhe oferecido 600% sobre o seu investimento original? Você acharia que qualquer pessoa estaria fora do seu juízo normal se lhe aconselhasse a transferir esse contrato e substituí-lo por outro, cujo contratante auferisse rendimentos anuais exatamente iguais aos rendimentos adquiridos dez anos antes, no término dos seus estudos. O argumento de que seu colega bem-sucedido tenha progredido precocemente e que o sucesso de seu colega (financeiramente) desafortunado ainda estivesse por vir parece não fazer muito sentido. Se o leitor conhecer bem suas ações, muitos dos argumentos genéricos para a venda das ações de qualidade também parecem não fazer nenhum sentido.

Podemos achar que esses argumentos soam bem, mas o fato é que colegas de classe não são ações do mercado financeiro. Com certeza, há uma diferença primordial. Essa diferença aumenta, ao invés de diminuir, as razões para nunca vendermos ações de mercado diferenciadas só porque tiveram uma alta enorme e possam estar temporariamente supervalorizadas. A diferença é que o colega de classe possui um tempo de vida definido, pode vir a falecer em breve, e com certeza morrerá um dia. Não existe um limite de tempo definido para os títulos em ações. A empresa por trás dos títulos em ações pode dispor de uma prática para selecionar o talento gerencial com profundidade e treiná-lo nas políticas da companhia, nos seus métodos e nas suas técnicas, de uma maneira que será absorvida pela corporação e repassada com um vigor que viverá por várias gerações. Vejamos o caso da Du Pont, no seu segundo século de existência corporativa. Observemos a Dow Química, vários anos após a morte de seu brilhante fundador. Nesta era de anseios humanos ilimitados e mercados excepcionais, não há limites para o crescimento corporativo, diferentemente da imposição do tempo de vida sobre os indivíduos.

Talvez as ideias apresentadas neste capítulo possam ser resumidas numa só frase: se a tarefa for corretamente cumprida no momento em que as ações são adquiridas, o momento de vendê-las é quase nunca.

A turbulência dos dividendos

Há um grau considerável de ideias emaranhadas e uma aceitação geral de meias verdades sobre uma série de aspectos dos investimentos em ações. Entretanto, sempre que consideramos o significado e a importância dos dividendos, a confusão presenciada pelo investidor parece ser quase monumental.

Essa confusão e aceitação de meias verdades se estendem até mesmo à escolha das palavras usualmente utilizadas ao descrevermos diversos tipos de movimentação de dividendos. Imaginemos que uma empresa não pague nenhum dividendo, ou apenas um dividendo de valor pequeno. Seu presidente solicita que a diretoria passe a pagar um dividendo de valor substancial. Essa medida é tomada imediatamente. Ao comentarem essa manobra, o presidente ou os diretores sempre descrevem essa medida como necessária para que "alguma coisa seja feita" pelos acionistas. Subentende-se que se a empresa não pagasse ou elevasse o valor dos dividendos ela não estaria fazendo absolutamente nada pelos seus acionistas. Isso pode muito bem ser uma verdade. Entretanto, tal raciocínio certamente não é verdadeiro pelo simples fato de não ter sido efetuada nenhuma movimentação de dividendos. É possível que por meio da aplicação de recursos, não sob a forma de dividendos, mas com a finalidade de construir uma nova unidade de produção, de lançar uma linha inédita de produtos, ou de instalar equipamentos mais econômicos numa unidade de produção em operação, a administração esteja fazendo ainda mais para beneficiar o acionista em vez de repassar esses recursos como dividendos.

Não importa o que se faça com quaisquer rendimentos que não são repassados como dividendos, os aumentos na taxa de dividendos são invariavelmente considerados ações de dividendos "favoráveis". Possivelmente, a redução ou eliminação dos dividendos é quase sempre considerada "desfavorável".

Uma das principais razões da confusão sobre os dividendos no consciente popular é a grande variação entre a quantidade de benefícios, caso existam, que se acumula diante do acionista cada vez que os rendimentos deixam de ser repassados a ele e, em vez disso, são retidos pela companhia. Algumas vezes, ele não goza absolutamente de nenhum desses benefícios em decorrência dos lucros acumulados. Outras vezes, o benefício lhe é atribuído num sentido negativo. Se os lucros não fossem retidos, seus títulos cairiam de valor. No entanto, os lucros acumulados em nenhum sentido aumentam o valor de seus títulos e, assim, não parecem lhe oferecer benefício algum. Finalmente, nos diversos casos em que o acionista obtém grandes benefícios por meio dos lucros acumulados, eles se acumulam em proporções bastante diversas com relação a diferentes tipos de acionistas dentro de uma mesma companhia, confundindo ainda mais o raciocínio do investidor. Em outras palavras, cada vez que os ganhos não são repassados como dividendos, essa manobra deve ser examinada no seu próprio mérito para que se verifique exatamente o que acontece de fato. É importante, nesse caso, ir além do superficial e discutir algumas dessas diferenças detalhadamente.

Quando é que os acionistas não recebem nenhum benefício dos lucros acumulados? Uma das possibilidades ocorre quando a administração sobrepõe o dinheiro em caixa e os ativos líquidos bem além de quaisquer necessidades presentes ou prospectivas dos negócios. A administração pode não ter nenhum motivo abominável para agir assim. Alguns executivos adquirem senso de confiança e segurança acumulando reservas líquidas desnecessárias. Eles não parecem perceber que, dessa forma, reforçam sua própria sensação de segurança ao não entregarem os recursos do acionista, os quais ele pode utilizar a seu exclusivo critério e como bem entender. Hoje em dia, existem leis tributárias que visam conter esse mal para que, enquanto ele ainda exista, não tenha o mesmo impacto de outrora.

Há outro modo pelo qual os ganhos são frequentemente retidos pela empresa sem conceder qualquer benefício significativo a seus acionistas. Ele ocorre quando administrações de qualidade inferior obtêm um retorno abaixo do normal sobre o capital presente nos negócios e, ainda assim, utilizam os lucros acumulados visando simplesmente ampliar a operação ineficiente em vez de aperfeiçoá-la. O que acontece normalmente é que, tendo a administração gestora, em tempo, construído um amplo domínio ineficiente sobre o que gerir, geralmente acaba justificando os altos salários para si mesma com base na premissa de estar realizando um ótimo trabalho. Os acionistas, dessa forma, acabam com pouco ou até mesmo nenhum lucro.

Nenhuma dessas situações geralmente afeta o investidor que segue os conceitos discutidos neste livro. Nosso investidor compra ações por serem destacadas, e não por serem baratas. As administrações que contam com operações ineficientes e de baixa qualidade não se qualificam nos termos de nossas quinze questões. Ao mesmo tempo, as administrações qualificadas certamente encontram formas de utilização para os recursos excedentes e não apenas os acumulam!

Como podem os lucros acumulados na companhia ser absolutamente necessários e não ter a possibilidade de aumentar o valor das ações de seus acionistas? Isso pode acontecer de duas maneiras. Uma delas é quando uma mudança nos costumes, ou nas forças da demanda popular, obriga cada empresa competitiva a gastar dinheiro naqueles recursos que de modo nenhum aumentam o volume dos negócios, mas causam prejuízo caso esses gastos não sejam realizados. Uma loja de varejo que instala um sistema de ar-condicionado de alto custo configura um exemplo clássico dessa situação. Depois que cada loja concorrente tiver instalado tal equipamento, nenhum aumento líquido nos negócios acontecerá e, no entanto, a loja que não realizou a manobra competitiva poderá vivenciar uma diminuição no seu número de clientes num dia quente de verão. Como, por alguma estranha razão, nosso conhecido sistema contábil e as leis tributárias que nele se baseiam não fazem nenhuma distinção entre o "ativo" dessa espécie e aquele que verdadeiramente aumentou o valor dos negócios, o acionista geralmente acha que não está sendo tratado como merece quando os rendimentos não lhe são repassados e quando não chega até ele nenhum aumento em valores do montante retido na companhia.

A outra maneira, ainda mais importante, pela qual os lucros acumulados deixam de produzir lucros adicionais resulta de uma falha ainda mais grave de nossos métodos contábeis usuais. Em nosso mundo atual, repleto de mudanças importantes e instantâneas no valor de compra de nossas unidades monetárias, os padrões contábeis operam como se o dólar fosse uma unidade de valor fixa. Os contadores afirmam que é desse modo que a contabilidade deve operar. Isso pode muito bem ser verdade; entretanto, se um balancete deve ter alguma relação com os valores reais do ativo descrito acima, a confusão que se forma parece semelhante ao que aconteceria caso engenheiros e pesquisadores realizassem seus cálculos, em nosso mundo tridimensional, utilizando apenas a geometria plana de duas dimensões.

A amortização na teoria deveria ser suficiente para substituir o ativo existente quando ele não fosse mais economicamente utilizável. Se a taxa de desvalorização fosse adequadamente calculada e o custo de substituição do ativo permanecesse imutável durante sua vida útil, isso certamente aconteceria. No entanto, com os custos sempre em elevação, a desvalorização total acumulada raramente é suficiente para substituir o ativo desatualizado. Portanto, montantes adicionais devem ser retidos dos lucros simplesmente para compensar a diferença caso a companhia queira manter seu patrimônio.

Esse fator, que afeta todos os investidores, geralmente afeta os acionistas das empresas em crescimento em menor escala. Isso porque a taxa de aquisição de novos bens de capital (em vez de apenas substituir ativos prestes a serem saldados) é normalmente tão veloz que grande parte da depreciação recai sobre o ativo adquirido e instalado em algum lugar próximo dos valores atuais. Um percentual menor dessa taxa se destina ao ativo instalado há alguns anos numa fração dos custos atuais.

Seria repetitivo entrar em detalhes sobre os casos em que a retenção dos lucros para a construção de novas unidades de produção e para o lançamento de novos produtos provou ser uma vantagem espetacular aos investidores. Entretanto, considerarmos quanto determinado tipo de investidor se beneficia comparado a outro qualquer justifica uma análise cautelosa por duas razões. Essa é uma questão sobre a qual sempre há uma interpretação equivocada em toda a comunidade financeira. Trata-se também de uma questão cuja interpretação adequada nos fornece um esclarecimento simples para a avaliação do real significado dos dividendos.

Examinemos essas concepções falsas sobre aqueles que mais se beneficiam dos dividendos por meio de um exemplo fictício. A companhia bem administrada denominada XYZ tem demonstrado um crescimento acelerado em seus lucros ao longo dos últimos anos. O retorno de dividendos permaneceu o mesmo. Consequentemente, enquanto ela tomou 50% dos lucros, quatro anos antes, para pagar os dividendos, um potencial de lucro adicional se desenvolveu nesse período, de modo que para pagar os mesmos dividendos, nos dias atuais, são necessários apenas 25% dos lucros no ano corrente. Alguns diretores pretendem elevar os dividendos. Outros alegam que nunca anteriormente a companhia teve tantos locais atraentes para investir seu lucro acumulado. Eles afirmam, além disso, que seria apenas mantendo a taxa, em vez de elevá--la, que haveria a possibilidade de explorar todas as oportunidades interessantes disponíveis. Somente dessa maneira o crescimento máximo poderia ser alcançado. Nesse momento, uma discussão vigorosa se inicia com o objetivo de decidir qual curso deve ser seguido.

Alguém nesse quadro fictício de executivos certamente diz uma das meias verdades mais comuns na comunidade financeira sobre os dividendos. Essa afirmação defende que, se a companhia XYZ não elevar seus dividendos, ela estará favorecendo seus acionistas de maior porte à custa daqueles mais modestos. A teoria por trás dessa afirmação é que o grande acionista encontra-se presumivelmente no patamar mais elevado. Após pagar os impostos, o grande acionista retém um percentual bem menor dos seus dividendos do que o pequeno acionista. Portanto, ele não aprecia o aumento dos dividendos, enquanto o pequeno acionista, por sua vez, o acha conveniente.

Na verdade, se é mais interessante para cada acionista individual da XYZ que haja uma elevação nos dividendos ou que mais recursos sejam reinvestidos, dependerá de outro fator que não o porte de seus lucros. Vai depender da disposição de cada acionista de separar uma parcela de seus rendimentos para um investimento adicional. Milhões de acionistas nos patamares de investimento mais baixos administram seus negócios para que possam, a cada ano, resguardar uma quantia qualquer, mesmo modesta, para investimentos adicionais. Se eles agem dessa forma e, como é bem provável nesse caso, devem arcar com os encargos de imposto de renda, basta nos basearmos numa questão aritmética elementar para concluir que o quadro de diretores estaria agindo contra os próprios interesses ao aumentar os dividendos num momento em que todas essas oportunidades consideráveis encontram-se disponíveis para a utilização dos lucros retidos da companhia. Em contrapartida, os dividendos elevados podem ser interessantes para o grande acionista que tem uma necessidade urgente de lucros adicionais, uma contingência que não é totalmente desconhecida daqueles com altos encargos tributários.

Analisemos a lógica de toda essa questão. Quase todos que contam com recursos excedentes suficientes para possuir ações do mercado provavelmente terão também renda suficiente para se enquadrar, pelo menos, na categoria tributária mais inferior. Portanto, uma vez que ele tenha utilizado toda a sua isenção individual de dividendos de US$ 50,00, até mesmo o acionista mais modesto presumivelmente terá de pagar um imposto de pelo menos 20%

sobre qualquer ganho adicional que ele venha a receber como dividendos. Além disso, ele ainda deve pagar uma taxa de corretagem sobre cada ação adquirida. Em razão de encargos fracionados, taxas de comissão mínimas etc., esses custos alcançam um percentual bem mais elevado sobre os montantes envolvidos em pequenas aquisições, em comparação às de maior porte. Esse fato disponibiliza o capital efetivo para reinvestimento bem abaixo de 80% do valor recebido. Se o acionista estiver numa categoria tributária superior, o percentual sobre um aumento de dividendos que ele efetivamente pode utilizar para reinvestimento se torna proporcionalmente menor.*

Existem, obviamente, alguns tipos específicos de acionistas, tais como universidades e fundos de aposentadoria, que são isentos de imposto de renda. Existem também alguns indivíduos com um rendimento em dividendos menor do que a isenção individual de US$ 50,00, embora o número total de ações pertencente a esse grupo seja pequeno. Para esses grupos especiais a equação é, de certa forma, diferente. Entretanto, para a grande maioria dos acionistas, independentemente do seu porte, não há como evitar o seguinte fato básico sobre os dividendos. Se eles estiverem resguardando uma parcela dos seus rendimentos em vez de gastá-la, e se seus recursos estiverem investidos no tipo certo de ações do mercado, sem dúvida eles estarão numa situação mais privilegiada se as gestões dessas empresas reinvestirem esses lucros em vez de repassá-los aos investidores sob a forma de dividendos que, por sua vez, eles terão de reinvestir da mesma maneira.

Também não constitui uma vantagem ter 100% desses recursos à disposição, em vez de uma quantia mais modesta, depois de descontados os impostos e as taxas de corretagem – a única quantia que os acionistas obtêm. Escolher as ações do mercado corretas não é uma tarefa simples e fácil. Se a empresa for boa para os dividendos, o investidor pode dizer que já fez a escolha certa. Dessa forma, ele normalmente corre menos riscos ao permitir que essa boa gestão proceda aos investimentos adicionais desses lucros excedentes retidos, no seu lugar, em vez de assumir riscos diante de erros na busca de investimentos novos e igualmente atraentes por conta própria. Quanto mais destacada for a empresa, considerando a retenção ou o repasse dos lucros, mais importante torna-se essa questão. É por essa razão que até mesmo o acionista que não paga imposto de renda e não gasta cada centavo adquirido dos seus rendimentos acha mais interessante para si, bem como

---

* Vale lembrar que esta lógica tributária é específica do mercado norte-americano. [N. C. T.]

para seus outros participantes, fazer essas empresas reter os fundos para usufruir novas oportunidades.

Avaliados nesse contexto, os dividendos começam a adquirir uma perspectiva real. Para aqueles que desejam o maior benefício por meio do uso dos seus recursos, os dividendos começam a perder rapidamente a importância que muitos indivíduos da comunidade financeira atribuem a eles. Esse fato é tão verdadeiro com o investidor conservador, que penetra no mercado de ações institucional em fase de crescimento, como com aqueles que desejam e são capazes de assumir maiores riscos para obter maiores lucros. A opinião de que um elevado retorno em dividendos constitui um fator de segurança é às vezes expressa. A teoria por trás disso alega que, como as ações mais produtivas já oferecem um retorno acima da média, elas não podem ser supervalorizadas e é improvável que caiam muito. Nada poderia estar mais distante da verdade. Todos os estudos que analisei sobre esse assunto indicam que muitas dessas ações que apresentam um mau desempenho nos preços são o resultado do pagamento de dividendos elevados, e não do pagamento de dividendos mais baixos. Outro exemplo de gestão de qualidade que aumenta os dividendos e, assim, sacrifica oportunidades consideráveis para o reinvestimento de grandes lucros nos negócios é o do administrador de uma fazenda que coloca precipitadamente sua extraordinária produção animal à disposição no mercado, a partir do momento em que pode vendê-la, em vez de mantê-la para que possa obter o preço máximo acima dos seus custos. Ele acaba gerando um pequeno lucro no momento da venda, porém por um custo espantoso.

Já comentei a respeito da companhia que aumenta os próprios dividendos em vez de pagá-los. Tenho conhecimento de que quase todas as companhias agem dessa maneira enquanto o investidor ocasional não necessitar dos rendimentos. Somente com raras exceções, até mesmo nas empresas mais destacadas, a oportunidade de crescimento é tão grande a ponto de a gestão administrativa não ter condições de pagar uma parcela dos rendimentos e ainda assim – pela retenção do restante e pelo financiamento – obter um lucro em espécie considerável para usufruir possíveis oportunidades de crescimento. Cada investidor deve decidir, sobre suas próprias necessidades, quanto dinheiro investir em empresas que apresentem características de crescimento tão fora do comum que nenhum dividendo seja justificável. O mais importante, todavia, é que as ações não sejam adquiridas em empresas cuja distribuição de dividendos seja tão enfatizada a ponto de restringir um crescimento compreensível.

Essas observações nos conduzem ao que provavelmente constitui o aspecto mais importante, porém menos discutido, dos dividendos. É a questão da regularidade ou da segurança. O investidor sensato planeja seus negócios. Ele enxerga de longe aquilo que pode ou não fazer com seus lucros. Ele pode não se importar com o aumento imediato dos ganhos, mas exige garantias contra o decréscimo dos rendimentos e a interrupção inesperada dos seus planos que esse decréscimo pode causar. Além disso, ele deseja decidir-se entre as empresas que reinvestem grande parte ou o total de seus rendimentos e aquelas que crescem num ritmo razoável, porém mais lento, cujo retorno ocorre numa proporção menor.

Por essas razões, aqueles que estabelecem políticas inteligentes sobre as relações com os acionistas e aqueles que apreciam as taxas de rendimento mais elevadas para suas ações que essas relações produzem geralmente evitam o raciocínio conturbado observado em tantas corporações e em meio a executivos da área financeira. Eles estabelecem uma política de dividendos e não a modificam. Eles, ainda, deixam seus acionistas a par dessa política. Eventualmente, eles podem até mesmo alterar os dividendos de forma substancial, mas raramente alteram a estratégia.

Essa estratégia se baseia no percentual dos rendimentos que deve ser retido nos negócios para um crescimento máximo. Nas empresas mais novas e em fase de crescimento acelerado, pode ocorrer que os dividendos não sejam pagos durante anos. Posteriormente, quando o ativo chegar ao ponto em que o retorno da depreciação for maior, de 25% a 40% dos lucros serão pagos aos acionistas. Nas empresas mais velhas, esses índices de pagamento variam de uma empresa para outra. Entretanto, em hipótese nenhuma, os percentuais brutos regulam o exato valor distribuído; esse fato faz os dividendos de determinado período anual ser diferentes dos do período anterior. E isso é exatamente o que os acionistas não querem que aconteça, já que esse fator impossibilita um planejamento independente por parte deles em longo prazo. Eles almejam a determinação de uma quantia estabelecida que aproxime esses percentuais e a distribuição dos dividendos regularmente – trimestral, semestral ou anualmente, conforme o caso. Com o crescimento dos rendimentos, ocorre o ocasional aumento dessa quantia, elevando a taxa de distribuição ao nível percentual anterior. Entretanto, isso somente acontecerá quando: a) os recursos estiverem disponíveis para usufruir as oportunidades de crescimento que a gestão administrativa estiver descobrindo e b) houver razões suficientes para acreditar que esse novo índice regular possa ser mantido a partir de então, possibilitando um subsequente período de baixa nos negócios ou o surgimento de oportunidades de crescimento adicionais.

As gestões administrativas cujas políticas de dividendos obtêm maior aprovação entre os investidores são aquelas que sustentam que o valor dos dividendos deve ser aumentado com a maior cautela possível e somente quando houver uma grande possibilidade de mantê-lo. De modo semelhante, apenas em situações realmente emergenciais a taxa desses dividendos deve baixar. É surpreendente o número de representantes de corporações financeiras que aprovam o pagamento de dividendos extras de uma só vez. Eles agem assim mesmo que esses dividendos adicionais imprevistos, quase sempre, deixem de exercer um impacto permanente sobre o preço de mercado das suas ações – o que indica como essas estratégias são contrárias aos desejos da maioria dos investidores de longo prazo.

Independentemente da política de dividendos adotada por uma empresa, com o passar do tempo, ela passa a atrair investidores adeptos de uma ou de outra filosofia, desde que a companhia siga a estratégia proposta de forma consistente. Muitos acionistas, bem ou mal, ainda preferem uma elevada taxa de retorno. Outros optam por taxas mais modestas. Há aqueles, por sua vez, que preferem não ter retorno nenhum. Alguns investidores apreciam uma taxa bastante baixa combinada com pequenos dividendos anuais regulares. Outros já preferem a taxa mais baixa por si só. Se uma gestão administrativa seleciona uma dessas estratégias alinhada às suas necessidades naturais, ela normalmente forma um grupo de acionistas que busca a continuação dessa política de investimento. Uma gestão administrativa sensata que pretende obter prestígio em seus investimentos em ações deve respeitar esse desejo de continuidade.

Haveria, talvez, uma comparação estreita entre o estabelecimento de uma estratégia relacionada aos dividendos e uma estratégia ligada à abertura de um restaurante. O proprietário de um restaurante de sucesso poderia abrir um excelente negócio fazendo um empreendimento de alto custo. Ele poderia, ainda, abrir um ótimo negócio, num local agradável, oferecendo o maior número possível de pratos diferentes pelo menor preço possível. Poderia, também, fazer sucesso oferecendo pratos húngaros, chineses ou italianos, cada um atraindo um segmento específico. Os clientes frequentariam o lugar em busca de certo tipo de culinária. No entanto, apesar de toda a sua habilidade, ele não poderia absolutamente formar uma clientela fiel caso um dia servisse os pratos mais caros, no dia seguinte os mais baratos e, eventualmente, sem avisar, passasse a servir pratos exóticos. Nesse mesmo sentido, a companhia que vive modificando a política de dividendos não atrai acionistas permanentes. Suas ações não constituem os melhores investimentos em longo prazo.

No que diz respeito à consistência da política de dividendos, desde que os investidores possam se programar antecipadamente com alguma segurança, toda essa questão dos dividendos constitui uma etapa bem menos importante no quadro de investimentos do que se costuma julgar por meio de argumentos infindáveis frequentemente levantados sobre a preferência relativa de uma estratégia de dividendos específica. Os maiores grupos na comunidade financeira que discutem esse ponto de vista não são capazes de explicar o número de ações que não oferecem nenhuma perspectiva além de um rendimento abaixo da média, durante anos a fio, e que mesmo assim têm beneficiado tanto os seus portadores. Diversos exemplos desses investimentos em ações já foram mencionados. Outro investimento típico dessa espécie é o da Rohm & Haas. O quadro de investimentos dessa empresa passou a ser publicamente disponível, pela primeira vez, em 1949, quando um grupo de banqueiros investidores adquiriu um lote considerável de ações mantidas pela Alien Property Custodian e elas foram novamente oferecidas ao público. O valor publicamente ofertado foi de US$ 41,25. Naquele tempo, o mercado pagava apenas US$ 1,00 em dividendos, acrescentados por meio de dividendos de ações. Tendo em vista o baixo rendimento, muitos investidores achavam que as ações não constituíam um investimento conservador atraente. A partir dessa data, no entanto, a companhia continuou a pagar dividendos de participação e aumentou os dividendos em dinheiro em intervalos frequentes, embora os rendimentos tenham permanecido bastante baixos e os títulos tenham sido vendidos acima de US$ 400,00. O proprietário original da Rohm & Haas recebeu dividendos de participação de 4% ao ano, a partir de 1949 até o ano de 1955, e de 3% em 1956, de modo que seu ganho de capital aumentou mais de dez vezes.

Na verdade, não deveria ser dado tanto peso às considerações sobre dividendos por aqueles que pretendem selecionar ações destacadas no mercado. Talvez o aspecto mais peculiar desse assunto tão discutido seja que aqueles que dão menor importância aos dividendos acabam obtendo o melhor retorno. Vale repetir aqui que, num período de cinco a dez anos, os melhores resultados em termos de dividendos não decorrem de ações do mercado de alta rentabilidade mas daquelas que contam com um retorno relativamente menor. Portanto, lucrativos são os resultados dos empreendimentos realizados por gestões administrativas excepcionais que, enquanto mantêm a política de distribuição de uma parcela pequena dos rendimentos correntes, faz a quantidade real em dólares, distribuída progressivamente, exceder o que poderia ter sido obtido por meio de ações do mercado com rentabilidade muito alta. Por que essa tendência lógica e natural não pode prosseguir no futuro?

Cinco negativas para os investidores

1. Não compre ações de empresas novas

Encontrar empresas que desenvolvam novos produtos e processos, ou explorem novos mercados, é um princípio que se aproxima do âmago de um investimento de sucesso. Empresas recém-inauguradas ou prestes a iniciar suas atividades frequentemente possuem esse perfil. Muitas delas são constituídas com a finalidade de desenvolver um produto inovador. Várias são criadas para participar de setores industriais, tais como a eletrônica, que contam com um grande potencial de desenvolvimento. Outro grande grupo é formado para descobrir minérios ou outros recursos naturais – um campo cujo retorno, em termos de sucesso, pode ser compensador. Por essas razões, as companhias mais novas que ainda não conseguem auferir lucros sobre suas operações podem, à primeira vista, parecer um investimento de valor.

Há outro argumento que frequentemente aumenta o interesse. Ele defende que, ao comprar neste momento em que as primeiras ações são oferecidas ao público, há uma chance para "se inserir na empresa a partir das bases". A empresa bem-sucedida, neste momento, vende suas ações por diversas vezes o valor pelo qual elas foram originariamente oferecidas. Portanto, por que esperar e deixar que alguém ganhe todo esse dinheiro no seu lugar? Em vez disso, por que não utilizar os mesmos métodos de investigação e julgamento ao encontrar um novo empreendimento de destaque agora em promoção numa corporação de sucesso?

Do ponto de vista dos investimentos, acredito haver uma questão básica que coloca qualquer empresa que não tenha pelo menos dois ou três anos de operações comerciais e um ano de lucros operacionais numa categoria totalmente diferente de outra já estabelecida – mesmo uma empresa tão pequena que não tenha mais do que um milhão de dólares em vendas anuais. Na empresa já estabelecida, todas as funções principais dos negócios já operam no presente. O investidor pode acompanhar a produção da companhia, as vendas, a contabilidade de custos, a equipe executiva e todos os outros aspectos das suas operações. Talvez o mais importante seja que ele pode obter a opinião de outros estudiosos qualificados que estão na posição de observar regularmente algumas, ou todas, essas características de força ou de fraqueza na companhia a ser avaliada. Em contrapartida, quando uma companhia ainda se encontra no estágio promocional, tudo o que um investidor ou qualquer outro pode fazer é analisar o planejamento e imaginar quais seriam os problemas e os pontos fortes. Isso é algo ainda mais difícil de fazer e expõe o investidor a uma probabilidade bem maior de erro nas conclusões alcançadas.

Na verdade, isso é algo tão difícil que mesmo diante da grande habilidade do investidor é impossível obter até mesmo a fração de uma "média reduzida" para selecionar empresas de destaque a serem alcançadas caso o julgamento seja confinado a operações estabelecidas. Muito frequentemente, as empresas "em promoção" são dominadas por um ou dois indivíduos que contam com um grande talento para determinadas etapas no procedimento dos negócios, mas deixam muito a desejar de outros talentos igualmente essenciais. Eles podem ser excelentes vendedores, mas não dispõem de outros tipos de habilidades nos negócios. Geralmente, eles são inventores ou homens de produção que desconhecem por completo que até mesmo os melhores produtos necessitam de um marketing habilidoso, bem como de um processo de fabricação. O investidor raramente está na posição de convencer esses indivíduos das deficiências de suas habilidades ou de suas organizações. Normalmente, ele nem pode indicar a esses indivíduos como e onde encontrar esses talentos.

Por essas razões, não importa quanto essas companhias em promoção possam parecer atraentes à primeira vista, acredito que suas finanças devem ser sempre delegadas a grupos especializados. Esses grupos dispõem de grande talento gerencial para fomentar os pontos fracos quando as operações os expõem. Aqueles que não podem suprir essas qualidades e convencer novas gestões administrativas da necessidade de tirar proveito dessa contribuição concluirão que investir em companhias "em promoção" acaba sendo uma experiência altamente frustrante. Há uma série de ótimas oportunidades em meio às empresas estabelecidas, de modo que os investidores devem ter como regra nunca comprar ações de empreendimentos promocionais, não importando quão atraentes eles possam parecer.

2. Não ignore um bom investimento em ações só porque ele é negociado "em mercado de balcão"

A atratividade de ações não listadas versus as ações listadas na bolsa de valores é estreitamente ligada à capacidade de comercialização de um grupo em contraposição a outro. Todos devem reconhecer a importância da capacidade de comercialização. Normalmente, muitas aquisições, se não todas, devem ser confinadas a ações que podem ser vendidas diante de uma razão – financeira ou pessoal – para essa negociação. Entretanto, parece haver certa confusão no pensamento dos investidores quanto ao que proporciona uma proteção adequada nessa questão. Esse fato, em contrapartida, dá margem a uma confusão ainda maior sobre a preferência dessas ações não listadas na bolsa. Elas são comumente chamadas de "ações de mercado de balcão".

O motivo dessa confusão reside em mudanças fundamentais que vêm acontecendo no mercado de ações nos últimos tempos – mudanças que tornam o mercado da década de 1950 bastante diferente até mesmo do inesquecível mercado dos anos 1920. Durante grande parte dos anos 1920 e em todo o período anterior, os corretores da bolsa somente tinham clientes ricos e em número reduzido. Em geral, as aquisições eram realizadas em grandes lotes, frequentemente em múltiplos de milhares de ações. O objetivo era vender a alguém por um valor mais elevado. A especulação era a ordem do dia, no lugar do investimento. Comprar na margem – ou seja, com fundos emprestados – era, na ocasião, um método de operação aceito por todos. Hoje em dia, um grande percentual de todas as aquisições é negociado à base de caixa.

Muitas coisas aconteceram para modificar esses mercados otimistas de nosso passado. Altas alíquotas de impostos sobre a renda e sobre os bens adquiridos é uma delas. Uma influência ainda mais importante é a tendência contínua de nivelar os rendimentos ano após ano na legislação americana. O número de cidadãos mais ricos e mais pobres diminui a cada ano. Todos os anos nota-se um aumento da classe média, fato que provocou um encolhimento proporcional dos grandes compradores de ações e um crescimento ainda maior dos pequenos compradores. Junto com eles aconteceu um crescimento extraordinário em outra classe de compradores, o comprador institucional. O consórcio de investimentos, os fundos previdenciários e de participação nos lucros e, em certo grau, até os confiáveis departamentos dos grandes bancos não representam grandes compradores. Em vez disso, eles são formados por alguns profissionais encarregados de administrar as economias de inúmeros pequenos compradores.

Em parte como consequência, e em parte como causa responsável por tudo isso, as mudanças fundamentais foram inseridas em nossas leis e instituições afetando o mercado de ações. A SEC, ou Securities and Exchange Commission [Comissão de Valores Mobiliários dos EUA], foi criada para impedir o tipo de manipulação e operações especulativas que se sucediam nas negociações do mercado de ações no passado. As normas em vigor limitam a margem de compra a uma fração de um total que outrora era considerado costumeiro. No entanto, o mais importante, conforme já discutido num capítulo anterior, é que a corporação dos dias atuais é algo totalmente diferente do que era. Pelas razões já expostas, a corporação nos dias de hoje é programada para ser utilizada muito mais como um meio de investimento para aqueles que desejam um crescimento em longo prazo do que como um veículo de negociação usual.

Todos esses fatores modificaram profundamente o mercado. Houve, sem dúvida, um aprimoramento extraordinário – um aprimoramento, no entanto, à custa da comercialização. A liquidação das ações, em média, diminuiu ao invés de aumentar. Apesar do crescimento econômico espantoso e de um infindável processo de aumento no número de ações, com redução do seu valor nominal, o volume de negociações na Bolsa de Valores de Nova York diminuiu. Com relação às operações mais modestas, elas quase foram extintas. O especulador, o comprador usual e até mesmo o "laranja" que tenta antecipar as expectativas não nos conduziram a uma economia saudável. Entretanto, eles contribuíram para um mercado de convertibilidade.

Não pretendo me envolver em questões semânticas. Não obstante, deve-se admitir que tudo isso resultou no declínio gradual do "corretor de valores" e na ascensão do que se poderia chamar de "vendedor de ações". No que diz respeito às ações, o corretor trabalha num mercado de leilões. Ele aceita uma encomenda de alguém que já decidiu o curso dos seus investimentos. E associa essa encomenda com outra que ele ou algum outro corretor recebeu para negociar. Esse processo é relativamente rápido. Se as encomendas recebidas forem para um grande número de ações, o corretor poderá trabalhar mediante uma comissão bastante pequena para cada uma das ações negociadas e ainda assim obter um lucro considerável.

Comparemos esse profissional com o vendedor que deve passar por uma rotina demorada para persuadir o cliente do curso de ação a ser tomada. Há somente um número limitado de horas por dia. Portanto, para fazer seus lucros se equiparar aos lucros do corretor, ele passa a cobrar uma comissão mais alta pelos seus serviços. Esse fato é especialmente verdadeiro caso o vendedor trabalhe com muitos pequenos clientes em vez de lidar com um número reduzido de clientes de grande porte. Segundo as condições econômicas atuais, os pequenos clientes são aqueles a que a maioria dos vendedores deve servir.

As transações da bolsa ainda operam primariamente como um veículo para os corretores, e não para os vendedores. As comissões aumentaram. No entanto, elas só aumentaram em comparação àquelas relacionadas a outros tipos de serviço. Em contrapartida, o mercado paralelo opera com base num princípio diferente. Todos os dias, representantes designados pela Associação Nacional dos Negociantes de Títulos Financeiros dos Estados Unidos distribuem jornais locais com as cotações, contando com uma longa lista dos títulos em ações ativos e não listados que sejam do interesse dos acionistas daquela localidade. Tais dados são compilados por meio do contato próximo com o mercado paralelo, mais ativo na negociação desses títulos. Ao contrário daqueles fornecidos pelas bolsas de valores, essas cotações não são as faixas de preços dentro das quais as operações se realizaram. Elas nem poderiam ser, já que não há nenhuma instituição na qual essas transações são registradas. Em vez disso, elas são cotações por lances e solicitações. Essas cotações supostamente fornecem o valor mais elevado pelo qual as instituições financeiras interessadas irão concorrer para cada uma dessas ações e o valor de oferta mais baixo pelo qual elas as venderão.

Uma verificação detalhada quase sempre irá demonstrar que as cotações registradas, ao lado da procura ou do lance, estarão estreitamente alinhadas com o que poderia ser obtido para as ações no momento em que a cotação foi fornecida. A oferta é normalmente maior do que a procura numa proporção muitas vezes maior do que a comissão da transação no mercado das ações vendidas pelo mesmo valor. Essa diferença é calculada visando possibilitar que o mercado paralelo compre pelo preço de compra, pague aos seus vendedores uma comissão proporcional ao tempo gasto na venda dos títulos e, ainda, gere um lucro razoável depois de descontadas as despesas gerais. Por outro lado, se um cliente, principalmente um cliente de grande porte, faz uma oferta à mesma instituição financeira para comprar essas ações, de modo que nenhuma comissão de vendas esteja envolvida, ele normalmente pode adquiri-las pelo preço de compra, mais cerca do equivalente à comissão da transação. Como um negociante do mercado paralelo expressou certa vez, "Nós temos um só mercado do lado da procura. Do lado da oferta temos dois. Nós temos um mercado de varejo e de atacado, dependendo em parte do tamanho da compra e da quantidade de vendas e serviços envolvidos".

Esse sistema nas mãos de um negociante inescrupuloso está sujeito a abusos óbvios. Aliás, como qualquer outro sistema. Entretanto, se o investidor escolher um negociante do mercado paralelo com a mesma cautela que ele utilizaria ao escolher qualquer outro especialista para uma prestação de serviços usual, esse sistema funcionará surpreendentemente bem. O investidor médio não tem o tempo nem a habilidade para selecionar seus próprios títulos de investimento. Por meio da estreita supervisão que os negociadores proporcionam às aplicações, o investidor é capaz de receber, com efeito, algo semelhante a uma consultoria de investimentos. Dessa forma, vale a pena arcar com os custos envolvidos.

Do ponto de vista do investidor mais sofisticado, no entanto, os reais benefícios desse sistema não se relacionam com a compra. Eles têm relação com o aumento da liquidez ou da comercialização que ele produz para as ações não listadas que ele deseja adquirir. Pelo fato de as margens de lucro disponíveis para os negociantes dessas ações serem suficientemente amplas para valer a pena, muitos negociantes do mercado paralelo mantêm um inventário regular das ações que eles normalmente manejam. Geralmente, eles não relutam em adquirir lotes de ações de 500 ou de mil dólares quando entram em disponibilidade. Se surgem lotes maiores nas suas emissões favoritas, eles normalmente organizam uma reunião de vendas e estipulam uma direção especial para mobilizar as ações a serem disponibilizadas. Eles costumam solicitar a uma comissão especial de vendas para realizar essa tarefa. Entretanto, tudo isso significa que, se as ações em mercado de balcão são negociadas por dois ou mais negociantes de alto nível, elas costumam contar com um alto grau de comercialização para atender às necessidades da maioria dos investidores. Dependendo do montante oferecido, pode-se solicitar ou não a uma comissão especial de vendas que movimente uma cota considerável. No entanto, para aquilo que é considerado no máximo um percentual relativamente pequeno do valor de venda, as ações que o investidor pretende vender podem, na verdade, ser convertidas em dinheiro sem arruinar o mercado.

Como esses fatores se comparam à comercialização das ações listadas na bolsa de valores? A resposta depende, em grande parte, de a quais ações e de a qual bolsa nos referimos. Com relação às emissões mais ativas listadas na Bolsa de Valores de Nova York, mesmo dentro das condições atuais, um mercado de leilões relativamente grande ainda existe para que, em tempos normais, todas as ações de maior porte possam ser movimentadas pelas taxas de comissão prevalecentes sem fazer cair os preços. Para as ações menos ativas listadas na Bolsa de Valores de Nova York, o aspecto do poder de comercialização ainda pode ser considerado justo, porém ele pode, às vezes, decair muito, caso as comissões regulares dependam do momento de surgimento das grandes encomendas de vendas. Para as ações do mercado listadas nas pequenas transações, minha opinião é que esse poder de comercialização frequentemente acaba sendo muito pior.

As transações da bolsa reconheceram essa situação e tomaram as medidas necessárias para se adequar a ela. Hoje, sempre que surge um lote de ações no qual a transação seja grande demais para o mercado numa situação usual, deverá ser dada a permissão para o uso de recursos como as "ofertas especiais". Isso quer dizer apenas que a oferta é divulgada a todos os membros, a quem é dada uma comissão maior e predeterminada para a venda dessas ações. Em outras palavras, quando um lote é grande demais para os corretores poderem manejá-lo como corretores, no sentido exato da palavra, eles recebem comissões consideráveis como uma compensação para efetuar as vendas como vendedores.

Todos esses fatores diminuem o espaço aparente entre os mercados listados e não listados num período como o atual, em que mais e mais compras estão sendo realizadas, mais por vendedores do que por corretores que apenas anotam as encomendas. Tal fato não significa que, do ponto de vista da comercialização, as ações conhecidas e negociáveis na Bolsa de Valores de Nova York não tenham vantagem nenhuma sobre as ações do mercado paralelo. Significa, sim, que as melhores dessas ações de mercado de balcão têm frequentemente mais liquidez do que as ações de muitas das companhias listadas na Bolsa de Valores norte-americana e nas diversas bolsas regionais espalhadas pelo país. Imagino que aqueles ligados ao mercado das bolsas menores discordariam abertamente dessa afirmação. Não obstante, creio que um estudo sem preconceitos sobre os fatos demonstraria a veracidade dessa questão. É por isso que grande parte das pequenas e médias empresas mais promissoras tem se recusado a listar suas ações nas bolsas menores nos últimos anos. Em vez disso, elas têm dado preferência aos mercados paralelos até que suas empresas atinjam determinado porte que lhes garanta uma "situação privilegiada" – ou seja, a listagem na Bolsa de Valores de Nova York.

Em suma, quanto às ações do mercado paralelo, as regras para o investidor não divergem demais das relacionadas às ações inscritas na bolsa. Em primeiro lugar, tenha absoluta certeza de ter escolhido o investimento correto. Depois disso, escolha um corretor competente e consciencioso. Se um investidor estiver em solo seguro em relação a esses dois aspectos, ele não precisará temer a compra de ações simplesmente porque elas são negociadas em "mercado de balcão" e não na bolsa de valores oficial.

3. Não compre ações apenas por gostar do relatório anual da empresa

Os investidores nem sempre têm o cuidado de analisar o que os faz adquirir algumas ações e não outras. Se tivessem, eles ficariam surpresos do quanto se influenciam pelos comentários dos relatórios anuais das empresas para os acionistas. Esse espírito do relatório anual pode refletir as filosofias da gestão administrativa, as estratégias ou os objetivos com tanta exatidão como a prestação de contas financeira da auditoria é capaz de refletir os resultados em dólares e centavos do período em questão. No entanto, o relatório anual pode também refletir pouco mais do que a habilidade do departamento de relações públicas da empresa de criar uma impressão sobre a companhia na opinião pública. Não há como sabermos se o presidente da empresa efetivamente redige as observações no relatório anual, ou se um funcionário do setor de relações públicas as escreve no seu lugar, solicitando apenas sua assinatura. Fotos atraentes e belos gráficos ilustrados não refletem necessariamente um gerenciamento competente e firme que trabalha em harmonia e com entusiasmo.

Deixar que o tom e o discurso geral de um relatório anual influenciem sua decisão de comprar ações é o mesmo que comprar um produto por causa de um anúncio apelativo na mídia. O produto pode ser tão atraente quanto o anúncio. Ele pode, no entanto, não ser. Para um produto de baixo preço, pode parecer sensato comprar dessa maneira e descobrir, por si próprio, se ele é de fato bom. No tocante às ações do mercado, todavia, devo dizer que poucos de nós somos suficientemente ricos para suportar a compra impulsiva. Vale também lembrar que os relatórios anuais, hoje em dia, são geralmente preparados para estimular a boa vontade do acionista. É importante ir além desses relatórios e buscar os fatos fundamentais. Como todas as ferramentas de vendas, eles tendem a colocar a corporação "um passo à frente". Raramente apresentam discussões completas e balanceadas dos verdadeiros problemas e dificuldades dos negócios. Normalmente, eles só apresentam visões otimistas.

Se um investidor não deve deixar uma reação favorável do conteúdo de um relatório anual influenciar excessivamente suas atitudes, o que dizer do contrário? Deveria ele deixar que reações desfavoráveis o influenciassem? Normalmente não, pois mais uma vez ele estaria avaliando o conteúdo de uma caixa pelo papel externo que a envolve. Há, contudo, uma exceção importante a essa regra. Ela ocorre quando esses relatórios deixam de dar informações eficientes sobre questões de real significado para o investidor. Empresas que seguem essas políticas não são geralmente aquelas mais indicadas para fornecer as bases fundamentais para um investimento de sucesso.

4. Não presuma que o preço elevado pelo qual algumas ações são vendidas com relação aos ganhos é necessariamente uma indicação de que o crescimento adicional nesses ganhos já tenha sido amplamente descontado no preço

Há um erro com consequências graves na lógica dos investimentos que por ser bastante comum merece uma menção especial. Para explicá-lo, vamos tomar como exemplo uma empresa fictícia. Vamos chamá-la aqui de corporação XYZ. Ela tem atendido excepcionalmente a todos os requisitos de nossas quinze questões. Durante três décadas, tem ocorrido um crescimento constante tanto nas vendas como nos lucros, e também tem sido desenvolvida uma quantidade satisfatória de novos produtos, uma forte indicação de crescimento comparável no período subsequente. A excelência da companhia é geralmente apreciada em toda a comunidade financeira. Consequentemente, durante anos, as ações da XYZ têm sido vendidas por um valor de vinte a trinta vezes maior com relação aos lucros correntes. Isso representa quase o dobro para cada dólar ganho com o preço médio de venda das ações inventadas de outra companhia, digamos, a Dow Jones Industrial.

Hoje em dia, essas ações estão sendo vendidas por duas vezes o índice preço/lucro das médias da Dow Jones. Isso quer dizer que o preço de mercado delas é duas vezes maior com relação a cada dólar que ela ganha, bem como a média das ações que compreendem as médias da Dow Jones, com relação a cada dólar auferido. A administração da companhia XYZ acaba de emitir uma previsão indicando que espera dobrar os ganhos nos próximos cinco anos. Com base nas evidências em mãos, a previsão parece válida.

Entretanto, um número surpreendente de investidores chega a conclusões falsas. Eles dizem que, como a XYZ está vendendo suas ações por duas vezes o valor das ações em geral, e como levará cinco anos para que os ganhos da companhia dobrem, o preço atual das ações da companhia descontará os ganhos no futuro. Eles têm certeza de que as ações estão supervalorizadas.

Ninguém pode contestar que descontar os ganhos de uma ação cinco anos à frente é plausível de superfaturamento. A falácia da sua argumentação se esteia na presunção de que, daqui a cinco anos, a XYZ estará vendendo suas ações pelo mesmo índice preço/lucro da média das ações da Dow Jones com a qual ela se compara. Por trinta anos, as ações dessa companhia, em razão de todos aqueles fatores que a tornam uma companhia de destaque, têm sido vendidas por duas vezes o índice preço/lucro em comparação com as demais. Esse recorde tem sido gratificante para os que acreditam nele. Se as mesmas estratégias continuarem, daqui a cinco anos sua gestão administrativa lançará outro grupo de produtos novos que, na próxima década, irá inflar os lucros da mesma maneira que os novos produtos aumentam os ganhos atualmente e outros o fizeram há cinco, dez, quinze ou vinte anos. Se isso acontecer, por que essas ações não poderiam ser vendidas daqui a cinco anos por duas vezes o índice preço/lucro das ações ordinárias, exatamente como acontece agora e acontecia no passado? Se isso acontecer – e se o índice preço/lucro de todas as ações permanecer o mesmo –, a duplicação dos ganhos da XYZ daqui a cinco anos também fará com que seu preço dobre no mercado nesse período. Com base nessa afirmação, essas ações, vendidas pelo seu índice preço/lucro normal, não podem ser consideradas absolutamente ações que descontam ganhos no futuro!

Isso é bastante óbvio. Basta olhar ao nosso redor e ver quantos investidores supostamente sofisticados se confundem nessa questão de definir qual índice preço/lucro utilizar ao analisar até que ponto algumas ações realmente descontam o crescimento futuro. Esse fato é particularmente verdadeiro quando ocorre alguma mudança estrutural na companhia analisada. Consideremos agora a companhia ABC, em vez da XYZ. As duas são quase idênticas, com exceção do fato de a ABC ser bem mais nova. Somente nos dois últimos anos sua excelência fundamental passou a ser apreciada pela comunidade financeira, a ponto de suas ações serem vendidas pelo dobro do índice preço/lucro da média das ações da Dow Jones. Parece quase impossível para muitos investidores perceber, no caso de ações que no passado não eram vendidas por um índice preço/lucro relativamente elevado, que o índice preço/lucro pelo qual elas são vendidas agora pode ser um reflexo da sua qualidade intrínseca, e não um desconto injustificável de crescimento adicional.

O que é relevante neste momento é compreender profundamente a natureza da companhia, com uma abordagem especial quanto ao que se espera dela daqui a alguns anos. Se o aumento brusco dos ganhos no futuro for uma questão isolada, e se a natureza da companhia não garantir que novas fontes de crescimento dos ganhos sejam desenvolvidas quando a fonte atual estiver completamente exaurida, então, nesse caso, a situação é completamente diferente. O alto índice preço/lucro, diante dessa situação, será efetivamente descontado nos ganhos futuros. Isso acontece porque, quando o aumento atual é interrompido, as ações retornam ao mesmo preço de venda com relação a seus lucros, como ações comuns. Entretanto, se a companhia deliberada e consistentemente desenvolve novas fontes de rentabilidade, e se seu setor industrial é promissor o suficiente para possibilitar aumentos equivalentes no futuro, o índice preço/lucro daqui a cinco ou dez anos estará, com certeza, bem acima da média das ações nos dias de hoje. Ações desse tipo frequentemente serão descontadas no futuro bem menos do que muitos investidores imaginam. É por isso que algumas das ações que, à primeira vista, parecem estar muito caras acabam se tornando grandes barganhas depois de uma análise detalhada.

5. Não confunda ⅛ com ¼

Utilizei exemplos fictícios numa tentativa de esclarecer muitas outras questões. Desta vez, pretendo usar um exemplo real. Há cerca de vinte anos, um cavalheiro que dispunha de grande habilidade para investimentos adquiriu cem unidades de uma ação listada na Bolsa de Valores de Nova York. No dia em que ele decidiu comprar, as cotações fecharam a 35½. No dia seguinte, as ações foram vendidas pelo mesmo valor, mas esse senhor não pagou o valor de 35½. Ele decidiu economizar US$ 50,00. Ele ofereceu 35 e se recusou a pagar mais. As ações nunca mais foram vendidas por 35. Hoje, quase vinte anos depois, elas parecem ter um futuro particularmente brilhante. Como resultado dos dividendos em ações e das divisões que ocorreram nos anos subsequentes, elas são vendidas hoje por mais de US$ 500,00.

Em outras palavras, numa tentativa de economizar US$ 50,00, esse investidor deixou de angariar, pelo menos, US$ 46.500,00. Além disso, não resta dúvida que o investidor teria lucrado US$ 46.500,00, pois ele ainda possui outras ações dessa mesma companhia da qual adquiriu os títulos por valores ainda menores. Como US$ 46.500,00 representam cerca de 930 vezes 50, isso significa que nosso investidor teria de ter economizado o montante de US$ 50,00 novecentas e trinta vezes para não auferir lucro nem sofrer prejuízo. Obviamente, seguir um curso de ação com esse tipo de disparidade beira a insanidade financeira.

Esse exemplo, em especial, não constitui absolutamente um exemplo extremo. Selecionei propositalmente ações que por muitos anos representaram mais um investimento retrógrado do que de liderança no mercado. Se nosso investidor tivesse escolhido qualquer uma entre, digamos, cinquenta outras ações em fase de valorização listadas na Bolsa de Nova York, perdendo US$ 3.500,00 sobre o valor dessas ações para economizar US$ 50,00, isso teria lhe custado muito mais do que US$ 46.500,00.

Para o pequeno investidor que deseja adquirir apenas algumas centenas de ações, a regra é muito simples. Se as ações parecem ser adequadas e o preço razoável, segundo os critérios correntes, compre "no mercado"*. A fração extra de um oitavo, um quarto, ou meio ponto a ser paga é insignificante diante do lucro que será sacrificado caso as ações não sejam obtidas. Se as ações não contam com esse potencial em longo prazo, creio que o investidor não deveria tê-las comprado em primeiro lugar.

Para o grande investidor que deseja talvez milhares de ações, o problema não é tão simples assim. Com exceção de uma minoria muito pequena de ações, o fornecimento disponível é geralmente bastante limitado, de modo que uma tentativa de comprar "no mercado", mesmo que seja metade dessa quantidade desejada, pode muito bem causar um adiantamento nas cotações. Esse aumento repentino de preços, em contrapartida, produz dois efeitos adicionais, ambos com tendência a tornar a acumulação de um lote dessas ações ainda mais difícil. O aumento de preço, por si, pode ser suficiente para fazer crescer o interesse e a competição de outros compradores. Ele pode também fazer alguns daqueles que vêm planejando vender suas ações mantê-las fora do mercado com a esperança de que o aumento continue. Portanto, o que deve fazer um grande comprador para enfrentar essa situação?

Ele deve se dirigir ao seu corretor ou consultor. Deve comunicar-lhe exatamente a quantidade de ações que deseja adquirir. Ele deve dizer ao corretor para selecionar o maior número de ações possível, porém autorizá-lo a fazer lances pequenos caso a compra dessas ações possa estimular lances

---

* A expressão "no mercado" vem do termo "at the market", que significa uma ordem de compra ou venda executada de acordo com o preço de mercado no momento da oferta. [N. C. T.]

competitivos. O mais importante, ele deve dar liberdade ao seu corretor para elevar o preço a um nível um pouco acima da venda mais recente. Isso deve ser decidido em consulta com o corretor ou negociante após levar em conta alguns fatores como o tamanho do lote desejado, a atividade normal das partes, o quão ansioso o investidor pode estar e qualquer outros fatores especiais que possam estar envolvidos.

O investidor pode não contar com um corretor ou consultor no qual ele tenha absoluta confiança para a execução dessa tarefa. Se esse for o caso, ele deve procurar um profissional no qual possa depositar sua máxima confiança. Afinal, essa é a função principal dos corretores e dos profissionais de assessoria financeira.

9

Outras cinco negativas para os investidores

1. Não exagere na diversificação

Nenhum princípio de investimento é tão amplamente aclamado como a diversificação. (Algumas opiniões irônicas sugerem que isso se deve ao fato de o conceito ser tão simples que até mesmo os corretores da bolsa de valores são capazes de entendê-lo!) Seja como for, há poucas chances de o investidor médio ser influenciado a praticar uma diversificação insuficiente. As coisas horríveis que podem acontecer àqueles que "colocam todos os ovos na mesma cesta" são constantemente veiculadas.

Pouquíssimas pessoas, entretanto, pensam sobre os males que podem ocorrer quando se colocam no outro extremo da questão. A desvantagem de ter os ovos espalhados em tantas cestas diferentes é que muitos deles acabam não sendo depositados em recipientes suficientemente adequados, além de ser impossível cuidar de todas essas cestas depois que os ovos foram guardados. Por exemplo, entre os investidores com títulos em ações, contando com um valor de mercado variando entre um quarto e meio milhão de dólares, o percentual dos que detêm 25 ou mais de ações diferentes é espantoso. Não é esse número de 25 ou mais que é em si surpreendente. Antes, é o fato de que na grande maioria dos casos apenas um pequeno percentual desses títulos se concentra em ações do mercado atraentes sobre as quais o investidor ou seu consultor conte com um alto grau de conhecimento. Os investidores exageram tanto na diversificação que o temor de possuir ovos demais numa só cesta tem feito com que eles invistam muito pouco em empresas que eles conhecem muito bem, ao passo que investem demais em empresas sobre as quais eles nada sabem. Parece não lhes ocorrer, e muito menos aos seus consultores, que comprar ações de uma companhia sem ter um conhecimento suficiente sobre ela pode ser ainda mais perigoso do que proceder a uma diversificação inadequada.

Qual seria o grau de diversificação necessário e quais seriam os riscos? Seria algo parecido com carabineiros empilhando rifles. Um atirador não consegue tanta firmeza equilibrando dois rifles, como teria se utilizasse cinco ou seis posicionados adequadamente. Porém, ele pode ser tão seguro com cinco rifles como seria com cinquenta. Nessa questão da diversificação, entretanto, há uma grande diferença entre organizar rifles e adquirir ações do mercado. Com os rifles, o número necessário para uma pilha segura não depende normalmente do tipo de rifle utilizado. Com as ações, a natureza delas em si tem muito a ver com o grau de diversificação realmente necessário.

Algumas empresas, tais como a maioria das principais fabricantes de produtos químicos, contam com um grau de diversificação considerável dentro da própria companhia. Enquanto todos os seus produtos podem ser classificados como produtos químicos, muitos deles podem ter a maioria dos atributos encontrados em produtos de setores industriais completamente diferentes. Alguns podem apresentar problemas de fabricação diferentes. Eles podem ser vendidos em meio a uma concorrência diversificada a diferentes tipos de clientes. Além disso, às vezes, quando apenas um tipo de produto químico está envolvido na negociação, o grupo de clientes pode formar um segmento tão amplo da indústria que um elemento considerável de diversificação interna pode ainda estar presente.

A extensão e a intensidade do núcleo gerencial de uma empresa – ou seja, quanto uma empresa progrediu do gerenciamento de uma só pessoa – são também fatores importantes ao decidirmos o grau protetor de diversificação intrinsecamente necessário. Por fim, os títulos de indústrias altamente cíclicas – ou seja, aqueles que flutuam irregularmente segundo as alterações da situação do ciclo dos negócios – também exigem por natureza ser equilibrados por uma maior diversificação em comparação às ações lineares, menos sujeitas a esse tipo de flutuação intermitente.

Essa diferença entre a quantidade de diversificação interna encontrada nas ações possibilita estabelecer regras rígidas e rápidas quanto à quantidade mínima de diversificação que o investidor médio exige para resultados otimizados. A relação entre as indústrias envolvidas é outro fator importante. Por exemplo, um investidor com dez ações do mesmo valor, sendo oito delas ações bancárias, pode ter uma diversificação completamente inadequada. Por outro lado, o mesmo investidor, com cada uma das suas dez ações num setor industrial completamente diferente, pode ter um grau de diversificação bem maior do que ele realmente necessita.

Reconhecendo, portanto, que cada caso é único e que não podemos estabelecer regras precisas, sugiro o seguinte guia para o que podemos considerar como necessidades de *diversificação mínima* para todos os tipos de investidores (exceto aqueles que investem muito pouco):

A. Todos os investimentos podem ser reunidos unicamente na categoria numerosa e sólida das ações em fase de valorização, da qual a Dow Química, a Du Pont e a IBM já foram mencionadas como exemplos típicos. Nesse caso, o investidor pode ter um objetivo mínimo de cinco ações no total. Isso quer dizer que ele não investiria mais do que 20% do total do seu capital original em quaisquer dessas ações. Isso *não* significa que se uma delas valorizar mais rapidamente do que as demais e se, num período de dez anos, ele obtiver 40% do valor total de mercado numa dessas ações ele estará de algum modo comprometendo esses títulos. Esse fato demonstra, é claro, que ele passou a conhecer seus títulos e o futuro continua parecendo tão promissor para essas ações como o foi o passado recente.

Um investidor que utilize essa orientação de 20% de sua aplicação original para cada empresa deve observar que não há mais do que um teor moderado de transvariação, se houver, entre as linhas de produtos das suas cinco companhias. Dessa forma, por exemplo, se a Dow Química fosse uma dessas cinco companhias, não vejo por que a Du Pont não pudesse ser também uma delas. Há relativamente poucos lugares em que as linhas de produtos dessas duas empresas se sobrepõem ou competem. Se o investidor comprasse ações da Dow Química e de alguma outra companhia semelhante em seu campo de atuação, a sua aquisição ainda assim seria considerável, desde que ele tivesse razões suficientes para justificar tal atitude. Adquirir esses dois tipos de ações do mercado em campos de atividades afins pode ser bastante lucrativo ao longo dos anos. Entretanto, num exemplo como esse, o investidor deve ter em mente que sua diversificação é essencialmente inadequada e, portanto, ele deve ficar atento diante de problemas que possam afetar os setores industriais em questão.

B. Alguns ou todos os seus investimentos podem estar na categoria de ações no meio do caminho entre as novas empresas em fase de crescimento, com seu alto nível de risco, e o tipo institucional de investimento descrito acima. Essas seriam empresas com uma boa equipe de gestão administrativa em vez daquelas que contam com um único homem no comando. Seriam empresas que fecham um volume de negócios entre US$ 15 e 100 milhões ao ano e estão sempre bem engajadas em seu setor industrial. Pelo menos duas dessas empresas devem ser consideradas necessárias para equilibrar cada companhia singular do tipo A. Em outras palavras, se somente as companhias do tipo B estivessem envolvidas, um investidor poderia começar com 10% dos seus recursos disponíveis em cada uma delas. Isso resultaria em dez ações ao todo. Entretanto, as empresas dentro dessa classificação geral podem variar consideravelmente entre si com relação ao seu grau de risco. Seria prudente considerar aquelas com o maior risco inerente como candidatas a 8% do investimento original, em vez de 10%. Em qualquer hipótese, considerar cada ação do mercado dessa espécie como uma candidata ao percentual de 8% a 10% do total do investimento original – em oposição aos 20% para o grupo A – deve nos fornecer novamente a estrutura para uma diversificação mínima adequada.

Empresas do referido grupo B são normalmente mais difíceis de ser reconhecidas pelo investidor do que aquelas do grupo A, do tipo institucional. Portanto, vale a pena fazer uma breve descrição de uma ou duas dessas companhias que tive a oportunidade de observar mais detalhadamente e posso considerar como exemplos típicos.

Vejamos o que eu disse sobre essas companhias na primeira edição deste livro e como elas se apresentam hoje em dia. A primeira empresa, do grupo B, sobre a qual me referi foi a P. R. Mallory. Eu disse:

> A companhia P. R. Mallory & Co., Inc., goza de um grau surpreendente de diversificação interna. Seus principais produtos são componentes para as indústrias eletrônica e elétrica, tais como metais especiais e pilhas comuns. Para suas linhas de produtos mais importantes, ela é um fator principal nos respectivos setores industriais, e em alguns deles ela é a maior produtora. Muitas das suas linhas de produtos, tais como componentes eletrônicos e metais especiais, servem alguns dos segmentos que crescem mais rápido na indústria americana, dando indicações de que o crescimento da Mallory deve continuar. Em dez anos, as vendas aumentaram quase quatro vezes, chegando a um volume de cerca de US$ 80 milhões em 1957, com cerca de um terço desse aumento resultando de aquisições externas cautelosamente planejadas e cerca de dois terços em razão do crescimento interno.

As margens de lucro nesse período foram um pouco mais baixas com relação ao que é normalmente considerado satisfatório para uma companhia do grupo B, mas isso se deve, em parte, a gastos acima da média com pesquisas. De forma ainda mais expressiva, medidas têm sido tomadas, começando a dar indicações de um aperfeiçoamento considerável desse fator. A gestão administrativa tem demonstrado uma habilidade considerável por trás de um presidente dinâmico, e vem se desenvolvendo de forma significativa nos últimos anos. As ações da Mallory tiveram uma valorização cinco vezes maior no período de dez anos entre 1946 e 1956, frequentemente sendo vendidas por quinze vezes o valor dos lucros atuais.

Talvez a sabedoria de investimento, um dos fatores mais importantes com relação a Mallory, não tenha sustentação dentro da companhia em si, mas no seu interesse prévio sobre um terço da Mallory-Sharon Metals Corporation. Essa companhia está sendo planejada como uma combinação da Mallory-Sharon Titanium Corporation – 50% da qual é de propriedade da P. R. Mallory & Co. e já provou ser um empreendimento interessante para a Mallory – com as operações da National Distiller, nos estágios de matéria-prima do mesmo setor industrial. Essa nova companhia dá indicações de ser uma das produtoras de titânio de custo integrado mais baixo, e como tal deve desempenhar um importante papel no provável crescimento desse novo setor industrial. Enquanto isso, a empresa, em 1958, espera lançar seu primeiro produto de zircônio comercialmente significativo e conta com um *know-how* considerável, junto com a sua organização, com relação a outros metais milagrosos e comercialmente novos, tais como o tântalo e o colúmbio. Essa companhia parcialmente adquirida dá indicações de se tornar uma líder mundial, não apenas em um produto, mas numa série de metais que prometem desempenhar um papel evolutivo na era atômica, quimicamente industrializada e bélica de nosso futuro. Como tal, ela pode representar um recurso de grande significado financeiro para a aceleração do crescimento, que parece inerente à Mallory em si.

Se eu estivesse escrevendo essas palavras hoje, dois anos depois, eu as escreveria de forma relativamente diferente. Tentaria demonstrar meu entusiasmo com mais moderação pelas possíveis contribuições da divisão da Mallory-Sharon Metals Corporation. Acho que tudo o que disse há dois anos ainda pode acontecer. No entanto, no que diz respeito ao titânio, acredito que deva levar mais tempo para descobrir e desenvolver mercados de porte para esse metal em comparação à situação de dois anos atrás.

Por outro lado, eu deveria fortalecer minhas observações em favor da própria companhia Mallory no mesmo grau em que as afrouxaria com relação à sua afiliada. A tendência que mencionei, de melhoria da qualidade de sua gestão, evoluiu consideravelmente durante esse período. Como a Mallory era uma fornecedora de componentes para a indústria de bens de consumo duráveis, e se encontrava numa atividade comercial prestes a sentir o impacto de uma possível queda generalizada, a administração demonstrou uma habilidade excepcional ao ajustar-se às condições do ano de 1958, mantendo ganhos de US$ 1,89 por ação contra o pico permanente de US$ 2,06 no ano anterior. Os lucros retornaram rapidamente em 1959 e prometeram novos recordes anuais em torno de US$ 2,75 por ação. Além disso, esses rendimentos foram estabelecidos em face do decréscimo dos custos, embora ainda altos, para algumas das divisões mais novas. Esse fato demonstrou, diante das condições econômicas favoráveis, que um crescimento adicional significativo nos lucros poderia ser alcançado no ano de 1960.

A Mallory constitui um dos poucos exemplos citados neste livro de ações que não caminham tão bem quanto o mercado como um todo. Embora acredite que essa companhia tenha tido mais sucesso do que algumas das suas concorrentes ao enfrentar a concorrência japonesa nos componentes eletrônicos, essa ameaça pode ser uma razão da sua ação relativamente fraca no mercado. Outra razão pode ser a falta de interesse da comunidade financeira por um negócio que não é facilmente identificado em determinado setor industrial, mas se insere em diversos deles. Esse aspecto seria modificado com o tempo, especialmente quando suas peças em miniatura deixaram de ser algo inovador e se alinharam à tendência de miniaturização no campo da eletrônica. De qualquer maneira, essas ações que apresentavam 35 pontos quando a primeira edição deste livro foi escrita, em 1957, depois de oferecer dividendos de 2%, agora estão sendo vendidas a 37¼ pontos, no momento desta segunda edição (1960).

Vejamos agora o que eu disse sobre o outro exemplo do grupo B que discuti na primeira edição:

> A Beryllium Corporation é outro exemplo ideal de investimento do grupo B. O título corporativo dessa companhia tem a implicação de uma empresa nova que faz pessoas desinformadas supor que suas ações carregam mais altos riscos do que, na verdade, podem existir. Como uma produtora de baixo custo, ela é a única empresa integrada que produz ligas de cobre berílio e de alumínio berílio e também opera uma unidade de produção na qual essas ligas de metal

são transformadas em bordões, barras, tiras, magmas e, no caso das ferramentas, em bens de consumo final. As vendas aumentaram cerca de seis vezes num período de dez anos, terminando em 1957 e gerando um total de aproximadamente US$ 16 milhões. Um percentual crescente dessas vendas se deve ao campo da eletrônica, às máquinas de calcular e outros ramos da indústria que prometem um rápido crescimento nos próximos anos. Com o surgimento da utilização de novos produtos, já que o cobre berílio começa a perder a importância comercial, a boa taxa de crescimento dos últimos dez anos é apenas uma indicação do que ainda está por vir. Diante do exposto, justifica-se pelo índice/preço lucro de cerca de 20 pontos, índice pelo qual essas ações têm sido negociadas nos últimos cinco anos.

Ao indicar que esse crescimento pode continuar por muitos anos no futuro, a Rand Corporation, uma brilhante ramificação de pesquisas da Força Aérea e de propriedade do governo, tem sido citada na imprensa por prever um futuro importante na década de 1960 com relação ao ainda quase inexistente campo de utilização do tal berílio como um material estrutural. A Rand Corporation, entre outras coisas, previu de maneira correta, logo após a guerra, o desenvolvimento do titânio.

Antes de qualquer utilização que o mercado possa desenvolver para o berílio como um material estrutural, o ano de 1958 deve ver essa companhia introduzir mais um novo produto em sua linha de produção. Esse produto é o berílio para fins atômicos. Ao ser produzido numa unidade completamente separada das outras, que produzem as ligas metálicas usuais, esse produto está submetido a um contrato de longo prazo com a Comissão de Energia Atômica. Ele dá indicações de um futuro promissor na indústria nuclear em que a demanda provavelmente surgirá tanto do governo como do setor privado. A gestão administrativa está alerta. De fato, essa empresa se mostra qualificada, nos termos de nossas quinze questões, com relação a todos os aspectos, exceto por um deles, cuja falha é conhecida e medidas já começaram a ser tomadas para saná-la.

No caso da Mallory, os dois últimos anos acrescentaram prós e contras ao quadro que apresentei naquela época. No entanto, os avanços favoráveis compensaram os desfavoráveis, como seria o caso se uma empresa tivesse de justificar o tipo ideal de investimento. Do ponto de vista desfavorável, as perspectivas para a extinção do uso do cobre berílio, levantadas dois anos antes, parecem ter perdido muito do seu brilho e a curva de crescimento em longo prazo do encerramento completo dos negócios ligados ao mercado de metais pode ser, de certa forma, menos vigorosa do que o indicado naquela descrição. Ao mesmo tempo, a demanda nuclear do berílio nos anos seguintes pareceu ser, de algum modo, menor do que naquela época. No entanto, para compensar de forma considerável esse fato, há sinais bastante relevantes de um crescimento dramático da demanda do berílio para diversos tipos de utilizações ligadas ao transporte aéreo. O processo inicial dessa demanda começa aqui. Parece que, em toda parte, e para diversos tipos de produtos diferentes, ninguém mais tem segurança para prever suas limitações. Essa previsão pode não ser tão favorável como se imaginava, pois ela pode transformar o campo de utilização de um produto atraente demais, ameaçando a partir de uma inovação tecnológica revolucionária de uma empresa concorrente que ainda não está no mercado. Entretanto, felizmente a companhia pode ter se desenvolvido de forma considerável, fortalecendo-se com relação à única das quinze questões em que havia agido deficientemente, ou seja, nas suas atividades de pesquisa.

Como o mercado de ações respondeu a tudo isso? Quando a primeira edição deste livro foi escrita, a companhia estava com uma pontuação de 16,16, depois de considerar os dividendos de participação que foram pagos desde então. Atualmente, ela está na faixa dos $26\frac{1}{2}$ pontos, ou seja, um ganho de 64%.

Entre as empresas que não me são tão familiares, mas acredito disporem de uma gestão administrativa, uma posição comercial e perspectivas de crescimento, entre outras características que as qualificam como bons exemplos de empresas do grupo B, posso mencionar a Foote Minerals Company, a Friden Calculating Machine Co., Inc., e a Sprague Electric Company. Cada uma dessas empresas representa um investimento atraente para aqueles que detêm ações do mercado pelo período de alguns anos. A Sprague Electric quadruplicou seus valores entre 1947-1957. As ações da Friden foram inicialmente oferecidas ao público em 1954, mas em menos de três anos elas haviam aumentado cerca de duas vezes e meia sobre o seu valor de mercado. Até 1957, elas estariam sendo vendidas por um preço quatro vezes mais alto, devendo essas ações ter sido negociadas de forma privada cerca de um ano antes de sua oferta ao público. Esses aumentos nos preços, que podem parecer satisfatórios à maioria dos investidores, eram relativamente menores quando comparados ao que aconteceu com as ações da Foote Minerals Company. Essas ações foram listadas na Bolsa de Valores de Nova York no início de 1957.

Antes disso, as ações eram negociadas em mercado de balcão e foram disponibilizadas ao público em 1947. Naquele tempo, as ações eram vendidas por US$ 40,00 cada uma. Devido aos dividendos de participação e às subdivisões, o investidor que adquiriu cem ações no momento do financiamento original, em 1947, e as detém até os dias de hoje conta com um número de 2.400 ações. Elas foram vendidas recentemente por aproximadamente US$ 50,00.

C. Finalmente, há pequenas empresas com possibilidades vacilantes de lucro em caso de sucesso, porém com riscos de perdas de investimento totais ou quase integrais na hipótese de fracasso. Já devo ter afirmado anteriormente por que acredito que os valores desses títulos, se existirem, numa lista de investimentos devem variar de acordo com as circunstâncias e os objetivos de um investidor específico. Todavia, há duas boas regras a serem seguidas com relação a investimentos desse tipo. Uma delas já foi mencionada. Nunca invista nessas empresas recursos cuja perda você não poderá suportar. A outra regra é que os investidores nunca devem, no momento do investimento original, investir mais do que 5% dos seus recursos disponíveis em qualquer uma dessas empresas. Conforme já observado, um dos riscos do pequeno investidor é o de que ele pode ser pequeno demais para obter os prospectos extraordinários desse tipo de aplicação e, ainda, obter os benefícios de uma diversificação apropriada.

Na primeira edição, eu me referi à Ampex tal como ela era em 1953, e à Elox em 1956, como exemplos de empresas com elevado potencial, porém apresentando altos riscos e encaixadas na categoria do grupo C. Como essas empresas se saíram a partir daí? A Elox, que se encontrava na faixa dos 10 pontos ao ser concluída a primeira edição, hoje está na faixa de 7⅝. Por outro lado, o desempenho de mercado da Ampex continua brilhante e demonstra por que, quando uma administração se mostra competente e as condições fundamentais não mudam, as ações nunca devem ser vendidas apenas em decorrência de uma alta no mercado e da elevação temporária nos seus preços. Na discussão sobre pesquisa no Capítulo 3, mencionei que nos primeiros quatro anos após a oferta dessas ações ao público em 1953 elas haviam subido 700%. Quando terminei a primeira edição, elas estavam na faixa dos 20 (depois de permitir o desdobramento de ações 2½ até 1 que aconteceu desde então). Hoje em dia, com as vendas e os rendimentos subindo a cada ano e com 80% das vendas atuais centradas em produtos que não existiam havia quatro anos, ela se estabelece na faixa de 107½. Isso representa um ganho de 437% em pouco mais de dois anos, ou seja, um ganho de mais de 3.500%

em seis anos. Em outras palavras, US$ 10 mil investidos na Ampex em 1953 teriam um valor de mercado de mais de US$ 350 mil hoje, numa companhia que provou ter a habilidade de superar sucessivamente o seu triunfo técnico e comercial.

Outras situações observadas em empresas com as quais não estou muito familiarizado, mas que podem muito bem se encaixar nessa categoria, são o caso da Litton Industries, Inc., quando suas ações foram oferecidas pela primeira vez ao público, e da Metal Hydrides. Entretanto, uma característica desse tipo de companhia deve ser levada em consideração do ponto de vista da diversificação. Elas representam tantos riscos e oferecem perspectivas tão promissoras que, com o tempo, uma dessas duas coisas geralmente acontece. Ou elas fracassam, ou elas se desenvolvem na sua posição comercial, na qualidade da sua administração e no seu potencial competitivo, até poder ser classificadas na categoria B, deixando de pertencer ao grupo C.

Quando isso ocorre, o valor das suas ações normalmente sobe de tal forma no mercado que, dependendo do que acontece com o valor de outros títulos do investidor nesse período, elas podem representar um percentual consideravelmente maior do portfólio total em comparação à sua situação anterior. Entretanto, as ações do grupo B são bem mais seguras do que as do grupo C, e devem ser retidas num volume maior sem sacrificar uma diversificação ideal. Portanto, quando uma companhia se transforma dessa maneira, praticamente não há razão para vender ações – pelo menos não com base na alta do mercado, fazendo essa empresa representar um percentual elevado demais do investimento total.

Essa mudança de uma companhia da categoria C para a categoria B é, por exemplo, exatamente o que aconteceu no período entre 1956-1957, no caso da Ampex. Como a empresa triplicou seu porte, os lucros aumentaram ainda mais rápido, e como o mercado para seus gravadores magnéticos e componentes afins foi ampliado para outros setores industriais em crescimento essa empresa cresceu potencialmente a ponto de subir para o grupo B. Ela passou a não carregar mais o elemento de risco de investimento extremo. Quando esse patamar foi alcançado, um percentual consideravelmente alto do investimento total passou a ser admitido na Ampex sem violar os princípios da diversificação ideal.

Todos os percentuais acima representam meramente um padrão mínimo ou prudente de diversificação. Ultrapassar esse limite é algo como dirigir um automóvel acima da velocidade usual. O motorista pode chegar mais depressa ao seu destino; no entanto, ele deve ter em mente que isso vai exigir dele maior atenção e vigilância. Se ele subestimar esse aspecto, ele poderá não só chegar atrasado, como nem mesmo completar seu trajeto.

E quanto ao outro lado da moeda? Há alguma razão pela qual o investidor não deva aderir a uma diversificação maior, além das quantias mínimas mencionadas? Não há nenhuma razão, desde que os títulos adicionais sejam equivalentes, na sua atratividade, ao número mínimo de ações com relação a duas questões. Esses títulos de crédito adicionais devem ser equivalentes aos demais títulos no grau de crescimento atingível com relação aos riscos envolvidos. Eles também devem ser equivalentes no que diz respeito à habilidade do investidor de manter contato e acompanhar os investimentos realizados. No entanto, os investidores mais práticos normalmente acham que o seu problema é encontrar um número suficiente de investimentos de destaque, em vez de fazer sua escolha entre muitos deles. O investidor ocasional que acaba aderindo a um número de companhias maior do que ele na verdade necessita raramente dispõe de tempo suficiente para um contato mais próximo com todas elas.

Uma longa lista de valores mobiliários não costuma ser um indicador de um investidor brilhante, mas de alguém que não confia em si mesmo. Se o investidor detiver ações num número tão excessivo de companhias a ponto de não poder manter contato com a gestão administrativa direta ou indiretamente, é bem provável que ele acabe numa situação pior do que se contasse com ações num número mais reduzido de empresas. O investidor deve sempre saber que alguns erros são inevitáveis e que é preciso contar com uma diversificação suficiente para que um erro ocasional não provoque um impacto irremediável. Além disso, ele deve tomar o máximo cuidado para adquirir o investimento de melhor qualidade e não o de maior quantidade. No campo do mercado de ações, uma grande quantidade nunca substituirá uma pequena parcela de qualidade.

2. Não tenha medo de comprar diante de uma ameaça de guerra

O mercado de ações é geralmente do interesse de pessoas criativas. Nossa imaginação e criatividade são frequentemente abaladas pela terrível ameaça de uma guerra no mundo moderno. O fato é que todas as vezes que o estresse internacional de nosso mundo traz a ameaça de uma guerra, ou gera uma guerra efetiva, isso se reflete no mercado de ações. É um fenômeno de ordem psicológica que não faz muito sentido do ponto de vista financeiro.

Qualquer ser humano decente condena o sofrimento e a dor provocados pelo assassinato em massa decorrentes dos conflitos bélicos. Na era atômica moderna, há ainda um temor adicional pela própria segurança e a de nossos entes queridos mais próximos. Essa preocupação, esse temor e esse desgosto por nosso futuro chegam, com frequência, a distorcer avaliações de fatores meramente econômicos. O medo de uma destruição em massa da propriedade, do aumento dos impostos, do confisco e da interferência do Estado nos negócios domina qualquer raciocínio que possamos desenvolver no campo das finanças. As pessoas que estão envolvidas nesse processo mental tendem a desprezar algumas das influências econômicas mais fundamentais.

As consequências são sempre as mesmas. No decorrer de todo o século XX, com uma única exceção, cada vez que uma guerra estourasse em alguma parte do mundo, ou sempre que as forças americanas se envolvessem em qualquer conflito que fosse, o mercado de ações americano apresentava uma queda vertiginosa. A única exceção a que me referi foi o desencadear da Segunda Guerra Mundial, em setembro de 1939. Naquele tempo, depois de uma série de desistências nas negociações de contratos de alto valor com uma nação neutra, o mercado logo seguiu o curso vertical típico – um curso que, alguns meses depois, provocou pânico quando notícias sobre as vitórias da Alemanha começaram a se acumular. Não obstante, no momento de conclusão de quaisquer conflitos – fossem eles decorrentes da Primeira Guerra Mundial, da Segunda Guerra Mundial, ou da Guerra da Coreia –, a maioria das ações do mercado estava sendo vendida por preços bem mais altos em comparação ao período que os antecedeu. Além disso, pelo menos dez vezes nos últimos 22 anos, tivemos notícia de outras crises internacionais que cogitavam a ameaça de uma guerra. Em todos os casos, as ações caíram de repente diante do temor de uma guerra e se recuperaram imediatamente quando ele foi atenuado.

O que faz os investidores desprezarem as causas que os impulsionam a renegar o investimento em ações em situações de iminência de uma guerra, ou diante da sua eclosão, se ao final do conflito elas sempre sobem ao invés de cair? Eles se esquecem que o valor das ações são cotações expressas em dinheiro. As guerras modernas sempre fazem os governos gastar muito mais do que eles arrecadam dos seus contribuintes enquanto a guerra está em curso. Esse fato provoca um grande aumento na quantidade de dinheiro em espécie, de modo que cada unidade monetária individual, tal como o dólar, passa a ter menos valor do que tinha antes. É preciso uma quantidade muito maior em dólares para adquirir o mesmo número de ações. Essa é, sem dúvida, a modalidade mais clássica da inflação.

Em outras palavras, a guerra sempre exerce influência sobre o dinheiro. Vender ações diante da ameaça ou da eclosão de conflitos visando obter dinheiro em espécie é um absurdo financeiro. Na verdade, exatamente o contrário deve ser feito. Se um investidor decide comprar ações específicas e o temor de uma guerra se instala, passando a derrubar os preços, ele deve ignorar a psicologia do medo momentânea e definitivamente começar a comprar. Esse é o momento em que possuir dinheiro em espécie adicional para investir se torna menos – e não mais – desejável. Contudo, aqui surge um problema. Com que velocidade ele deve comprar? Até que ponto as ações ainda continuarão a cair? Não há como saber quando a influência sobre a queda é um temor diante de uma guerra e não uma guerra em si. Caso os conflitos venham verdadeiramente a eclodir, o valor, sem dúvida nenhuma, cairá ainda mais. Portanto, o que se deve fazer diante de uma ameaça de guerra é comprar devagar e em menor escala. Caso a guerra efetivamente ocorra, então, recomenda-se aumentar o ritmo de compra de forma significativa. Basta apenas comprar ações de companhias cujos produtos ou serviços mantenham sua demanda em tempos de guerra, ou que possam converter seus recursos em operações típicas de tempos de guerra. A grande maioria das empresas é assim qualificada, nos termos das condições atuais de uma guerra absoluta e da flexibilidade industrial.

As ações passam realmente a ter preços mais altos em tempos de guerra, ou é apenas o dinheiro que perde valor? Isso depende das circunstâncias. Graças a Deus, os Estados Unidos nunca foram derrotados em nenhuma guerra. Numa guerra, principalmente numa guerra moderna, o dinheiro da parte derrotada costuma perder todo ou quase todo o seu valor, e as ações sofrem uma grande depreciação. Com certeza, se os Estados Unidos tivessem sido derrotados, nosso dinheiro e nossas ações teriam perdido completamente o valor. Nesse caso, não faria diferença o que os investidores teriam feito.

Por outro lado, quando uma guerra é vencida, o que acontece com o valor real das ações varia de acordo com a guerra e com as ações. Na Primeira Guerra Mundial, quando os primeiros grandes investimentos pré-guerra, oriundos da Inglaterra e da França, entravam nos Estados Unidos, a maioria das ações provavelmente aumentou o seu valor real ainda mais do que se, durante esses mesmos anos, tivéssemos vivido um período de paz. Esse fato, entretanto, foi uma situação que aconteceu uma só vez e nunca se repetirá. Expressas constantemente em dólares, ou seja, no seu valor real, as ações norte-americanas na Segunda Guerra Mundial e no conflito da Coreia indubitavelmente não se saíram tão bem como em períodos de paz. Além dos impostos esmagadores, houve um grande desvio de esforços das mais lucrativas linhas de produtos dos tempos de paz para um trabalho de defesa de margem extremamente reduzida. Se os esforços extraordinários de pesquisa utilizados nesses projetos de defesa de margem reduzida tivessem sido canalizados para as linhas de produtos usuais dos tempos de paz, os lucros dos acionistas teriam sido bem maiores, considerando, é claro, ainda existir um país livre onde esses lucros pudessem ser usufruídos. A razão para comprar ações em tempos de guerra ou diante da sua iminência não se baseia no fato de a guerra, em si, possivelmente ser lucrativa para os acionistas. Ela reside no fato de que o dinheiro se torna bem menos apreciado; dessa forma, o valor das ações, que são expressas em unidades monetárias, acaba sempre subindo.

3. Não se esqueçam de Gilbert e Sullivan

Gilbert e Sullivan[*] não são considerados autoridades no mercado de ações. Não obstante, devemos ter em mente as tais "flores que desabrocham na primavera etc." que, eles alegam, não têm "nada a ver com o caso". Há determinadas estatísticas financeiras superficiais às quais os investidores frequentemente atribuem um grau indevido de importância. Possivelmente, seria um exagero dizer que elas traçam um paralelo completo com as flores de Gilbert e Sullivan que desabrocham na primavera. Em vez de dizermos que elas não têm nada a ver com o caso, devemos afirmar que elas têm, na verdade, muito pouco a ver com ele.

Em primeiro lugar, essas estatísticas constituem a variação de preços pelos quais as ações foram vendidas em anos anteriores. Por alguma razão, o primeiro aspecto que muitos investidores desejam analisar quando pretendem comprar ações específicas é uma tabela com os valores mais altos e mais baixos pelos quais as ações foram vendidas em cada um dos cinco ou dez anos anteriores. Depois disso, eles desenvolvem uma espécie de processo mental sem sentido, que resulta num número arredondado e representaria o valor que eles pretendem pagar pelas ações em questão.

Poderíamos considerar esse procedimento realmente ilógico? Deveríamos considerá-lo financeiramente perigoso? A resposta para ambas as perguntas é

---

[*] Gilberto e Sullivan foram criadores de ópera muito conhecidos nos EUA no início do século XX. Muitas citações de suas óperas, como a mencionada a seguir, ficaram famosas em língua inglesa. [N. E.]

absolutamente afirmativa. Ele é perigoso pois enfatiza algo sem importância e desvia as atenções do que é realmente relevante. Esse fato frequentemente faz os investidores negligenciarem uma situação na qual eles poderiam angariar muitos lucros para optar por alguma outra que acaba não sendo tão promissora. Para melhor entender essa afirmação, deve-se verificar por que o processo mental é tão ilógico.

O que estabelece o valor pelo qual uma ação é vendida? É a estimativa composta *no momento exato* em que todos os interessados decidem o valor daquelas ações. É a avaliação composta do quadro geral da companhia por parte de todos os seus compradores e vendedores em potencial, contrabalançada pelo número de ações que cada comprador ou vendedor está disposto a oferecer, com relação a uma avaliação similar, ao mesmo tempo, do quadro geral de outras companhias de suas perspectivas individuais. Ocasionalmente, algo como a liquidação forçada pode produzir um desvio moderado desses números. Isso ocorre quando um grande acionista pressiona ações no mercado por determinadas razões – tais como a liquidação de um bem imóvel ou o pagamento de um empréstimo –, o que pode não estar diretamente relacionado à visão do vendedor sobre o valor efetivo das ações. No entanto, essas pressões externas geralmente provocam apenas uma variação moderada da avaliação composta do preço prevalecente das ações, já que os caçadores de barganhas normalmente interferem para tirar vantagem da situação que acaba se ajustando por si própria.

O aspecto realmente significativo é que o preço se baseia na avaliação *atual* da situação. Enquanto as mudanças nos negócios da companhia se tornam conhecidas, essas avaliações se tornam proporcionalmente mais ou menos favoráveis. Com relação a outros títulos, essas ações em especial podem subir ou cair. Se os fatores verificados forem julgados de forma correta, as ações se tornam permanentemente mais ou menos valiosas em comparação a outros títulos. As ações nesse momento podem permanecer em alta ou em baixa. Se esses fatores continuarem a se desenvolver, eles serão, em contrapartida, reconhecidos pela comunidade financeira. Novamente, essas ações podem subir ou cair conforme o caso.

Portanto, o valor pelo qual as ações foram negociadas quatro anos atrás pode ter pouca ou nenhuma relação com o valor pelo qual elas são vendidas hoje. A companhia pode ter treinado um grupo de novos executivos competentes, desenvolvido uma série de produtos novos e altamente lucrativos, ou investido num número indefinido de atributos similares que fazem as ações ter valorizado intrinsecamente quatro vezes o seu valor original, verificado quatro anos atrás. A companhia pode, ainda, ter caído nas mãos de uma gestão ineficiente e perdido um terreno tão grande em relação à concorrência que a única saída para a recuperação seria por meio do levantamento de um novo capital. Esse fato causaria uma diluição das ações, fazendo os títulos, atualmente, não valer mais do que um quarto do valor negociado há quatro anos.

Nesse cenário, podemos ver por que os investidores deixam de aproveitar aplicações em ações que podem lhes proporcionar grandes ganhos futuros, em troca de outros cujo ganho é bem menor. Dando grande ênfase às "ações que ainda não subiram", eles inconscientemente acabam aderindo à falsa ideia de que todas as ações se valorizam até um mesmo limite máximo, de que aquelas que já subiram demais não terão mais nenhuma outra alta, enquanto as outras que não subiram o suficiente ainda têm algo a "cumprir". Nada poderia estar mais distante da verdade. O fato de uma ação ter tido ou não alta nos últimos anos não é revestido de significado algum para a tomada de decisão de comprá-la no presente. O que interessa mesmo é saber se houve um aperfeiçoamento suficiente na empresa ou se há a probabilidade de ele ser concretizado no futuro, para justificar preços mais altos do que aqueles ora praticados no mercado.

De modo semelhante, muitos investidores dão muita importância ao lucro por ação dos últimos cinco anos ao tentarem decidir a compra das ações. Olhar apenas para os rendimentos por cotas de participação e atribuir aos ganhos de quatro ou cinco anos atrás algum significado seria o mesmo que tentar obter um funcionamento efetivo de um motor cujo mecanismo de atuação esteja desconectado. O fato, por si só, de uma empresa ter tido, nos últimos quatro ou cinco anos, um ganho em cotas de participação quatro vezes ou um quarto maior do que os rendimentos do ano corrente não significa praticamente nada como referencial para a aquisição ou venda dessas ações. Mais uma vez, o que conta é o conhecimento das condições estruturais. Uma compreensão do que provavelmente acontecerá nos anos seguintes é primordial.

O investidor está sempre ligado a uma série de relatórios e análises totalmente centrados em números obtidos nos últimos cinco anos. Ele deve, na verdade, ter em mente e se preocupar com os ganhos a serem adquiridos nos próximos cinco anos, e não nos cinco anos passados. Uma razão pela qual ele é sobrecarregado com tantas estatísticas passadas é que, quando esse tipo de material é colocado num relatório, não fica difícil ter certeza sobre sua veracidade. Caso outras questões relevantes fossem introduzidas, acontecimentos subsequentes poderiam transformar o relatório em algo simplório. Portanto, há uma forte tentação de preencher todos os espaços disponíveis com fatos indiscutíveis, mesmo que sejam sem significado. No entanto, muitas pessoas na comunidade financeira dão ênfase a esse tipo de estatística anual prévia por uma série de razões. Elas parecem não compreender a grande mudança, com o passar de alguns anos, no valor real das ações de certos tipos de corporações modernas. Portanto, elas preferem centralizar suas atenções nesses dados sobre rendimentos passados, acreditando sinceramente que as descrições contábeis detalhadas do que aconteceu no ano anterior lhes fornecerão um quadro real do que acontecerá no ano subsequente. Isso pode ser relevante para alguns tipos de empresas controladas, tais como as prestadoras de serviços públicos. Para a empresa que, acredito eu, deva interessar ao investidor que almeja os melhores resultados para seu dinheiro essa abordagem é completamente falsa.

Um exemplo surpreendente dessa questão se concentra em acontecimentos com os quais tive a sorte de me familiarizar. No verão de 1956, surgiu uma oportunidade de adquirir uma quantidade considerável de ações da Texas Instruments, Inc., provenientes de seus principais representantes que também eram seus maiores acionistas. Um estudo detalhado dessa companhia revelou que ela não só tinha sido aprovada por nosso teste das quinze questões como havia obtido uma excelente avaliação. O motivo pelo qual esses representantes pretendiam vender as ações era bastante justificável: isso ocorre frequentemente nas empresas em franca fase de expansão. Seus títulos haviam valorizado tanto que muitos deles haviam angariado grandes fortunas com os investimentos das suas próprias empresas. Em contrapartida, seus demais recursos estavam relativamente negligenciados. Portanto, principalmente porque eles estavam vendendo uma pequena parte das ações que possuíam, alguma diversificação parecia ser uma atitude sensata. A possibilidade sempre presente da obrigação decorrente de impostos progressivos seria suficiente para justificar essa orientação, do ponto de vista desses executivos, sem levar em conta o futuro da sua empresa.

De qualquer maneira, as negociações eram realizadas para adquirir essas ações por US$ 14,00. Esse valor representava vinte vezes os ganhos de participação previstos em 1956, de cerca de 70¢. Para qualquer um que desse uma importância especial a estatísticas passadas, isso tudo parecia ultrapassar os limites da prudência. As ações de participação haviam sido cotadas a 39¢, 40¢, 48¢ e 50¢ nos primeiros quatro anos, de 1952 até 1955, respectivamente – um recorde não muito estimulante. Um fator ainda menos encorajador para aqueles que submetem os aspectos mais importantes das tendências da gestão administrativa e dos negócios a comparações estatísticas superficiais é o fato de a empresa, por meio da aquisição corporativa, ter conseguido benefícios diante de alguns prejuízos transportados, o que havia criado uma carga tributária subnormal no decorrer desse período. Isso fez com que qualquer valor calculado com base em estatísticas passadas parecesse ainda maior. Enfim, mesmo que os ganhos de 1956 fossem incluídos numa avaliação, um estudo superficial dessa situação poderia ainda ter produzido previsões negativas. É fato que a companhia estava indo muito bem no campo promissor de transistores. Porém, sem levar em conta o futuro obviamente brilhante da indústria de semicondutores como um todo, por quanto tempo uma empresa desse porte poderia manter sua forte posição comercial diante de empresas maiores e mais antigas, com balanços muito mais sólidos, e preparadas para participar do mercado competitivo em crescimento do setor de transistores?

Quando os canais usuais da Securities and Exchange Commission [Comissão de Valores Mobiliários dos Estados Unidos] reportaram as vendas dos representantes, uma explosão de negociações das ações da Texas Instruments eclodiu, com uma alteração relativamente pequena nos preços. Suponho que grande parte dessas vendas foi induzida por comentários de corretores em geral. Muitos desses comentários incluíam um relatório de estatísticas passadas e faziam menção ao elevado preço no decorrer da história da companhia, a competição que estava pela frente e as vendas internas. Esse relatório foi tão longe a ponto de expressar uma concordância completa com a gestão administrativa da Texas Instruments. Ele anunciou que os representantes da empresa colocavam as ações à disposição e deu o seu aval recomendando a mesma orientação! O principal comprador nesse período, segundo o que me disseram, foi uma instituição de porte que estava muito bem informada.

O que aconteceu nos doze meses seguintes? Os negócios geofísicos, eletrônicos e militares da Texas Instruments, na agitação da controvérsia, continuaram a se expandir. A divisão de semicondutores (transistores) cresceu ainda mais rapidamente. Ainda mais importante do que o crescimento no volume de transistores foi o grande avanço alcançado pela habilidosa gestão administrativa na pesquisa, em planos de mecanização e na construção da organização de distribuição nesse campo crucial dos semicondutores. Como as evidências mostravam que os resultados de 1956 não representavam apenas uma situação passageira, mas o fato de que essa empresa relativamente pequena continuaria a ser uma das maiores produtoras de mais baixo custo naquele que seria um dos segmentos de crescimento mais rápido da indústria americana, a comunidade financeira começou a revisar para cima o índice preço/lucro que seria pago numa possibilidade de participar desse empreendimento. Quando chegou o verão de 1957 e a administração apresentou publicamente estimativas de ganhos de participação em torno de US$ 1,10, o crescimento de 54% nos lucros havia produzido, em apenas doze meses, um aumento aproximado de 100% pelo valor de mercado. Na primeira edição deste livro eu afirmei:

> Suponho que, se as sedes das principais divisões dessa companhia não fossem localizadas em Dallas e Houston, mas ao longo da costa norte do Atlântico ou na área metropolitana de Los Angeles – onde muitos analistas financeiros e outros executivos com recursos consideráveis poderiam obter informações sobre a empresa com maior facilidade –, essa variação dos ganhos poderia ter sido bem maior durante esse período. Se, como parece provável, as receitas da Texas Instruments e os lucros continuarem a subir rapidamente nos próximos anos, seria interessante verificar se esse crescimento contínuo, por si só, não provocará com o tempo alguma alteração maior na variação dos ganhos. Se isso acontecer, as ações subirão novamente num ritmo ainda mais veloz do que o dos lucros; a combinação que sempre produz os maiores aumentos nos preços das ações.

Teria essa previsão otimista se confirmado? Uma análise sobre o relatório pode alterar a opinião daqueles que insistem na possibilidade de avaliar um investimento pela análise superficial de ganhos passados. Os lucros aumentaram de US$ 1,11 por ação de participação em 1957 para US$ 1,84 em 1958, e prometem chegar a US$ 3,50 em 1959. Desde que a primeira edição deste livro foi concluída, a companhia obteve méritos que chamaram a atenção da comunidade financeira. Em 1958, em face da competição proveniente de alguns dos gigantes mais aclamados da indústria dos equipamentos elétricos e eletrônicos, a International Business Machines Corporation, de longe a maior fabricante de calculadoras eletrônicas do mundo, escolheu a Texas Instruments para ser sua associada na realização de pesquisas conjuntas na aplicação de semicondutores a esse tipo de equipamento. Novamente, em 1959, a Texas Instruments anunciou uma inovação tecnológica em que era possível utilizar material semicondutor aproximadamente do mesmo tamanho dos transistores existentes, não apenas para um transistor mas para um circuito eletrônico completo! As possibilidades no campo da miniaturização passaram a ser infinitas. Com o crescimento da companhia, sua pesquisa extraordinariamente competente sobre produtos e seus grupos de desenvolvimento aumentaram proporcionalmente. Hoje em dia, poucas pessoas bem informadas têm dúvidas de que a série de inovações técnicas e empresariais da companhia deve continuar nos próximos anos.

Como o valor de mercado dessas ações respondeu diante de tudo isso? Teria a variação nos ganhos continuado a avançar conforme eu havia previsto 22 meses antes? A resposta é afirmativa. Os ganhos sobre as ações de participação triplicaram desde 1957. O mercado apresenta uma alta até cinco vezes maior sobre o preço fixado em 26½ pelo qual as ações eram vendidas quando a primeira edição deste livro foi concluída. O preço corrente, incidentalmente, representa um ganho maior do que 1.000% a partir do preço fixado de US$ 14,00, que foi mencionado na primeira edição como o preço pelo qual uma quantidade considerável de ações tinha sido adquirida menos de três anos e meio antes. Apesar desse aumento brusco, é interessante observar se os ganhos adicionais sobre as vendas e rendimentos nos anos que se seguem não exigirão, ainda, uma maior apreciação.

Diante do exposto, alcançamos outra linha de raciocínio que faz alguns investidores dispensar uma atenção indevida sobre estatísticas não relacionadas, ligadas a variações de preços e ganhos em ações de participação. É a crença de que o que aconteceu no período de alguns anos provavelmente continuará indefinidamente. Em outras palavras, alguns investidores encontrarão um mercado em alta, no que diz respeito aos ganhos de participação e ao valor das ações observados nos últimos cinco ou dez anos. Eles irão concluir, quase com absoluta certeza, que essa tendência continuará indefinidamente. Devo concordar que isso pode acontecer. Entretanto, se considerarmos a incerteza quanto aos resultados de pesquisas, além dos custos para trazer novos produtos que possibilitem esse tipo de crescimento, podemos concluir que é bastante comum, até mesmo para as empresas em crescimento mais destacadas, sofrer quedas ocasionais que duram de um a três anos nas suas margens de lucro. Essas quedas podem provocar declínios acentuados nas suas ações. Portanto, enfatizar esse tipo de banco de dados sobre rendimentos passados, em vez de levar em consideração as condições fundamentais que controlam a curva de lucro no futuro, pode acabar sendo bastante dispendioso.

Será que tudo isso significa que os rendimentos passados e as variações de preços devem ser completamente ignorados ao decidirmos comprar ações? Absolutamente não. É somente dando-lhes alguma importância que não merecem que eles acabam se tornando perigosos. Eles são úteis desde que se perceba que representam apenas ferramentas auxiliares, a serem utilizadas para fins específicos, e não constituem fatores essenciais ao decidir a atratividade do mercado de ações. Assim, por exemplo, um estudo sobre o lucro por ação durante muitos anos no passado elucidará, de forma considerável, como o mercado de ações é cíclico, ou seja, de que modo os lucros de uma empresa são afetados pelos diversos estágios variantes do ciclo dos negócios. Ainda mais importante, a comparação dos ganhos por participação no passado com a variação de preços nos fornecerá a proporção dos ganhos nos preços pelos quais as ações eram vendidas no passado. Isso nos serve como referencial pela qual podemos começar a medir a proporção de ganhos sobre os preços no futuro. Mais uma vez, todavia, deve-se ter em mente que o que realmente importa é o futuro, e não o passado. Talvez algumas ações, durante anos, sejam vendidas por apenas oito vezes o seu lucro. No presente, porém, mudanças na gestão administrativa, a formação de um departamento de pesquisa de destaque etc. colocam a empresa numa categoria que vende suas ações por cerca de quinze vezes seus lucros no lugar de oito. Dessa forma, qualquer um que faça uma estimativa de ganhos futuros e determine o valor antecipado das ações em apenas oito vezes, em vez de quinze vezes o valor do rendimento, poderá novamente estar contando demais com estatísticas do passado.

Decidi dar a esta subseção o título "Não se esqueçam de Gilbert e Sullivan". Talvez devesse ter escolhido o título "Não se deixe influenciar pelo irrelevante". As estatísticas de rendimentos de anos passados, principalmente aquelas relacionadas às variações dos preços das ações de participação nesses mesmos anos, muito frequentemente "nada têm a ver com o caso".

4. Não deixe de considerar o tempo e o preço ao comprar ações em fase de valorização

Consideremos uma situação de investimento frequente. Uma empresa se qualifica perfeitamente quanto aos critérios estabelecidos por nossas quinze questões. Além disso, ganhos muito importantes de rentabilidade devem surgir cerca de um ano a partir de agora, devido a fatores que a comunidade financeira ainda desconhece. Ainda mais importante, há fortes indicações de que essas novas fontes de lucro devam crescer de maneira considerável por, pelo menos, muitos anos depois disso.

Sob circunstâncias normais, essas ações obviamente seriam ideais para comprar. No entanto, há um fator que nos faz pensar. O sucesso de outros empreendimentos em anos anteriores proporcionou a essas ações tanto glamour no mundo financeiro que, se não fosse por essas novas influências geralmente desconhecidas, as ações poderiam ser fixadas em torno de US$ 20,00 dentro de um valor razoável, e muito excepcionalmente pelo seu preço atual de US$ 32,00. Levando-se em conta que daqui a cinco anos essas novas influências poderiam facilmente fazê-las valer US$ 75,00, será que nós deveríamos, neste exato momento, pagar 32 – ou seja, 60% a mais do que acreditamos que essas ações realmente valham? Há sempre a possibilidade de que essas novas evoluções não aconteçam da maneira otimista tal qual imaginamos. Há sempre a possibilidade de que essas ações possam cair para o que consideramos o seu valor real de 20.

Diante dessa situação, muitos investidores conservadores passariam a observar essas cotações mais de perto. Se as ações chegassem perto dos US$ 20,00, eles as comprariam ansiosamente. Caso contrário, eles as esqueceriam. Isso acontece com bastante frequência, a ponto de ser, de algum modo, objeto de análise.

Existe algo sagrado em torno do nosso referencial de US$ 20,00? Não, pois ele admite desconsiderar um elemento importante de valor no futuro – os fatores que conhecemos e muitos outros desconhecem e acreditamos que em poucos anos justificará um preço na base de 75. O que é realmente importante nesse aspecto é encontrar uma maneira pela qual possamos comprar as ações por um valor próximo ao mínimo pelo qual elas serão vendidas daqui por diante. Nossa preocupação é que, se comprarmos na base de 32, as ações poderão subsequentemente chegar perto de 20. Esse fato isolado não nos causaria um prejuízo temporário. De modo ainda mais relevante, isso significaria que, se as ações em seguida chegassem a 75, nós teríamos para nosso dinheiro apenas cerca de 60% das ações que poderíamos ter adquirido caso tivéssemos esperado e comprado na base de 20. Considerando que, em vinte anos, outros empreendimentos novos terão proporcionado a essas ações um valor não de 75, mas de 200, esse aspecto relacionado ao número total das ações que poderíamos ter obtido para nosso dinheiro se mostraria de extrema importância.

Felizmente, numa situação como essa existe outro orientador que pode ser confiável, mesmo que alguns de meus companheiros do mundo das seguradoras e da comunidade bancária o considerem tão seguro quanto tentar caminhar sobre a água. Ele consiste em comprar as ações não por determinado preço, mas numa data determinada. Ao estudarmos outros empreendimentos de sucesso levados a cabo no passado por essa mesma companhia, observamos que esses empreendimentos foram refletidos nos preços das ações, num momento específico do seu desenvolvimento. Talvez levasse cerca de um mês até que esses empreendimentos alcançassem o estágio de uma unidade piloto. Considerando que as ações da companhia ainda estão sendo vendidas na base de US$ 32,00, por que não planejar a compra dessas ações em cinco meses a partir de hoje, o que seria um mês antes que a unidade piloto entrasse em operação? É claro que as ações ainda podem cair depois disso. No entanto, mesmo que tivéssemos comprado essas ações na base de US$ 20,00, não teríamos tido nenhuma garantia positiva contra uma queda posterior. Se tivéssemos uma chance de comprar pelo menor preço possível, não estaríamos alcançando nosso objetivo, mesmo que achássemos que com base nos fatores notórios as ações deveriam estar mais baixas? Sob essas circunstâncias, não seria mais seguro decidir comprar em determinada data em vez de optar por um preço determinado?

Fundamentalmente, essa abordagem não ignora em absoluto o conceito do valor. Ela apenas parece ignorá-lo. Exceto pela probabilidade de um aumento muito maior do valor de mercado no futuro, isso seria tão ilógico como alguns de meus colegas na área financeira alegam ser a decisão de comprar numa data específica no futuro em vez de comprar por um preço específico. Entretanto, quando há fortes indicações de que esse aumento virá, decidir o momento de comprar em vez de considerar o preço a ser pago pode lhe proporcionar ações prestes a ter um crescimento adicional extremo pelo menor preço de venda dessas ações a partir de então. Enfim, isso é exatamente o que deve ser feito ao realizarmos a compra de quaisquer tipos de ações.

5. Não siga a multidão

Há um conceito de investimento importante que é frequentemente difícil de entender sem uma experiência financeira considerável. Isso ocorre porque a explicação dele não se presta a uma enunciação precisa. Também não se presta à síntese de uma fórmula matemática.

Diversas vezes, no decorrer deste livro, me referi às diferentes influências que resultam na alta ou na baixa do valor das ações do mercado. Uma alteração no lucro líquido, uma mudança na gestão administrativa da companhia, o surgimento de uma nova invenção ou descoberta, uma mudança nas taxas de juros ou nas leis tributárias – esses são apenas alguns exemplos aleatórios das condições que provocam um aumento ou uma queda das cotações de ações específicas. Todas essas influências têm algo em comum. Elas são acontecimentos reais do mundo à nossa volta. São fatos que já aconteceram ou ainda estão por vir. Neste momento, chegamos a um tipo bastante diferente de influência sobre os preços. Trata-se de uma alteração puramente psicológica. Nada mudou absolutamente no mundo ou na área financeira. A grande maioria, na comunidade financeira, simplesmente interpreta as mesmas circunstâncias de outro ponto de vista. Como resultado dessa maneira diferente de avaliar o mesmo conjunto de fatos essenciais, os membros da comunidade realizam uma avaliação do preço ou da variação dos lucros sobre o preço que eles pagariam pelas mesmas ações.

Existem modismos e estilos no mercado de ações exatamente como ocorre com a moda no vestuário feminino. Essas tendências podem, por diversos anos, causar distorções na relação entre preços existentes e valores reais quase tão grandes quanto aquelas vividas pelo vendedor que não pode simplesmente se desfazer de um lote de vestidos longos de alta costura em um ano só porque a moda passou a ditar que eles devem ser usados acima do joelho. Vejamos um exemplo específico. Em 1948 eu conversava com um senhor que eu acreditava ser um investidor competente. Ele era presidente da Sociedade de Analistas de Valores Mobiliários da cidade de Nova York, uma posição que é normalmente concedida apenas aos representantes mais competentes da comunidade financeira. De qualquer maneira, eu havia acabado de chegar em Nova York de uma visita à sede da Dow Química em Midland, no estado do Michigan. Mencionei que esses rendimentos para o ano fiscal, que já estava no fim, estariam em níveis elevados e que eu achava que as ações seriam um bom negócio. Ele respondeu que achava algo de interesse histórico e talvez estatístico que uma companhia como a Dow Química pudesse auferir esse lucro por ação. Ele também achou que esses lucros não tornavam as ações atraentes, já que era óbvio que a companhia gozava de um *boom* temporário no período pós-guerra. Ele explicou, ainda, que achava impossível julgar o real valor de ações dessa espécie até que ocorresse o mesmo tipo de depressão pós-guerra que em alguns anos seguiu a Guerra Civil e a Primeira Guerra Mundial. Seu raciocínio, infelizmente, ignorou completamente todos os aumentos potenciais adicionais no valor dessas ações prometidos pela grande quantidade de novos e interessantes produtos que a empresa desenvolvia na ocasião.

O fato de os lucros da Dow nunca estarem abaixo de seu pico máximo não deve nos causar preocupação. Também não deve nos preocupar o fato de que, partindo desse patamar supostamente alto no qual as ações eram vendidas na época, elas tenham subido em níveis percentuais elevadíssimos desde então. Nosso interesse deve residir na razão pela qual esses investidores habilidosos reuniriam esse conjunto de fatos e abstrairiam deles uma conclusão bastante diferente com relação ao valor intrínseco das ações em algum outro período.

A resposta é que durante esses três anos, entre 1947 e 1949, quase toda a comunidade financeira se rendia a uma ilusão em massa. Com toda essa percepção, podemos concluir que o que parecia tão assustador naquela época tinha pouco a ver com a realidade, tal como o terror que assolou a tripulação de Colombo em 1492. Noite após noite, a maioria dos tripulantes do Santa Maria não podia dormir por causa de um temor paralisante de que, a qualquer momento, o navio pudesse ultrapassar os limites dos mares e se perder para sempre. Em 1948, a comunidade dos investimentos deu pouco valor aos lucros de algumas ações por causa da ampla convicção de que nada poderia impedir a ocorrência de uma nova depressão num futuro próximo, culminando num novo *crash* no mercado de ações tal como aconteceu entre as duas principais guerras. Em 1949, uma leve depressão de fato aconteceu. Quando sua natureza modesta foi avaliada e a comunidade financeira descobriu que a tendência subsequente era de alta, e não de baixa, houve uma tremenda mudança de ordem psicológica na maneira como as ações eram consideradas. Muitas ações chegaram a dobrar o seu valor nos anos seguintes, devido a nada mais do que essa mera mudança do ponto de vista psicológico. As ações que também gozavam o benefício de ser mais tangíveis no campo externo das ocorrências que aprimoravam seu valor fundamental tiveram uma valorização em dobro.

Essas grandes variações na maneira como a comunidade financeira avalia o mesmo conjunto de fatos, em momentos diferentes, não são absolutamente confinadas ao mercado de ações como um todo. Empresas específicas e companhias individuais dentro desses setores industriais mudam constantemente em favor do mercado financeiro, devido, como sempre, à maneira distorcida de observar os mesmos fatos, bem como as próprias ocorrências de nível estrutural.

Por exemplo, em determinados períodos, a indústria de armamentos é considerada pouco atraente pela comunidade dos investimentos. Uma das suas características mais destacadas é considerada a dominação por parte de um único cliente, ou seja, o governo. Esse cliente, por determinado período, entra no mercado para a aquisição de aparatos militares enquanto em outras épocas reduz o volume das aquisições. Portanto, determinado setor industrial nunca sabe, em determinado ano, com relação ao período anual subsequente, se terá de resistir a cancelamentos de contratos e a uma nova renegociação.

A esse fato devem-se acrescentar a baixíssima margem de lucro que normalmente prevalece no trabalho governamental e as tendências das leis de renegociação de obter o máximo lucro possível, porém nunca permitir um erro nos cálculos que possa causar prejuízos. Além disso, a necessidade constante de fazer ofertas sobre novos modelos num campo em que as mudanças na engenharia são contínuas significa que o risco e o tumulto são a ordem do dia. É impossível, mesmo com uma engenharia de qualidade, padronizar qualquer coisa que proporcione à sua companhia alguma vantagem em longo prazo sobre a competição agressiva. Finalmente, há sempre o "perigo" de que a paz possa ser interrompida com um declínio nos negócios. Quando essa visão prevalece, como tem acontecido muitas vezes nos últimos vinte anos, as ações de defesa são vendidas por um preço relativamente baixo com relação aos lucros.

No entanto, a comunidade financeira tem chegado algumas vezes, nos últimos anos, a conclusões diferentes pelo mesmo conjunto de fatos. A situação mundial é tal que a necessidade de despesas pesadas com equipamentos de defesa aérea permanecerá conosco durante anos. Enquanto o valor total pode variar a cada ano, o ritmo das mudanças na engenharia gera a necessidade de equipamentos cada vez mais caros, de modo que as tendências em longo prazo caminham num sentido crescente. Isso significa que o investidor, satisfeito com esses investimentos, estará dentro de um dos poucos setores industriais que não sentirá, de forma nenhuma, a próxima depressão econômica que, cedo ou tarde, será sentida pela maioria dos outros setores. Enquanto a margem de lucro é limitada por lei, muitos negócios são disponibilizados para empresas bem administradas que justifiquem o não estabelecimento de nenhum teto sobre os lucros totais líquidos. Quando essa visão prevalece, uma análise bastante diferente é proporcionada a exatamente os mesmos fatos fundamentais. Dessa forma, essas ações são vendidas em bases diferentes.

Podemos citar exemplos de diversas indústrias que nos últimos vinte anos foram vistas sob determinado prisma pela comunidade financeira, e que depois, vista sob prisma diferente, tiveram seus resultados oficiais alterados. Em 1950, as ações da indústria farmacêutica eram quase sempre consideradas detentoras do mesmo conjunto de características atraentes normalmente creditadas às empresas químicas em geral. Um crescimento infindável atribuído às maravilhas da pesquisa e à súbita elevação do padrão de vida parecia garantir o melhor dessas ações vendidas proporcionalmente aos lucros considerados os melhores do setor de produtos químicos. Entretanto, um fabricante teve problemas com um item de destaque. Essa percepção levou a comunidade financeira a acreditar que esse era um campo cujo domínio corrente não assegurava sequer uma das posições de liderança das empresas no futuro. Foi realizada uma reavaliação do setor industrial como um todo. Variações completamente diferentes de índice preço/lucro prevaleceram, com relação a todos os casos em geral, não somente acerca de um conjunto de fatos, mas de uma análise diferente sobre esses mesmos fatos.

Em 1958, prevaleceu exatamente o oposto. No contexto dos negócios daquele ano, um dos poucos setores industriais que usufruíram um aumento da demanda pelos seus produtos em vez da sua diminuição foi o da indústria de fabricação de remédios. Os lucros da maioria das empresas pertencentes a esse grupo atingiram altos níveis. Ao mesmo tempo, os ganhos dos fabricantes de produtos químicos caíram bruscamente – em grande parte por causa da capacidade excessiva das principais manobras de expansão que acabavam de ser concluídas. A volátil comunidade financeira começou mais uma vez a valorizar os índices preço/lucro das ações ligadas à indústria farmacêutica. Nesse ínterim, brotou um sentimento de que as ações ligadas a produtos químicos não eram tão interessantes como anteriormente se supunha. Todos esses fatores representaram apenas avaliações financeiras em constante modificação. Nenhuma consideração fundamental ou intrínseca aconteceu.

Um ano depois, uma parcela desse novo sentimento já havia sido revertida. Como as melhores companhias de produtos químicos foram as primeiras a recuperar a rentabilidade perdida e como sua tendência de crescimento fez com que os lucros logo alcançassem um nível mais elevado, elas reconquistaram de imediato o prestígio temporariamente perdido. Com o impacto duradouro de um número crescente de novos medicamentos importantes, dispostos a fomentar o *status* das ações da indústria farmacêutica, em contraposição a ataques governamentais sobre a política de preços e registro de patentes desse setor industrial, é interessante observar se, no decorrer dos próximos anos, a posição de recuperação recente das ações do ramo farmacêutico irá se expandir ou encolher.

Na primeira edição eu dei um exemplo desse mesmo tipo de avaliação financeira:

> Outro exemplo é uma mudança no quadro geral que está acontecendo. Durante anos as ações dos fabricantes de ferramentas para maquinários foram vendidas por um índice preço/lucro bastante baixo. Era reconhecido quase que unanimemente que as ferramentas para maquinários constituíam o epítome ou de uma indústria farta ou deficiente. Não importava quão alto eram

esses lucros, eles não tinham grande significado porque representavam apenas o produto de um *boom* prevalecente que talvez não durasse muito. Contudo, recentemente, uma nova escola vem conquistando mais adeptos, mesmo sem ter absolutamente qualquer predomínio sobre esse assunto. Essa escola acredita que, desde a Segunda Guerra Mundial, uma mudança fundamental aconteceu e vem afetando essas empresas. Todos os setores industriais vêm oscilando entre o planejamento de curto e longo prazo das despesas de capital. Como resultado, a causa da flutuação extrema nas companhias de ferramentas para maquinários desapareceu. Os índices salariais altos e crescentes impedirão por muitos anos, ou para sempre, um retorno à natureza farta ou deficiente desse tipo de negócio. O ritmo permanente da evolução na engenharia aumentou e vai aumentar ainda mais o ritmo do caráter obsoleto dos produtos desse setor industrial. Portanto, no lugar das tendências altamente cíclicas do período que antecedeu a guerra, as tendências de crescimento de nosso passado recente continuarão no futuro. A automatização pode fazer esse crescimento ser extraordinário.

Sob a influência daqueles que pensam dessa forma, as melhores ações ligadas às ferramentas de maquinários são, no momento, consideradas em bases favoráveis com relação ao mercado como um todo, em comparação com alguns anos anteriores. Essas ações ainda são vendidas por um baixo índice preço/lucro em razão da forte influência da política do excesso e da escassez, mesmo que essa política não seja tão forte como no passado. Se a comunidade financeira vier a aceitar cada vez mais essa abordagem de crescimento que não é cíclica com relação às ações do mercado de ferramentas, o seu índice de rentabilidade deverá melhorar cada vez mais. Elas poderão ter uma grande evolução no mercado. Caso o velho conceito do excesso ou da escassez volte a ganhar força, essas ações serão vendidas por um índice lucro/ação menor em comparação aos dias de hoje.

Esse exemplo de ferramentas de maquinários esclarece o que o investidor em ações deve fazer caso queira adquirir esses títulos visando ao seu benefício pessoal. Ele deve examinar factual e analiticamente o sentimento financeiro prevalecente tanto no setor industrial como na companhia, em especial da qual ele pretende adquirir ações. Se ele puder encontrar uma indústria ou uma companhia cujo estilo prevalecente ou tipo de pensamento financeiro seja consideravelmente menos favorável do que a garantia dos fatos reais, poderá colher frutos adicionais desde que não 'siga a multidão'. Ele deve ter um cuidado extremo ao comprar ações de companhias e indústrias que são as favoritas da comunidade financeira no momento e assegurar-se de que essas aquisições dispõem de garantias reais – como muitas vezes elas o fazem –, além de verificar se não está pagando um preço exorbitante por algo que, por ter uma interpretação favorável demais sobre os fatos, passe a ser o *modismo* do momento no mundo dos investimentos.

Hoje em dia, é claro, sabemos que a indústria de ferramentas para maquinários não é mais um conceito de excesso ou escassez na sua natureza. A recessão de 1957 difundiu completamente a ideia de que o planejamento corporativo em longo prazo, nos dias atuais, protege essas ações da sua extrema vulnerabilidade usual contra movimentos negativos no ciclo dos negócios. Entretanto, para cada problema dessa espécie que é solucionado, o ritmo sempre crescente da tecnologia no mundo atual provoca muitos outros com os quais o investidor sábio poderá lucrar se for capaz de pensar dissociando-se da multidão e obtendo a resposta certa quando a maioria das opiniões financeiras seguir outra direção. Será que as ações sobre produtos combustíveis e certos produtos eletrônicos de menor porte deveriam passar pela análise detalhada realizada hoje? Haveria um futuro similar para os fabricantes de equipamentos ultrassônicos de modo que a lucratividade usual poderia ser desconsiderada? Será que uma companhia pode ser considerada melhor ou pior para o investidor, caso grande parte da sua rentabilidade derive de operações estrangeiras? Essas são questões cujas opiniões das maiorias podem variar bastante ou não. Se o investidor estiver pensando numa participação nas empresas envolvidas, ele deve determinar quais tendências fundamentais permanecerão por mais tempo, e quais delas constituem apenas modismos temporários.

Esses modismos nos investimentos e as interpretações errôneas sobre os fatos podem durar meses e até mesmo anos. Em longo prazo, todavia, a realidade não apenas os elimina como também, frequentemente e por algum tempo, faz as ações afetadas caminhar no sentido contrário. A habilidade de enxergar através de algumas opiniões das maiorias para esclarecer verdadeiramente os fatos é uma característica que pode ser gratificante no campo do investimento em ações. Contudo, essa não é uma tarefa fácil, já que a opinião geral daqueles com os quais nos associamos exerce forte influência sobre o pensamento de todos nós. Há um fator, no entanto, que todos nós podemos reconhecer e que pode nos ajudar muito a não nos influenciarmos pelas ideias da maioria. É a percepção de que a comunidade financeira em geral é lenta para reconhecer uma condição fundamentalmente modificada, a menos que um grande nome ou um acontecimento único seja publicamente associado àquela mudança. As ações da companhia ABC têm sido vendidas por um preço bastante baixo, apesar da atratividade do seu setor industrial, pelo fato de ser mal administrada. Se um homem conhecido é escolhido para ser o novo presidente, as ações geralmente não respondem de imediato, mas provavelmente responderão em excesso. Isso ocorre porque o tempo necessário para produzir um aperfeiçoamento básico é provavelmente negligenciado à primeira vista. Entretanto, se a mudança para uma gestão administrativa brilhante é promovida por executivos pouco conhecidos, meses ou anos podem se passar e a companhia continuará com a mesma reputação financeira pouco conceituada, de modo que suas ações continuarão a ser vendidas por um baixo índice preço/lucro. Reconhecer essas situações – antes do inevitável aumento de preços que acompanhará a correção da avaliação da comunidade financeira – é a principal e uma das mais simples formas pela qual o investidor de sucesso pode pensar por si mesmo, sem se deixar influenciar por terceiros.

10

Como encontrar ações em fase de valorização

Depois da publicação da primeira edição de *Ações comuns, lucros extraordinários*, comecei a receber um grande número de cartas de leitores dos Estados Unidos. Um dos pedidos mais comuns foi o do fornecimento de dados mais detalhados sobre o que um investidor (ou seu assessor financeiro) deve fazer para encontrar aplicações que possam conduzi-lo a ganhos extraordinários no preço de mercado. Como há muito interesse nesse assunto, pode ser proveitoso incluir alguns comentários.

Essa tarefa requer muito tempo, bem como habilidade e cautela. O pequeno investidor pode achar que há uma quantidade desproporcional de trabalho envolvido para os montantes que ele tem à sua disposição. Seria interessante, não somente para ele, mas também para o grande investidor, se houvesse alguma maneira rápida e fácil de selecionar ações prósperas. Duvido que essa maneira exista. O tempo que ele deve gastar com essas questões é, naturalmente, algo que cada investidor deve decidir por si mesmo com relação às quantias de que dispõe para aplicação, a seus interesses e a suas capacidades.

Não posso dizer com segurança que meu método é o único sistema possível para identificar investimentos prósperos. Também não tenho a absoluta certeza de que ele é o melhor método, embora, obviamente, se eu achasse alguma outra abordagem melhor do que esta eu não a estaria utilizando. Por alguns anos, no entanto, tenho seguido os passos que pretendo descrever aqui em detalhes; para mim eles têm sido muito eficientes. Principalmente nos estágios preliminares mais importantes, alguém com maior conhecimento prévio, melhores contatos ou mais habilidade poderá fazer algumas alterações consideráveis nesses métodos e alcançar uma melhoria nos resultados gerais.

Há duas etapas no seguinte esboço, em que a qualidade das decisões tomadas surtirá efeitos extraordinários sobre os resultados financeiros obtidos. Todos reconhecem imediatamente a importância massiva da decisão no segundo desses dois pontos críticos, a saber: "Devo comprar essas ações em especial ou não?". O que pode não ser tão fácil de reconhecer é o fato de que, bem no início de um método organizado para selecionar ações do mercado, decisões também devem ser tomadas para que possam ter um impacto tão grande na oportunidade de descobrir investimentos que dez anos depois terão aumentado, digamos, dez vezes o seu valor em vez de um investimento que nem chegou a oferecer o dobro.

Esse é o problema que aflige qualquer pessoa prestes a começar uma busca por títulos em fase de valorização: há literalmente milhares de ações em dezenas de indústrias que podem ser qualificadas como dignas de um estudo intensivo. Não podemos ter certeza sobre diversas delas até que um trabalho considerável seja realizado. Entretanto, ninguém teria tempo suficiente para investigar mais do que um percentual ínfimo do campo disponível. Como submeter as ações à investigação na qual o investidor dedicará o seu tempo?

Esse é um problema bem mais complexo do que parece. Devem-se tomar decisões que possam facilmente extrair do processo de investigação situações que produzam fortunas daqui a alguns anos. O investidor pode tomar decisões que restrinjam o seu trabalho a um solo infrutífero, pois quanto mais ele coleta dados fica mais claro que ele se aproxima da resposta alcançada pela maioria das investigações. Essa resposta é que a companhia não passa de uma empresa comum, ou talvez um pouco acima da média, mas não representa a prosperidade ocasional que conduz a lucros extraordinários. Entretanto, essa decisão primordial determina se, financeiramente falando, suas perspectivas são de altos ganhos ou de ganhos menores, com base no conhecimento relativamente escasso dos fatos. O investidor deve tomar decisões sobre as questões nas quais ele deve utilizar seu tempo disponível e sobre os aspectos que ele deve ignorar, antes de encerrar a tarefa de obter uma base apropriada para suas conclusões. Depois de construída essa base fundamental para suas decisões, ele terá despendido tanto tempo em cada situação específica que, de qualquer modo, tomará sua primeira decisão vital rapidamente. Ele nem perceberá que isso aconteceu.

Há alguns anos, eu teria afirmado equivocadamente que utilizava o que parecia ser um método organizado para a solução desse problema. Como resultado conclusivo das empresas que eu já havia investigado, e principalmente como resultado da familiaridade com as companhias cujos recursos eu administro, tive contato com um bom número de executivos e cientistas competentes. Eu podia falar com essas pessoas sobre companhias alheias. Eu acreditava que as ideias e observações fornecidas por esses contatos tão excepcionalmente bem informados proporcionariam uma extraordinária fonte de perspectivas de investigação que deveriam abranger um amplo percentual das empresas que dispunham das características de destaque que eu constantemente procuro.

No entanto, eu tento utilizar esses mesmos métodos analíticos e autocríticos de aperfeiçoamento técnico no meu próprio negócio e espero que as empresas nas quais eu invisto também os utilizem para aperfeiçoar suas operações. Portanto, há alguns anos, realizei um estudo para determinar duas coisas. Como eu selecionava as companhias que eu havia escolhido para serem investigadas? Com a experiência ao meu lado para me auxiliar, havia também as variações significativas nos percentuais de resultados válidos (sob a forma de investimentos vantajosos subsequentemente adquiridos) entre as investigações concluídas, como resultado da ideia original oriunda de um tipo específico de fonte e daquelas provenientes de fontes de natureza completamente diferente.

O que descobri me surpreendeu, mas é totalmente justificável por meio de análise. A classificação dos executivos e cientistas empresariais que eu acreditava ser minha principal fonte de ideias originais, me fazendo investigar uma companhia em especial, na verdade, me fornecia apenas cerca de um quinto das diretrizes que haviam me estimulado o suficiente para que eu me envolvesse num estudo complementar. Ainda mais importante, essas diretrizes não demonstravam ser uma fonte acima da média de bons investimentos. Essa fração de um quinto das investigações totais nos conduziria apenas a cerca de um sexto do total de vendas.

Por outro lado, a primeira ideia original para quase quatro quintos das investigações e quase cinco sextos da última distribuição (conforme computado por meio das compras) havia surgido de um grupo diferente. Por toda a nação eu vim a conhecer e respeitar um pequeno número de homens que fizeram um excelente trabalho por conta própria ao selecionar ações em fase de valorização. Uma lista incompleta desses competentes homens de investimento incluiria profissionais de diversas regiões dos Estados Unidos, como Nova York, Boston, Filadélfia, Búfalo, Chicago, São Francisco, Los Angeles e San Diego. Em diversas ocasiões eu poderia não concordar absolutamente com as conclusões de qualquer um desses homens quanto a ações com as quais eles particularmente simpatizavam, mesmo que sentisse que elas eram dignas de investigação. Em um ou dois casos, eu poderia até mesmo considerar a qualidade do seu trabalho como algo suspeito. No entanto, pelo fato de, em cada caso, eu saber que seu pensamento financeiro era aguçado e seus recordes impressionantes, eu estaria disposto a ouvir ansiosamente os detalhes que eles me forneceriam sobre qualquer companhia dentro do meu universo de interesses e que consideravam extraordinariamente atraente para uma apreciação mais detalhada.

Além disso, como eles eram homens de investimento treinados, eu podia normalmente obter a opinião deles rapidamente sobre as questões primordiais mais importantes para mim na minha decisão com relação à possibilidade de investigar a empresa em questão. Quais são essas questões primordiais? Basicamente elas envolvem a maneira como a companhia é avaliada com relação às nossas quinze perguntas já discutidas, com ênfase especial nesse estágio preliminar quanto a dois assuntos específicos. Estaria a companhia inserida, ou a ponto de sê-lo, em ramos de atividades que possibilitem oportunidades para um crescimento excepcional nas vendas? Estariam esses ramos de atividade, com o desenvolvimento da indústria, numa posição em que fosse relativamente simples para os novos profissionais inovar e substituir as unidades de liderança? Se a natureza do negócio se apresentar de tal forma que haja poucas maneiras de impedir que novos profissionais penetrem no seu campo de atuação, o valor do investimento desse crescimento pode ser bastante pequeno.

E quanto a utilizar homens de investimento com menos realizações ou menor habilidade como fonte de lideranças originais sobre o que deve ser investigado? Se os homens mais capazes não estivessem disponíveis, sem dúvida eu os utilizaria com maior frequência do que costumo utilizar. Eu sempre procuro ter um tempo para ouvir e aconselhar qualquer homem de investimentos, pelo menos uma vez, mesmo que seja para alertar os mais jovens que iniciam a vida nos negócios e para assegurar que não devo ignorar ninguém. No entanto, a competição pelo tempo é formidável. Quando desclassifico o julgamento de um homem de investimentos ou sua confiabilidade diante dos fatos apresentados, vejo minha tendência de passar o tempo investigando a companhia que ele apresenta diminuir proporcionalmente.

E quanto a selecionar diretrizes legítimas de investigação, provenientes de ideias em material impresso? Ocasionalmente, tenho sofrido influências de relatórios especiais emitidos pelas mais confiáveis casas de corretagem quando eles não se destinam à ampla distribuição, mas unicamente a algumas poucas pessoas selecionadas. No entanto, em termos gerais, eu acho que os boletins de corretagem públicos e disponíveis a todos não representam um solo fértil. Há muito perigo nas informações inexatas encontradas neles. E ainda mais importante: muitos apenas repetem o que já é conhecido como senso comum na comunidade financeira. De forma similar, posso ocasionalmente abstrair uma ideia do melhor dos periódicos financeiros e comerciais (que considero bastante úteis para fins completamente diferentes); mas, porque acredito que eles tenham certas limitações inerentes àquilo que podem publicar com relação a muitas das questões do meu maior interesse, não os considero uma fonte exuberante de novas ideias sobre as companhias investigadas.

Há, ainda, outra fonte possível de orientação original válida por meio da qual outras pessoas com melhor conhecimento técnico ou maior habilidade são capazes de desenvolver a lucratividade, embora eu não a tenha utilizado com sucesso. Essa fonte é composta pelos principais laboratórios de pesquisa em consultoria, tais como Arthur D. Little, Stanford Research Institute, ou Battelle. Sei que os funcionários dessas organizações possuem amplo conhecimento do desenvolvimento técnico e empresarial do qual surgem ideias valiosas sobre investimentos. Entretanto, noto que a utilidade dessas organizações é demasiadamente bloqueada pela sua tendência (que é totalmente merecedora) de evitar discussões sobre a maior parte do seu conhecimento diante do risco de violar informações confidenciais das empresas para as quais eles trabalharam. Se alguém, mais competente do que eu, pudesse encontrar uma maneira, sem prejudicar essas empresas, de divulgar a mina de informações sobre investimentos que eu suponho que essas organizações possuam, ele viabilizaria um meio de aperfeiçoar consideravelmente meus métodos com relação a essa etapa, em especial na busca por ações em fase de valorização.

Isso já é o suficiente para a primeira etapa. Com base num diálogo de algumas horas, normalmente com um homem de investimentos de destaque, ou com um executivo ou um pesquisador, eu decido que uma empresa específica pode ser estimulante. Inicio prontamente minha investigação. O que devo fazer em seguida?

Há três coisas que enfaticamente não devo fazer. Eu não devo (por motivos que logo serão esclarecidos) me aproximar de qualquer pessoa da direção da empresa nessa etapa. Não devo passar horas a fio analisando velhos relatórios anuais e elaborando minutas de pequenas mudanças realizadas a cada ano no balanço da companhia. Não devo perguntar aos acionistas que conheço a opinião deles sobre as ações. Devo, contudo, verificar os balancetes da empresa para determinar a natureza genérica da capitalização e a posição financeira. Se houver um prospecto da SEC, devo ler com cuidado os trechos sobre o desdobramento das vendas totais por meio das linhas de produção, a concorrência, o grau de qualificação ou qualquer outra importante propriedade das ações (isso também pode ser obtido por procuração), todos os números de declaração dos lucros mencionando a depreciação (e o esgotamento, se houver), as margens de lucro, a extensão da atividade de pesquisa, além das despesas e custos excepcionais em operações durante exercícios anteriores.

A partir de então, estarei pronto para o trabalho. Devo utilizar o método *scuttlebutt*, que já descrevi exaustivamente. É nesse momento que, em vez de uma fonte de ideias originais de investimento, as pessoas que conheço, pertencentes ao grupo de executivos e pesquisadores, podem ter um valor inestimável. Devo contatar pessoalmente, ou por telefone, todos os clientes-chave, fornecedores, concorrentes, ex-funcionários ou pesquisadores de setores relacionados; pessoas que eu conheça, ou por intermédio de terceiros. Entretanto, suponhamos que eu não conheça um número suficiente de pessoas ou não disponha dos canais de relacionamento para contatar as pessoas que podem me guarnecer com as informações de que eu preciso. O que devo fazer então?

Francamente, se não houver condições mínimas de colher dados suficientes, eu devo desistir da investigação e tentar outras empresas. Para ganhar dinheiro com investimentos é necessário obter respostas para todas as opções a serem consideradas. Porém, é preciso obter a resposta correta numa grande proporção com relação ao pequeno número de vezes em que as compras são efetuadas. Por essa razão, caso não haja condições de obter informações suficientes e as perspectivas de um bom negócio sejam negativas, creio que o melhor a ser feito é abandonar a questão e tentar algo melhor.

Todavia, suponhamos que seja disponibilizada uma pequena quantidade de informações. Que você tenha contatado todos aqueles que conhece ou tem a possibilidade de conhecer, mas localizou uma ou duas pessoas que acha que completariam o quadro informativo caso elas pudessem se abrir com você. Eu não as abordaria subitamente. A maioria das pessoas interessadas no setor industrial no qual estão envolvidas não está inclinada a comentar com estranhos sua opinião sobre os pontos fortes e fracos de um cliente, concorrente ou fornecedor. Nesse caso, eu contataria o banco comercial das pessoas que pretendo encontrar. Se, em casos desse tipo, você já tiver algum grau de intimidade com o banco em questão, diga diretamente quem você quer contatar e por quê; você vai se surpreender com a boa vontade que a maioria dos bancos demonstrará para ajudá-lo – desde que, é claro, você não os aborreça demais. É ainda mais surpreendente o quanto a maioria dos executivos é prestativa quando você é apresentado a eles pelos representantes dos seus bancos regulares. É claro que essa ajuda somente será prestada se os representantes dos bancos em questão não tiverem dúvidas de que os dados que você busca são unicamente para fins informativos, voltados para a avaliação de investimentos, e de que em nenhuma circunstância você divulgaria a fonte de quaisquer informações prejudiciais. Se você seguir essas regras, a ajuda dos bancos pode, às vezes, completar a etapa de uma investigação que, caso contrário, nunca seria concluída.

Somente depois de o método *scuttlebutt* ter coletado grande parte dos dados que no capítulo das quinze questões eu disse poderem ser mais bem obtidos por meio dessas fontes, você poderá dar o próximo passo e contatar a direção da empresa. Acho muito importante que os investidores entendam exatamente a razão disso.

As boas gestões administrativas, aquelas mais adequadas para os investimentos de destaque, são geralmente bastante francas ao responder a perguntas sobre os pontos fracos da companhia bem como sobre os pontos fortes. No entanto, não importa quanto a direção possa ser escrupulosa a esse respeito, não podemos esperar que um funcionário corporativo, no seu interesse próprio, e sem ser solicitado, voluntariamente se ofereça a transmitir o que você, investidor, deseja saber. Como pode um vice-presidente ao qual você faz a seguinte pergunta "Há algo mais que você acha que eu, como investidor, deva saber sobre sua companhia?" dar-lhe uma resposta adequada, quando os membros da direção executiva estão trabalhado magnificamente, porém vários anos de trabalho deficiente do departamento de marketing começaram a enfraquecer as vendas? Ele poderia até mesmo ser mais prestativo, o que não faria a mínima diferença, já que outro funcionário do departamento de marketing, extremamente habilidoso, em seis meses pode ocupar o seu cargo e a situação ficar totalmente controlada. Entretanto, se ele souber que você já sabe a respeito da fragilidade do marketing da empresa, suas observações serão diplomaticamente enunciadas; e, caso ele faça parte de uma gestão honesta e tenha confiança no seu julgamento, ele lhe dará uma resposta verdadeira quanto ao fato de as falhas estarem ou não sendo sanadas.

Em outras palavras, somente por meio do que lhe proporciona o método *scuttlebutt*, você pode saber quais as informações a serem obtidas de uma companhia antes de contatar a direção. Sem ele, é possível que você não consiga determinar o ponto mais fundamental de todos: a própria competência da gestão administrativa. Mesmo numa empresa de porte médio, pode haver uma equipe executiva de até cinco pessoas. Não é possível contatar todos logo na sua primeira ou segunda visita. Se isso acontecer, seu contato será tão breve que você não conseguirá obter uma base para determinar a relativa capacidade. Normalmente um ou dois membros entre esses cinco será mais ou menos competente. Sem o método *scuttlebutt* para orientá-lo, dependendo de quem você contata, é possível criar estimativas muito positivas ou muito negativas sobre a direção como um todo. Com o método *scuttlebutt* você adquire uma ideia razoavelmente apurada sobre quem é especialmente forte ou particularmente fraco dentro da empresa, e se encontra numa melhor posição para pedir-lhes que o coloquem em contato com funcionários específicos com os quais você deseje um contato mais estreito, confirmando as primeiras impressões deixadas pelo método.

Na minha opinião, em quase todos os campos de atuação, nada vale a pena ser feito, a menos que se faça corretamente. No que diz respeito à escolha de ações em fase de valorização, as recompensas pela ação adequada são tão grandes e as penas pelo seu julgamento deficiente tão rigorosas que é difícil acreditar que alguém possa selecionar ações do mercado com base no conhecimento superficial. Se um investidor ou homem de finanças desejar encontrar ações em fase de valorização de maneira adequada, acredito que há uma regra a ser sempre seguida: ele nunca deve visitar a diretoria de uma empresa que esteja considerando como investimento até que tenha reunido previamente pelo menos 50% de todo o conhecimento necessário para realizar o investimento. Se ele contatar a diretoria sem ter feito isso primeiro, estará na posição extremamente perigosa de descobrir muito pouco daquilo que procura, de modo que a resposta certa acaba se tornando meramente uma questão de sorte.

Há outra razão pela qual eu acredito ser importante obter, no mínimo, metade do conhecimento exigido sobre uma companhia antes de visitá-la. Gestões administrativas proeminentes e pertencentes a setores industriais célebres recebem um enorme número de solicitações para encontros com pessoas do ramo de investimentos. Em razão da importância do valor pelo qual suas ações são vendidas, em termos gerais, eles normalmente dedicam o tempo de pessoas valiosas a esses visitantes. No entanto, em todas as empresas, eu escuto o mesmo tipo de comentário. Eles não são rudes com esses profissionais, porém o tempo gasto por esses executivos ou por aqueles que recebem esses visitantes depende muito mais das estimativas da companhia sobre a competência desse profissional do que do interesse financeiro que ele representa. Ainda mais importante, o grau de boa vontade para fornecer informações – ou seja, quanto a empresa vai se aprofundar no tema, respondendo a perguntas específicas e discutindo questões vitais – depende substancialmente dessas estimativas. Aqueles que simplesmente aparecem numa companhia sem um preparo anterior efetivo são geralmente intimidados antes mesmo do primeiro contato.

Aquela questão do contato pessoal (de que o contato deve ser feito pelo homem que toma as verdadeiras decisões, em vez de algum relações-públicas financeiro) é tão importante que é aconselhável que o investidor ultrapasse os diversos obstáculos para chegar à gestão executiva. Um bom cliente ou um importante acionista, em contato direto com a diretoria, pode ser um excelente canal para trilhar o caminho para uma primeira visita. O mesmo pode se dizer das conexões de investimento bancárias da companhia. Em qualquer hipótese, aqueles que realmente pretendem obter ótimos resultados em sua primeira visita devem ter certeza de que as pessoas que os apresentaram têm um conceito positivo sobre eles, e de que essas impressões sejam transmitidas para a direção.

Apenas algumas semanas antes de eu escrever estas linhas ocorreu um incidente que pode ilustrar quanto a preparação é necessária antes do primeiro contato com a direção de uma companhia. Eu almoçava com dois representantes de um escritório de investimentos importante, um escritório que faz aplicações para duas das muitas companhias nas quais os fundos que administro estão investidos. Conhecendo as poucas situações que eu vivo e o longo tempo pelo qual normalmente as mantenho, um desses cavalheiros me perguntou a proporção entre as novas (para mim) empresas que eu visitava e aquelas das quais eu efetivamente comprava. Eu lhe pedi que adivinhasse. Ele estimou que eu comprava de uma a cada 250 que eu visitava. O outro cavalheiro presumiu que seria uma a cada 25. Na verdade, esse número gira em torno de uma a cada duas, ou de uma a cada duas e meia! Isso não acontece simplesmente porque uma a cada duas empresas que procuro satisfaz, a meu ver, meus rigorosos critérios de compra. Se ele tivesse substituído o termo "empresas procuradas" por "empresas visitadas", talvez uma entre quarenta ou cinquenta fosse um número aproximado. Se ele tivesse substituído "empresas consideradas possibilidades para investigação" (independentemente de eu tê-las investigado ou não), então as estimativas originais de ações adquiridas a cada 250 empresas consideradas estariam bem próximas da realidade. O que ele deixou de observar foi o fato de eu acreditar ser impossível obter benefícios de uma empresa visitada antes que seja realizado algum trabalho pertinente ligado ao método *scuttlebutt*, e de esse método fornecer uma previsão tão apurada da evolução de uma empresa com relação às minhas quinze questões que, no momento da minha visita, há pelo menos uma grande chance de realizar a compra das ações dessa companhia. Uma série de situações bem menos agradáveis é, dessa forma, eliminada no caminho.

Isso resume o que eu aconselho a fazer com a busca de ações em fase de valorização. Possivelmente um quinto das minhas primeiras investigações começa por meio de ideias reunidas de amigos da indústria, e quatro quintos são extraídos do que acredito serem as escolhas mais atraentes de um pequeno número de homens de investimento competentes. Essas decisões são manifestamente um julgamento rápido sobre as companhias que eu devo investigar e aquelas que devo ignorar. Então, depois de um breve escrutínio sobre alguns pontos-chave de um prospecto da SEC, o método *scuttlebutt* é aplicado agressivamente, trabalhando constantemente no sentido de se aproximar dos critérios das quinze questões que a companhia deve satisfazer. Devo descartar um prospecto de investimento após o outro no caminho. Alguns por serem simplesmente comuns e usuais demais. Outros, pela falta de evidências e, dessa forma, não poderem ser classificados em nenhuma categoria. Somente na situação ocasional na qual eu conte com uma quantidade favorável de dados é que eu devo ir até a etapa final de contatar a direção da companhia. Assim, se depois do encontro com a direção eu puder confirmar minhas expectativas e amenizar meus temores, então finalmente poderei pensar que serei recompensado por meus esforços.

Pelo fato de tê-las ouvido muitas vezes, conheço as objeções que alguns de vocês farão a essa abordagem. Como alguém pode dispor de tanto tempo tentando encontrar um único investimento? Por que as respostas não podem estar disponíveis para mim por intermédio da primeira pessoa no mundo dos investimentos à qual eu possa questionar quais ações eu devo comprar? Devo pedir àqueles que reagem dessa maneira para observarem o mundo à sua volta. Em qual outro ramo de atividade você poderia investir US$ 10 mil em um ano e, dez anos depois (apenas verificando ocasionalmente, nesse ínterim, se a administração continua mantendo a qualidade), ser capaz de contar com um ativo num valor entre US$ 40 mil e 150 mil? Essa é a recompensa obtida da escolha bem-sucedida das ações do mercado. Seria lógico ou razoável se alguém pudesse fazer isso com o esforço mínimo de ler algumas circulares de corretoras de valores no conforto de seus lares uma vez por semana? Faria sentido se alguém pudesse auferir esses lucros pagando ao primeiro profissional de investimentos que ele encontrasse uma comissão de US$ 135,00, que é a taxa cobrada pela Bolsa de Valores de Nova York, para adquirir quinhentas ações do mercado a US$ 20,00 por ação? Que eu saiba, nenhum outro ramo de atividade oferece tais compensações tão facilmente. De forma similar, elas não podem ser conquistadas no mercado de ações, a menos que você ou seu assessor de investimentos façam uso dos mesmos instrumentos que proporcionam grandes compensações em qualquer outro ramo de atividade. Esses instrumentos são basicamente os grandes esforços combinados com a habilidade e enriquecidos pelo julgamento e pela visão. Se esses atributos forem aplicados, e as regras estabelecidas neste capítulo forem utilizadas para encontrar empresas que satisfaçam os critérios de nossas quinze questões, mesmo que essas empresas não gozem de um *status* elevado na comunidade financeira, fica bastante claro que as ações que produzem riqueza podem ser encontradas. Entretanto, elas não são encontradas sem um árduo trabalho, nem todos os dias.

Resumo e Conclusão

Iniciamos a segunda década da metade do século e pudemos observar que o padrão de vida da espécie humana evoluiu mais nesse período do que em cinco mil anos. Grandes têm sido os riscos em investimentos do passado recente. Ainda maiores têm sido as compensações financeiras para aqueles que são bem-sucedidos. Entretanto, no campo dos investimentos, os riscos e as compensações dos últimos cem anos podem ser pequenos comparados àqueles dos próximos cinquenta anos.

Nessas circunstâncias, seria recomendável avaliar nossa situação. Nós certamente não conquistamos o ciclo dos negócios. Podemos até mesmo nem tê-lo dominado. Todavia, acrescentamos determinados fatores novos que significativamente afetam a arte dos investimentos no mercado de ações. Um deles é o surgimento da gestão corporativa moderna e tudo o que ela tem feito para fortalecer as características de investimento das ações do mercado. O outro é o aproveitamento econômico da pesquisa científica e da engenharia de desenvolvimento.

O surgimento desses fatores não modificou os princípios fundamentais do investimento em ações bem-sucedido. Ele os tornou mais importantes do que nunca. Este livro tentou mostrar quais são esses princípios fundamentais, que tipos de ações comprar, quando comprá-las e, mais especificamente, nunca vendê-las – desde que a companhia por trás dessas ações mantenha as características de um empreendimento de sucesso.

Espera-se que as seções que versam sobre os erros mais comuns de muitos investidores tenham alguma utilidade. Lembre-se, no entanto, que conhecer as regras e entender esses erros comuns nada fará para ajudar aqueles que não contam com certo grau de paciência e autodisciplina. Um dos profissionais de investimento mais competentes que eu conheci me disse, há muitos anos, que no mercado de ações um bom sistema nervoso vale mais do que uma boa cabeça. Talvez Shakespeare despretensiosamente tenha sintetizado o processo de investimento em ações bem-sucedido: "Há uma certa maré nos negócios dos homens que diante de uma correnteza favorável os leva à fortuna".

PARTE 2

Investidores conservadores dormem tranquilos

Durante toda a minha vida profissional, tenho acreditado que o sucesso de meus próprios negócios — ou de quaisquer outros — se baseia na aplicação de três princípios básicos. Esses princípios são: a integridade, a criatividade e o trabalho árduo. Gostaria de dedicar este livro aos meus três filhos, na crença de que Arthur e Ken, pertencentes à minha área de atuação, sigam esses princípios nos negócios, do mesmo modo que Don os siga numa área tão distinta.

Introdução

Mesmo que essas coisas sejam difíceis de mensurar com precisão, são enormes as indicações de que apenas uma vez anteriormente, neste século, o moral do investidor americano tenha estado num ponto de declínio tão intenso como agora. A conhecida e difundida Dow Jones Industrial Average constitui um excelente indicador das mudanças diárias nos níveis das ações do mercado. Entretanto, quando um período mais longo é considerado, essa média pode mascarar, em vez de revelar, a total extensão dos prejuízos sofridos por muitos dos que vêm detendo ações de mercado nos últimos anos. Um índice que pretende mostrar o que aconteceu com todas as ações publicamente negociadas, mas não avalia cada emissão em ações pelo número em destaque, apresenta a média das ações em meados de 1974 abaixo de 70%, comparada ao seu pico em 1968.

Diante desse tipo de prejuízo, grandes grupos de investidores agiram de maneira completamente previsível. Um desses grupos abandonou o mercado de ações completamente. Entretanto, muitas corporações têm se saído surpreendentemente bem. Num panorama em que a alta da inflação parece ser cada vez mais inevitável, algumas ações, adequadamente selecionadas, podem apresentar riscos bem menores do que outras aplicações que pareçam mais seguras. Há outro grupo, ainda maior, que é particularmente do nosso interesse: o daqueles que decidiram que "daqui por diante teremos um comportamento mais conservador". A lógica habitual, nesse caso, é restringir as aquisições apenas às empresas maiores, cujos nomes, pelo menos, sejam do conhecimento de quase todas as pessoas. Provavelmente poucos investidores nos Estados Unidos, e quase nenhum no nordeste do país, não conhecem os nomes Penn Central e Consolidated Edison, ou a natureza dos serviços dessas empresas. Pelos padrões convencionais, a Penn Central, há alguns anos, e a Consolidated Edison, mais recentemente, eram considerados investimentos conservadores. Infelizmente, ocorre uma grande confusão entre agir de forma conservadora e agir de forma convencional, de modo que, para aqueles verdadeiramente determinados a conservar seus ativos, essa questão necessita de um bom esclarecimento – que deve começar não com uma, mas duas definições:

1. O *investimento* conservador é o mais adequado para conservar (isto é, manter) o poder de compra num nível de risco mínimo.
2. *Investir* de maneira conservadora é compreender em que consiste um investimento conservador e, dessa forma, com relação a investimentos específicos, seguir um curso procedimental de ação necessário para determinar se esses veículos específicos de investimento são, de fato, investimentos conservadores.

Consequentemente, para se tornar um investidor conservador, duas coisas são exigidas do investidor ou daqueles cujas recomendações ele segue. As qualidades desejadas num investimento conservador precisam ser compreendidas. Depois disso, deve-se proceder a um processo investigativo para verificar se um investimento específico deve ser considerado. Na ausência dessas condições, o comprador de ações do mercado pode ter sorte ou não, ser convencional ou inconvencional na sua abordagem, mas ele não estará sendo conservador.

Parece-me primordial que a confusão sobre questões dessa natureza seja esclarecida de uma vez por todas. Não apenas os próprios acionistas, mas também a economia americana como um todo, não podem jamais aceitar que aqueles que *empenham esforços sinceros para entender as regras* sofram o tipo de impacto recentemente vivido por essa geração de investidores – um quadro superado apenas por aquele presenciado pela geração da Grande Depressão, há muitos anos. Os Estados Unidos atualmente contam com oportunidades incomparáveis para aperfeiçoar o estilo de vida de todos os seus cidadãos. Eles certamente possuem o conhecimento técnico e o *know-how* para tanto.

Entretanto, para realizar esses feitos à maneira norte-americana tradicional, é necessária uma revisão rigorosa dos fundamentos básicos para muitos investidores, bem como para muitos integrantes da indústria de investimentos em si. Apenas quando muitos outros investidores passarem a se sentir financeiramente seguros, por estarem de fato seguros, haverá uma reabertura dos mercados para novas questões sobre ações – o que permitirá às empresas que buscam, legitimamente, fundos de capital adicionais conquistar uma posição que os assegure sobre uma base condutora para que seja possível prosseguir com novos projetos. Se isso não acontecer, tudo o que nos resta é tentar prosseguir com o que precisa ser feito de uma maneira que, tanto nos Estados Unidos como fora, se provou dispendiosa, cara e ineficiente – por meio do financiamento governamental, com uma administração submetida ao crivo inerte do funcionalismo burocrático.

Por essas razões, acredito que os problemas do investidor dos dias de hoje devem ser enfrentados de cabeça erguida e sem rodeios. Numa tentativa de lidar com tais problemas neste livro, aprendi muito com o aconselhamento do meu filho Ken, que contribuiu com o título, bem como com muitas outras questões, incluindo parte da concepção básica do conteúdo aqui apresentado. Não posso agradecer o bastante sua ajuda nessa apresentação.

Este livro é dividido em quatro seções distintas. A primeira lida com a anatomia – se me permitem o uso de tal palavra – de um investimento conservador em ações, conforme delineado na definição número um. A segunda analisa o papel exercido pela comunidade financeira – os erros, se preferir, contribuíram para deixar o atual mercado em baixa. Essa crítica não visa apenas atirar pedras, mas salientar quais erros semelhantes podem ser evitados no futuro, e quais princípios básicos específicos de investimento podem ser esclarecidos quando os erros de nosso passado recente são analisados. A terceira seção lida com o curso de ação que deve ser tomado para a qualificação de investimento conservador, conforme delineado na definição número dois. A seção final versa sobre algumas influências crescentes do mundo atual que causaram sérias dúvidas no pensamento de muitos sobre o fato de as ações de mercado constituírem um meio de preservação dos ativos – em outras palavras, se as ações de mercado podem ser consideradas de outra maneira que não como instrumentos de pura sorte. Este livro poderá esclarecer, espero eu, se os problemas que contribuíram para deixar o recente mercado em baixa criaram uma condição em que a posse de ações de mercado torna-se apenas uma armadilha para os desavisados; ou se, como em qualquer outro período de baixa econômica na história americana, eles criaram uma oportunidade magnífica para aqueles que contam com a habilidade e a autodisciplina para pensarem por si próprios e agirem independentemente das emoções do momento.

Philip A. Fisher
San Mateo, Califórnia

A primeira dimensão de um investimento conservador

SUPERIORIDADE EM PRODUÇÃO, MARKETING, PESQUISA E HABILIDADE FINANCEIRA

Uma corporação com o porte e o estilo que proporcionam um investimento conservador é, necessariamente, uma organização complexa. Para compreender o que deve estar presente num investimento desse tipo, podemos começar retratando uma dimensão das características que acreditamos existirem. Essa dimensão se subdivide em quatro categorias principais: uma produção de baixo custo, uma organização fortalecida do marketing, pesquisas e esforços técnicos bem-sucedidos e habilidade financeira.

A produção de baixo custo

Para ser considerada um investimento realmente conservador, uma empresa – em todas (ou quase) as suas linhas de produção – deve apresentar os mais baixos custos de produção do mercado ou gerar custos tão baixos como qualquer uma das suas concorrentes. Ela deve, ainda, oferecer perspectivas para permanecer assim no futuro. Apenas dessa forma ela poderá proporcionar aos seus investidores uma margem suficientemente ampla entre os custos e o preço de venda para criar duas condições vitais. Uma delas constitui uma margem abaixo o suficiente do ponto de neutralidade da concorrência em geral. Quando um ano ruim abala a indústria, os preços não costumam permanecer por muito tempo abaixo desse ponto de neutralidade. Quanto mais eles permanecem, os prejuízos por grande parte da concorrência com custos mais elevados crescem a ponto de alguns desses concorrentes serem forçados a cessar a produção. Isso aumenta, quase que automaticamente, os lucros das empresas sobreviventes de custo reduzido, porque elas se beneficiam do aumento da produção que passa a favorecê-las ao assumirem a demanda anteriormente preenchida por unidades de produção que encerraram suas atividades. A empresa de custo reduzido se beneficia ainda mais quando o decréscimo do fornecimento por parte dos concorrentes possibilita-lhe não somente realizar outros negócios, como também aumentar os preços quando o fornecimento em excesso deixa de pressionar o mercado.

A segunda condição é que, acima da média, a margem de lucro possibilite a uma empresa obter o suficiente para gerar internamente uma parcela significativa, ou talvez todos os recursos necessários para o crescimento financeiro. Isso evita, em parte, ou talvez na sua totalidade, a necessidade de levantar um capital adicional em longo prazo que pode: (a) resultar na emissão de novas ações, na diluição do valor das ações, já em fase de valorização; e/ou (b) na criação de um encargo adicional de débito, com pagamento de juros fixos e vencimentos específicos (que devem ser amplamente compensados em ganhos futuros), que aumentam de forma considerável os riscos dos proprietários das ações.

Entretanto, devemos saber que, assim como o grau em que uma companhia é considerada uma produtora de custo reduzido aumenta a segurança e o conservadorismo do investimento, do mesmo modo, num período de grande atividade econômica e num mercado em alta, ele decresce o seu apelo especulativo. O percentual em que os lucros aumentam nesses tempos sempre será bem maior para a companhia de risco, marginal e com custos elevados. A simples aritmética explica o porquê. Tomemos um exemplo hipotético de duas companhias com o mesmo porte que, numa época normal, vendem um produto específico por dez centavos a unidade. A companhia A conta com um lucro de 4 centavos sobre a venda do produto e a companhia B, com um lucro de um centavo. Agora, suponhamos que os custos permaneçam os mesmos, mas uma demanda temporária extra por esse produto eleve o preço para 12 centavos, com ambas as companhias mantendo o seu mesmo porte. A companhia fortalecida aumentou seus lucros de 4 centavos por produto para 6 centavos, um ganho de 50%; todavia, a companhia de custo elevado obteve um ganho em lucros de 300%, ou seja, triplicou os lucros. É por isso que, em curto prazo, a companhia de custo elevado, às vezes, tem maior ascensão num período de grande atividade econômica, e é por isso também que alguns anos depois, quando chegam os tempos difíceis e os produtos caem para 8 centavos a unidade, a companhia fortalecida obtém ainda um lucro reduzido, porém satisfatório. Se a companhia de custo elevado não for à falência, ela provavelmente produzirá uma nova safra de investidores lesados (ou, talvez, especuladores que se consideravam investidores) que terão certeza de que algo está errado com o sistema, e não com eles próprios.

Todo o exposto foi elaborado tendo em mente empresas fabricantes; daí o termo "produção" ter sido utilizado. É claro que muitas empresas não são fabricantes, mas se mantêm em linhas de serviços, tais como atacado, varejo ou uma das muitas subdivisões do mundo financeiro, como bancos e seguradoras. Nesses casos, os mesmos princípios se aplicam, porém o termo "operação" é substituído por "produção", e o termo "operador de custo reduzido ou elevado" é substituído pelo termo "produtor de custo reduzido ou elevado".

A organização fortalecida do marketing

Uma empresa de marketing fortalecido deve estar sempre alerta para os desejos mutáveis dos seus clientes para que a companhia possa fornecer o que é desejável no presente, e não o que costumava ser no passado. Na virada do século, por exemplo, haveria algo errado com os esforços de marketing de um fabricante líder de carroças se ele persistisse em tentar competir no mercado produzindo carroças cada vez melhores, em vez de ingressar na produção de automóveis, arriscando-se, dessa forma, a interromper suas atividades. Para atualizarmos nosso exemplo, talvez bem antes de o embargo ao petróleo árabe ter feito com que cada família norte-americana se conscientizasse de que automóveis grandes eram vorazes beberrões de gasolina, havia algo de errado com o segmento da indústria automobilística que não conseguiu reconhecer a crescente popularidade dos modelos compactos importados como um sinal de que a demanda do consumidor se voltava para um produto que custava menos, com manutenção mais barata e mais fácil de estacionar, comparado aos modelos maiores e mais luxuosos que foram os favoritos durante muitos anos.

Entretanto, reconhecer mudanças na preferência do consumidor e reagir prontamente a elas não é o suficiente. Como já foi dito, no mundo dos negócios os clientes nem sempre compram o melhor produto. No mundo competitivo do comércio, é vital informar e conscientizar o cliente potencial sobre as vantagens de um produto ou serviço. Essa consciência pode ser criada apenas entendendo aquilo que o comprador potencial realmente quer (às vezes quando o próprio cliente não reconhece claramente por que essas vantagens lhe são interessantes) e explicando a ele essas razões, não na linguagem do vendedor, mas na *sua* própria linguagem.

Se isso terá mais sucesso por meio da publicidade, do contato direto por parte dos vendedores, de organizações especializadas de marketing independente, ou da combinação de todos esses recursos vai depender da natureza da atividade. Entretanto, o que cada situação requer é o controle rigoroso e a avaliação gerencial constante da efetividade dos custos de qualquer meio utilizado. A falta de um gerenciamento bem-sucedido nessas áreas pode resultar: (a) na perda de um volume significativo de negócios que numa situação diversa estaria disponível; (b) na produção de custos bem mais elevados e consequentemente na obtenção de lucros menores; (c) em razão das variações dos lucros de diversos elementos das linhas de produto das empresas, no fracasso em alcançar os lucros máximos possíveis em determinada linha de produção. Um produtor ou operador competente com deficiência no marketing e nas vendas pode ser comparado a um motor poderoso que, por causa de uma correia desajustada ou de uma peça mal colocada, passa a produzir apenas uma fração dos resultados que poderiam ser alcançados.

Pesquisa e esforços técnicos bem-sucedidos

Não há muito tempo, parecia que a habilidade técnica bem-sucedida era vital apenas para poucas indústrias de orientação altamente científica, tais como as de produção eletrônica, espacial, química e farmacêutica. Com o crescimento desses setores, suas tecnologias, sempre em expansão, penetraram praticamente em todas as linhas de fabricação e em quase todas as indústrias de serviços, de modo que contar com o talento técnico e uma pesquisa bem-sucedida, nos dias de hoje, passa a ser importante tanto para um fabricante de sapatos, um banco, uma loja, uma companhia de seguros, como para o que anteriormente eram consideradas indústrias científicas exóticas que mantinham uma grande equipe de pesquisa. Os esforços tecnológicos são agora canalizados em duas direções diferentes: criar produtos novos e melhores (nesse sentido, os cientistas de pesquisa podem, é claro, fazer algo mais por uma indústria química do que por uma rede de venda de produtos alimentícios) e prestar serviços com qualidade e por um custo mais baixo do que ocorria no passado. Com relação ao último objetivo, o talento técnico de destaque pode ser igualmente valioso para cada grupo. Na verdade, em alguns dos serviços nos negócios, os grupos tecnológicos abrem novas linhas de produto, bem como traçam o caminho para a realização dos velhos serviços de modo mais aprimorado. Os bancos constituem um bom exemplo disso. Recursos eletrônicos de baixo custo e minicomputadores possibilitam a eles oferecer serviços de contabilidade e manutenção de dados aos seus clientes, criando, assim, uma nova linha de produto para essas instituições.

Na pesquisa e na tecnologia, há tanta variação entre a eficiência de uma companhia e outra como existe no marketing. No desenvolvimento de um novo produto, a complexidade da tarefa é quase uma garantia desse fator. Bastante importante, o grau de criatividade ou competência técnica da equipe de pesquisas de uma companhia em comparação com outra é, porém, apenas um dos fatores que afetam os benefícios que a empresa adquire por seus esforços em pesquisa. Desenvolver novos produtos geralmente exige a união dos esforços de um grupo de pesquisadores, cada um deles especializado numa categoria tecnológica diferente. O desempenho do trabalho conjunto desses indivíduos (ou capacidade de um líder de fazê-los trabalhar conjuntamente e estimular uns aos outros) é frequentemente tão importante como a competência individual das pessoas envolvidas. Além disso, para maximizar os lucros é essencial que não se desenvolva simplesmente um produto qualquer, mas aquele produto que terá uma demanda significativa por parte do cliente, aquele que (quase sempre) poderá ser vendido pela organização de marketing existente da companhia e poderá ser fechado por um preço que produza um lucro considerável. Tudo isso requer uma aliança eficiente entre a pesquisa, o marketing e a produção. A melhor equipe de pesquisa corporativa do mundo pode não passar de um mero contrato de obrigações se ela desenvolver apenas produtos que não podem ser prontamente negociados. Para apresentar superioridade efetiva nos investimentos, uma companhia deve contar com habilidade acima da média para controlar todas essas relações complexas e, ao mesmo tempo, não controlá-las ao extremo, a ponto de fazer os pesquisadores perderem a determinação e a criatividade que os colocam em primeiro lugar.

Habilidade financeira

Várias vezes nesta discussão sobre produção, marketing e pesquisa, os termos "lucro" e "margem de lucro" foram utilizados. Numa grande empresa que conta com uma linha de produtos variada, não é uma questão simples sabermos o custo de cada produto com relação aos demais, já que a maioria dos outros custos que não dos materiais e do trabalho direto se espalha sobre uma série desses produtos ou, talvez, sobre todos eles. As empresas que contam com um talento financeiro acima da média possuem diversas vantagens significativas. Sabendo exatamente quanto lucram sobre cada produto, elas podem direcionar seus maiores esforços para a produção máxima de ganhos. O conhecimento íntimo da extensão de cada elemento dos custos, não apenas de fabricação, mas também de vendas e pesquisa, se reflete até mesmo nas menores fases da atividade da empresa, nos locais em que, logicamente, é necessário realizar esforços especiais para reduzir custos, seja por meio de inovações tecnológicas ou do aprimoramento das tarefas específicas dos indivíduos. Ainda mais importante, por meio do orçamento habilidoso e da contabilidade, a verdadeira empresa de destaque pode criar um sistema de alerta preventivo pelo qual as influências desfavoráveis que ameaçam as perspectivas de lucro podem ser rapidamente detectadas. A ação remediadora pode ser tomada visando evitar as surpresas dolorosas que têm abalado os investidores em muitas companhias. Nem mesmo as "benesses" que advêm para os investidores, graças à habilidade financeira superior, cessam nesse momento. Eles normalmente seguem na direção de uma melhor escolha de investimentos, aquela que proporciona um maior retorno sobre o capital investido da companhia. Eles podem também optar por um controle melhor das contas a receber e do estoque, um fator de importância crescente em períodos de altas taxas de juros.

Resumindo: a companhia que se qualifica adequadamente nessa primeira dimensão de um investimento conservador é uma produtora ou operadora de custo bastante reduzido em sua área, conta com um marketing e uma habilidade financeira de destaque, além de uma destreza comprovada, acima da média, quanto ao complexo problema do gerenciamento para a obtenção de resultados consideráveis de sua organização tecnológica ou de pesquisa. Num mundo em que as mudanças ocorrem em ritmo sempre crescente, ela é: (1) uma companhia capaz de desenvolver um fluxo de novos e lucrativos produtos ou linhas de produto que irão equilibrar velhas linhas que podem se tornar obsoletas em virtude de inovações tecnológicas de terceiros; (2) uma companhia capaz, no presente e no futuro, de criar essas linhas de produto por um custo suficientemente baixo, de modo a gerar um lucro que cresce pelo menos tão rapidamente quanto as vendas e, mesmo nos anos de crise dos negócios em geral, não reduzi-lo até um nível que ameace a segurança de um investimento nos negócios; e (3) uma companhia capaz de vender seus produtos mais novos e aqueles que ainda podem ser desenvolvidos no futuro de uma maneira pelo menos tão proveitosa quanto aqueles com os quais ela está envolvida no presente.

Esse é um quadro unidimensional de um investimento prudente – um quadro que, se não for comprometido pela visão de outras dimensões, representa um investimento com o qual o investidor provavelmente não se decepcionará. Porém, antes de prosseguirmos na análise de outras dimensões, há uma questão adicional que deve ser completamente esclarecida. Se o objetivo é conservar os recursos financeiros, se a meta é a segurança, por que falamos sobre crescimento e desenvolvimento de novas e extraordinárias linhas de produto? Por que não seria suficiente manter um negócio nos seus limites de capacidade e no seu nível de lucros sem correr os riscos inevitáveis que surgem quando novas tentativas são experimentadas? Quando chegarmos à discussão da influência da inflação sobre os investimentos, outras razões para a importância do crescimento surgirão. Entretanto, fundamentalmente, não devemos nos esquecer de que, num mundo em que as mudanças ocorrem em ritmo cada vez mais acelerado, nada permanece estático por muito tempo. É impossível ficar parado. Uma empresa pode crescer ou encolher. O ataque é a melhor defesa. Somente por meio do crescimento aprimorado uma empresa pode ter certeza de não estar crescendo sem qualidade. As empresas que não ousaram subir ao topo invariavelmente decaíram – e, se isso foi verdadeiro no passado, também o será no futuro. Além do ritmo acelerado da inovação tecnológica, isso se deve ao fato de que os hábitos sociais estão sempre em transformação, assim como a mentalidade de consumo e as novas exigências do governo têm se transformado num ritmo sempre crescente, o que provoca mudanças até mesmo nos setores industriais mais tradicionais.

A segunda dimensão
O FATOR HUMANO

Resumidamente, a primeira dimensão de um investimento conservador consiste na competência gerencial de destaque das áreas básicas de produção, marketing, pesquisa e controles financeiros. Essa primeira dimensão descreve um negócio como ele se apresenta nos dias de hoje, essencialmente como uma questão de resultados. A segunda dimensão lida com o que produziu esses resultados e, ainda mais importante, continua a produzi-los no futuro. A força que impulsiona tais fatos, que faz uma companhia pertencente a determinado setor industrial passar a ser um veículo de investimento de destaque e outra permanecer na média, em níveis medíocres, ou até mesmo abaixo deles, é basicamente o *potencial humano*.

Edward H. Heller, um capitalista de empreendimentos pioneiro cujos comentários durante sua vida nos negócios exerceram grande influência sobre algumas das ideias expressas neste livro, utilizou o termo "espírito vívido" para descrever o tipo de indivíduo ao qual ele pretendia dar um suporte financeiro significativo. Ele afirmou que, por trás de toda corporação bem-sucedida, estaria esse tipo de personalidade empreendedora determinada, com o entusiasmo, as ideias originais e a habilidade para tornar essa companhia um investimento verdadeiramente vantajoso.

Na área das pequenas empresas que cresceram consideravelmente e se tornaram bastante prósperas (o campo de seu maior interesse e no qual ele obteve seus maiores sucessos), Ed Heller estava indubitavelmente certo. Entretanto, quando essas empresas menores começam a crescer, tornando-se recomendáveis para um investimento conservador, o ponto de vista de Ed Heller pode ser enfraquecido pela visão de outro executivo brilhante que colocou sérias dúvidas sobre a sensatez de investir numa companhia cujo presidente fosse seu amigo pessoal. Esse executivo costumava justificar tal falta de entusiasmo da seguinte maneira: "Meu amigo é um dos homens mais brilhantes que já conheci. Ele está sempre certo. Numa empresa de pequeno porte, esse conceito pode ser satisfatório. Porém, com o crescimento da organização, outros indivíduos, às vezes, também merecem esse crédito".

Eis uma indicação do âmago da segunda dimensão de um investimento verdadeiramente conservador: um chefe executivo corporativo dedicado ao crescimento de longo prazo que conta com uma autoridade considerável que é delegada a um grupo de trabalho competente, encarregado de várias divisões e funções da companhia. Essas pessoas não devem estar envolvidas numa luta interna infindável pelo poder; antes, devem estar concentradas no trabalho conjunto para o cumprimento de objetivos corporativos bem estabelecidos. Um desses objetivos, que é imprescindível quando um investimento obtém sucesso, é a disponibilidade de tempo para que a cúpula administrativa possa identificar e treinar funcionários qualificados e motivados para o gerenciamento sênior sempre que uma substituição se fizer necessária. Em contrapartida, em cada nível abaixo da cadeia de comando, uma atenção especial deve ser dada para identificar se os funcionários pertencentes àquele nível de comando fazem o mesmo com os do nível imediatamente inferior.

Será que uma empresa que se qualifique como um investimento verdadeiramente conservador deve promover apenas funcionários internos e nunca recrutar pessoas de fora, exceto nos níveis hierárquicos mais baixos, ou somente proceder dessa forma com os funcionários em início de carreira? Uma companhia que cresce num ritmo bastante acelerado pode requerer a contratação de pessoal adicional, o que não possibilita um tempo necessário para o treinamento desse pessoal em todos os cargos. Além disso, até mesmo a companhia mais bem administrada precisa, eventualmente, de um indivíduo com habilidades altamente especializadas, até agora ausentes nas atividades gerais da empresa e cujo desempenho simplesmente não pode ser encontrado no ambiente interno. Alguém com especialização numa subdivisão específica na área do direito, da segurança, ou do setor científico, até então ausente para a linha principal de atividade da companhia, pode constituir um exemplo a ser mencionado. Além disso, a contratação ocasional de pessoal externo conta com uma vantagem: ela pode introduzir outro ponto de vista nos conselhos corporativos, uma injeção de ideias novas contestando os métodos tradicionais.

Em geral, todavia, a companhia que conta com o verdadeiro mérito de investimentos é aquela que geralmente promove os funcionários internos. Isso se deve ao fato de que as empresas da ordem mais elevada de investimentos (que não são necessariamente as maiores e mais conhecidas) desenvolveram um conjunto de estratégias e métodos particulares de acordo com as próprias necessidades. Se esses métodos especiais forem realmente válidos, é sempre difícil, e não raro impossível, treinar aqueles já acostumados com os métodos tradicionais e fazê-los absorver uma nova maneira de executar seu trabalho. Quanto mais alto é o cargo que um funcionário novo pretende preencher numa organização, mais altos são os custos de treinamento a serem disponibilizados. Embora eu não possa citar dados estatísticos para provar essa afirmação, posso observar que, nas companhias mais bem administradas, um número surpreendente de executivos contratados para cargos próximos da cúpula executiva tende a desaparecer depois de alguns anos.

O investidor pode ter certeza de uma coisa: a necessidade de uma grande empresa para contratar um chefe executivo externo representa um forte indício de que há algo basicamente errado com a atual gestão – não importa o otimismo dos dados superficiais indicados pelas prestações de contas mais recentes. Pode ser que o novo presidente faça um trabalho magnífico e, com o tempo, monte uma autêntica equipe de gerenciamento em torno de si, de modo que tal movimentação na organização nunca mais seja necessária. Consequentemente, com o passar do tempo, essas ações podem se tornar consideráveis diante de um investidor prudente. No entanto, essa reconstrução pode representar um processo tão longo e arriscado que, se o investidor identificar esses acontecimentos em algum de seus títulos em carteira, ele deverá revisar todas as suas atividades de investimento para determinar se suas ações passadas têm uma procedência sólida.

Outra dica valiosa a todos os investidores é saber se uma gestão administrativa é predominantemente constituída de um só indivíduo ou de toda uma equipe de trabalho (essa dica não esclarece, no entanto, a qualidade do desempenho da equipe). Os salários anuais da diretoria de todas as sociedades anônimas de capital aberto são divulgados pelas prestações de contas por procuração. Se o salário do executivo número 1 for muito mais alto do que o dos dois ou três executivos subsequentes, na escala de cima para baixo da pirâmide hierárquica, um sinal de alerta pode ser considerado. Se a escala de compensação decrescer gradualmente, a situação então passa a ser diferente.

Para que o investidor obtenha resultados otimizados não basta simplesmente que o pessoal da gestão administrativa trabalhe em conjunto como um time e seja capaz de preencher lacunas. Deve, ainda, estar presente o maior número possível daqueles "espíritos vívidos" mencionados por Ed Heller – pessoas que contam com a criatividade e a determinação não para deixar as coisas exatamente nos limites da sua situação atual, talvez até mesmo satisfatória, mas para realizar melhorias adicionais sobre elas. Essas pessoas não são fáceis de encontrar. A Motorola, Inc. vem conduzindo, há algum tempo, uma atividade à qual a comunidade financeira tem dado pouca ou nenhuma atenção e que possibilita realizar consideravelmente mais nessa área do que em geral se imagina.

Em 1967, a direção da Motorola reconheceu que o rápido índice de crescimento previsto para os anos seguintes exigiria, inevitavelmente, a expansão imediata nas camadas administrativas superiores. Foi decidido que o problema seria logo enfrentado. Naquele ano, a Motorola abriu o seu Instituto Executivo em Oracle, no estado do Arizona. Foi determinado que, num ambiente distante dos detalhes diários dos escritórios e das fábricas da companhia, duas coisas aconteceriam: o pessoal da Motorola, aparentemente pouco promissor, seria treinado em assuntos que iam além do escopo das suas atividades imediatas para que pudessem assumir posições mais importantes; e a cúpula administrativa teria acesso a maiores evidências do potencial dos funcionários para promovê-los.

No momento da decisão do Instituto Executivo, os céticos quanto à administração questionaram se os esforços valeriam a pena. Tal fato aconteceu, em grande parte, em razão da sua crença de que menos do que cem pessoas seriam encontradas, em todo o grupo Motorola, com o talento necessário para justificar a ideia da companhia de fornecer esse treinamento especial. Os acontecimentos provaram que esses céticos estavam completamente equivocados. O Instituto mantém de cinco a seis classes por ano, com catorze pessoas em cada classe. Até meados de 1974, cerca de quatrocentos funcionários da Motorola haviam passado pelo treinamento; e um número significativo, incluindo alguns vice-presidentes, demonstrou ter diversas habilidades, maiores do que aquelas observadas no momento em que haviam sido aprovados para sua admissão. Além disso, aqueles envolvidos nesse trabalho sentem que, do ponto de vista da companhia, os resultados observados nas turmas recentes são ainda mais favoráveis do que aqueles obtidos nas primeiras turmas.

Atualmente parece que, como a contratação na Motorola, em termos gerais, continua a se expandir com o crescimento da companhia, um número suficiente de funcionários promissores pode ser encontrado dentro da empresa para manter essa atividade indefinidamente. Tudo isso demonstra que, do ponto de vista do investidor, quando alguma criatividade é utilizada, mesmo as empresas que contam com taxas de crescimento acima da média também podem "desenvolver" os funcionários internos, mantendo uma superioridade competitiva sem correr o risco de fracassar, o que é bastante frequente quando uma companhia em fase de crescimento acelerado busca pessoal externo para suprir uma pequena parcela do seu talento de destaque.

Cada pessoa possui uma personalidade, uma combinação de características que a diferencia dos outros indivíduos. De maneira semelhante, cada corporação conta com os próprios métodos de realizar o trabalho – alguns formalizados por meio de políticas bem articuladas, ou não – que são pelo menos ligeiramente diferentes dos de outras corporações. Quanto mais bem-sucedida a corporação, maior a probabilidade de ser única em algumas de suas estratégias. Esse fato é particularmente verdadeiro para empresas que têm demonstrado êxito por um período considerável. Numa comparação com os indivíduos, cujas características fundamentais de caráter se modificam, mas somente quando estes alcançam a maturidade, os métodos das empresas são influenciados não apenas por acontecimentos externos, mas pelas reações diante desses acontecimentos de toda uma série de personalidades que, com o passar do tempo, seguem umas às outras nas posições elevadas dentro da organização.

Embora muitas estratégias possam diferir entre as empresas, três elementos devem estar sempre presentes, caso as ações de uma companhia possam ser consideradas válidas para o investimento conservador de longo prazo.

I. A empresa deve reconhecer que o mundo em que ela opera avança num índice constantemente crescente

Todo o pensamento e planejamento corporativos deve ser ajustado para o desafio do que está sendo realizado – não para o desafio ocasional, e sim para o desafio constante. Cada método de trabalho escolhido deve ser examinado e reexaminado para garantir que, dentro da vulnerabilidade humana, ele é realmente o melhor. Alguns riscos devem ser aceitos na substituição de novos métodos para atingir condições transformadoras. Não importa quanto determinada situação possa ser cômoda, os métodos de trabalho não podem ser mantidos só por terem funcionado bem no passado e serem consagrados pela tradição. A empresa que é rígida nas suas ações e não cria desafios constantes para si mesma só tem um caminho a seguir: o caminho para a decadência.

Em contrapartida, algumas administrações de grandes empresas que deliberadamente se empenharam para se estruturar com a finalidade de se transformar têm sido aquelas que produzem algumas das recompensas mais surpreendentes para os acionistas. Um exemplo disso é a Dow Química, com um recorde de conquistas ao longo dos últimos dez anos que é frequentemente considerado por superar qualquer outra companhia de produtos químicos nos Estados Unidos, para não dizer no mundo todo. Possivelmente, o passo mais significativo da Dow Química para o rompimento com os métodos antigos foi o fato de a gestão administrativa ter se dividido em cinco gestões distintas, segundo critérios geográficos (a Dow Química Norte-americana, a Dow Química Europeia, a Canadense etc.). Acreditava-se que somente dessa maneira os problemas locais seriam resolvidos rapidamente, conforme adaptados às condições locais e sem o sofrimento da ineficiência burocrática que tanto acompanha as empresas de grande porte. O efeito em rede dessas circunstâncias foi colocado pelo presidente da Dow Química Europeia: "Os resultados que, hoje em dia, nos desafiam estão sendo produzidos por nossas irmãs, as empresas Dow do mundo todo. Elas, e não nossos concorrentes diretos, viabilizam os ganhos que nos colocam em primeiro lugar". Do ponto de vista do investidor, a característica mais importante dessa transformação talvez não tenha sido o sucesso da Dow em concretizá-la, mas o fato de a transformação ter ocorrido quando a companhia ainda possuía um volume total de vendas muito menor do que muitas outras empresas multinacionais, que operavam com sucesso por meio de métodos preestabelecidos. Em outras palavras, a transformação e o aperfeiçoamento surgiram do pensamento inovador para aprimorar um sistema de trabalho – e não de uma reação forçada diante de uma crise.

Essa é uma das diversas maneiras pelas quais essa empresa pioneira rompeu com o passado para atingir um surpreendente recorde competitivo. Outra maneira foi o passo sem precedentes de uma companhia de natureza industrial para começar do zero e obter êxito com um banco próprio na Suíça, pronto para contribuir com as necessidades financeiras dos seus clientes no mercado de exportação. Mais uma vez, a gestão administrativa não hesitou em romper com o passado de um modo que envolvia algum risco nos primeiros estágios, mas acabava ampliando a força intrínseca da companhia.

Muitos outros exemplos podem ser citados a partir dos resultados dessa companhia. No entanto, apenas mais um deve ser mencionado, simplesmente para demonstrar a extrema variedade de áreas que tais ações podem cobrir. Bem antes da maioria das outras empresas, a Dow Química não apenas reconheceu a necessidade de dispor de grandes quantias para evitar a poluição como também concluiu que, se os principais resultados podiam ser alcançados, algo mais seria necessário além de meras exortações da diretoria. Era preciso obter a cooperação consistente de gerentes de nível médio. Foi decidido que o modo mais garantido de alcançar esse objetivo seria apelar para as justificativas de lucro daqueles que estavam mais diretamente envolvidos. Eles foram incentivados a encontrar métodos lucrativos de converter o material poluente em produtos comercializáveis. O resto é apenas história. Com o poder pleno da diretoria, da administração das fábricas e de engenheiros químicos altamente qualificados por trás desses projetos, a Dow Química atingiu o primeiro lugar diversas vezes na eliminação da poluição, o que lhe valeu elogios de vários grupos ambientalistas que defendem um ponto de vista bastante anticomercial. Talvez o fator mais importante tenha sido, ainda, o fato de a empresa ter evitado a hostilidade na maioria das comunidades onde suas fábricas estivessem localizadas. Isso foi feito por um custo bastante baixo e, em alguns casos, com algum lucro operacional.

2. Deve haver sempre um esforço consciente e contínuo, baseado em fatos e não em ideologias, para fazer funcionários de quaisquer níveis, desde os operários até os executivos do mais elevado nível hierárquico da administração, sentir que a sua empresa é um bom lugar para trabalhar

Vivemos num mundo que exige que gastemos um bom número de horas por semana fazendo aquilo que nos mandam para podermos receber nosso pagamento, mesmo que preferíssemos fazer uso desse tempo com divertimento ou recreação. A maioria das pessoas reconhece essa necessidade. Quando uma gestão administrativa é capaz de incutir uma crença, não apenas entre as pessoas da direção, mas entre os funcionários em geral, de que está realizando algo no sentido de criar um bom ambiente de trabalho e zelar pelos interesses dos seus funcionários, os benefícios que essa empresa recebe em troca, por meio do aumento da produtividade e da redução dos custos, podem compensar muito os recursos investidos nessa estratégia.

O primeiro passo da estratégia é garantir que cada funcionário seja tratado com dignidade e consideração (não apenas determinar tal comportamento, mas efetivamente garanti-lo). Há cerca de um ano, li um artigo da imprensa local sobre um funcionário da união que afirmara que uma das maiores empresas do país forçava seus funcionários da linha de produção a almoçar com as mãos sujas de graxa, por não haver tempo suficiente, com o número de toaletes disponíveis, para que a maioria deles pudesse lavar as mãos antes do almoço. As ações dessa companhia não me interessaram por diversas razões. Portanto, não sei ao certo se a acusação havia sido feita com base nos fatos ou mediante o calor de uma batalha emocional sobre negociações salariais. Entretanto, se a acusação fosse verdadeira, essa circunstância por si só tornaria, na minha opinião, as ações da companhia inadequadas para a compra por parte de investidores cautelosos.

Além de tratar os funcionários com dignidade e decência, os caminhos para obter a sincera lealdade do funcionário são diversos e variados. Aposentadoria e planos de participação nos lucros desempenham um papel significativo. No mesmo sentido, também é importante a boa comunicação em todos os níveis de funcionários. Com relação a questões de interesse geral, deixar que todos saibam não apenas *o que* está sendo realizado, mas também o *porquê*, normalmente elimina possíveis conflitos. Na verdade, saber o que pensam as pessoas nos diversos níveis da companhia, principalmente quando a opinião é adversa, pode ser ainda mais importante. O sentimento dentro da empresa de que as pessoas podem expressar insatisfação diante de seus superiores sem medo de repreensão pode ser benéfico, embora essa política aberta não seja normalmente simples de manter por causa do tempo perdido com críticas infundadas e sem sentido. Quando ocorrem contratempos, as soluções devem ser imediatas. Os contratempos e agravos encobertos e duradouros em geral são os mais dispendiosos.

Um exemplo surpreendente dos benefícios que podem ser obtidos por meio da criação de uma unidade de intenções com os funcionários é o programa de "efetividade pessoal" da Texas Instruments. A história desse programa constitui um excelente exemplo de como uma gestão administrativa pode atuar perfeitamente bem com a utilização e o aperfeiçoamento de estratégias desse tipo, mesmo quando novas influências externas as redirecionam. Desde os primeiros dias dessa companhia, a diretoria administrativa tinha plena convicção de que, se pudesse ser estabelecido um sistema no qual todos os funcionários participassem das decisões de natureza administrativa, visando aprimorar o desempenho geral para manter o interesse por parte dos funcionários, todos os participantes se beneficiariam dos resultados das suas próprias contribuições.

Na década de 1950, a produção de semicondutores foi essencialmente uma questão de linha de montagem manual, proporcionando muitas oportunidades para os funcionários oferecerem sugestões individuais brilhantes para a melhoria do desempenho. Reuniões, e até mesmo aulas formais, eram organizadas, nas quais trabalhadores voltados para a produção aprendiam a apresentar, como indivíduos ou grupos, uma maneira de aprimorar suas operações. Ao mesmo tempo, por meio de planos de participação nos lucros e prêmios, os participantes usufruíam os benefícios financeiros, sentindo que faziam parte do sistema. Depois disso, a mecanização dessas primeiras operações manuais começou a surgir. Com o crescimento de tal tendência, havia de algum modo menos oportunidades para certos tipos de contribuições individuais, já que, em alguns aspectos, as máquinas passariam a controlar o que devia ser feito. Alguns líderes dentro da organização começaram a sentir que não havia mais lugar para contribuições de níveis mais baixos na participação gerencial. A alta gestão assumiu exatamente o ponto de vista inverso: a participação pessoal desempenharia um papel ainda maior e jamais visto antes. Naquele momento, todavia, seriam empenhados os esforços de um conjunto de pessoas ou de uma equipe, contando com trabalhadores como um grupo, determinando o que poderia ser feito e estabelecendo suas próprias metas de desempenho.

Pelo fato de os trabalhadores sentirem (1) estar participando genuinamente das decisões e não fazendo apenas o que lhes mandavam fazer, e (2) estar sendo recompensados tanto financeiramente como pelo reconhecimento, os resultados foram espetaculares. Em uma sucessão de exemplos, grupos de trabalhadores estabeleceram para si objetivos consideravelmente mais ambiciosos do que qualquer coisa que a direção pudesse sugerir. Nos momentos em que parecia que objetivos almejados não poderiam ser alcançados, ou quando a competição entre grupos provocava a rivalidade, os trabalhadores propuseram e voluntariamente votaram coisas inéditas (para aquela época), tais como o corte de intervalos e a redução do horário de almoço para solucionar o problema. A pressão de grupos semelhantes sobre o trabalhador lento ou insolente que ameaça os objetivos que o grupo estabeleceu para si impede o desenvolvimento da disciplina que poderia ser exercida por meio de métodos de gerenciamento convencional. Esses resultados também não estão restritos aos trabalhadores norte-americanos com a experiência de vida na democracia política. Eles parecem ser igualmente efetivos e mutuamente benéficos às pessoas, sem levar em conta a cor da pele e as origens, de países com uma experiência econômica bastante diferente. Embora o plano objetivo de desempenho tenha se iniciado nos Estados Unidos, resultados igualmente surpreendentes têm sido apresentados não apenas nas fábricas da Texas Instruments nas chamadas nações industrialmente desenvolvidas tais como a França e o Japão, mas também em Singapura e em Curaçao. Em todos os países, os efeitos morais parecem surpreendentes quando grupos de trabalhadores não apenas se reportam diretamente à alta gestão, mas também sabem que seus relatórios serão analisados e suas conquistas consideradas e reconhecidas.

O que tudo isso representou para os investidores foi decifrado quando o presidente da companhia, Mark Shepherd Jr., nomeou acionistas na reunião anual de 1974. Ele afirmou que um índice de efetividade das pessoas havia sido estabelecido, composto pela receita líquida e dividido pelo total da folha de pagamento. Já que os semicondutores, a maior linha de produto da companhia, constituem um dos poucos produtos do atual mundo inflacionário que não param de decrescer em valor unitário, e já que os salários têm aumentado nas fábricas da companhia com taxas de 7% ao ano nos Estados Unidos até 20% na Itália e no Japão, seria lógico esperar, apesar das melhorias na efetividade das pessoas, que esse índice decrescesse. Em vez disso, ele subiu de cerca de 2,25% em 1969 para 2,5% até o final de 1973. Além disso, com planos definidos para o aprimoramento suplementar e com aumentos adicionais nos fundos de participação nos lucros ligados a essas melhorias, foi anunciado que o objetivo da companhia seria elevar o índice para 3,1% até 1980 – um objetivo que, se alcançado, tornaria a companhia um local bastante lucrativo para trabalhar. Ao longo dos anos, a Texas Instruments vem estabelecendo publicamente alguns objetivos bastante ambiciosos em longo prazo e até hoje tem alcançado de maneira consistente praticamente todos eles.

Do ponto de vista de investimento, há algumas semelhanças extremamente importantes nos três exemplos de programas, direcionados para o setor de pessoal, que foram escolhidos para ilustrar os aspectos da segunda dimensão de um investimento conservador. Trata-se de uma questão relativamente simples mencionar e fornecer uma descrição geral dos procedimentos do instituto Motorola para a seleção e treinamento de talentos incomuns, para lidar com as necessidades de crescimento da companhia. Ainda, é uma questão igualmente simples mencionar que a Dow Química encontrou um meio de estimular as pessoas a trabalhar em conjunto para lidar com problemas ambientais e torná-los lucrativos para a companhia, ou relatar alguns fatos sobre o notável programa de efetividade pessoal da Texas Instruments. No entanto, se outra companhia decidisse iniciar programas como esses partindo do ponto zero, os problemas que talvez surgissem poderiam ser infinitamente mais complexos do que a mera persuasão de um quadro de diretores para aprovarem a apropriação necessária. Programas dessa espécie são fáceis de formular, porém sua implementação é uma questão bastante diferente. Os erros podem ser bastante dispendiosos.

Não é difícil imaginar o que aconteceria se uma instituição de treinamento como a Motorola selecionasse o pessoal errado para promoção, com o resultado de que os melhores talentos abandonassem a companhia, contrariados. De maneira semelhante, suponhamos que uma empresa tentasse seguir, em termos gerais, um plano de efetividade pessoal mas ou fracassasse em criar um ambiente em que os trabalhadores se sentissem realmente envolvidos, ou deixasse de recompensar os funcionários adequadamente, resultando em seu descontentamento. A aplicação inadequada desse programa poderia literalmente arruinar uma companhia. Portanto, empresas que aplicam técnicas e estratégias pessoais perfeitas e vantajosas em geral encontram, cada vez mais, novas maneiras de tirar proveito delas. Para essas empresas, tais técnicas e estratégias, ou seja, táticas especiais para abordar os problemas e resolvê-los, constituem, em certo sentido, um componente de *propriedade*. Por essa razão elas são tão importantes para os investidores de longo prazo.

3. A gestão deve estar disposta a submeter-se à disciplina necessária para um crescimento sadio

Já foi comentado que, no nosso mundo, em rápido crescimento e constante transformação, as empresas não podem ficar estáticas. Elas devem ou melhorar ou piorar, ascender ou decair. O objetivo de crescimento do verdadeiro investimento não é simplesmente auferir ganhos, mas evitar prejuízos. Há muito poucas companhias cuja administração não as apresente como empresas em crescimento. No entanto, nem toda gestão administrativa que se considera voltada para o crescimento necessária e realmente o é. Muitas empresas parecem ter uma necessidade irresistível de demonstrar os maiores lucros possíveis no final de cada período contábil, levando em conta cada centavo no seu relatório final. É isso que uma verdadeira empresa voltada para o crescimento nunca pode fazer. Ela deve centrar-se em auferir lucros correntes suficientes para financiar os gastos da expansão do negócio. Quando é feito o ajuste para adquirir a força financeira suplementar necessária, a companhia digna de investimentos promissores deve dar prioridade à redução dos lucros máximos imediatos, diante de oportunidades válidas de desenvolver novos produtos ou processos, para iniciar linhas inéditas de produto ou, ainda, para escolher uma das inúmeras medidas em que o dinheiro gasto hoje possa proporcionar lucros amanhã.

Essas medidas podem variar desde a contratação e o treinamento de novos funcionários que possam se tornar necessários para o crescimento do empreendimento, até a decisão de abrir mão dos maiores lucros possíveis de um cliente para edificar sua fiel lealdade, atendendo-o prontamente quando necessário. Para um investidor conservador, o teste de todas essas medidas serve para saber se a direção de uma companhia busca de fato o fortalecimento dos lucros do empreendimento em longo prazo, ou simplesmente exerce uma política de fachada. Não importa quanto uma empresa possa ser conhecida no mercado, se ela der apenas um tratamento superficial a essas questões, ela não poderá ser considerada um veículo adequado para fundos de investimento. O mesmo pode se dizer para a empresa que tenta seguir essas diretrizes mas fracassa ao executá-las, como uma companhia que arca com grandes despesas em pesquisas, mas compromete seus esforços tirando pouco proveito delas.

A terceira dimensão

CARACTERÍSTICAS DE INVESTIMENTO DE ALGUNS NEGÓCIOS

A primeira dimensão de um investimento em ações conservador é o grau de excelência nas atividades da companhia que são mais importantes para a lucratividade do presente e do futuro. A segunda dimensão é a qualidade do controle dessas atividades pelas pessoas e das estratégias que elas criam. A terceira dimensão lida com algo bastante diferente: o grau de existência de determinadas características inerentes *dentro da natureza do próprio negócio* que possibilitem uma lucratividade acima da média para uma previsão futura.

Antes de examinarmos essas características, vale observar por que a lucratividade acima da média é tão importante para o investidor, não apenas como uma fonte de ganhos adicionais, mas como uma proteção para aquilo que ele já possui. O papel vital do crescimento nessa conexão já foi discutido. O crescimento custa dinheiro em diversos aspectos. Parte do que, em outras circunstâncias, seria uma rota lucrativa deve ser redirecionada para a experimentação, a invenção, o teste de marketing, o marketing de novos produtos e todos os demais custos operacionais de expansão, incluindo a perda total do percentual inevitável das tentativas de expansão que podem fracassar. Ainda mais dispendiosos podem se tornar os recursos a serem implementados em fábricas, lojas ou equipamentos. Nesse ínterim, enquanto o negócio começa a crescer, um estoque maior passa a ser inevitável para os primeiros canais de distribuição dos novos produtos no mercado. Finalmente, exceto com relação a pouquíssimos empreendimentos que negociam apenas em dinheiro, há uma drenagem correspondente sobre os recursos corporativos para cuidar do volume de crescimento das contas a receber. Para o cumprimento de todos esses requisitos, a lucratividade é vital.

Em períodos inflacionários a questão da lucratividade se torna ainda mais importante. Normalmente, quando os preços e, portanto, os gastos aumentam de maneira generalizada, um empreendimento pode, em tempo, repassar esses custos por meio de preços mais altos. Entretanto, isso geralmente não pode ser feito de imediato. Durante esse período, obviamente, uma parcela bem menor é extraída dos lucros da companhia com amplas margens de lucro, em comparação com o que ocorre com sua competição de custos mais altos, já que a companhia de custos mais altos provavelmente vivencia custos elevados de negociação.

A lucratividade pode ser expressa de duas maneiras. A maneira fundamental, mais utilizada pela maioria das gestões administrativas, é o retorno sobre os ativos investidos. Esse é o fator que faz uma empresa decidir sobre a questão de levar adiante um novo produto ou processo. Que percentual de retorno poderia uma empresa esperar sobre a parcela do seu capital investido dessa maneira específica, em comparação com o retorno obtido caso esses mesmos recursos fossem aplicados de outra maneira? É bem mais difícil para o investidor utilizar essa medida, pois ela costuma ser destinada ao executivo corporativo. O que o investidor geralmente observa não é o retorno sobre uma quantia específica em dinheiro, usado numa subdivisão específica do empreendimento, e sim os ganhos totais do negócio como um percentual dos seus ativos totais.

Quando o custo do equipamento essencial aumenta tanto quanto tem aumentado nos últimos quarenta anos, as comparações de retorno sobre o capital total investido entre uma empresa e a outra podem ser desvirtuadas pelas variações nos níveis de preço nos quais diferentes companhias realizam despesas essenciais que os números deixam de observar. Por essa razão, comparar as margens de lucro por dólar em vendas pode ser mais proveitoso, desde que se tenha outra questão em mente. Essa questão se refere ao fato de que uma companhia que possui uma alta taxa de vendas com relação a seus ativos pode ser mais lucrativa do que outra com uma margem de lucro mais alta para as vendas, porém com um índice de liquidez de vendas mais modesto. Por exemplo, uma empresa que conta com vendas anuais equivalentes a três vezes o valor do seu ativo pode ter uma margem de lucro menor e, contudo, ganhar muito mais dinheiro do que outra empresa que precisa aplicar um dólar dos seus ativos para obter cada dólar das suas vendas anuais. Todavia, enquanto o retorno sobre o investimento deve ser considerado sob o ponto de vista da *lucratividade*, bem como a margem de lucro sobre as vendas do ponto de vista da *segurança de investimento*, toda a ênfase está na margem de lucro sobre as vendas. Dessa forma, se duas empresas tivessem de vivenciar um aumento de 2% nos custos operacionais e não pudessem aumentar os preços, aquela com uma margem de lucro de 1% estaria caminhando para o prejuízo e poderia ser excluída, ao passo que, se a outra tivesse uma margem de 10%, os custos aumentados excluiriam somente um quinto dos seus lucros.

Há uma questão final que devemos ter em mente com o objetivo de posicionar essa dimensão do investimento conservador numa perspectiva adequada: no mundo dos negócios altamente instável e competitivo dos dias de hoje, obter margens de lucro bem acima da média ou um alto retorno sobre os ativos passa a ser algo tão desejável que, sempre que uma empresa atingir esse objetivo por um período significativo, ela deverá se preparar para enfrentar uma série de concorrentes em potencial. Se estes realmente penetrarem no seu campo de atuação, eles passarão a interferir nos mercados que a empresa em questão possui. Normalmente, quando a competição potencial se transforma em concorrência real, a luta pelas vendas provoca uma maior ou menor redução na elevada margem de lucro que existia. As elevadas margens de lucro podem ser comparadas a um pote de mel aberto de propriedade da companhia numa fase próspera. O mel inevitavelmente atrairá um enxame de insetos famintos prontos para devorá-lo.

No mundo dos negócios há duas maneiras pelas quais uma empresa pode impedir que o mel de seu pote seja consumido pelos insetos da concorrência. Uma delas é pelo monopólio, que é geralmente considerado ilegal a não ser que seja protegido por uma patente industrial. Em qualquer hipótese, os monopólios frequentemente acabam de forma repentina e não se caracterizam como o tipo de veículo de investimento mais seguro. A outra maneira para que o pote de mel da companhia fique livre dos insetos é operar de modo bem mais eficiente com relação aos demais, para que não haja nenhum incentivo para a concorrência potencial tomar qualquer medida que possa abalar a situação vigente.

Agora, devemos conduzir nossa discussão sobre a lucratividade relativa para o âmago da terceira dimensão do investimento conservador – a saber, as características específicas que possibilitam a certas empresas bem administradas manter margens de lucro acima da média por um período mais ou menos indefinido. Possivelmente, a característica mais comum é o que os executivos chamam de "economias de escala". Eis um simples exemplo de economia de escala: uma empresa bem administrada que produz um milhão de unidades por mês frequentemente terá um custo de produção mais baixo para cada unidade, comparada a uma companhia que produz apenas cem mil unidades no mesmo período. A diferença entre o custo por unidade dessas duas empresas, uma delas dez vezes maior do que a outra, pode variar consideravelmente de uma linha de negócios para a outra. Em algumas, pode não haver quase nenhuma diferença. Além disso, não devemos nos esquecer de que em qualquer setor industrial a empresa de maior porte terá uma vantagem máxima apenas se for extremamente bem administrada. Quanto maior é a empresa, mais difícil passa a ser administrá-la com eficiência. Com muita frequência, as vantagens inerentes da escala são inteiramente equilibradas ou até, ouso dizer, desequilibradas pelas ineficiências produzidas pelo excesso de camadas burocráticas da gestão intermediária, por atrasos consequentes na tomada de decisões e, às vezes, pela inabilidade de altos executivos, nessas grandes empresas, de saber tomar medidas corretivas imediatas em várias subdivisões dos seus amplos complexos administrativos.

Por outro lado, quando uma empresa se torna abertamente a líder em sua área de atuação, não apenas em volume monetário, mas também em lucratividade, ela raramente perde tal posição enquanto a direção administrativa estiver trabalhando com extrema competência. Conforme discutido ao examinarmos a segunda dimensão de um investimento conservador, a administração deve reter a habilidade para modificar maneiras corporativas de corresponder ao ambiente externo, sempre em transformação. Há uma corrente no pensamento financeiro que defende a aquisição de ações de empresas classificadas em segundo ou terceiro lugar, em determinada área de atuação, afirmando que "essas companhias podem subir para o primeiro lugar, enquanto a líder no mercado já se encontra nessa posição e pode perdê-la". Há alguns setores industriais em que a maior empresa não possui uma posição de liderança evidente; entretanto, quando essa liderança é absolutamente identificável, devo dizer que discordamos enfaticamente desse ponto de vista. Temos observado que, em muitos anos de tentativas, a Westinghouse não ultrapassou a General Electric, a Montgomery Ward não superou a Sears, e – uma vez que a IBM estabeleceu o domínio precoce nas suas áreas do mercado de computação – até mesmo os esforços extremos de algumas das maiores empresas dos Estados Unidos, incluindo a General Electric, não tiveram êxito em desbancar a IBM da sua participação massiva no mercado. Nem mesmo os resultados apresentados por fornecedores menores e com preços reduzidos de equipamentos periféricos têm sido capazes de descaracterizar a IBM como a principal e mais lucrativa operadora naquela fase da indústria da computação.

O que possibilitaria a uma companhia obter essa vantagem de escala em primeiro lugar? Geralmente, chegar em primeiro lugar com um novo produto ou serviço que corresponda a uma demanda válida, dando uma sustentação sólida com um bom trabalho de marketing, de assistência, de aperfeiçoamento do produto e, às vezes, de propaganda, mantendo seus clientes satisfeitos e fiéis à companhia. Esse quadro normalmente estabelece um ambiente no qual novos clientes acabam se voltando para a empresa líder, em grande parte, porque ela solidificou essa reputação de desempenho (ou essa virtude), o que justifica a escolha da empresa pelo comprador. Nos dias áureos em que outras empresas tentaram penetrar no mercado de computação da IBM, não se sabe quantos funcionários de companhias que planejavam utilizar um computador pela primeira vez recomendaram a IBM, em vez de outro concorrente menor, cujo equipamento eles pessoalmente achavam melhor e mais barato. Nesses casos, a razão primária era provavelmente um sentimento de que, mais tarde, o equipamento poderia apresentar falhas no seu desempenho e aqueles que haviam recomendado a empresa líder não seriam responsabilizados, enquanto incorreriam num grande risco caso recomendassem as empresas de reputação modesta.

Segundo um ditado na indústria farmacêutica, quando um medicamento novo é criado, a empresa que o apresenta em primeiro lugar adquire 60% do mercado, auferindo, assim, de longe, a maior parcela dos lucros. A próxima empresa a apresentar uma versão concorrente do mesmo produto absorve cerca de 25% do mercado e obtém lucros moderados. As três empresas seguintes que surgem dividem, talvez, de 10% a 15% do mercado e auferem lucros pequenos. Quaisquer outros concorrentes geralmente ficam numa posição de grande desvantagem. Uma tendência no sentido de substituir marcas comerciais por genéricos pode ou não influenciar esses dados e, em qualquer hipótese, não se pode dizer que há uma fórmula exata aplicável a outros setores industriais; não obstante, o conceito por trás desses setores deve ser levado em consideração quando um investidor passa a avaliar quais companhias contam com uma vantagem natural sobre a lucratividade e quais não contam.

Custos de produção mais baixos e maior habilidade para atrair novos clientes em razão de um nome comercial reconhecido não são as únicas maneiras pelas quais a escala pode consistentemente proporcionar à empresa força competitiva. A análise de alguns dos fatores por trás da força de investimento da divisão de produção de sopas da Campbell Soup Company é elucidativa. Em primeiro lugar, sendo uma das maiores fabricantes de sopa enlatada norte-americana, essa empresa pode reduzir os custos totais por meio da integração regressiva, algo que as empresas menores não podem fazer. Fazer muitos dos seus próprios produtos atender exatamente às suas próprias necessidades constitui um dos exemplos. Ainda mais importante, a Campbell conta com um número de negócios suficiente, permitindo-lhe espalhar unidades de produção em pontos estratégicos por todos os Estados Unidos, o que lhe proporciona uma dupla vantagem: os gastos com transporte são menores tanto para o produtor que entrega a matéria-prima para o fabricante, como para o fabricante que entrega os produtos para os supermercados. Como sopa enlatada é um produto pesado, embora de baixo valor unitário, os custos com frete são significativos. Esse fato coloca a pequena empresa responsável pelo processo de embalagem de enlatados, com apenas uma ou duas fábricas, em grande desvantagem ao tentar competir no mercado nacional. Ainda, e provavelmente a questão mais importante de todas, o fato de os produtos Campbell serem reconhecidos e procurados pelo consumidor faz os varejistas automaticamente lhes reservar um espaço maior e mais proeminente nas suas prateleiras. Por outro lado, eles geralmente relutam em fazer o mesmo em benefício de concorrentes menos conhecidos. Esse espaço de destaque nas prateleiras dos supermercados ajuda a vender o produto e ainda constitui mais um fator que tende a manter a companhia em primeiro lugar e é extremamente desestimulante para os concorrentes em potencial. Outro fator desestimulante para eles é o orçamento de publicidade convencional da Campbell, que acrescenta bem menos ao custo por unidade de produto vendido do que custaria a um concorrente com uma produção bem menor.

Por razões como essas, tal empresa em especial possui forças impulsionadoras que tendem a proteger as margens de lucro. Entretanto, para apresentar um quadro completo, devemos observar algumas influências que atuam na direção contrária. Quando os próprios gastos da companhia Campbell aumentam, o que ocorre subitamente num período inflacionário, os preços ao consumidor não podem ser aumentados mais do que a média de outros produtos alimentícios, ou haveria uma alteração na demanda do consumo. Ainda mais importante, a Campbell tem um concorrente principal com o qual a maioria das empresas não precisa disputar e que, como os custos de produção em elevação provocam preços mais altos para o consumidor, pode interferir de maneira significativa no mercado da empresa. É a dona de casa americana que luta para manter o orçamento doméstico, preparando a própria sopa em sua cozinha. Esse fator é mencionado simplesmente para mostrar que, até mesmo quando a economia de escala permite grandes vantagens competitivas e uma companhia é bem administrada, essas características tão importantes não asseguram, por si, uma lucratividade extrema.

A economia de escala não é o único fator de investimento que tende a perpetuar uma lucratividade maior e um apelo de investimento de algumas empresas com relação às demais. Outro fator que acreditamos ter um interesse especial é a dificuldade de competir com um produtor altamente bem-sucedido e estabelecido numa área tecnológica na qual a tecnologia não depende de uma disciplina específica, mas da aplicação de duas, ou melhor, várias disciplinas distintas. Para esclarecer melhor esse ponto de vista, suponhamos que alguém desenvolva um produto eletrônico que crie perspectivas para abrir novos e promissores mercados nas áreas de computação ou de instrumentos. Há um número suficiente de companhias altamente competentes em ambas as áreas que contam com especialistas internos capazes de copiar tanto o hardware eletrônico quanto a programação do software que esses produtos exigem, de modo que, se o novo mercado se mostrar suficientemente amplo, uma concorrência considerável logo pode fazer os lucros da companhia inovadora de menor porte se tornar bastante tênues. Em áreas como essas, a empresa de sucesso conta com uma grande vantagem implícita. Muitas dessas linhas não podem ser vendidas, a menos que uma rede de serviços de assistência técnica seja disponibilizada para realizar reparos nas dependências dos clientes. A empresa bem estabelecida geralmente já conta com essa infraestrutura. É extremamente difícil e dispendioso para uma empresa nova e pequena que lança um novo produto estabelecer essa rede. Pode ser ainda mais difícil para a nova companhia convencer um consumidor potencial de que ela conta com um poder de permanência financeira não apenas para possuir uma rede de serviços no ato da venda, mas também para mantê-la no futuro.

Todas essas influências causavam dificuldades, no passado, para que uma companhia novata, que apresentasse um produto promissor, estabelecesse uma liderança real na maioria das subdivisões da indústria eletrônica, muito embora algumas empresas tenham tido sucesso nesse aspecto. Essa dificuldade, todavia, tem uma grande probabilidade de continuar no futuro. Isso se deve ao fato de os semicondutores estarem representando um percentual cada vez maior tanto do conteúdo total como do *know-how* técnico total de um número cada vez maior de produtos. As empresas de liderança que fabricam esses materiais contam ainda, no presente, com pelo menos tanto conhecimento interno como as empresas de computação e de instrumentos, caso elas pretendam competir no mercado em muitas áreas de produtos novos, basicamente eletrônicos. Um exemplo típico é o grande sucesso da Texas Instruments na área de esplendoroso crescimento das calculadoras manuais e as dificuldades de alguns dos pioneiros nesse campo.

Entretanto, devemos observar como o equilíbrio se modificaria se, em vez de apenas uma tecnologia baseada em hardware e software eletrônicos, a produção do produto exigisse que essas habilidades fossem combinadas com outras habilidades diferentes tais como a nucleônica ou alguma outra área altamente especializada da química. As grandes indústrias eletrônicas simplesmente não contam com a habilidade interna para penetrar nessas tecnologias interdisciplinares. Isso oferece, aos inovadores mais bem administrados, uma oportunidade bem maior de se estruturarem dentro de um modelo de liderança com uma linha de produto específica que carrega uma ampla margem de lucro que tende a continuar desde que a competência administrativa não esmoreça. Acredito que algumas dessas companhias tecnológicas multidisciplinares, nas quais nem sempre a eletrônica constitui um fator significativo, têm se mostrado recentemente como algumas das melhores oportunidades para um investimento verdadeiramente prudente. Devo dizer que outras oportunidades como essas devem ocorrer no futuro. Dessa forma, por exemplo, acredito que em algum momento no futuro novas empresas de liderança surgirão por meio de produtos ou processos que utilizem algumas dessas outras disciplinas combinadas com a biologia, embora até agora eu não tenha visto nenhuma companhia nessa área que possa ser qualificada. Isso não significa que elas não existam.

O desenvolvimento tecnológico e a economia de escala não constituem os únicos aspectos das atividades de uma companhia em que circunstâncias incomuns podem criar oportunidades para altas e sustentáveis margens de lucro. Em determinadas circunstâncias, elas podem ainda surgir na área de marketing ou de vendas. Um exemplo disso é uma empresa que cria nos seus clientes o hábito de quase que automaticamente especificar a renovação do pedido dos seus produtos, como uma maneira de mantê-los e tornar mais difícil a perda desses mesmos clientes para os concorrentes. Dois conjuntos de condições são necessários para que isso aconteça. Primeiro, a empresa deve construir uma reputação de qualidade e confiabilidade para determinado produto (a) que o cliente reconheça ser muito importante para a administração adequada das suas atividades; (b) diante de uma situação em que um produto inferior ou de mau funcionamento cause problemas sérios; (c) num contexto em que nenhum concorrente supra mais do que uma parcela mínima do segmento de mercado, de modo que a companhia dominante seja quase um sinônimo no inconsciente popular de uma fonte principal de fornecimento; e ainda (d) que o custo do produto represente apenas uma pequena parcela dos gastos operacionais totais do cliente. Dessa forma, reduções moderadas de preços proporcionam apenas economias muito pequenas se comparadas ao risco de aventurar-se com um fornecedor desconhecido.

Entretanto, até mesmo esses aspectos não bastam para assegurar que uma empresa bem-afortunada o suficiente possa se colocar nessa posição e seja capaz de gozar de margens de lucro acima da média, ano após ano. Em segundo lugar, a empresa deve vender seu produto a muitos clientes pequenos, em vez de optar por alguns poucos clientes de grande porte. Esses clientes devem ser suficientemente especializados, pela sua própria natureza, para que se torne improvável que um concorrente potencial venha a achar que eles podem ser conquistados por meio de veículos de publicidade, tais como as revistas ou a TV. Eles constituem um mercado no qual, desde que a empresa dominante mantenha a qualidade de seu produto e a adequação de seus serviços, somente perderá sua posição pela venda direta. Ademais, a extensão dos pedidos individuais do cliente torna esse tipo de negociação totalmente antieconômico! Uma companhia que possui todas essas vantagens pode, por meio do marketing, manter uma margem de lucro acima da média quase que indefinidamente, a menos que uma mudança relevante na tecnologia (ou, como já mencionado, um deslize na sua própria eficiência) altere sua situação. Empresas desse tipo podem ser encontradas frequentemente no campo de fornecimento de alta tecnologia. Uma das suas características é manter sua imagem de liderança ministrando seminários técnicos regulares sobre a utilização do seu produto, uma ferramenta de marketing que se mostra bastante efetiva uma vez que uma companhia assume essa posição.

Devemos observar que a margem de lucro "acima da média" ou "maior do que o retorno normal" sobre o investimento ("ROI") não precisa ser – na verdade, não deve ser – muitas vezes maior do que aquela auferida pela indústria em geral para proporcionar às ações de uma companhia um grande apelo de investimento. De fato, se o lucro ou o retorno sobre o investimento for muito excessivo, isso pode representar um sinal de perigo, já que o estímulo acaba sendo quase irresistível para todos os tipos de empresas que acabam entrando na competição para poder usufruir essas vantagens. Por outro lado, uma margem de lucro consistente na faixa de 2% ou 3% sobre as vendas, acima daquela do seu melhor concorrente, já garante um investimento satisfatório.

Resumindo a questão da terceira dimensão de um investimento realmente conservador: é necessário não somente contar com a qualidade do pessoal, discutida na segunda dimensão, mas também fazer esse pessoal, ou seus predecessores, direcionar a companhia para áreas de atividade em que haja razões inerentes, dentro da economia de um negócio específico, para que a lucratividade acima da média não seja apenas uma situação de curto prazo. De modo mais simplificado, a questão a ser formulada sobre esta terceira dimensão é: "O que uma empresa específica pode fazer que as outras não podem?" Se a resposta for "Quase nada", de modo que, quando o negócio prosperar, outras empresas poderão entrar na corrida e compartilhar, em termos iguais, a prosperidade da empresa em questão, pode-se concluir que, embora as ações da companhia estejam baratas, o investimento não se qualifica segundo os requisitos desta terceira dimensão.

A quarta dimensão
O PREÇO DE UM INVESTIMENTO CONSERVADOR

A quarta dimensão de qualquer investimento em ações envolve o índice preço/lucro – quer dizer, o preço corrente dividido pelo lucro por ação. Na tentativa de verificar se o índice se encontra alinhado com uma avaliação adequada para aquela ação específica, começam a surgir os problemas. A maioria dos investidores, incluindo muitos profissionais que deveriam ter um conhecimento melhor sobre o assunto, acaba se confundindo sobre essa questão porque não tem um entendimento claro sobre o que faz o preço de determinada ação subir ou cair de forma significativa. Esse mal-entendido tem causado prejuízos de bilhões de dólares aos investidores que descobrem, posteriormente, que possuem ações que foram compradas por preços que eles nunca deveriam ter pagado.

Ainda mais dinheiro tem sido perdido quando os investidores vendem, no momento errado, e por motivos equivocados, ações que deveriam ser mantidas e teriam se mostrado extremamente lucrativas como investimentos em longo prazo. Outra consequência é aquela que, quando reincide, compromete de forma grave a habilidade de corporações merecedoras de obter financiamento adequado, resultando em um padrão de vida inferior para todos. Todas as vezes que ações individuais caem bruscamente, outro grupo de investidores culpa o sistema em vez de assumir os próprios erros ou de responsabilizar os consultores. Eles concluem que ações do mercado de qualquer espécie não são indicadas para suas economias.

O outro lado da moeda é que há muitos outros investidores que têm prosperado significativamente ao longo dos anos, mantendo as ações adequadas por períodos consideráveis. O sucesso deles pode ser atribuído ao entendimento de regras básicas de investimento; ou, ainda, à pura sorte, nua e crua. Entretanto, o denominador comum desse sucesso tem sido a recusa em vender determinadas ações, raras e de alta qualidade, só porque elas apresentaram uma alta expressiva que faz seu índice preço/lucro repentinamente parecer alto em relação àquele com a qual a comunidade de investimentos está acostumada.

Pela importância de todos esses aspectos, surpreende que tão poucos tenham enxergado além da aparência para entender exatamente o que provoca essas variações bruscas nos preços. No entanto, a lei que as rege pode ser resumida de uma maneira relativamente simples: *Toda alteração de preços significativa, de quaisquer ações individuais, com relação ao mercado como um todo ocorre por causa de uma alteração da avaliação dessas ações pela comunidade financeira.*

Vejamos como isso funciona na prática. Há dois anos, a companhia G era considerada uma empresa relativamente comum. Ela havia obtido US$ 1,00 por ação e estava vendendo por dez vezes o valor dos seus ganhos, ou seja, US$ 10,00. Nesses dois anos, a maioria das empresas do seu setor industrial vinha apresentando uma tendência de lucro decrescente. Em contrapartida, uma série de novos e brilhantes produtos, e melhores margens de lucro em relação a produtos antigos, possibilitou que a companhia G reportasse US$ 1,40 por ação no ano passado e US$ 1,82 neste ano, com perspectivas de ganhos adicionais ao longo dos próximos anos. Obviamente, as ações dentro da companhia que produziram o contraste brusco entre os resultados recentes da empresa e aqueles encontrados na indústria não poderiam ter começado há apenas dois anos, e sim já deveriam estar ocorrendo há algum tempo; caso contrário, as economias em operação e os novos e inovadores produtos não existiriam. No entanto, o reconhecimento ou a avaliação tardia da situação privilegiada da companhia G, no que diz respeito às questões abordadas em nossas discussões das três primeiras dimensões, fez agora com que o índice preço/lucro subisse para 22. Quando comparada com outras ações que demonstram características comerciais similares acima da média e perspectivas de crescimento comparáveis, essa proporção de 22 não parece ser absolutamente alta. Como 22 vezes US$ 1,82 é US$ 40,00, eis uma ação que legitimamente subiu 400% em dois anos. Não menos importante, um desempenho como esse apresentado pela empresa G é, com frequência, a indicação de uma equipe de gestão administrativa funcionando e capaz de um crescimento contínuo por muitos anos à nossa frente. Esse crescimento, mesmo dentro de uma média mais modesta, digamos, 15% na próxima década, ou nos próximos vinte anos, poderia facilmente resultar em lucros que alcançariam a casa dos milhares, em vez das centenas percentuais esperadas.

A questão da "avaliação" é o âmago do entendimento dos caprichos aparentes do índice preço/lucro. Nunca devemos nos esquecer de que uma avaliação é sempre uma questão subjetiva. Ela não tem necessariamente nada a ver com o que nos acontece no mundo real. Em vez disso, ela resulta daquilo que a pessoa que realiza a avaliação acredita estar acontecendo, não importa o quão distante dos fatos reais esse julgamento possa estar. Em outras palavras, nenhuma ação individual do mercado sobe ou cai, em nenhum momento específico no tempo, em razão do que verdadeiramente acontece ou acontecerá àquela companhia. As ações sobem ou caem de acordo com o consenso atual da comunidade financeira, quanto ao que está acontecendo e acontecerá, sem levar em conta o quão distante esse consenso possa estar com relação ao que acontece no presente e pode advir no futuro.

Nesse momento, muitos indivíduos pragmáticos simplesmente entregam os pontos, descrentes. Se as grandes alterações de preços que ocorrem com as ações individuais de mercado devem-se apenas às mudanças nas avaliações realizadas pela comunidade financeira; e com essas avaliações, às vezes, em completo desacordo com o que acontece no mundo real dos negócios de uma empresa, qual seria o significado das outras três dimensões? Por que nos preocuparmos então com a eficácia da gestão administrativa, com a tecnologia científica ou, enfim, com a contabilidade? Por que não dependermos apenas de psicólogos?

A resposta envolve *timing*. Em razão de uma avaliação da comunidade financeira que está em desacordo com os fatos, algumas ações do mercado podem ser vendidas, durante um período considerável, por muito mais ou muito menos do seu valor intrínseco. Além disso, muitos segmentos da comunidade financeira cultivam o hábito de praticar o lema "siga o líder", especialmente quando esse líder é um dos maiores bancos da cidade de Nova York. Isso significa, às vezes, que quando uma avaliação pouco realista das ações faz com que elas sejam vendidas por um valor privilegiado, além do valor que um reconhecimento justo dos fatos justificaria, elas podem permanecer nesse nível elevado de preços por um longo período. Na verdade, elas podem subir ainda mais.

Essa grande variação entre a avaliação da comunidade financeira das ações e o verdadeiro conjunto de condições que as afetam pode durar muitos anos.

Entretanto, sempre, às vezes em poucos meses, às vezes depois de um período mais longo, a bolha acaba estourando. Quando algumas ações são vendidas por um preço alto demais em razão de expectativas irreais, cedo ou tarde um número crescente de acionistas se cansa de esperar. A sua venda logo passa a exaurir o poder de compra do pequeno número de compradores adicionais que ainda acredita na velha avaliação. As ações, portanto, passam a cair. Às vezes, a nova avaliação que se segue é bastante realista. Frequentemente, todavia, enquanto esse reexame evolui em torno da pressão emocional dos preços em baixa, a negativa é superenfatizada, resultando numa nova avaliação da comunidade financeira que é significativamente menos favorável do que garantem os fatos e deverá, por sua vez, prevalecer por algum tempo. No entanto, quando isso acontece, observa-se a mesma coisa de quando a avaliação é favorável demais. A única diferença é que o processo é inverso. Pode levar meses, ou até mesmo anos, para uma imagem mais favorável suplantar a imagem existente. Não obstante, enquanto os lucros voltam a crescer, cedo ou tarde isso acaba ocorrendo.

Os proprietários de ações bem-afortunados – aqueles que não vendem as ações logo que elas começam a subir – se beneficiam, dessa forma, do fenômeno que proporciona a maior compensação com relação ao risco envolvido que o mercado de ações pode produzir. Esse fenômeno é o aumento substancial no preço que resulta do efeito combinado da súbita melhoria do lucro por ação individual e do considerável aumento simultâneo no índice preço/lucro. Quando a comunidade financeira descobre que as bases da companhia (agora sua nova imagem) contam com muito mais investimentos válidos do que se acreditava quando a imagem ultrapassada vigorava, o aumento resultante sobre o índice preço/lucro é normalmente um fator ainda mais importante com relação ao alto valor das ações do que o aumento do lucro por ação que o acompanha. Isso é precisamente o que acontece com a companhia G, citada em nosso exemplo.

Encontramo-nos agora na posição de obter uma perspectiva real sobre o grau de conservadorismo – ou seja, uma perspectiva do risco básico de qualquer investimento. No nível mais baixo da escala de riscos e o mais adequado para um investimento sensato, encontra-se a companhia que é mais bem conceituada com relação às três primeiras dimensões, mas, no presente momento, é considerada menos adequada pela comunidade financeira e, portanto, conta com um índice preço/lucro menor com relação à garantia desses fatos fundamentais. Menos arriscada, e normalmente mais adequada a um investimento inteligente, encontra-se a empresa que é bem conceituada com relação às três primeiras dimensões e conta com uma imagem e, portanto, um índice preço/lucro razoavelmente alinhado com esses fundamentos. Tal empresa tem grandes perspectivas de crescimento se de fato reunir esses atributos. Ainda menos arriscada e, na minha opinião, geralmente indicada para a retenção de investidores conservadores que queiram possuir ações, mas não com o objetivo de venda imediata mediante novos fundos, encontram-se as empresas que são igualmente fortalecidas com relação às três primeiras dimensões, mas, pelo fato de essas qualidades terem se tornado quase que legendárias diante da comunidade financeira, contam com uma avaliação ou índice preço/lucro maior do que se pode garantir até mesmo pelas bases mais sólidas.

A meu ver, há razões importantes pelas quais essas ações geralmente devem ser mantidas, mesmo que o preço delas possa estar bastante alto: se suas bases forem de fato sólidas, essas empresas, com o tempo, aumentarão os lucros não apenas de forma suficiente para justificar o preço atual, mas para justificar preços consideravelmente mais altos. Ao mesmo tempo, o número de empresas verdadeiramente atraentes com relação às três primeiras dimensões é relativamente pequeno. Não é comum encontrarmos empresas cotadas abaixo do nível real. O risco de cometer um erro e adquirir ações de uma empresa que parece satisfazer todas as condições das três dimensões, mas na verdade não satisfaz, é provavelmente maior para o investidor médio do que o risco temporário de permanecer numa situação confortável e momentaneamente supervalorizada, até que o valor real se alinhe com os preços correntes. Os investidores que concordam comigo nessa questão em especial devem estar preparados para contrações bruscas e ocasionais no valor de mercado dessas ações temporariamente supervalorizadas. Por outro lado, vale observar que aqueles que vendem essas ações para esperar um momento mais adequado para voltar a adquiri-las raramente atingem seu objetivo. Em geral, eles esperam uma queda maior dessas ações do que na realidade acontece. O resultado é que, alguns anos mais tarde, quando essas ações fundamentalmente mais sólidas tiverem alcançado picos de valor substancialmente mais altos em comparação ao momento em que foram vendidas, elas terão perdido sua movimentação e poderão estar numa situação de considerável inferioridade em sua qualidade intrínseca.

Continuando com nossa escala de riscos ascendentes, passemos agora às ações que se encontram na média ou relativamente abaixo na classificação relativa às três primeiras dimensões, além de contarem com uma avaliação, na comunidade financeira, ainda menor ou alinhada com esses fundamentos pouco atraentes. Essas ações com avaliação inferior às garantias básicas podem constituir boas especulações, mas não são indicadas para o investidor prudente. No mundo atual, sempre em rápida transformação, há um grande risco de que situações adversas possam afetar severamente essas ações.

Finalmente, chegamos ao que, de longe, é o grupo mais perigoso de todos: empresas com uma imagem ou avaliação, em determinado momento, por parte da comunidade financeira, bem acima do que é normalmente justificado pela situação imediata. A compra dessas ações pode causar graves perdas que tendem a afastar, de forma massiva, os investidores do mercado de ações e ameaçam abalar a indústria de investimentos nas suas bases. Se alguém desejar realizar um estudo individual de cada caso sobre o contraste entre as avaliações da comunidade financeira que prevaleceram em algum momento sobre algumas empresas promissoras e as condições fundamentais que subsequentemente foram elucidadas, ele poderá encontrar material em abundância numa biblioteca de administração, ou nos arquivos dos estabelecimentos de Wall Street. É alarmante quando temos acesso a algumas justificativas fornecidas nos relatórios de corretagem, recomendando a compra dessas ações, e depois comparamos o quadro descrito nesses documentos com o que realmente estava para acontecer. Na lista fragmentária dessas companhias podemos incluir como exemplo: a Memorex, alta de $173\frac{7}{8}$; a Ampex, alta de $49\frac{7}{8}$; a Levitz Furniture, alta de $60\frac{1}{2}$; a Mohawk Data Sciences, alta de 111; a Litton Industries, alta de $101\frac{3}{4}$; e a Kalvar, alta de $176\frac{1}{2}$.

Essa lista continua indefinidamente. Entretanto, outros exemplos seriam úteis apenas para reiterar o mesmo ponto de vista. Assim como percebemos a importância de avaliar a diferença existente entre uma estimativa contemporânea da comunidade financeira sobre determinada companhia e seus aspectos fundamentais, pode ser produtivo gastar um pouco de nosso tempo examinando as características dessas avaliações feitas pela comunidade financeira. Em primeiro lugar, entretanto, é aconselhável fugirmos do risco de uma interpretação equivocada, evitando a confusão semântica e definindo duas das palavras encontradas em nossa afirmação original da regra que rege todas as principais transformações nos preços das ações do mercado: *Toda alteração de preços significativa, de quaisquer ações individuais, com relação ao mercado como um todo ocorre por causa de uma alteração da avaliação dessas ações pela comunidade financeira.*

A expressão "alteração de preços *significativa*" é utilizada em vez de simplesmente "alteração de preços". Isso se justifica para excluir a variação mínima que ocorre se, por exemplo, um espólio conta com vinte mil participações em ações que um corretor desatencioso logo joga no mercado, resultando na queda dessas ações em um ou dois pontos, seguida normalmente por sua recuperação quando termina a liquidação dos bens. De maneira semelhante, às vezes, uma instituição determina que para entrar numa situação nova ela deve comprar um número mínimo de ações. O resultado costuma ser uma vantagem momentânea que termina na realização desse tipo de aquisição. Esses movimentos do mercado, na ausência de uma avaliação genuinamente modificada da companhia pela comunidade financeira como um todo, não têm efeitos relevantes ou de longo prazo sobre o preço das ações. Geralmente essas pequenas variações nos preços desaparecem quando o processo de compra ou de venda se encerra.

O termo "comunidade financeira" foi utilizado para incluir todos aqueles considerados capazes e suficientemente interessados em comprar ou vender determinadas ações por um preço específico, tendo em mente que, no que se refere ao impacto sobre o preço, a importância de cada um desses compradores e vendedores em potencial é equilibrada pelo poder de compra e venda que cada um é capaz de exercer.

Mais sobre a quarta dimensão

Até este momento, nossa discussão sobre a avaliação da comunidade financeira quanto às ações pode ter causado a impressão de que essa avaliação não passa de uma análise desse tipo de patrimônio, considerado em si mesmo. Isso é uma simplificação exagerada dos fatos. Na verdade, tal análise sempre decorre da junção de três avaliações distintas: a avaliação corrente, realizada pela comunidade financeira, da atratividade das ações de mercado como um todo, do setor industrial do qual uma empresa específica faz parte e, finalmente, da companhia em si.

Vamos examinar, a princípio, a questão da avaliação do setor industrial. Todos sabem que, no decorrer de longos períodos, pode haver um declínio considerável no índice preço/lucro que a comunidade financeira chega a enfrentar para participar de um setor industrial específico, ao passar de um estágio precoce, quando grandes mercados podem ser previstos pela frente, até um período posterior em que, por sua vez, podem ser ameaçados por novas tecnologias. Dessa forma, nos primeiros anos da indústria eletrônica, as empresas que fabricavam tubos eletrônicos, naquela época uma peça fundamental para toda a área da eletrônica, vendiam por um índice preço/lucro bem alto. Depois disso, os índices preço/lucro sofreram uma significativa redução quando o desenvolvimento dos semicondutores rapidamente afunilou o mercado dos tubos eletrônicos. Os fabricantes de materiais de memória magnética recentemente tiveram o mesmo destino pela mesma razão. Tudo isso é óbvio e perfeitamente compreensível. O que não é tão óbvio ou plenamente justificável é o modo como a imagem de determinado setor industrial pode ascender ou decair no *status* da comunidade financeira, não por causa dessas poderosas influências, mas porque, em certo momento, a comunidade financeira enfatiza um conjunto específico de influências de determinado setor industrial em prejuízo de outro. Entretanto, os dois conjuntos de condições podem ter sido válidos por algum tempo e ambos podem dar alguma indicação de continuar a sê-lo no futuro.

A indústria química pode ser citada como exemplo. A partir do ápice da Grande Depressão até meados da década de 1950, as ações das maiores companhias de produtos químicos dos Estados Unidos eram vendidas por altos índices preço/lucro em comparação com outros tipos de ações. A ideia da comunidade financeira sobre essas empresas era descrita e propagada infinitamente como uma corrente sem fim. Numa das extremidades, estavam os cientistas criando componentes novos e inovadores em tubos de ensaio. Depois de passarem por fábricas misteriosas, esses materiais, difíceis de ser imitados, surgiram na outra extremidade como novos produtos fabulosos, tais como o náilon, o DDT, a borracha sintética, a tinta de secagem rápida e uma infinidade de outros materiais novos que pareciam certamente ser uma fonte duradoura e crescente de riqueza para seus afortunados produtores. Depois disso, com a chegada dos anos 1960, essa imagem mudou. A indústria química, para a comunidade financeira, veio lidar com o aço, o cimento e o papel, colocando-os na posição de commodities de destaque, com base em especificações técnicas, de modo que os produtos químicos da Jones eram mais ou menos idênticos aos produtos da Smith. As indústrias de capital intensivo geralmente sofrem uma pressão maior para operar com altos níveis de capacidade, com a finalidade de amortizar seus amplos investimentos fixos. O resultado é normalmente a competição intensa de preços e o afunilamento das margens de lucro. Essa imagem modificada fez com que as ações da maioria das empresas químicas fossem vendidas por índices preço/lucro significativamente menores com relação às outras ações como um todo, no período, digamos, de dez anos que acabou em 1972, comparadas aos índices do passado. Ainda que consideravelmente maiores do que em muitas outras indústrias, os índices preço/lucro do setor industrial começaram a se assemelhar aos das indústrias do aço, do papel e do cimento.

Agora, o que é surpreendente em tudo isso é observarmos que, diante de uma exceção importante como essa, não houve nada que se diferenciasse nas bases, nesse setor industrial dos anos 1960, em comparação com os trinta anos anteriores. É verdade que na segunda metade dos anos 1960 houve uma considerável abundância de capacidade em determinadas áreas, como a fabricação da maioria dos produtos têxteis sintéticos. Isso constituiu um fator de enfraquecimento temporário dos lucros de algumas companhias químicas de liderança, em especial a DuPont. No entanto, as características básicas da indústria não haviam, de maneira nenhuma, mudado o suficiente para corresponder a essa transformação bastante drástica no *status* do setor atribuído pela comunidade financeira. A fabricação de produtos químicos sempre tem sido de capital intensivo. A maioria dos produtos sempre foi vendida com base em especificações técnicas, de modo que a Jones raramente podia elevar os preços acima dos da Smith. Por outro lado, uma série de pesticidas novos e amplamente aprimorados, materiais de embalagem, produtos têxteis, medicamentos, além de outros produtos incontáveis, demonstraram que os anos 1960 e 1970 proporcionaram a esse setor industrial um mercado em frequente expansão. As oportunidades parecem quase ilimitadas para a capacidade do raciocínio humano de reagrupar moléculas, criando produtos não encontrados na natureza que contam com propriedades especiais para preencher melhor as necessidades do homem ou de forma menos dispendiosa com relação aos materiais naturais utilizados no passado.

Enfim, tanto no período de alta como no período mais recente de baixa avaliação das ações de indústrias químicas, outro fator tem permanecido quase que constante. Os produtos químicos mais antigos e de volume maior, representando de certo modo o "primeiro passo" do processamento de materiais confeccionados dessas fontes básicas moleculares, como o sal ou os hidrocarbonos, eram inevitavelmente produtos vendidos principalmente mediante especificações e em bases competitivas de preço. Não obstante, para a empresa atenta, sempre houve a oportunidade de processar esses primeiros produtos, transformando-os em outros mais complexos e mais caros – que, pelo menos por algum tempo, podiam ser vendidos com mais propriedade e, portanto, em bases menos competitivas. Quando esses produtos, por sua vez, se tornam competitivos, as companhias mais estratégicas descobrem outros ainda mais novos para acrescentar altas margens de lucro às linhas de produção.

Em outras palavras, todos os fatores favoráveis segundo a comunidade financeira quando as ações do setor químico eram as preferidas do mercado continuam presentes, mesmo depois de ele ter perdido parte considerável do seu *status*. Porém, os fatores desfavoráveis tão à frente nos anos 1960 também estavam presentes no período anterior quando eram amplamente ignorados. O que havia mudado era a ênfase e não os fatos.

Entretanto, os fatos também podem se modificar. A partir de meados de 1973, as ações da indústria química começaram a recuperar sua preferência pela comunidade financeira. Isso se atribuía ao fato de que uma nova perspectiva do setor começava a prevalecer. Na economia atormentada pela escassez que as principais nações industrializadas vêm experimentando pela primeira vez (exceto durante as principais guerras mundiais) nos tempos modernos, a capacidade de produção pode ser ampliada apenas gradualmente; portanto, pode levar anos até que a competição acirrada volte a acontecer. Essa imagem dá abertura para uma situação totalmente nova para o investidor nas ações do setor da indústria química. O problema para os investidores passa a ser, agora, determinar se os fatos anteriores garantem a nova imagem e, em caso positivo, saber se as ações do setor químico, com relação ao mercado como um todo, aumentaram mais ou menos do que a nova situação é capaz de assegurar.

A história financeira recente oferece incontáveis exemplos de mudanças bem maiores no índice preço/lucro que aconteceram em virtude de a avaliação da comunidade financeira do setor industrial ter se modificado radicalmente, ao passo que a indústria em si permaneceu quase que a mesma. Em 1969, as ações periféricas ligadas à computação eram as preferidas do mercado. Elas eram ligadas às empresas que fabricavam todo o equipamento especial que podia ser acrescentado à unidade de dados central, ou à matriz de um computador, para ampliar os benefícios ao usuário. Impressoras de alta velocidade, unidades de memória extra e o uso do teclado para eliminar a necessidade de operadores de sistemas de perfuração no armazenamento dos dados eram alguns dos produtos principais desse grupo. A imagem prevalecente, portanto, era de que essas companhias contavam com um futuro sem limites. Enquanto o próprio centro de dados, por si só, era amplamente desenvolvido, e seu mercado dominado por poucas empresas sólidas e bem estabelecidas, as pequenas empresas independentes poderiam competir com essas empresas maiores basicamente nessas áreas periféricas. Hoje em dia, há uma consciência nova sobre o estresse financeiro das pequenas empresas com produtos geralmente utilizados sob a forma de *leasing* e sobre as determinações dos principais fabricantes de computadores para lutar pelo mercado dos produtos ligados ao seu equipamento. Teriam as bases fundamentais se modificado ou foi a avaliação dessas bases que mudou?

Um caso extremo de avaliação modificada é o modo como a comunidade financeira olhava para as bases dos negócios em contratos de franquia e para as ações ligadas a esse mercado em 1969, em comparação ao ano de 1972. Mais uma vez, assim como aconteceu com as ações periféricas na indústria da computação, todos os problemas do setor estavam inerentemente presentes quando essas ações eram compradas, com base no índice preço/lucro, porém eram ignorados quando a imagem prevalecente era de um crescimento ininterrupto da companhia que apresentava uma prosperidade temporária.

Em toda essa questão sobre a imagem do setor industrial, o problema do investidor é sempre o mesmo. A avaliação corrente seria mais favorável, menos favorável ou mais ou menos igual àquela assegurada pelos principais fatos econômicos? Às vezes, essa pergunta pode caracterizar um problema considerável, até mesmo para os investidores mais bem preparados. Um exemplo disso aconteceu em dezembro de 1958, quando a Smith, Barney & Co., empresa formada tradicionalmente por banqueiros de investimentos conservadores, deu um passo pioneiro que se tornou rotina hoje, mas era bastante inusitado naquele tempo: eles fizeram uma oferta pública das suas ações de participação na A. C. Nielsen. Como tal empresa não possuía unidades de produção, nenhum produto tangível, não tinha bens a declarar. Em vez disso, encontrava-se no setor de "serviços empresariais", recebendo honorários para fornecer informações de pesquisa de mercado aos seus clientes. É verdade que em 1958 os bancos e as companhias de seguro já eram, havia muito tempo, conceituadas no mercado como indústrias merecedoras de investimentos conservadores. Entretanto, elas quase não passavam por critérios de comparação.

Como o valor contábil de um banco ou de uma companhia de seguros é em numerário efetivo, em investimentos líquidos ou em contas a receber, o investidor que comprava ações de um banco ou de uma companhia de seguros parecia ter valores substanciais com que contar que não existiam para esse novo tipo de empresa prestadora de serviços sendo apresentada ao público financeiro. Todavia, a investigação da situação da A. C. Nielsen revelou bases extraordinariamente sólidas. Havia uma direção honesta e competente, uma posição competitiva particularmente forte e boas perspectivas de crescimento por muitos anos à frente. Não obstante, até que a experiência mostrasse como a comunidade financeira reagiria a essa primeira exposição desse tipo de setor, haveria alguma hesitação para a compra dessas ações. Levaria anos para se chegar a uma avaliação realista da possibilidade de investimento nessas companhias até que se removesse o temor alimentado pela falta de informações.

Isso tudo pode parecer ridículo hoje, pois durante muitos anos uma companhia como a A. C. Nielsen usufruiu um índice preço/lucro que representava uma avaliação de investimento conceituada; no entanto, alguns de nós que decidiram arriscar diante das bases em fase de reconhecimento e compraram essas ações naquela época experimentaram uma sensação semelhante a pular de um penhasco, já que o conceito de uma empresa de serviços era recente demais em comparação aos conceitos com os quais estávamos acostumados.

Na verdade, em poucos anos o pêndulo se voltou para o outro lado. Conforme cresciam sem parar os lucros da A. C. Nielsen, surgiu um novo conceito em Wall Street. Inúmeras empresas, muitas delas bastante distintas em suas bases econômicas fundamentais, porém todas lidando com serviços em vez de produtos, foram reunidas em torno de uma imagem na comunidade financeira como partes de uma indústria de serviços bastante atraente. Algumas passaram a vender com índice preço/lucro mais alto do que na verdade mereciam. Como sempre, com o tempo, as bases fundamentais acabaram dominando, e essa imagem falsa que aglomerava empresas tão diferentes num só grupo foi se dissipando.

Esta questão não pode ser suficientemente exaltada: *O investidor conservador deve estar ciente da natureza da avaliação corrente da comunidade financeira de qualquer setor no qual esteja interessado.* Ele deve verificar sempre se essa avaliação é significativamente mais ou menos favorável do que as bases fundamentais lhe asseguram. Somente fazendo um julgamento adequado sobre tal questão ele poderá ter a certeza sobre uma das três variantes que regem as tendências em longo prazo dos preços de mercado das ações daquele setor.

Ainda mais sobre a quarta dimensão

A avaliação da comunidade financeira sobre as características próprias de uma companhia é um fator ainda mais importante no índice preço/lucro do que a avaliação do setor industrial no qual a empresa está envolvida. Os aspectos mais desejáveis de investimento das empresas foram definidos em nossa discussão das três primeiras dimensões do investimento conservador. Em geral, quanto mais próxima é a avaliação da comunidade financeira sobre determinadas ações em especial com relação a essas características, mais elevado é seu índice preço/lucro. A partir do momento em que a avaliação fica abaixo desses critérios, o índice preço/lucro tende a declinar. O investidor pode definir, de maneira mais adequada, quais ações são relevantemente depreciadas ou supervalorizadas por meio da determinação sagaz do grau pelo qual os fatos reais relacionados a qualquer empresa específica apresentam uma situação de investimento substancialmente melhor ou bem pior do que aquela retratada pela imagem financeira corrente da companhia em questão.

Ao verificar a atratividade relativa de algumas ações, os investidores normalmente se confundem na tentativa de proceder a uma abordagem matemática extremamente simples para esse problema. Suponhamos, por exemplo, que eles comparem duas empresas específicas, os lucros de cada uma delas e, depois de um estudo cauteloso, cheguem a perspectivas de crescimento numa taxa de 10% ao ano. Se uma dessas empresas estiver vendendo por dez vezes o valor de seu lucro e a outra por vinte vezes, as ações que são vendidas por dez vezes o valor dos lucros parecem ser mais baratas. Isso pode ou não ser verdadeiro. Pode haver uma série de razões para tanto. A empresa que vende aparentemente mais barato pode possuir uma capitalização tão alavancada (despesas com pagamento de juros e dividendos preferenciais que devem ser auferidos antes que qualquer coisa seja acrescentada para o acionista) que o risco de interrupção da taxa de crescimento esperada pode ser muito maior nas ações com índice preço/lucro mais baixo. De modo similar, por motivos meramente empresariais, enquanto a taxa de crescimento pode parecer uma estimativa mais provável para ambas as ações, a possibilidade de prejuízo inesperado dessas estimativas pode ser consideravelmente maior para uma das ações do que para a outra.

Outra maneira muito mais importante e bem menos compreendida de chegar a conclusões equivocadas é confiar demais em comparações simplórias dos índices preço/lucro de ações que parecem estar oferecendo oportunidades comparáveis de crescimento. Como ilustração, vamos imaginar dois tipos de ações que tenham perspectivas igualmente promissoras de dobrar seus lucros ao longo dos próximos quatro anos e estejam vendendo por vinte vezes o valor de seu lucro, enquanto no mesmo mercado empresas que são consideradas saudáveis, mas não contam com as mesmas perspectivas de crescimento, estejam vendendo por dez vezes o valor de seu lucro. Suponhamos que dez anos depois os índices preço/lucro como um todo estejam absolutamente inalterados, de modo que as ações normalmente sadias, mas sem perspectivas de crescimento, estejam ainda sendo vendidas por dez vezes o valor do seu lucro. Vamos supor também que nesse mesmo momento, quatro anos depois, uma de nossas ações exemplificadas conta com as mesmas perspectivas de crescimento para o futuro que contava quatro anos antes, de modo que a avaliação da comunidade financeira seja de que esse tipo de ação do mercado deve dobrar novamente seus lucros ao longo dos quatro anos seguintes. Isso quer dizer que essas ações ainda estariam sendo vendidas por vinte vezes o valor dobrado dos quatro anos anteriores, ou, em outras palavras, que elas teriam também dobrado seu valor naquele período. Por sua vez, nesse mesmo período, quatro anos depois de nosso exemplo ter ocorrido, o segundo grupo de ações também dobrou seus lucros, como era esperado, mas naquele exato momento a avaliação da comunidade financeira era a favor de lucros fixos em outra empresa, também considerada saudável, para os próximos quatro anos. Isso significa que os proprietários desse segundo grupo de ações podiam esperar uma decepção do mercado mesmo que os quatro anos de lucros dobrados tivessem sobrevivido como previsto. Com uma imagem de "nenhum crescimento nos lucros para os quatro anos seguintes", eles estariam prevendo um índice preço/lucro de apenas dez nesse segundo grupo de ações. Portanto, enquanto os lucros haviam dobrado, o valor das ações havia permanecido o mesmo. Tudo isso pode ser resumido numa regra de investimento básica: por quanto mais tempo no futuro os lucros crescerem, mais alto será o índice preço/lucro que o investidor terá de pagar.

Essa regra, entretanto, deve ser aplicada com muita cautela. Não se deve esquecer de que as variações reais no índice preço/lucro não resultarão do que efetivamente acontecerá, e sim do que a comunidade financeira acredita que acontecerá. Num período de otimismo geral no mercado, algumas ações podem ser vendidas por um índice preço/lucro extremamente alto porque a comunidade financeira antevê com precisão muitos anos de crescimento real pela frente. Entretanto, muitos anos terão de passar até que esse crescimento de fato aconteça. O grande crescimento que havia sido corretamente descontado no índice preço/lucro provavelmente não sofrerá esse "desconto" durante algum tempo, principalmente se a companhia vivenciar o tipo de retrocesso que é comum até mesmo às melhores empresas. Em fases de pessimismo geral no mercado, essa ausência de "desconto" de alguns dos melhores investimentos pode chegar a níveis extremos. Quando isso ocorre, possibilita ao investidor paciente, com a habilidade de distinguir entre a imagem corrente do mercado e a realidade, algumas das oportunidades mais atraentes que o mercado de ações pode oferecer para a obtenção de lucros consideráveis em longo prazo, com riscos relativamente pequenos.

Um exemplo típico de como os investidores sofisticados tentam antecipar a avaliação modificada da comunidade financeira de uma companhia aconteceu em 13 de março de 1974. No dia anterior, a Bolsa de Valores de Nova York fechava o preço das ações da Motorola por 48⅝. No dia 13 de março, a cotação de fechamento foi de 60, ou seja, uma valorização de quase 25%! O que aconteceu foi que depois do fechamento da bolsa no dia 12 foi feito um pronunciamento de que a Motorola estava saindo do mercado dos aparelhos de TV e estaria vendendo todas as suas unidades de produção desses aparelhos, bem como seus bens nos Estados Unidos, à empresa Matsushita, um grande fabricante japonês, por aproximadamente o mesmo valor contábil.

Hoje se sabe que o mercado de televisores da Motorola operava com um pequeno prejuízo e, de certo modo, drenava os lucros dos outros negócios restantes da companhia. Somente isso seria suficiente para que a notícia causasse o aumento no valor das ações, embora não chegasse ao índice de aumento que na verdade aconteceu. Uma justificativa consideravelmente mais complexa seria a motivação principal por trás da compra. Por algum tempo, um grupo relevante de investidores acreditou que as divisões lucrativas da Motorola – em particular a Divisão de Comunicações – transformaram essa companhia numa das poucas empresas de eletrônicos americanas dignas de ser qualificadas como donas de um *status* de investimento verdadeiramente sólido. Por exemplo, a Spencer Trask and Co. havia divulgado um relatório detalhado do analista financeiro Otis Bradley que discutia os méritos de investimento da Divisão de Comunicações da Motorola. Esse relatório utilizou uma forma pouco usual para calcular o índice preço/lucro corrente e estimado para o futuro: não considerou os lucros da Motorola como um todo, mas apenas dessa divisão. O relatório comparou o volume de vendas estimado e o índice preço/lucro dessa divisão apenas com os da Hewlett-Packard e da Perkin-Elmer, geralmente colocadas entre as melhores companhias eletrônicas do ponto de vista de investimento. A partir desse relatório podia se concluir facilmente que (e tal fato não foi especificado no documento) a qualidade de investimento da Divisão de Comunicações da Motorola era tão grande que o preço corrente das ações da companhia seria compensado por essa única divisão, de modo que um comprador dessas ações estaria adquirindo todas as outras divisões de graça.

Com essa opinião sobre a Motorola, vigente em alguns lugares altamente sofisticados, o que pode ter acontecido para ter induzido tantas aquisições de ações mediante a notícia da empresa Matsushita? Esses entusiastas da Motorola sabiam, havia muito tempo, que muitos elementos da comunidade financeira estavam inclinados a olhar para as ações com descontentamento, em razão da sua imagem de fabricante de televisores. A comunidade financeira, na sua maioria, ao ouvir o nome "Motorola", pensava primeiro em televisores e só depois em semicondutores. No momento do anúncio da companhia Matsushita, o guia de ações da Standard & Poor, num pequeno espaço dedicado a listar os principais negócios de cada companhia, descreveu a Motorola como uma empresa de "Semicondutores de Rádio & TV". Embora essa afirmação não fosse de todo imprecisa, ela sugeria um tipo de companhia diferente do que a Motorola era de fato e ignorava completamente a tão importante Divisão de Comunicações, que no momento compreendia quase metade da companhia.

Aqueles que compraram ações da Motorola com base na notícia da Matsushita sem dúvida se apressaram simplesmente porque se tratava de uma boa notícia e, portanto, eles podiam esperar um aumento no valor das ações. No entanto, há razões para atribuirmos esse aumento considerável na compra das ações à crença de que a avaliação da comunidade financeira sobre a companhia havia sido bem menos favorável do que os fatos asseguraram. O recorde histórico foi tão grande que as negociações voltadas para o mercado de televisores, no qual a Motorola era normalmente considerada "o cavalo azarão", superaram empresas líderes, como a Zenith. Com as operações relacionadas a televisores não mais distorcendo a visão dos investidores sobre outros investimentos, surgiu uma nova imagem com um índice preço/lucro bem mais elevado.

Será que aqueles que se apressaram, pagando altos preços pelas ações da Motorola, agiram de maneira sensata? Não totalmente. Nas semanas subsequentes, as ações perdiam o lucro imediato, de modo que certo grau de paciência se fazia necessário. Nos mercados em declínio, uma mudança para pior na imagem da comunidade financeira sobre determinada companhia é aceita muito mais rapidamente do que uma mudança para melhor. O contrário só é observado nos mercados em ascensão. Infelizmente, para aqueles que se apressaram em adquirir ações da Motorola baseados nessa notícia, as semanas que se seguiram presenciaram uma recuperação acentuada nas taxas de juros em curto prazo, o que produziu uma tendência de declínio no mercado em geral e acentuou a psicologia difundida do mercado em baixa, na ocasião, prevalecente.

Talvez houvesse outra influência atuando sobre aqueles que compraram ações da Motorola da noite para o dia. Essa influência é uma das mais súbitas e perigosas em toda a área de investimentos e aquela que até mesmo os investidores mais experientes devem manter em constante observação. Quando ações são vendidas dentro de determinada margem de preço, durante um longo período, digamos, de um valor mínimo de 38 até o máximo de 43, há uma tendência quase irresistível de atribuir um valor real para esse nível de preço. Consequentemente, depois disso, quando a comunidade financeira se acostuma com esse "valor" como sendo o valor real das ações, a avaliação é modificada e as ações caem, digamos, para 24, e todos os tipos de compradores que sabem disso correm para adquiri-las. Eles se precipitam, concluindo que as ações estão baratas. Entretanto, se as bases fundamentais da empresa forem ruins, até mesmo o índice de 24 pontos pode estar alto demais. Ao contrário, se essas ações subirem para, digamos, 50, 60 ou 70 pontos, o apelo para que elas sejam vendidas com a finalidade de obter lucro, agora que elas estão em "alta", acaba sendo irresistível para muitas pessoas. Ceder a esse apelo pode ser bastante dispendioso. Isso se deve ao fato de que os lucros efetivos do investimento em ações surgem da manutenção do grande número de ações que subiram muitas vezes do seu custo original. O único teste verdadeiro para sabermos se as ações estão "baratas" ou "caras" não é o seu preço corrente em relação ao seu preço anterior, não importa o quanto possamos ter nos acostumado a ele, e sim se as bases estruturais da companhia são significativamente mais ou menos favoráveis quanto à corrente avaliação da comunidade financeira sobre aquelas ações.

Conforme já mencionado, há um terceiro elemento de avaliação da comunidade de investimentos que também deve ser considerado, junto com a sua avaliação do setor industrial e de uma empresa em especial. Somente depois que os três elementos forem reunidos um julgamento válido pode ser alcançado sobre se algumas ações estão caras ou baratas em determinado período. Essa terceira avaliação é sobre o aspecto das ações em geral. Para podermos enxergar os efeitos extremos que essas avaliações gerais do mercado exercem em determinados períodos e o modo como essas perspectivas podem fugir aos fatos, seria conveniente rever as duas avaliações mais extremas e radicais do século XX. Por mais ridículo que possa parecer a nós hoje, no período entre 1927 e 1929, a maioria na comunidade financeira realmente acreditava que estávamos numa "nova era". Durante anos, os ganhos da maioria das empresas norte-americanas cresceram com uma regularidade monótona. Não somente os graves períodos de depressão nos negócios haviam se tornado coisa do passado como também um grande engenheiro e administrador, Herbert Hoover, havia sido eleito presidente. Esperava-se que sua competência assegurasse uma prosperidade ainda maior a partir daquele momento. Nessas circunstâncias parecia para muitas pessoas ter se tornado quase impossível perder no mercado de ações. Dessa forma, muitos que desejavam lucrar o máximo possível em cima de tal certeza compraram na margem, adquirindo até mesmo um número maior de ações do que podiam na verdade ter. Todos nós sabemos o que aconteceu quando a realidade jogou por terra essa avaliação específica. A agonia da Grande Depressão e do mercado em baixa, no período de 1929 até 1932, será lembrada por muito tempo.

Contrária à sua previsão, porém semelhante por estar totalmente enganada, estava a avaliação da comunidade de investimentos sobre as ações do mercado como um veículo de investimento nos três anos a partir de meados de 1946 até meados de 1949. A maioria dos lucros das empresas era extremamente satisfatória. Entretanto, segundo a avaliação corrente na época, as ações foram vendidas pelos índices preço/lucro mais baixos ao longo de muitos anos. A comunidade financeira afirmava que "esses lucros não significavam nada", que eles eram "apenas temporários e iriam encolher abruptamente ou desaparecer na depressão que deveria acontecer". A comunidade financeira lembrou que depois da Guerra Civil seguiu-se o pânico de 1873, que marcou o início de uma grave depressão que durou até 1879. Posteriormente à Primeira Guerra Mundial, houve a quebra ainda pior da Bolsa de Valores em 1929 e mais seis anos de grande depressão econômica. Como a Segunda Guerra Mundial envolvia maiores esforços e, portanto, provocava uma distorção ainda maior da economia em comparação ao que ocorreu no primeiro conflito, acreditava-se que um mercado em baixa ainda maior e uma depressão econômica muito pior estavam prestes a acontecer. Durante o tempo que essa avaliação sobreviveu, a maioria das ações era barganhada com tanta frequência que, finalmente, quando o sol voltou a brilhar na comunidade de investimentos demonstrando que essa imagem era falsa e que nenhuma depressão grave aconteceria, os alicerces estariam prontos para um dos períodos mais longos de valorização das ações da história norte-americana.

Como o mercado em baixa de 1972 a 1974 trouxe com ele a única vez no século XX em que a maioria dos índices preço/lucro eram tão baixos como no período de 1946 a 1949, a questão obviamente gira em torno da retidão da avaliação da comunidade financeira que trouxe isso à tona. Seriam os temores em torno desses índices preço/lucro historicamente baixos realmente justificáveis? Poderia ser esse um novo período semelhante ao de 1946-1949? Mais adiante neste livro, faremos uma tentativa de esclarecer melhor essas questões.

Há uma diferença básica entre os fatores que afetam as alterações no nível geral de preços das ações e aqueles que afetam o índice relativo preço/lucro de um grupo de ações comparado a outro dentro desse mesmo nível geral. Por motivos já discutidos, os fatores que em dado momento afetam esse índice relativo de preço/lucro de algumas ações com relação a outras são meras questões da imagem corrente na comunidade de investimentos sobre determinada empresa e do setor industrial específico ligado à empresa em questão. Todavia, o nível das ações como um todo não é apenas uma questão de imagem, e sim de resultados, em parte decorrente da avaliação vigente da comunidade financeira quanto ao grau de atratividade das ações do mercado, em parte como resultado de certo fator puramente financeiro presente no mundo real.

Esse fator do mundo real está principalmente ligado às taxas de juros. Quando elas estão altas, seja no mercado monetário de longo prazo, seja no mercado de curto prazo, ou até mesmo em ambos, há uma tendência de a maior parte dos recursos de capital de investimento seguir na direção desses mercados, de modo que a demanda para o mercado de ações passa a ser menor. As ações podem ser vendidas para transferir recursos financeiros para esses mercados. Por outro lado, quando as taxas estão baixas, os fundos se desviam desses mercados para o mercado acionário. Portanto, altas taxas de juros tendem a baixar o nível de todas as ações e taxas de juros mais baixas elevam esse nível. De maneira semelhante, quando os investidores pretendem economizar um percentual maior da sua renda, mais recursos financeiros fluem na direção do capital total acumulado e há uma valorização maior dos preços das ações, diferentemente do que ocorre quando os fundos de capital sobem mais devagar. Entretanto, essa é uma influência bem menor em comparação ao que representa o nível das taxas de juros. Uma influência ainda menor é o grau de flutuação nas emissões de novas ações, o que representa uma drenagem no capital acumulado disponível no mercado de ações. A razão pela qual a emissão de novas ações não é um fator maior de influência sobre o nível geral dos preços das ações é que, quando outros fatores fazem as ações ser favoráveis, o novo volume de ações emitido aumenta visando aproveitar tal situação. Dessa forma, quando os preços das ações chegam a níveis baixos, a emissão de novos títulos tende a diminuir drasticamente. Como resultado, as flutuações no novo volume de títulos emitidos representam muito mais um resultado de outras influências do que uma influência propriamente dita.

Essa quarta dimensão para o investimento em ações pode ser resumida da seguinte maneira: o preço de quaisquer ações específicas, em dado momento, é determinado pela avaliação corrente da comunidade financeira da empresa em questão, do setor industrial em que ela está inserida e, até certo ponto, do nível geral de preços dessas ações. Definir se, em determinado momento, o preço dessas ações é conveniente, inconveniente ou razoável depende em grande parte do grau em que essas avaliações variam diante da realidade. Entretanto, como o nível geral de preços das ações afeta o quadro final como um todo, essa tarefa depende ainda, de certo modo, de estimativas corretas sobre mudanças futuras em certos elementos meramente financeiros, dos quais as taxas de juros são, sem sombra de dúvida, o fator mais importante.

PARTE 3

Desenvolvendo uma filosofia de investimentos

Dedicatória a Frank E. Block

Este livro foi publicado pela primeira vez a pedido do Institute of Chartered Financial Analysts, realizado nos termos do C. Stewart Shepard Award. O prêmio da entidade foi concedido a Frank E. Block C. F. A., em reconhecimento à sua importante contribuição por meio de esforços dedicados e uma liderança inspiradora para tornar o Institute of Chartered Financial Analysts um elemento vital para a promoção da formação de analistas financeiros, estabelecendo elevados padrões de conduta ética e desenvolvendo programas e publicações para estimular a formação educacional contínua desses profissionais.

Origens de uma filosofia

Para compreender qualquer abordagem disciplinada com relação a investimentos, é necessário primeiro entender o objetivo para o qual a metodologia é designada. Para qualquer parcela de recursos supervisionados pela Fisher & Co., exceto os fundos temporariamente em espécie ou equivalentes monetários aguardando oportunidades mais convenientes, o objetivo é que eles sejam investidos num número bastante pequeno de empresas que, em razão das características da sua administração, devam crescer em vendas e, ainda mais importante, nos lucros, num índice significativamente maior do que o setor industrial como um todo. Isso deve ser feito, ainda, dentro de uma margem de risco relativamente pequena em relação ao crescimento em questão. Para atender aos requisitos da Fisher & Co., uma administração deve ter uma política viável para atingir esses objetivos com toda a predisposição possível, subordinando lucros imediatos a maiores ganhos em longo prazo, conforme as exigências desse conceito. Além disso, duas características são necessárias. Uma delas é a habilidade de implementar a política de longo prazo com um desempenho superior diário em todas as tarefas rotineiras da operação dos negócios. A outra é aquela que, na hipótese de erros consideráveis – fato comum quando a gestão administrativa se volta para benefícios excepcionais por meio de conceitos inovadores, novos produtos etc., ou ainda pelo fato de a direção se tornar satisfeita demais com o sucesso –, garante que tais erros sejam reconhecidos claramente e uma medida remediadora seja tomada.

Por conhecer as características das empresas do setor industrial, procurei restringir as atividades da Fisher & Co. a empreendimentos desse setor que utilizam a combinação entre tecnologia de ponta e julgamento empresarial superior para atingir esses objetivos. Nos últimos anos, restringi os investimentos da Fisher & Co. unicamente a esse grupo, pois nas poucas ocasiões em que investi fora dele não fiquei satisfeito com os resultados. Entretanto, não vejo por que os mesmos princípios não devam ser igualmente lucrativos quando são aplicados por aqueles com o potencial necessário nessas áreas, tais como as do comércio varejista, do transporte, das finanças etc.

Nenhuma filosofia de investimento, a menos que seja uma cópia de uma filosofia alheia, se desenvolve por completo de um dia para o outro. No meu caso, ela evoluiu dentro de um período considerável, em parte como resultado do que talvez possa ser chamado de raciocínio lógico, em parte da observação dos êxitos e fracassos de terceiros, porém, em grande parte, em decorrência do doloroso processo de aprendizado com meus próprios erros. Possivelmente, a melhor maneira de tentar explicar minha abordagem sobre investimentos seria utilizar um roteiro histórico. Por essa razão, pretendo retornar ao meu início, tentando demonstrar, a cada passo, como tal filosofia de investimento se desenvolveu.

O nascimento do interesse

Meu primeiro contato com o mercado de ações, e com as oportunidades que as cotações sempre oscilantes desse mercado possibilitam, aconteceu numa idade bastante remota. Como meu pai era o mais jovem de cinco filhos e minha mãe a mais jovem entre oito irmãos, à data do meu nascimento apenas um de meus avós estava vivo. Talvez por essa razão eu me sentisse especialmente apegado à minha avó. De qualquer maneira, fui vê-la numa tarde quando saía da escola. Um de meus tios apareceu para discutir com ela as condições dos negócios no ano seguinte e como essas condições poderiam afetar as ações que ela possuía. Um mundo novo se abriu para mim. Economizando algum dinheiro, eu tinha o direito de comprar ações, esperando lucros futuros de qualquer uma das mais importantes empresas do país. Se eu fizesse a escolha certa, esses lucros seriam muito estimulantes na minha vida pessoal. Eu achava a tarefa de avaliar o crescimento de um empreendimento bastante intrigante, e ali estava um jogo que, se eu aprendesse a dominar, provavelmente tornaria todos os outros jogos que conhecia desinteressantes, chatos e sem graça. Quando meu tio foi embora, minha avó se desculpou por não ter me dado atenção suficiente enquanto ele estava ali, me forçando a ouvir assuntos que não seriam do meu interesse. Eu disse a ela que, pelo contrário, o longo tempo que passara ali tinha sido agradável, e que eu acabava de ouvir uma conversa que havia me interessado imensamente. Anos depois, eu viria a perceber quão poucas eram as ações que ela possuía e quão superficiais os comentários que eu escutara naquele dia; todavia, o interesse que me foi despertado por aquela conversa permaneceu no meu íntimo por toda a vida.

Com esse grau de interesse, e num período em que os negócios em geral preocupavam-se bem menos com os riscos legais de lidar com pequenos valores, pude ganhar alguns dólares sozinho durante o mercado em alta, em meados dos anos 1920. No entanto, fui radicalmente desencorajado desse comportamento pelo meu pai, que era médico e achava que eu estava desenvolvendo hábitos de jogo. Isso não era verdade, já que por natureza não tenho a tendência de assumir riscos ao acaso, o que caracteriza a essência da atividade dos jogos de azar. Por outro lado, quando olho para trás, minhas pequenas atividades com ações daquele período não me ensinaram praticamente nada de valor no que diz respeito a políticas de investimento.

Experiências primordiais

Antes que o Grande Mercado em Alta dos anos 1920 chegasse ao seu final trágico, eu tive uma experiência, contudo, que me ensinaria coisas muito relevantes de utilidade prática nos anos que se seguiriam. No ano acadêmico de 1927-1928, eu estava matriculado no primeiro ano da Universidade Stanford, na Faculdade de Administração. Vinte por cento do curso naquele ano, ou seja, um dia por semana, era dedicado a visitas a algumas das maiores empresas da cidade de São Francisco. O professor Boris Emmett, que era o responsável pela atividade, não havia recebido tal atribuição em razão do seu currículo acadêmico. Naqueles tempos, as grandes firmas de vendas pelo correio conquistavam uma parcela significativa da comercialização por meio de contratos com fornecedores cujo único cliente era uma dessas firmas. Esses contratos eram frequentemente tão duros com os fabricantes e lhes forneciam uma margem de lucros tão pequena que, às vezes, um fabricante acabava enfrentando sérias dificuldades financeiras. Não era do interesse das firmas de vendas pelo correio ver seus vendedores fracassarem. O professor Emmett, por alguns anos, foi o especialista contratado por uma dessas firmas com a função de resgatar essas empresas com dificuldades e em situação crítica. Como resultado, ele sabia muito sobre gestão administrativa. Uma das regras segundo a qual o curso foi conduzido era de que não visitaríamos nenhuma empresa que simplesmente nos levasse às suas unidades de produção. Depois de "vermos os mecanismos de produção funcionarem", a diretoria deveria sentar conosco para que, submetida ao questionário minucioso do nosso professor, pudéssemos aprender alguma coisa sobre os pontos fortes e fracos do empreendimento. Eu reconheci que aquela era a oportunidade de aprendizado que eu realmente procurava. Eu tinha condições de me colocar numa posição privilegiada para tirar algum proveito daquilo. Naqueles dias, há mais de meio século, quando a proporção de automóveis com relação ao número de pessoas era tremendamente menor do que hoje, o professor Emmett não tinha carro. Eu, todavia, tinha. Aproveitei para lhe dar carona nas visitas a essas diversas fábricas. Ele não falava muito durante o trajeto. Entretanto, a cada semana, no caminho de volta para Stanford, ele tecia comentários sobre algumas companhias específicas. Essa foi uma das experiências de aprendizado mais valiosas que já tive o privilégio de viver.

Numa dessas viagens, cheguei a uma conclusão que seria de grande valor monetário para mim nos anos futuros. Tal conclusão, na verdade, estabeleceu as bases para meu negócio. Em uma semana visitamos, em vez de uma, duas unidades de produção próximas uma da outra em San Jose. Uma delas era a John Bean Spray Pump Company, líder mundial na fabricação de bombas utilizadas para inseticidas em spray para o combate de pestes em pomares e plantações. A outra era a Anderson-Barngrover Manufacturing Company, também líder mundial no mercado, mas no setor de equipamentos usados para o processo de enlatados em conserva. Nos anos 1920, o conceito de "empresa em crescimento" não havia ainda sido verbalizado pela comunidade financeira. No entanto, como eu de certa forma tentei dizer ao professor Emmett, "Achei que essas duas empresas contavam com possibilidades de crescimento muito além do seu tamanho atual, num grau jamais visto em nenhuma outra empresa que eu havia visitado". Ele concordou comigo.

Ainda, nesses trajetos, fazendo perguntas ao professor Emmett a respeito das suas experiências empresariais anteriores, aprendi algo mais que me foi bastante útil nos anos que se seguiram. Foi a extrema importância das vendas para consolidar um negócio saudável. Uma companhia pode ser um fabricante extremamente eficiente, um inventor pode ter um produto com possibilidades surpreendentes, mas isso nunca foi o suficiente para manter um negócio promissor. A menos que tal negócio reúna um pessoal capaz de convencer terceiros sobre o valor de seu produto, ele nunca controlará efetivamente o próprio destino. Mais tarde, cheguei à conclusão de que até mesmo uma sólida ramificação de vendas não é suficiente. Para que uma companhia represente um investimento realmente vantajoso, ela deve ser capaz não apenas de vender seus produtos, mas também de avaliar as necessidades em constante mutação, bem como os anseios dos clientes; em outras palavras, reunir todos os elementos num verdadeiro conceito de marketing.

Primeiras lições na escola da experiência

No verão de 1928, quando meu primeiro ano na escola de administração chegou ao fim, surgiu uma oportunidade que me pareceu bastante interessante. Diferentemente das centenas de alunos matriculados todos os anos nessa escola nos dias de hoje, minha turma, sendo apenas a terceira na história da universidade entre os cursos de graduação em administração, tinha somente dezenove alunos. A turma que se formava à nossa frente tinha apenas nove alunos. Desses nove, apenas dois eram especializados em finanças. Naqueles dias de grande turbulência no mercado de ações, esses dois alunos foram logo contratados por companhias de investimentos com sede em Nova York. No último minuto, um banco independente de São Francisco que, anos mais tarde, foi adquirido pelo Crocker National Bank dessa cidade enviou à faculdade um pedido requisitando um bacharel especializado em investimentos. A universidade não queria perder essa oportunidade, pois, se seu representante fosse aprovado pelo banco, ele seria o precursor de muitas oportunidades de colocação para futuros bacharéis nos anos seguintes. Entretanto, eles não contavam com nenhum bacharel no momento. Não foi uma tarefa fácil, mas quando soube dessa oportunidade eu acabei por convencer a universidade a me indicar, tendo em mente que se eu me desse bem permaneceria ali. De fato, eu permaneci na entidade. Se eu não pudesse preencher a vaga, voltaria e assumiria os cursos do segundo ano, com a ciência do banco de que a universidade não tinha a mínima pretensão de enviar-lhes um aluno totalmente habilitado.

Os analistas financeiros nesse período anterior ao *crash* da economia eram chamados de estatísticos. Foram três anos sucessivos de preços radicalmente em baixa, fazendo o trabalho dos estatísticos em Wall Street perder tanto a credibilidade que o nome deles foi trocado para analistas financeiros.

Achei que eu seria o estatístico para fins de investimentos no banco. Naquele tempo, não havia nenhum impedimento legal para que os bancos participassem de processos de corretagem ou de serviços de bancos de investimentos.

O trabalho que eu deveria fazer era extremamente simples. Na minha opinião, ele era até mesmo intelectualmente desonesto. A área de investimentos do banco era basicamente relacionada à venda de altas taxas de juros, a novas emissões de títulos sobre os quais o banco obtinha gordas comissões como participação em consórcios de subscrição. Nada era feito para avaliar a qualidade desses títulos ou das ações que eram vendidas, mas naqueles tempos de mercado de vendas era aceita a participação dos consórcios oferecidos pelos seus associados de Nova York ou pelos grandes bancos de investimento. Dessa forma, os assessores de investimento dos bancos afirmavam a seus clientes contar com um departamento de estatísticas capaz de discriminar os títulos dos clientes e emitir um relatório sobre cada título de crédito negociado. O que na verdade se fazia em tal "análise de investimento" era verificar os dados de determinada companhia, num dos manuais diários, tal como o *Moody's* ou o *Standard Statistics*. Depois, alguém como eu, sem nenhum conhecimento adicional além do que estava contido naquele manual, deveria simplesmente parafrasear o seu conteúdo elaborando um relatório próprio. Qualquer empresa que realizava um grande volume de vendas era invariavelmente mencionada como "bem administrada", pelo simples fato de ser uma empresa de porte. Eu não era orientado diretamente a recomendar que os clientes trocassem alguns dos títulos que eu "analisava" por qualquer outro investimento que o banco estivesse tentando negociar naquele momento, mas todo o clima era voltado para estimular esse tipo de análise.

Construindo a base

Não demorou muito tempo para que a superficialidade de todo o procedimento me fizesse sentir que devia haver um modo melhor de realizar essa tarefa. Eu tive muita sorte em ter um chefe imediato que compreendia totalmente as razões da minha preocupação e me deu tempo suficiente para realizar a experiência que eu lhe sugeri. Naquele tempo, no outono de 1928, havia muito interesse especulativo nas ações da indústria do rádio. Eu me apresentei como representante da área de investimentos do banco aos compradores no departamento de rádio de diversos estabelecimentos do comércio varejista da cidade de São Francisco. Pedi o parecer deles sobre os três principais concorrentes do setor. Eles me deram opiniões surpreendentemente semelhantes. Particularmente, eu aprendi muito com um engenheiro que havia trabalhado para uma dessas companhias. Uma delas, a Philco, que infelizmente, do meu ponto de vista, era uma empresa privada e não representava nenhuma oportunidade no mercado de ações, havia desenvolvido modelos que contavam com um apelo mercadológico especial. Como resultado, elas conquistavam uma participação no mercado com lucros consideráveis porque eram fabricantes extremamente eficientes. A RCA estava prestes a conquistar sua participação no mercado, enquanto outra companhia, que era a preferida do mercado de ações, decaía bruscamente e começava a apresentar problemas. Nenhuma delas representava os negócios diretos do banco, pois ele não negociava ações do mercado de rádio. Não obstante, um relatório de avaliação me pareceu bastante útil dentro do banco, pois muitos funcionários importantes da instituição que teriam contato com ele estavam pessoalmente envolvidos na especulação dessas questões. Sem mencionar os escritórios de Wall Street que comentavam acerca dessas questões ligadas a esse novo mercado, não havia como descrever os problemas que obviamente aconteceriam com respeito a esse aspecto especulativo.

Nos doze meses seguintes, enquanto o mercado de ações prosseguia em sua maneira negligente, porém sempre disposta, de lidar com as ações em alta, percebi com interesse crescente como as ações que eu havia classificado como problemáticas caíam cada vez mais naquele setor do mercado. Foi minha primeira lição sobre o que mais tarde se tornaria parte da minha filosofia de investimento: a leitura dos relatórios financeiros sobre uma companhia nunca é suficiente para justificar um investimento. Um dos principais passos para um investimento prudente deve ser o de informar-se sobre os negócios de uma empresa por aqueles que estão diretamente familiarizados com ela.

Até então, entretanto, eu ainda não havia chegado à próxima etapa lógica desse tipo de argumentação: também é necessário aprender o máximo possível sobre as pessoas que administram uma companhia do ponto de vista dos investimentos, seja conhecendo-as pessoalmente, seja encontrando alguém em quem você confie que as conheça.

No ano de 1929, passei a me convencer cada vez mais da insensatez do *boom* financeiro excessivo que parecia não ter fim. As ações continuavam a subir a níveis altíssimos com base na incrível teoria de que estávamos numa "nova era." Portanto, no futuro, o desenvolvimento anual do lucro por ação tinha um caminho preciso a percorrer. No entanto, ao avaliar a situação das indústrias básicas do país, verifiquei que grande parte delas apresentava problemas de demanda e suprimento, o que indicava um quadro de instabilidade.

Em agosto de 1929, emiti um novo relatório especial aos funcionários do banco. Eu previa que os próximos seis meses presenciariam o início do maior mercado em baixa do começo do século. Teria sido muito gratificante para meu ego se, naquele momento, eu pudesse ter alterado drasticamente os fatos que aconteceram com base nas minhas previsões e ter lucrado com minha experiência. Aconteceu justamente o contrário.

Mesmo que eu percebesse que todo o mercado de ações subia demais naqueles dias perigosos de 1929, eu me encontrava, no entanto, emaranhado pela motivação do mercado. Isso fez com que eu olhasse à minha volta encontrando algumas ações que ainda "custavam pouco" e representavam investimentos válidos porque ainda "não haviam subido no mercado". Como consequência dos pequenos lucros provenientes do insignificante valor de ações negociadas alguns anos antes e das economias de boa parte do meu salário, além de algum dinheiro que eu havia ganhado na faculdade, consegui juntar alguns milhares de dólares no decorrer de 1929. Eu dividia esse montante igualmente entre três grupos de ações que, na minha ignorância, achava que estavam subvalorizadas naquele mercado supervalorizado. Um desses grupos era uma companhia de locomotivas de liderança com um índice preço/lucro ainda relativamente baixo. Como os equipamentos ferroviários representavam um dos setores industriais mais cíclicos de todos, não é difícil imaginar o que aconteceria com as vendas e os lucros daquela companhia durante a depressão econômica que estava prestes a acontecer. Os outros dois grupos de ações eram de uma companhia de publicidade local e de uma frota de táxis, que também eram vendidas por baixos índices preço/lucro. Apesar do meu sucesso em detectar o que aconteceria com as ações do mercado de rádio, eu simplesmente não tive a sensibilidade de questionar as pessoas que conheciam essas duas novas empresas locais, ainda que tivesse sido relativamente fácil obter informações ou conhecer as pessoas que administravam essas empresas, já que elas eram de fácil acesso. Com o agravamento da depressão econômica, descobri por que as ações dessas empresas estavam sendo vendidas por baixos índices preço/lucro. Até 1932, apenas um pequeno percentual do meu investimento original era representado pelo valor de mercado das ações dessas companhias.

O grande mercado em baixa

Felizmente, para meu bem-estar futuro, sempre senti um descontentamento intenso em perder dinheiro. Acredito que a principal diferença entre um tolo e um sábio é que o sábio aprende com os próprios erros e o tolo, não. O corolário dessa afirmação me foi muito proveitoso, do ponto de vista pessoal, para revisar meus erros cuidadosamente e jamais repeti-los.

Minha abordagem sobre investimentos se expandiu com o aprendizado com meus erros no ano de 1929. Aprendi que, enquanto algumas ações pareciam atraentes por apresentarem um baixo índice preço/lucro, esse índice por si só não garantia absolutamente nada e podia ser um alerta sobre o grau de fragilidade da companhia. Passei a perceber que toda a visão corrente em Wall Street na época determinava que o importante para saber se algumas ações eram baratas ou supervalorizadas não era sua proporção com os ganhos correntes no ano, mas sua proporção com os ganhos alguns anos à frente. Se eu tivesse desenvolvido a habilidade de determinar, dentro de alguns limites razoáveis, quais seriam esses ganhos em alguns anos no futuro, eu teria descoberto uma maneira de evitar prejuízos e auferir lucros magníficos!

Além de aprender que um baixo índice preço/lucro era apenas um sinal de alerta de que algumas ações poderiam ser uma armadilha de investimento, a consciência apurada do meu deficiente desempenho durante o Grande Mercado em Baixa me esclareceu um elemento ainda mais importante. Eu estava absolutamente certo na previsão do momento em que a bolha do mercado em alta deveria estourar e quase totalmente certo ao julgar o impacto do que estava prestes a acontecer. Entretanto, exceto por uma pequena valorização da minha reputação num pequeno círculo de pessoas, essas certezas não me fizeram nada bem. A partir de então, eu percebi que todas as argumentações perfeitas sobre a política de investimentos ou sobre a compra ou venda de determinado grupo de ações não tinham valor algum se não fossem convertidas em atos pela realização de transações específicas.

Uma chance de realizar meu trabalho do meu jeito

Na primavera de 1930 eu mudei de emprego. Menciono isso só porque o fato acionou os acontecimentos que deveriam causar o surgimento da filosofia de investimento que me orientou desde aquela época. Um escritório de corretagem local veio até mim e me ofereceu um salário que, com 22 anos, para aquela época e para aquele local, achei muito difícil recusar. Além disso, eles me ofereceram um trabalho muito mais atraente do que a experiência frustrante de trabalhar como "estatístico" na área de investimentos do banco. Sem nenhuma atribuição superior, eu tinha a liberdade de dedicar meu tempo a encontrar ações individuais que eu classificava como candidatas particularmente adequadas, tanto para a compra como para a venda, em razão de suas características. Eu deveria, dessa forma, elaborar relatórios sobre minhas conclusões para que circulassem em meio aos corretores que trabalhavam nesse escritório, ajudando-os a estimular os negócios que seriam lucrativos para seus clientes.

Essa oferta surgiu para mim logo depois de Herbert Hoover ter feito sua famosa afirmação de que "a prosperidade estava bem próxima". Diversos sócios desse escritório implicitamente acreditavam nisso. Como resultado do *crash* da Bolsa em 1929, o total da sua folha de pagamento havia caído de 125 funcionários para 75. Eles me disseram que, se eu aceitasse a oferta, eu seria o funcionário número 76. Minhas opiniões sobre o mercado, na época, eram tão pessimistas quanto eram otimistas as opiniões deles. Eu tinha certeza de que o mercado em baixa estava por vir. Disse-lhes que aceitaria sob uma condição: desde que eles se sentissem livres para me demitir, a qualquer hora, caso não apreciassem a qualidade do meu trabalho. O tempo de serviço não teria nenhuma influência afinal, caso o mercado financeiro cheio de adversidades os forçasse a fazer mais reduções na folha de pagamento. Eles concordaram com minha condição.

Do desastre brota a oportunidade

Como eles eram chefes, eu não podia esperar pessoas muito gentis. Nos oito meses seguintes, tive uma das experiências educacionais de negócios mais valiosas da minha vida. Eu vi, a princípio, diversos exemplos de como o negócio de investimentos não deveria ser conduzido. Ao longo de 1930, quando as ações, mais uma vez, continuaram com o que parecia quase um declínio sem fim, a posição de meus chefes se tornou cada vez mais precária. Depois disso, um pouco antes do Natal de 1930, nós, que tínhamos sobrevivido ao holocausto econômico, testemunhamos o grave quadro de nosso escritório ser suspenso da Bolsa de Valores de São Francisco por insolvência.

Essa notícia desagradável para meus associados acabaria sendo um dos maiores avanços da minha vida do ponto de vista dos negócios, ou talvez o melhor deles. Por algum tempo eu havia nutrido planos imaginários de que, quando a prosperidade retornasse, eu poderia começar meu próprio negócio cobrando honorários de clientes para administrar seus investimentos. Utilizo propositalmente essa maneira indireta de descrever as atividades de um consultor de investimentos, ou consultor financeiro, porque naquele tempo nenhum desses termos havia sido ainda usado. Entretanto, com o cerceamento que quase todos sofriam no mercado financeiro durante aquele sombrio mês de janeiro de 1931, o único emprego seguro que eu podia encontrar era essencialmente clerical e, para mim, bastante atraente. Se eu tivesse analisado a situação, teria percebido que aquele era exatamente o momento certo para começar o novo negócio que eu tinha em mente. Acabei descobrindo que havia duas razões para tanto. Uma delas era que, depois de quase dois anos do pior mercado em baixa que os Estados Unidos já vivenciaram, as pessoas em geral estavam tão insatisfeitas com seus contatos de corretagem que preferiam ouvir alguém jovem, como eu, e com uma abordagem radicalmente diferente sobre a administração dos seus investimentos. Nesse mesmo sentido, quando a economia decaiu ao máximo em 1932, muitos homens de negócios de destaque tinham pouco a fazer com seus próprios empreendimentos e, dessa forma, contavam com tempo para ouvir alguém que os tentasse ajudar. Em tempos normais, eu nunca seria contatado pelas secretárias deles. Um de meus maiores clientes, cujos investimentos de família eu administro até hoje, era um exemplo típico disso. Alguns anos mais tarde ele me confessou que, no dia que entrei em contato, ele não tinha nada para fazer e acabara de ler a seção de esportes de seu jornal preferido. Quando a secretária dele lhe falou sobre mim, ele achou que eu simplesmente ocuparia seu tempo. E me confessou que, se eu o tivesse procurado cerca de um ano depois, eu jamais teria sequer conseguido entrar em seu escritório.

O início é estabelecido

Tudo isso deveria resultar em diversos anos de trabalho árduo num pequeno escritório com pouca infraestrutura. Sem janelas e com divisórias de vidro exercendo a função de paredes, o espaço total do meu andar era um pouco maior do que o necessário para acomodar uma mesa e duas cadeiras. Por esse espaço, junto com o serviço telefônico local e a ajuda de uma secretária e recepcionista que trabalhava para meu locador, eu pagava o valor de US$ 25,00 por mês. Minhas outras despesas eram com material de escritório, correspondência e, muito raramente, uma chamada de longa distância. O livro de contabilidade, que ainda guardo, dá indicações de como era difícil abrir um negócio em 1932. Depois de muitas horas de trabalho com essa infraestrutura precária, consegui obter um lucro líquido de cerca de US$ 2,99 ao mês naquele ano. Durante o ainda difícil ano de 1933, tive maior êxito, apresentando uma melhora de 1.000%, uma média mensal de ganhos um pouco acima de US$ 29,00. Isso seria mais ou menos o que eu teria ganhado como vendedor de jornais nas ruas da cidade. No entanto, levando em conta o que aqueles anos me proporcionariam no futuro, posso considerá-los os anos mais lucrativos de toda a minha vida. Eles me forneceram os alicerces para um negócio extremamente proveitoso com um grupo dos mais leais clientes até o ano de 1935. Devo admitir que foi algo brilhante da minha parte ter aberto meu negócio naquela época, em vez de esperar que os tempos melhorassem. Na verdade, foi a pouca atratividade do único emprego que me era disponível que me impulsionou a tomar essa atitude.

Aprendendo com a experiência

Enquanto eu trabalhava no banco, chamou minha atenção uma reportagem sobre as duas companhias próximas de San Jose que me intrigavam muito durante meus tempos de estudante na Universidade Stanford. Em 1928, a John Bean Manufacturing Co. e a Anderson-Barngrover Manufacturing Co. haviam sido incorporadas a um famoso fabricante de produtos enlatados, a Sprague Sells Corporation de Hoopeston, Illinois, para formar uma nova entidade chamada Food Machinery Corporation.

Como em outros períodos de grande especulação, os Estados Unidos se encontravam numa angústia tão grande para a compra de ações que o fornecimento de ações da Food Machinery Corporation para venda subiu de preço numa tentativa de corresponder à demanda. Naquele mesmo ano de 1928, pelo menos outras vinte novas ações emitidas, e talvez duas vezes mais do que isso, foram vendidas por representantes da bolsa de valores de São Francisco. A falta de ações era terrível. Um funcionário de um escritório da bolsa de valores, que vendia ações de uma companhia que comercializava água mineral em toda a região do Pacífico, me disse certa vez que essas ações eram vendidas sem um conjunto completo de extratos financeiros em poder dos subscritores, que possuíam apenas uma foto da fonte da qual a água era proveniente, além de um contato superficial com os acionistas! Na mentalidade geral, as ações da Food Machinery Corporation eram apenas mais uma das excelentes ofertas novas naquele ano, nem melhor nem pior do que as demais. Elas eram vendidas por um preço de US$ 21½.

Naqueles dias, os acordos entre empresas para a manipulação das ações eram completamente legais. Um grupo local com alguma experiência em fechar esses acordos, liderado por alguém voltado à Food Machinery Corporation, decidiu "realizar uma transação" com as ações da empresa. Os métodos desses acordos eram fundamentalmente semelhantes. Os membros deveriam seguir vendendo ações entre si por preços gradualmente crescentes. Toda essa atividade atrairia a atenção de terceiros, que então começariam a comprar e deslocar as ações das mãos daquele grupo com preços ainda mais altos. Alguns manipuladores de extrema habilidade – já haviam ganhado milhões de dólares e um deles, um ano depois, me ofereceria uma pequena parceria – eram bastante experientes e praticantes exímios nessa arte questionável. A manipulação, todavia, não era o objetivo dos operadores desses acordos para a Food Machinery. Um pouco antes do outono de 1929, as ações estavam à beira do precipício e o grupo comprou para si a maior parte das ações que haviam sido oferecidas ao público. Embora o preço cotado das ações da Food Machinery no seu valor máximo estivesse na faixa de 50, havia muito poucas ações nas mãos do público.

Como em cada um dos anos subsequentes o nível geral das atividades nos negócios piorou em comparação ao ano anterior, era evidente o que aconteceria com as pequenas empresas restantes diante do excesso de entusiasmo do ano de 1928. Essas empresas, uma após a outra, pediram falência, declarando mais prejuízos do que lucros. O mercado para as ações dessas empresas logo se extinguiu.

Havia uma ou duas empresas nesse grupo que não a Food Machinery que pareciam saudáveis e atraentes. No entanto, o público em geral as considerou especulativas. Quando o mercado estava para alcançar sua fase final de baixa em 1932, no momento do fechamento de todo o sistema bancário do país, que coincide com o início da administração de Franklin D. Roosevelt em 4 de março de 1933, as ações da Food Machinery caíram a um preço entre US$ 4,00 e US$ 5,00, com a mínima histórica sendo cem ações a US$ 3¾.

Food Machinery como uma oportunidade de investimento

No decorrer de 1931, tentei buscar oportunidades para meu pequeno negócio e verifiquei a situação da Food Machinery com entusiasmo. Reconhecendo o peso de não ter tido o trabalho de julgar a administração das duas companhias locais, nas quais eu havia perdido um grande percentual de meus investimentos alguns anos antes, eu decidi nunca mais cometer esse erro novamente. Quanto mais eu passei a conhecer as pessoas da Food Machinery, mais respeito nutri por elas, pois de diversas maneiras essa empresa, tal como existia no auge da Grande Depressão econômica, era um microcosmo do tipo de oportunidade que eu procuraria nos anos pela frente. Seria útil descrever o que me fez, há quase meio século, enxergar perspectivas nessa corporação.

Infelizmente, eu não levei minha política de análise profunda adiante até sua conclusão lógica nos anos subsequentes. Eu fui menos diligente em saber e julgar gestões administrativas localizadas em áreas mais distantes.

Em primeiro lugar, mesmo sendo relativamente pequena, a Food Machinery era uma líder mundial em tamanho e, acredito, também em qualidade nas linhas de produto das três atividades que ela exercia. Esse fator deu à empresa a vantagem da economia de escala; ou seja, como um grande e eficiente fabricante, a companhia poderia ser ainda uma produtora de baixo custo.

Em segundo lugar, sua posição de marketing era, do ponto de vista competitivo, extremamente forte. Seus produtos tinham um bom conceito segundo os clientes, e a companhia controlava seu próprio departamento de vendas. Além disso, suas linhas de maquinaria para a produção de enlatados, com um grande número de instalações nesse setor, contavam com um mercado até certo ponto "fechado". Essas linhas eram compostas de materiais adicionais e de substituição para o equipamento já existente.

Por fim, somado a essa base sólida estava o componente mais estimulante desse negócio. Para uma companhia desse porte, ela gozava de um setor de engenharia ou pesquisa extremamente criativo. A empresa aperfeiçoava os equipamentos abrindo campo para novas áreas de produtos. Entre eles podemos citar a primeira máquina de descascar frutas da indústria, a primeira cortadora de frutas mecânica e um processo para a coloração sintética de laranjas. Outras empresas que produziam laranjas aparentemente não tão atraentes tiveram desvantagem, independentemente da qualidade do produto. Somente uma vez na minha vida profissional eu vi uma empresa que, na minha opinião, tinha perspectivas financeiras potenciais de novos produtos em relação ao porte dos negócios como ocorreu com a Food Machinery Corporation no período de 1932 a 1934.

Até aquele momento, eu já tinha aprendido o suficiente para saber que, não importa quanto esses fatores possam ser atraentes, eles não bastam para garantir um grande êxito. O nível de qualidade do pessoal envolvido com a empresa é igualmente importante. Utilizo a palavra "qualidade" para acrescentar duas características diferentes. Uma delas é a habilidade nos negócios. A habilidade nos negócios pode ser desmembrada em dois tipos distintos de aptidão. Um deles é lidar com as tarefas administrativas diárias com uma eficiência acima da média. Entre essas tarefas devo incluir inúmeras questões, que vão desde a busca constante de novas maneiras de aumentar a produtividade até a inspeção precisa das contas a receber. Em outras palavras, a habilidade operacional inclui o manuseio otimizado de várias coisas que se relacionam com a operação dos negócios em curto prazo.

Entretanto, no mundo dos negócios, a habilidade gerencial de qualidade também exige outra habilidade bastante distinta: a de enxergar longe e realizar planos em longo prazo que possam produzir um crescimento significativo para a empresa no futuro sem correr os riscos financeiros que podem resultar num desastre. Muitas empresas contam com gestões que são muito eficientes em apenas uma dessas aptidões. Contudo, para um desempenho de sucesso, ambas são necessárias.

A habilidade nos negócios representa apenas um dos dois traços humanos que acredito serem absolutamente essenciais para um investimento verdadeiramente ideal. O outro recai no termo genérico da integridade e inclui a honestidade e a decência pessoal de quem administra a companhia. Aqueles que participavam do mundo dos investimentos no período anterior ao *crash* de 1929 presenciaram exemplos vívidos da importância extrema da integridade. Os proprietários e os diretores de uma empresa sempre estão mais próximos dos negócios da companhia do que os acionistas. Se os diretores não passarem um sentimento sincero de confiança aos acionistas, cedo ou tarde estes podem deixar de receber uma parcela significativa do que lhes é devido. Os diretores ou gestores, preocupados com os próprios interesses pessoais, normalmente não formam um grupo entusiasmado de pessoas leais em torno deles – o que é absolutamente necessário para que um empreendimento cresça e logo passe a necessitar do controle por meio de um número maior de pessoas.

Quando comparo a situação naqueles dias obscuros de depressão econômica com a situação atual, após todos esses anos, posso concluir que a Food Machinery Corporation era extraordinariamente atraente do ponto de vista "humano". John D. Crummey, o presidente e genro do fundador da John Bean Manufacturing Co., não era apenas um líder operacional extremamente eficiente e muito considerado por seus clientes e funcionários, mas também um homem profundamente religioso que mantinha um código moral escrupuloso. O engenheiro-chefe da companhia era um brilhante designer conceitual. Outro fator de grande importância, ele era um homem que elaborava produtos de forma que eles tivessem uma vantajosa proteção de patente. Finalmente, para cristalizar a força dessa organização relativamente pequena, John Crummey convenceu o genro, Paul L. Davies, que relutava em abandonar o que parecia ser uma carreira promissora no setor bancário, a se juntar à companhia para provê-la com potencial financeiro e conservadorismo. Na verdade, Paul Davies, à primeira vista, tomou tal atitude com tanta relutância que ele concordou apenas em tirar um ano de licença do banco para ajudar nos negócios da família no primeiro ano da difícil fusão das empresas. Durante esse ano, ele se interessou tanto pelas perspectivas futuras que decidiu permanecer definitivamente na companhia. Mais tarde, como presidente da corporação, ele a conduziria a um gênero e grau de prosperidade que minimizaria o efeito das ótimas realizações dos anos seguintes.

A empresa passou a ser, a partir de então, uma organização que contava com características inerentemente desejáveis, encontradas apenas às vezes entre os investimentos disponíveis. O potencial humano era destacado. Entretanto, como a empresa era pequena, não seria apenas um homem que contribuiria com medidas efetivas. No que se refere aos concorrentes, a companhia era excepcionalmente forte, administrava bem os negócios e contava com um enorme potencial para novas linhas de produto em comparação com o porte da empresa na época. Mesmo que alguns desses produtos não se materializassem, o futuro de outros seria brilhante.

Zigue-zague

Contudo, além de tudo isso, devemos mencionar algo de importância similar caso um investimento venha a demonstrar uma prosperidade genuína. Os maiores lucros no campo dos investimentos se direcionam àqueles que são capazes de "ziguezaguear" quando a comunidade financeira entra nesse ritmo. Se o futuro da Food Machinery Corporation tivesse sido adequadamente avaliado naquele tempo, os lucros destinados àqueles que adquiriram ações no período entre 1932 e 1934 teriam sido bem menores. Isso se deve apenas ao fato de o valor dessa empresa não ser normalmente reconhecido e de a companhia Food Machinery ser tida como mais uma das muitas empresas "fragmentadas", cujas ações eram vendidas ao público no pico de uma orgia especulativa que possibilitava a compra desses títulos em quantidade por um preço mínimo na sua queda. Disciplinar-se no sentido de não seguir o curso da multidão e ser capaz de tomar uma direção contrária, na minha opinião, é um dos principais fundamentos do sucesso nos investimentos.

Gostaria de ter pleno domínio de linguagem para descrever adequadamente o grau do meu estímulo intelectual e emocional quando percebi o que a Food Machinery Corporation, ainda não reconhecida financeiramente, podia fazer tanto pelas minhas finanças pessoais como para o empreendimento que eu pretendia iniciar. Meu ritmo parecia adequado. Os anos de 1933 a 1937 veriam o mercado de ações como um todo avançando, a princípio vagarosamente e depois desabrochando num promissor mercado em alta, seguido por uma ruptura considerável em 1938 e uma recuperação integral no ano seguinte. Com uma forte convicção de que a companhia Food Machinery teria um desempenho excepcional no mercado, aconselhei meus clientes a comprar o maior número de ações possível. Transformei as possibilidades desse negócio numa ponta de lança da minha abordagem ao dialogar com todos os clientes potenciais que eu pudesse. Senti que, nessa ocasião, havia apenas uma única e singular oportunidade que Shakespeare descreveu tão bem quando disse: "Há uma certa maré nos negócios dos homens que diante de uma correnteza favorável os levam à fortuna". Naqueles anos estimulantes em que minhas esperanças eram grandes e minha reputação e patrimônio eram quase inexistentes na comunidade financeira, eu repetia essas palavras a mim mesmo, diversas vezes, na tentativa de fortalecer minha determinação.

Contrário, porém correto

Há muita coisa na literatura de investimentos sobre a importância da opinião contrária. Opinião contrária, todavia, não é suficiente. Costumo presenciar profissionais de investimento tão direcionados para a necessidade de seguir uma direção contrária às tendências gerais que eles ignoram completamente o corolário do contexto que é: quando se segue a direção contrária às tendências gerais de investimento, deve-se ter absoluta certeza de estar tomando o caminho certo. Por exemplo, quando se tornou óbvio que o automóvel substituiria o bonde elétrico, e as ações da então favorecida indústria ferroviária passaram a ser vendidas por índices preço/lucro ainda mais baixos, teria sido uma saída bastante dispendiosa assumir simplesmente uma postura contrária e adquirir títulos ligados às companhias de bondes elétricos com base na afirmação de que, pelo fato de todos acharem que esse setor estaria num estágio decadente, ele poderia ser atraente. Grandes lucros são frequentemente disponibilizados àqueles que tomam a direção contrária, desde que eles contem com indicadores sólidos para essa sua posição.

Se uma citação de Shakespeare constituiu uma força vital na formulação das minhas estratégias sobre a questão, do mesmo modo, de maneira pouco usual, também poderia citar uma canção popular da Primeira Guerra Mundial. Exatamente como aqueles que se lembram de como o país reagiu no ano de 1918, posso afirmar que o povo americano, com o seu entusiasmo e emoção pelo conflito, tinha um conceito ingênuo bastante distinto da seriedade que vigorava em questões da Segunda Guerra Mundial, quando os horrores do confronto eram mais bem compreendidos. Notícias de última hora sobre as baixas e o terror que acometia as linhas de frente ainda não haviam penetrado os Estados Unidos em 1918. Como consequência, a música popular da época foi enriquecida com canções de guerra humorísticas e vibrantes, o que ocorreu numa escala bem menor no segundo conflito mundial e absolutamente não existiu durante o fiasco da Guerra do Vietnã. A maioria dessas canções surgiu sob a forma de partituras para piano. Uma delas, veiculada com um retrato de uma mãe orgulhosa olhando para soldados desfilando, tinha o título: *They're all out of step but Jim* [Todos estão fora do compasso, exceto Jim].

Reconheci, desde o início, que corria o risco de estar "fora de compasso". Minhas primeiras aquisições da companhia Food Machinery e as ações de um grande número de outras empresas foram adquiridas "fora da fase certa", quando o seu mérito intrínseco não era absolutamente reconhecido pela comunidade financeira. Eu podia estar completamente equivocado no meu raciocínio e a comunidade financeira podia estar certa. Nesse caso, nada seria pior para meus clientes, ou para mim mesmo, do que deixar minhas convicções empresariais sobre uma situação específica obstruir uma quantidade considerável de recursos por períodos anuais intermináveis só porque eu havia tomado uma direção contrária à da comunidade financeira e cometido um erro ao fazê-lo.

Entretanto, quando percebi que eu devia auferir os lucros que me eram possíveis por meio do processo que descrevo como zigue-zague contrário, vi que era vital a verificação quantitativa para que eu tivesse a certeza do caminho que tomava.

Paciência e desempenho

Com isso em mente, estabeleci o que denominei "regra dos três anos". Repeti diversas vezes aos meus clientes que, quando compro alguma coisa para eles, o julgamento dos resultados não deve ser feito em questão de meses ou no decorrer de um ano, e sim no período de três anos. Se eu não produzisse resultados significativos para eles dentro desse prazo, eles poderiam me dispensar. O fato de eu ter tido ou não sucesso no primeiro ano é muito mais uma questão de sorte. Na minha administração de ações individuais, ao longo de todos esses anos, tenho seguido sempre a mesma regra, abrindo uma exceção apenas uma única vez. Se eu tiver plena convicção sobre um grupo de ações que não tenham tido bom desempenho ao final de três anos, eu as vendo. Se esse mesmo grupo de ações tiver um desempenho ruim com relação ao mercado durante um ou dois anos, procuro ficar alerta. Contudo, desde que nada tenha acontecido para modificar meu ponto de vista original sobre a companhia, continuo a mantê-las por três anos.

Na segunda metade de 1955, eu adquiri um número considerável de ações de duas companhias nas quais eu nunca investira antes. Elas provaram ser quase um exemplo clássico das vantagens e problemas de contrariar a visão corrente e aceita pela comunidade financeira. Relembrando, 1955 é considerado o começo de um período de quase quinze anos que pode ser denominado "Primeira Era Dourada das ações da eletrônica". Utilizo aqui o termo "primeira" para que não haja confusão sobre o que acredito ser a Era Dourada para as ações de semicondutores, algo que suponho estar à frente de nós e ser associado à década de 1980. De qualquer maneira, em 1955 e logo depois, a comunidade financeira estava prestes a se maravilhar com uma série de empresas do setor eletrônico que apresentariam ganhos que até o ano de 1969 tinham alcançado proporções realmente espetaculares. A IBM, a Texas Instruments, a Varian, a Litton Industries e a Ampex são alguns exemplos dos quais me lembro agora. Entretanto, em 1955, tudo isso ainda estava por vir. Naquele tempo, com exceção da IBM, todas essas ações eram consideradas altamente especulativas e não eram levadas em conta pelos investidores conservadores ou por grandes instituições. Todavia, pressentindo parte do que aconteceria no futuro, eu adquiri aquilo que para mim significava posições de destaque tanto na Texas Instruments como na Motorola no final de 1955.

Hoje em dia, a Texas Instruments é a maior produtora mundial de semicondutores, junto com a Motorola na segunda posição. Naquele tempo, a posição da Motorola na indústria de semicondutores era insignificante. Não era relevante para mim comprar ações daquela companhia. Por outro lado, fiquei impressionado tanto com o potencial humano como com a posição dominante da Motorola nos negócios da comunicação móvel, na qual parecia residir um potencial enorme, enquanto a comunidade financeira apenas a via como mais uma fabricante de televisores e de aparelhos de rádio. A ascensão subsequente da Motorola na área de semicondutores, resultando, pelo menos em parte, da aquisição de serviços do dr. Daniel Noble, surgiria mais tarde e era algo que eu não previra no momento da compra. No caso da Texas Instruments, além do respeito e do apreço que eu tinha pelas pessoas, fui influenciado por uma série de crenças diferentes. Eu via, assim como também outras pessoas, um futuro espetacular que podia ser construído do negócio de transistores, enquanto as complexidades dos semicondutores eram produzidas pela criatividade humana. Achei que aquelas eram pessoas que podiam competir pelo menos num nível semelhante, e talvez até melhor, com a General Electric, a RCA, a Westinghouse e outras empresas gigantescas, apesar da opinião da maioria em Wall Street. Muitos me criticaram por arriscar recursos financeiros numa pequena "empresa especulativa" que eles acreditavam estar prestes a sofrer com a competição das grandes corporações.

Depois de comprar essas ações, os resultados em curto prazo dentro do mercado de ações foram bem diferentes. No período de um ano, as ações da Texas Instruments haviam aumentado o seu valor consideravelmente. A Motorola flutuava num índice de 5% a 10% abaixo do meu custo de compra. O desempenho deixava tanto a desejar que um de meus principais clientes ficou tão irritado com a sua atuação no mercado a ponto de se recusar a chamar a Motorola pelo nome. Ele se referia à companhia apenas como "aquele abacaxi que você comprou para mim". Essas citações pouco satisfatórias deveriam continuar por mais de um ano. No entanto, enquanto a consciência do significado do investimento no setor de comunicações da Motorola passou a dominar a comunidade financeira, ao lado dos primeiros sinais de uma virada na área dos semicondutores, as ações se tornaram um investimento extraordinário.

Enquanto comprava ações da Motorola, eu fazia isso junto com uma companhia de seguros que havia deixado a direção da empresa saber que eles também estavam interessados nas conclusões da minha primeira visita. Logo depois que a companhia de seguros também comprou uma quantidade significativa de ações da Motorola, ela submeteu todo o seu portfólio a um banco de Nova York para avaliação. Com exceção da Motorola, o banco dividiu esse portfólio em três grupos: o grupo mais atraente, o mediano e o menos atraente. Eles se recusaram, no entanto, a inserir a Motorola em qualquer categoria, afirmando que ela não era o tipo de empresa com a qual eles gastariam o seu tempo; portanto, eles não tinham nenhuma opinião sobre ela. No entanto, um dos funcionários da companhia de seguros me disse três anos depois que, em face dessa visão bastante negativa em Wall Street, a Motorola havia até aquele momento tido um desempenho acima da média em todas as ações do seu portfólio! Se eu não tivesse aplicado minha "regra dos três anos", talvez não tivesse mantido as ações da Motorola intactas num período de desempenho ineficiente do mercado e diante das críticas de alguns clientes.

Para toda regra há exceções... porém não muitas

Já aconteceu alguma vez de eu ter vendido ações em razão dessa regra de três anos e depois me arrepender por causa de um grande aumento nos títulos? Na verdade, houve apenas um número relativamente pequeno de vezes em que vendi ações impulsionado apenas por essa regra e mais nada. Isso não se deve ao fato de essas vendas terem fracassado poucas vezes em gerar o aumento que eu almejava ao comprá-las. Na maioria desses casos, outras reflexões sobre a companhia se abriram, de modo que continuei a investigar os aspectos adicionais da situação e essas reflexões fizeram com que eu modificasse meus conceitos sobre ela. Todavia, nesse número relativamente pequeno de casos em que preponderava apenas a regra dos três anos para me impulsionar a vender, não me lembro de um único caso em que a ação subsequente do mercado me fizesse achar que eu devia ter mantido as ações.

Eu alguma vez violei a regra dos três anos? Sim. Precisamente uma vez, e isso foi muitos anos depois, em meados dos anos 1970. Três anos antes, eu havia adquirido um lote relativamente substancial de ações na Rogers Corporation. A Rogers era especializada em algumas áreas ligadas à indústria química dos polímeros e eu acreditava que eles estavam a caminho do desenvolvimento de alguns tipos de produto que apresentariam um excepcional aumento nas vendas, não apenas por um ou dois, mas por vários anos. Entretanto, ao término de três anos as ações estavam em baixa, sem mencionar os lucros da companhia. Muitas influências no trabalho, no entanto, me fizeram achar que aquele seria um momento de ignorar meus próprios critérios e abrir uma exceção à regra. Uma delas era meu forte sentimento por Norman Greenman, o presidente da empresa. Eu estava convencido de que ele contava com a habilidade extraordinária, a determinação de enxergar a fundo essas questões, bem como com algo mais que eu considero de grande valor para um investidor inteligente: a honestidade que não lhe permitia ocultar as más notícias inevitáveis que lhe provocavam constrangimento. Ele via nisso que aqueles interessados na sua companhia compreendiam todos os aspectos desfavoráveis do que estava acontecendo, bem como o potencial favorável.

Houve outro elemento que me influenciou bastante: a razão principal de os lucros da companhia estarem tão baixos era que a Rogers gastava dinheiro demais com o desenvolvimento de um único produto novo com perspectivas de grandes resultados. Isso desviava dinheiro e potencial humano de outros produtos promissores que não contavam com tanto apoio da empresa. Novos produtos do mesmo gênero apresentavam um magnífico potencial comercial. Quando a decisão dolorosa de abandonar todos os esforços sobre aquele produto específico foi tomada, ficou claro que outras inovações promissoras começariam a desabrochar. Tudo isso, no entanto, levou algum tempo. Nesse ínterim, o fracasso da companhia em responder às expectativas daqueles que haviam adquirido as ações fez com que elas caíssem a níveis absurdos em relação às suas vendas, aos seus recursos, ou a qualquer tipo de potencial de lucro. Esse é um exemplo clássico de mudança de direção da ação a ser seguida ante a comunidade financeira. Portanto, sem considerar a regra de três anos, eu pude aumentar meus títulos em carteira e os de meus clientes, embora somente alguns deles, influenciados pelos anos de espera e pelo desempenho negativo, olhassem para a situação com certo grau de apreensão. Como é normal em situações desse tipo, quando houve a mudança, ela veio depressa. Como ficou claro que a recuperação dos lucros não era uma questão de um ou dois anos, e sim que havia fortes indicações para a criação de uma base para um crescimento genuíno e duradouro, as ações continuaram a subir proporcionalmente.

Uma experiência com o "tempo" do mercado

Tudo isso, entretanto, me leva anos à frente na minha história, pois, voltando à década de 1930, havia muito ainda a aprender com minha experiência e meus erros enquanto minha filosofia de investimento gradualmente se formava. Na minha avaliação, visando ganhar dinheiro com as ações do mercado, comecei a perceber que eu poderia contar com um subproduto de meus estudos sobre a Food Machinery Corporation. Grande parte dos seus negócios dependia da indústria de enlatados de frutas e legumes, de modo que, para ter absoluta certeza sobre a aquisição das ações dessa companhia, eu aprendi muito sobre o que influenciava o destino das empresas ligadas a esse setor. Era um setor industrial extremamente cíclico em razão das condições gerais flutuantes do negócio, além das circunstâncias climáticas incertas que afetavam e ainda afetam as lavouras.

À medida que eu me familiarizava com as características da indústria de embalagens, decidi que poderia também tentar tirar algum proveito desse conhecimento, não por investimentos em longo prazo, como fiz com a Food Machinery, mas pela negociação das ações da California Packing Corporation, na época uma companhia independente e a maior empresa de embalagens em produtos enlatados. Por três vezes, desde o auge da Grande Depressão até o fim daquela década, eu comprei ações dessa companhia. Em todas as vezes, eu as vendi auferindo lucro.

Superficialmente, parecia que eu estava fazendo algo vantajoso. No entanto, quando, por motivos que pretendo explicar sucintamente, procurei analisar, alguns anos depois, as movimentações positivas e negativas que eu realizara em meus negócios, ficou absolutamente clara para mim a ingenuidade dessas atividades. Elas demandavam muito tempo e trabalho que poderia muito bem ter sido dedicado a outras coisas. Entretanto, as recompensas totais em dinheiro em relação aos montantes em risco eram insignificantes comparadas aos lucros que eu havia obtido na Food Machinery e em outras situações nas quais eu havia comprado ações em longo prazo e as mantido por um longo período. Além disso, eu já havia presenciado muitas negociações, incluindo algumas realizadas por pessoas extremamente brilhantes, e sabia que ter sucesso por três vezes seguidas era mais provável do que cair em desgraça pela quarta vez. Os riscos eram bem maiores do que aqueles envolvidos na compra de um número equivalente de ações de companhias que eu considerava suficientemente promissoras a ponto de mantê-las durante muitos anos de crescimento. Portanto, no final da Segunda Guerra Mundial, momento em que grande parte de minha atual filosofia de investimento estava praticamente formada, eu tomei o que acredito ser uma das decisões mais importantes de minha vida profissional. Ela se baseava em reunir todos os esforços unicamente para obter grandes lucros em longo prazo.

Alcançando o preço, a oportunidade precedente

Durante a década de 1930 eu aprendi, pelo menos em parte, algo mais que considero realmente importante. Já mencionei meu fracasso total em me beneficiar das minhas corretas previsões sobre o Grande Mercado em Baixa que começou em 1929. As teorias mais perfeitas do mundo não beneficiam em nada o investimento em ações, a menos que sejam convertidas em medidas específicas. Minha primeira experiência em operacionalizar meu próprio negócio ocorreu durante a Grande Depressão, quando pequenas quantidades de dinheiro tinham uma importância excepcional. Por causa disso, ou talvez por causa das minhas características pessoais, quando comecei meu empreendimento, me vi sempre batalhando por "merrecas". Os corretores que sabiam muito mais do que eu viviam me perguntando se faria alguma diferença comprar ações por US$ 10,00 ou por 10¼, já que o preço delas subiria diversas vezes seu valor corrente em alguns anos. Contudo, eu continuava a impor limites sem nenhuma outra razão que não fosse minha pura decisão arbitrária de que eu pagaria, digamos, não mais do que US$ 10⅛. Logicamente, isso é ridículo. Percebi tratar-se de um péssimo hábito de investimento, profundamente enraizado em algumas pessoas além de mim, é claro, e não observável em outras.

Os riscos potenciais dos limites arbitrários se tornaram evidentes para mim como resultado de um erro de terceiros. Eu me lembro como se fosse ontem quando encontrei um de meus clientes mais importantes por acaso em frente a um banco na cidade de São Francisco. Eu lhe disse que acabava de vir da Food Machinery Corporation, que as previsões eram as melhores possíveis e que eu achava que ele devia comprar algumas ações. Ele concordou plenamente comigo e me perguntou a cotação de fechamento do dia. Eu lhe respondi que era de US$ 34½. Ele foi incisivo ao me dizer que pagaria não mais do que US$ 33¾. Nos dois dias que se seguiram, as ações flutuaram numa faixa acima da sua oferta. Elas nunca baixaram até o nível oferecido por ele. Eu entrei em contato com ele duas vezes, insistindo que pagasse um pouco mais. Infelizmente, ele reafirmou seu preço. Dentro de poucas semanas, as ações já haviam subido mais de 50% e, depois de suas divisões, nunca mais caíram na história da companhia a um nível em que ele pudesse comprar.

O perfil desse cavalheiro me impressionou de um modo que minha própria estupidez, quando eu fazia o mesmo, não conseguia impressionar. Aos poucos, fui tentando superar essa minha fraqueza. Tenho plena consciência de que, quando um comprador pretende adquirir um grande lote de ações, ele não pode ignorar completamente essa questão dos valores mínimos. Entretanto, na grande maioria das negociações, a teimosia com relação a uma pequena diferença fracionária no preço pode se mostrar extremamente onerosa. Pessoalmente, superei por completo esse problema no que diz respeito à compra, porém apenas em parte com relação à venda. No ano passado, minha imposição de limites para a venda de ações no mercado me fez perder um excelente negócio, exatamente por causa de uma fração mínima, de modo que as ações que eu deixei de vender naquela época hoje estão 35% mais baixas desde quando eu as coloquei à venda. Eu as vendi apenas parcialmente e por um valor bem menor.

O amadurecimento da filosofia

A entrada dos Estados Unidos na Segunda Guerra Mundial não foi totalmente sem significado para o desenvolvimento da minha filosofia de investimento. No começo de 1942 eu me vi num papel pouco usual de oficial trabalhando para o Exército. Por três anos e meio, eu simplesmente "desviei" meu negócio prestando serviços em benefício de nosso querido Tio Sam. Nos últimos anos, eu tenho frequentemente afirmado que realizei um bom trabalho para meu país. Nem Hitler nem o imperador Hirohito jamais tiveram sucesso em penetrar os territórios que eu defendia. Esses territórios eram os estados do Arkansas, do Texas, do Kansas e de Nebraska! De qualquer forma, nessa época em que havia muitos empregos burocráticos ligados ao exército do Tio Sam, eu descobri, quase sem perceber, que estava trabalhando alternadamente em dois períodos. Algumas vezes, eu tinha tantas coisas para fazer que a última delas seria pensar no meu pacífico empreendimento. Outras vezes, eu sentava à minha mesa e não havia quase nada a ser feito. Quando as coisas estavam mais calmas, eu achava menos desagradável analisar em detalhes o modo como eu construiria meu negócio quando o feliz dia em que eu não mais usasse meu uniforme chegasse, em vez de ter de lidar com os problemas diários do Exército com os quais, até certo ponto, eu me confrontava. Foi durante esses períodos que minha atual filosofia de investimento assumiu uma forma mais definida. Foi nessa época que eu decidi que não havia futuro nas negociações complexas que eu havia descrito nas ações da California Packing.

Nesse período, cheguei a duas outras conclusões que significaram muito para meu futuro empreendimento. Antes da guerra eu havia prestado serviços a diversos tipos de clientes, grandes e pequenos, com objetivos variados. A maioria deles procurava encontrar companhias destacadas que vivenciariam um crescimento significativo acima da média nos anos futuros. Depois da guerra, eu limitei minha clientela a um pequeno grupo de grandes investidores com o objetivo de me concentrar apenas nessa única categoria de investimentos promissores. Por questões tributárias, o crescimento beneficiava esses clientes.

Minha outra conclusão principal era de que a indústria química viveria um período de grande crescimento nos anos pós-guerra. Portanto, um projeto de alta prioridade ao retornar para a vida civil era o de tentar encontrar as maiores e mais atraentes companhias de produtos químicos e torná-las um bem potencial para os recursos que eu administrava. Eu nunca dediquei 100% do meu tempo fazendo isso, mas, no primeiro ano, após recomeçar meu empreendimento, dediquei grande parte dele procurando pessoas com quem pudesse dialogar e com um conhecimento efetivo a respeito dessa indústria complexa. Tais pessoas, como distribuidores que trabalhavam com as linhas de produção de uma ou mais companhias de porte, professores universitários de cursos de química que conheciam pessoalmente as pessoas ligadas ao negócio, além de algumas pessoas ligadas às principais construtoras que haviam levantado diversas fábricas para vários produtores de produtos químicos, todos provaram ser fontes de informação extremamente úteis. Combinando essas informações com as análises dos dados financeiros correntes, levou apenas três meses para limitar as escolhas a apenas uma entre três companhias. A partir daquele momento, o curso foi mais vagaroso e as decisões mais difíceis. Entretanto, na primavera de 1947, eu decidi que a companhia Dow Química seria a minha escolha.

E pluribus unum

Havia muitas razões para a escolha da Dow Química dentre as muitas outras empresas promissoras. Seria útil enumerar algumas pelo fato de serem exemplos claros daquilo que procuro no número relativamente pequeno de empresas nas quais pretendo investir. Como passei a conhecer muitas pessoas na organização Dow, descobri que o crescimento que já havia ocorrido criava, em contrapartida, um estímulo bastante verdadeiro em diversos níveis administrativos. A crença de que até mesmo um crescimento maior ainda estava por vir permeava a organização. Uma das minhas questões prediletas ao dialogar com qualquer alto executivo pela primeira vez é o que ele considera ser o problema mais importante em longo prazo a ser enfrentado pela sua companhia. Quando fiz essa pergunta ao presidente da Dow, fiquei bastante impressionado com a resposta: "É resistir às fortes pressões para se tornar uma organização semelhante a uma estrutura militar à medida que se vai crescendo muito, além de manter uma relação informal em que pessoas de diferentes níveis e de diversos setores continuem a se comunicar umas com as outras de forma não hierárquica sem produzir, ao mesmo tempo, um caos administrativo".

Concordei plenamente com algumas outras políticas fundamentais da companhia. A Dow limitou suas atividades àquelas linhas de produto da indústria química das quais já era ou tinha grande chance de se tornar produtora eficiente no setor, como resultado de um volume maior, engenharia química de qualidade e conhecimento mais profundo do produto, ou por qualquer outra razão. A Dow tinha plena consciência da necessidade de uma pesquisa criativa, não apenas para estar à frente, mas também para continuar nessa posição. Eu tinha também um forte apreço pelo "fator humano" da Dow. Havia, em especial, uma necessidade de identificar pessoas com habilidades pouco usuais com antecedência para introduzi-las nas políticas e nos procedimentos peculiares da Dow, além de empenhar esforços para permitir que pessoas aparentemente talentosas que não estavam desempenhando bem determinada função fossem recolocadas em outra função mais adequada às suas características.

Percebi que embora o fundador da companhia, o dr. Herbert Dow, houvesse falecido há cerca de dezessete anos, suas crenças eram mantidas com tanto respeito que muitas coisas que ele havia dito eram repassadas para mim. Como seus comentários eram basicamente direcionados a questões ligadas à Dow, decidi que pelo menos dois deles eram igualmente apropriados ao meu próprio empreendimento, de modo que podiam ser aplicados tanto ao aperfeiçoamento da seleção de meus investimentos como a questões internas da companhia. Um deles era: "Jamais promova alguém que nunca tenha cometido grandes erros porque, se você o fizer, estará promovendo alguém que nunca fez nada". A não compreensão desse elemento por parte de tantas pessoas na comunidade financeira tem frequentemente criado oportunidades de investimento consideráveis no mercado de ações.

O verdadeiro desempenho no mundo dos negócios quase sempre requer um grau considerável de pioneirismo no qual a criatividade tem de ser temperada com praticidade. Esse fato é particularmente verdadeiro quando os lucros são almejados por meio da pesquisa tecnológica de ponta. Por mais habilidosas que as pessoas possam ser, ou mais geniais que sejam suas ideias, há momentos em que esses esforços fracassam, e fracassam pra valer. Quando isso acontece e os lucros anuais correntes caem drasticamente abaixo das estimativas juntando-se aos custos do fracasso, muitas vezes, o consenso imediato da comunidade de investimentos é atribuir tais fatos à má qualidade da direção. Como resultado, os lucros anuais mais baixos produzem uma queda maior no índice preço/lucro histórico expandindo o efeito dos lucros reduzidos. As ações em geral caem a preços realmente baixos. No entanto, se a gestão administrativa é a mesma que obteve sucesso no passado, a probabilidade de sucesso e fracasso no futuro tem a mesma proporção. Por essa razão, as ações de companhias administradas por pessoas extraordinariamente competentes podem representar grandes barganhas no momento em que um erro grave acontece. Por outro lado, a empresa que não procura inovar, não se arrisca e simplesmente segue o rumo da multidão representa um investimento medíocre em nossa era competitiva.

Outro comentário do dr. Dow que tentei aplicar ao processo de seleção de investimentos é: "Se você não puder fazer alguma coisa melhor do que os outros estão fazendo, então não faça absolutamente nada". Nos nossos dias de tanta intervenção governamental em tantas atividades empresariais, com altos impostos e tantos sindicatos, além das rápidas mudanças no gosto do público com relação aos produtos, o risco da posse de ações parece ter poucas garantias, a menos que seja restringido a companhias com um espírito competitivo suficiente para tentar constante e frequentemente ter sucesso, atuando de modo superior à indústria em geral. De nenhuma outra maneira, as margens de lucro são amplas o suficiente para atender às demandas de crescimento. Tal afirmação, obviamente, é em especial verdadeira nos períodos em que a inflação tem um efeito significativo na redução dos lucros.

História versus oportunidade

Havia alguns paralelos notáveis entre o período no qual eu iniciava meu empreendimento na grande depressão e os anos de 1947 até o começo de 1950, quando eu recomeçava minhas atividades, depois de um serviço militar que durou três anos e meio. Nos dois períodos era bastante difícil obter resultados imediatos para os clientes em face do pessimismo generalizado. Ambos deviam se mostrar compensadoras para aqueles que eram pacientes. No período anterior, as ações eram direcionadas a possivelmente o nível mais baixo com relação ao valor real observado no século XX, não apenas por causa da destruição econômica provocada pela Grande Depressão, mas também porque os preços eram a preocupação de muitos investidores, assim como saber se o sistema americano do empreendimento privado sobreviveria. Ele sobreviveu e, nos anos que se seguiram, as compensações daqueles que investiram nas ações indicadas foram fabulosas.

Apenas alguns anos depois da Segunda Guerra Mundial, outro temor manteve as ações em níveis quase tão baixos com relação ao seu valor intrínseco quanto aqueles observados no auge da Grande Depressão. Dessa vez, os negócios iam bem e os lucros corporativos subiam sem parar. Não obstante, quase toda a comunidade financeira estava hipnotizada por uma simples comparação. Alguns poucos anos depois da Guerra Civil, seguiu-se um período de prosperidade imediata depois do pânico de 1873 e quase seis anos de uma profunda depressão econômica. Um período relativamente semelhante de prosperidade depois da Primeira Guerra Mundial foi seguido do *crash* de 1929 e da depressão ainda pior de mesma duração. Na Segunda Guerra Mundial, os custos do conflito foram computados em bases diárias em dez vezes aqueles observados na Primeira Guerra Mundial. Portanto, em razão da visão de investimento dominante nesse período, os excelentes lucros correntes não significavam absolutamente nada. Eles provavelmente seriam seguidos de um *crash* violento e de um período de extrema adversidade em que todos sofreriam.

Com o passar dos anos, os lucros por ação de um número cada vez maior de corporações começaram a subir. Em meados de 1949, esse período passou a ser conhecido como a era em que "a economia americana valia mais morta do que viva", pois tão logo uma empresa de capital público estivesse prestes a encerrar suas atividades as suas ações subiriam dramaticamente. O valor de liquidação de muitas empresas era bem maior do que seu valor de mercado corrente. Ano após ano, vagarosamente, começou a despontar a ideia no investimento público de que talvez as ações seriam mantidas em razão de um mito. O esperado declínio dos negócios nunca aconteceu e, com exceção de duas recessões relativamente pequenas nos anos 1950, o palco estava sendo criado para as grandes compensações aos investidores que ainda estariam por vir em longo prazo.

Ao escrever este livro, nas últimas semanas antes do início da década de 1980, fico admirado com o fato de que não se tenha dado muita atenção a um novo estudo dos poucos anos da história do mercado de ações, que começou na segunda metade de 1946, para vermos se verdadeiros paralelos podem realmente existir entre aquele período e o período atual. Agora, pela terceira vez na minha vida, muitas ações têm novamente preços que, pelos padrões históricos, estão incrivelmente baixos. Com relação ao valor contábil registrado, elas não podem ser tão baratas quanto eram no período posterior à Segunda Guerra Mundial. Entretanto, se esse valor contábil registrado for reajustado como valor de substituição em dólares, essas ações podem estar ainda mais baratas em comparação aos dois períodos anteriores. Portanto, vale questionar: seriam as preocupações que retêm o valor das ações no período atual – tais como o alto custo da energia, os perigos da política de esquerda ou o crédito superexpandido, junto com a inevitável drenagem resultante no nível da atividade empresarial quando a liquidez é restaurada – mais sérias e efetivas para impedir o crescimento futuro no país, comparadas aos temores que retraíam os preços durante os dois períodos anteriores? Se a resposta for negativa, desde que os problemas do crédito superexpandido sejam solucionados, seria lógico assumirmos que a década de 1980 e as futuras podem oferecer as mesmas compensações que caracterizaram os dois períodos anteriores de preços incrivelmente baixos.

Lições dos anos de glória

Do ponto de vista dos negócios, os quinze anos a partir de 1954 até 1969 foram uma época magnífica para mim, bem como para a maioria das poucas ações do mercado que eu mantinha, pois elas avançaram de forma significativa, mais ainda do que o mercado como um todo. Mesmo assim eu cometi alguns erros graves. Os acertos decorreram da aplicação diligente das abordagens que eu já descrevi aqui. Os erros é que foram mais marcantes. Cada um deles me proporcionou uma nova lição.

A boa sorte pode provocar a negligência. O erro que mais me constrangeu, embora não fosse o mais oneroso, aconteceu em virtude da aplicação descuidada de um princípio fundamental.

No início dos anos 1960, eu tinha investimentos tecnológicos que se mostravam atraentes no campo da eletrônica, da química, da metalúrgica e das indústrias de maquinários. Eu não tinha um investimento comparável no campo promissor dos medicamentos e comecei a buscar um deles. No meu caminho, falei com um especialista da área médica preeminente no seu campo. Na época, ele estava bastante entusiasmado com um novo medicamento a ser introduzido por um pequeno fabricante do Meio-Oeste. Ele achava que esse medicamento poderia ter um impacto bastante favorável sobre os lucros futuros desse fabricante com relação aos demais nessa área. O mercado potencial parecia estar muitíssimo entusiasmado.

Na ocasião, eu falei somente com um dos funcionários dessa companhia e algumas poucas pessoas da área de investimentos, e todos se mostraram bastante entusiasmados com o potencial daquele novo medicamento. Não fiz nenhuma verificação com outras companhias do setor nem consultei outros especialistas para saber se eles tinham alguma evidência contrária para me oferecer. Além disso, eu soube depois que nenhum dos proponentes, por sua vez, tinha feito essa verificação.

As ações eram vendidas por um preço bem acima do seu valor antes de considerar os benefícios dessa nova ramificação de medicamentos, mas por um preço equivalente a uma fração mínima do valor potencial que seus defensores imaginavam. Eu comprei as ações apenas para vê-las cair; a princípio meros 20%, e depois mais de 50%. Por fim, a empresa foi vendida por um preço bem baixo a uma grande corporação não farmacêutica que tentava entrar no campo dos medicamentos. Mesmo por esse preço, agora algo menos que a metade do que eu havia pago pelas ações, eu posteriormente fiquei sabendo que a empresa adquirente havia perdido dinheiro na negociação. Essa nova ramificação de medicamentos não somente fracassou, frustrando as expectativas projetadas pelo meu amigo especialista, como também, depois de um reexame *post-mortem* da situação, revelou problemas administrativos nessa pequena fabricante de medicamentos. Por meio de uma investigação mais detalhada, acredito que as falhas teriam ficado claras para mim.

Desse momento embaraçoso em diante, tentei ser particularmente mais detalhista ao fazer investigações em períodos em que as coisas vão bem. A única razão pela qual esse investimento estúpido não foi mais oneroso se deveu à minha precaução. Como eu tinha tido apenas um contato superficial com a direção, fiz somente um pequeno investimento inicial, planejando comprar mais ações assim que começasse a conhecer melhor a companhia. Os problemas da empresa me ultrapassaram antes que eu tivesse a chance de remediar meu erro.

Enquanto o longo período de alta alcançava o ápice final em 1969, outro erro aconteceu. Para compreender o ocorrido é necessário recriar a febre psicológica que acometia a maioria dos investidores em ações científicas e tecnológicas daquela época. As ações dessas companhias, especialmente muitas ações das empresas menores, contavam com avanços bem maiores em comparação com o mercado como um todo. Durante 1968 e 1969, apenas nossa imaginação poderia ultrapassar os sonhos de sucesso iminente para muitas dessas empresas. Algumas dessas situações tinham um potencial legítimo, é claro. A discriminação estava em baixa. Por exemplo, qualquer empresa que servisse a indústria de computadores de alguma maneira representava um futuro promissor que muitos acreditavam ser quase ilimitado. Essa febre contagiou também as empresas dos setores científicos e instrumentais.

Até aquele momento, eu resisti à tentação de entrar em qualquer uma dessas empresas similares que haviam "se tornado públicas" com preços bastante altos nos dois anos anteriores. No entanto, estando em contato frequente com aqueles que patrocinavam essas empresas estimulantes, passei a procurar algumas que fossem realmente atraentes. Em 1969, encontrei uma companhia de equipamentos trabalhando numa nova e extremamente interessante fronteira da tecnologia; uma companhia que contava com bases verdadeiras para a sua existência. A empresa era administrada por um presidente brilhante e honesto. Eu ainda me lembro de ter tido um encontro com esse homem e me dirigido ao aeroporto tentando decidir se compraria ou não as ações da sua companhia pelo preço de mercado. Depois de muita reflexão, decidi ir em frente.

Eu estava certo ao diagnosticar o potencial dessa companhia, pois ela realmente cresceu nos anos seguintes. Não obstante, ela foi um investimento pobre. Meu erro estava no preço que eu havia pago pelas ações. Alguns anos mais tarde, depois de a companhia ter apresentado um crescimento respeitável, eu vendi aquelas ações, mas por um preço um pouco acima de meu custo original. Embora eu acreditasse estar certo em vender as ações quando achei que a companhia havia atingido um ponto em que o seu crescimento futuro era incerto, abrir mão de um investimento por um lucro pequeno depois de tê-lo mantido durante anos não é a maneira correta de fazer crescer o capital ou protegê-lo da inflação. Nesse caso, o desempenho frustrante foi o resultado de ter sido seduzido pelas emoções do momento, pagando um preço inicial totalmente fora da realidade.

Faça pouco, faça benfeito

Um julgamento errôneo da estratégia de minha parte provocou um erro bastante distinto que me custou uma quantia significativa em dinheiro. Meu erro foi confiar em minha habilidade além dos limites da experiência. Eu comecei a investir fora dos setores industriais que eu conhecia a fundo e em esferas de atividade completamente diferentes; situações nas quais eu não contava com um conhecimento prévio.

No que diz respeito a empresas de produção que atendem a mercados industriais ou companhias de tecnologia de ponta que servem fabricantes, acredito que sei exatamente o que procurar – onde estão os pontos fortes e os pontos fracos. Entretanto, habilidades diferentes se mostraram importantes na avaliação de companhias que produzem e vendem produtos de consumo. Quando produtos de empresas competitivas são, em essência, semelhantes entre si, e quando mudanças na participação no mercado dependem em grande parte de alterações de hábitos ou tendências do consumidor, amplamente influenciados pela propaganda, observo que as habilidades em selecionar empresas tecnológicas de destaque não extrapolam a ponto de identificar o que um sucesso incomum pode produzir nas operações de títulos.

Outros podem se dar bem em áreas de investimento diversificadas. Talvez, diferentemente de outros tipos de erros que cometi durante minha carreira, esse em especial poderia ser ignorado por terceiros. Não obstante, um analista deve saber os limites da sua competência e utilizá-la apropriadamente.

Manter ou vender mediante a previsão de possíveis períodos de baixa no mercado?

Será que um investidor deve vender ações promissoras diante de um mercado potencialmente ruim? Nessa questão, temo que conto com uma visão minoritária devido à psicologia de investimento prevalecente hoje. Agora, mais do que nunca, os atos dos que controlam a maior parte dos investimentos de capital nos Estados Unidos refletem a crença de que, quando um investidor alcança um lucro considerável com ações e teme sua queda, ele deve subtrair esse lucro e vendê-las. Meu ponto de vista é bastante diferente. Mesmo que as ações de uma companhia específica pareçam estar próximas de seu pico (ou mesmo tê-lo alcançado), e que um declínio possa acontecer num futuro próximo, eu não as venderia, pois acredito que o seu futuro em longo prazo pode ser bastante atraente. Quando vejo que o preço dessas ações deve subir ao topo, em níveis acima dos preços correntes dentro de alguns anos, prefiro mantê-las. Minha crença se baseia em algumas considerações fundamentais sobre a natureza do processo de investimento. Empresas com perspectivas verdadeiramente extraordinárias são bastante difíceis de encontrar, pois não existem muitas delas. Entretanto, para alguém que compreende e aplica fundamentos eficientes, acredito que uma companhia realmente destacada pode ser diferenciada de uma empresa comum com cerca de 90% de precisão.

É muito mais difícil prever como um grupo de ações específicas vai reagir nos primeiros seis meses. Estimativas de desempenho em curto prazo começam com estimativas econômicas dos próximos níveis dos negócios em geral. No entanto, o registro de previsões antecipando mudanças no ciclo dos negócios em geral tem representado um grande abismo. Essas previsões podem estar totalmente erradas em casos de recessão, além de ser ainda mais imprecisas na duração e no grau de gravidade. Ademais, nem o mercado de ações como um todo nem o curso de um grupo de ações em especial tendem a se movimentar paralelamente com o clima dos negócios. Mudanças na psicologia de massa e na maneira como a comunidade financeira, como um todo, avalia os negócios genericamente ou determinado grupo de ações podem ter importância primordial e variar de forma imprevisível. Por essas razões, acredito ser difícil fazer uma previsão correta para uma movimentação das ações em curto prazo em mais de 60% das vezes sem considerar as habilidades em questão. Talvez essa seja até mesmo uma estimativa otimista. Por isso, não faz sentido abrir mão de uma probabilidade de 90% de estar certo em razão de uma influência na qual você conta apenas com 60% de chance de estar certo.

Além disso, para aqueles que buscam maiores ganhos por meio de investimentos em longo prazo, a probabilidade de sucesso não é o único ponto a ser considerado. Se o investimento é feito em uma empresa bem administrada e financeiramente fortalecida, até mesmo o pior mercado em baixa não afeta o valor dos títulos. Por outro lado, ações verdadeiramente valiosas em geral contam com picos subsequentes em percentuais centenas de vezes acima dos seus picos anteriores. Dessa forma, as considerações risco/compensação favorecem o investimento em longo prazo.

Portanto, colocando tudo isso em termos matemáticos simples, tanto a probabilidade como as considerações risco/compensação favorecem a manutenção dos títulos. Há uma chance bem maior de erro em estimativas de mudanças adversas em curto prazo para ações valiosas do que na projeção do seu potencial de valorização em longo prazo. Se o investidor mantiver as ações adequadas, mesmo durante uma baixa temporária no mercado, ele estará temporariamente, na pior das hipóteses, abaixo de 40% do pico anterior e logo se recuperará. Se, porém, ele vender e *deixar de comprar novamente*, perderá os lucros em longo prazo numa proporção muitas vezes maior que os ganhos auferidos em curto prazo por ter antecipado as vendas num período de reversão. Tenho notado que é tão difícil cronometrar corretamente os movimentos de preços das ações num período próximo que os lucros auferidos em alguns casos, quando essas ações são vendidas e depois substituídas por preços significativamente mais baixos, são reduzidos pelos lucros perdidos quando a previsão do momento de ocorrência é incorreta. Muitos investidores vendem as ações muito rápido sem retornar ao mercado, postergando demais o reinvestimento para reaver possíveis lucros.

O exemplo que vou dar para ilustrar essa questão é um fato que vivenciei. Em 1962, dois dos principais investimentos do setor eletrônico que eu havia realizado subiram tanto que tornaram o movimento de preços em curto prazo extremamente perigoso. As ações da Texas Instruments estavam sendo vendidas por mais de quinze vezes o preço que eu havia pago por elas sete anos antes. Outra companhia da qual eu comprara ações cerca de um ano depois, que chamarei aqui pelo nome fictício de "Central California Electronics", havia alcançado um percentual semelhante. Enfim, os preços haviam ido longe demais. Consequentemente, informei cada um de meus clientes de que os preços dessas ações não eram reais e os desencorajei de utilizar esses valores como medida do seu valor líquido corrente. Essa é uma prática que eu dificilmente utilizo; uso-a apenas quando tenho uma forte e incomum convicção de que o próximo movimento importante de algumas das minhas ações vai ser de baixa. No entanto, em face dessa convicção, pedi a meus clientes que mantivessem seus títulos, na crença de que, em alguns anos, essas ações subiriam a níveis bem mais elevados. Quando veio a correção em valores para essas ações, ela foi ainda mais severa do que aquilo que eu previra. A Texas Instruments estava vendendo ações 80% acima do seu pico em 1962. A Central California Electronics não tinha tido um desempenho tão bom, mas mesmo assim vendia a quase 60%. Minha filosofia tinha sido testada ao extremo!

Entretanto, em poucos anos, a Texas Instruments, mais uma vez, vendia suas ações em níveis elevadíssimos, mais do que o dobro daqueles observados em 1962. A paciência havia valido a pena nesse caso. O desempenho da Central California Electronics não foi feliz. Enquanto o mercado de ações começou a se recuperar, os problemas com a direção da Central California Electronics se tornaram evidentes. Ocorreram mudanças no quadro de pessoal. Eu fiquei bastante preocupado e fiz o que considero ser uma investigação detalhada. Cheguei a duas conclusões e nenhuma delas me agradou. Uma delas é o fato de eu ter julgado erroneamente a administração anterior. Eu deveria ter tido uma consciência maior das suas deficiências. E não me sentia suficientemente entusiasmado com a nova direção para justificar a manutenção daquelas ações. Consequentemente, eu as vendi no período anual imediato por um preço apenas um pouco maior do que a metade daquele observado no pico de 1962. Mesmo assim, meus clientes, confiando no preço de compra aplicável na época, puderam obter um lucro de sete a dez vezes o custo original.

Eu deliberadamente citei um exemplo otimista para ilustrar minha crença em ignorar flutuações em curto prazo em situações promissoras. Meu erro com relação ao exemplo da Central California Electronics não foi o de manter as ações no decorrer de um declínio temporário, mas algo muito mais importante. Eu havia me tornado complacente demais em decorrência do enorme sucesso de meus investimentos nessa companhia. Comecei a prestar atenção demais naquilo que me era dito pela alta administração e não fiz uma checagem adequada com o pessoal de níveis inferiores e os clientes. Quando me dei conta da situação e tomei uma atitude, fui capaz de obter os mesmos lucros que eu esperava auferir com a Central California Electronics, transferindo esses recursos para outras companhias do setor eletrônico, basicamente a Motorola, que felizmente cresceu nos anos seguintes numa proporção bem maior do que a Central California Electronics.

O conhecimento absoluto pode significar perda de dinheiro

Há ainda mais para aprendermos com a Texas Instruments e a Central California Electronics. Quando eu adquiri originalmente essas ações da Texas Instruments no verão de 1955, elas eram compradas para um investimento em longo prazo. A companhia parecia garantir inteiramente esse grau de confiança. Cerca de um ano depois, as ações haviam dobrado. Com uma só exceção, os diversos proprietários dos fundos que eu administrava, familiarizados como estavam com meu método de operações, já não demonstravam tanto interesse em adquirir lucros da maneira como eu. Entretanto, naquele tempo, eu contava com uma conta relativamente nova de propriedade de pessoas que, no seu próprio negócio, costumavam acumular patrimônio quando o mercado estava em baixa e reduzi-lo quando estava em alta. Agora que a Texas Instruments havia dobrado o valor das suas ações, eles exerciam uma forte pressão para vender, ao que por algum tempo eu fui capaz de resistir. Quando as ações subiram um adicional de 25% para proporcionar-lhes um lucro de 125% do seu custo, a pressão para vender passou a ser ainda maior. Eles diziam concordar comigo. Alegavam que gostavam da companhia, mas que podiam comprar novamente por um preço melhor numa fase de baixa. Eu finalmente consegui persuadi-los a manter parte dos títulos e vender o restante. No entanto, quando veio o grande período de baixa muitos anos depois e as ações caíram 80% do seu pico máximo, a nova margem ainda estava quase 40% mais alta do que o preço pelo qual esse acionista ansioso pretendia vender!

Depois de um avanço bastante acentuado, um grupo de ações quase sempre parece alto demais para aqueles pouco experientes em finanças. Esse cliente demonstrou outro risco para aqueles que seguem a prática de vender ações que ainda contam com grandes perspectivas de crescimento simplesmente por observarem bons ganhos sobre ações que pareçam temporariamente supervalorizadas. Esses investidores raramente compram essas ações novamente por preços mais altos quando estão errados e perdem ganhos adicionais de proporções dramáticas.

Correndo o risco de ser repetitivo, deixe-me ressaltar minha crença de que os movimentos de preços em curto prazo são, por natureza, tão traiçoeiros na sua previsão que eu não acredito ser possível realizar processos de compra e venda e, ao mesmo tempo, auferir os lucros que se destinam ao acionista em longo prazo.

A grande sombra dos dividendos

Nesses comentários, tentei demonstrar que, com o passar dos anos, várias experiências contribuíram gradualmente para formar minha filosofia de investimento. Entretanto, não me recordo de nenhum evento específico, um erro ou alguma oportunidade favorável que fosse, que me fizesse chegar às minhas conclusões sobre os dividendos. Muitas observações, no decorrer dos anos, aos poucos cristalizaram meus pontos de vista. Comecei estabelecendo a crença de que, conforme amplamente aceito há quarenta anos e até os dias de hoje, os dividendos eram algo altamente favorável ao acionista e algo que deveria ser recebido com entusiasmo. Depois disso passei a observar que algumas empresas tinham muitas ideias novas emergindo dos seus setores de pesquisa e, no entanto, não podiam capitalizar todas elas. Os recursos eram escassos demais ou muito onerosos. Comecei a pensar como seria melhor para alguns acionistas se, em vez de pagar dividendos, alguns recursos da companhia fossem retidos e investidos em outros produtos inovadores.

Passei rapidamente a reconhecer que os interesses dos acionistas não eram idênticos. Alguns investidores necessitavam de uma renda de dividendos para se sustentar. Esses acionistas preferiam, sem sombra de dúvida, os dividendos correntes a lucros maiores no futuro ou valorizar suas ações pelo investimento em produtos e tecnologias promissoras. Esses investidores podiam encontrar aplicações em empresas cujas necessidades e oportunidades para o uso produtivo do capital não fossem exigentes demais.

Todavia, e quanto ao acionista cujo poder de lucro ou outras fontes de renda excediam as necessidades e que economizava dinheiro regularmente? Não seria melhor para ele se a companhia utilizasse os dividendos, frequentemente sujeitos a altas tributações, e os reinvestisse num crescimento futuro com a isenção de impostos?

Logo depois da Segunda Guerra Mundial, quando comecei a concentrar minhas atividades de investimento quase que unicamente na obtenção de maior valorização do capital em longo prazo, outro aspecto da questão do pagamento de dividendos se tornou ainda mais evidente. As empresas com as maiores perspectivas de crescimento sofriam uma pressão enorme para não pagar dividendos. A sua necessidade de recursos e a sua habilidade de utilizá-los produtivamente eram bastante grandes. O custo do desenvolvimento desses novos produtos era apenas a primeira grande drenagem sobre o capital necessário para financiar o crescimento. Depois disso, surgiam elevadas despesas de marketing, necessárias para apresentar esses produtos ao consumidor. Diante do sucesso dessas duas primeiras etapas, era necessária a expansão das unidades de produção para comportar o volume crescente. Uma vez que a nova linha de produção estava pronta, ainda havia exigências de capital adicionais para os inventários e contas a receber que, em muitos casos, crescem quase numa proporção direta ao volume dos negócios.

Parecia haver um interesse natural comum entre as empresas com abundantes oportunidades de investimento e certos investidores que buscavam auferir os maiores lucros possíveis com relação ao risco envolvido e nem necessitavam de uma renda adicional nem queriam pagar impostos desnecessários. Acredito que tal tipo de investidor deve restringir seus investimentos a companhias que não pagam dividendos com um forte potencial de lucro e outras possibilidades de reaplicar os lucros. Esses eram os clientes que eu procurava servir na época.

Recentemente, todavia, a situação tem sido menos definida. Os acionistas institucionais se transformaram numa força em crescente dominância nas transações diárias do mercado de ações. Instituições tais como aposentadorias e fundos de participação nos lucros não pagam imposto de renda sobre os dividendos. Muitos deles, por uma questão de princípios, não investem numa companhia, a menos que ela pague algum dividendo, mesmo que seja um valor mínimo. Para atrair e manter esses compradores, muitas empresas com boas perspectivas passaram a pagar dividendos modestos com um percentual relativamente pequeno sobre o lucro total anual. Os diretores de algumas empresas supostamente promissoras têm reduzido ao mesmo tempo os dividendos de forma drástica. Hoje em dia, a habilidade de investir lucros acumulados de maneira sensata se tornou um fator ainda mais crítico para distinguir uma companhia de destaque das demais.

Por essas razões, acredito que o máximo que se pode afirmar nessa questão dos dividendos é que se trata de uma influência que não deve ser valorizada por aqueles que não necessitam do lucro. Em termos gerais, outras oportunidades atraentes podem ser encontradas em ações que pagam dividendos baixos, ou até mesmo não pagam dividendo algum. No entanto, o sentimento geral de que o pagamento de dividendos é benéfico ao investidor (em muitos casos isso é verdadeiro) é tão comum entre os que determinam as políticas de dividendos que ocasionalmente tenho encontrado oportunidades atraentes em meio a empresas que pagam altos dividendos, embora isso não aconteça com frequência.

O mercado é eficiente?

Com a chegada dos anos 1970, quase toda a minha filosofia de investimento já estava formada, moldada por minha experiência das quatro décadas anteriores. Não é coincidência que, com apenas uma exceção, todas as atitudes, sensatas ou não, que eu citei como exemplos que contribuíram para que eu formasse a estrutura dessa filosofia tratava-se de incidentes que ocorreram durante essas quatro décadas. Isso não significa que eu não tenha cometido erros nos anos 1970. Infelizmente, não importa quanto eu tente, às vezes tenho de quebrar a cara mais de uma vez, exatamente como nos velhos tempos, para poder aprender. No entanto, nos exemplos que utilizei, eu costumo mencionar um evento específico para ilustrar meu ponto de vista, explicando a relação do caso concreto com os fatos.

Seria útil observar os surpreendentes paralelos em cada um desses períodos de dez anos do nosso passado. Com a possível exceção dos anos 1960, não houve uma só década na qual não houvesse um período em que a visão predominante tinha influências externas tão grandes, e tão além do controle das administrações corporativas individuais, que até mesmo os investimentos mais sensatos no mercado de ações eram temerários e, talvez, não indicados a pessoas prudentes. Durante alguns anos na década de 1930, essa visão estava na sua fase extrema, influenciada pela Grande Depressão, mas talvez não mais do que o temor que o mecanismo de guerra alemão e a Segunda Guerra Mundial poderiam causar nos anos 1940, a certeza de que outra depressão de grandes proporções abalaria a década de 1950, ou o medo da inflação e de medidas governamentais hostis nos anos 1970. Entretanto, cada um desses períodos criou oportunidades de investimento que pareciam quase inacreditáveis com todas as vantagens da sua análise posterior. Em cada uma dessas cinco décadas havia muitas, e não poucas, oportunidades no mercado de ações que, dez anos mais tarde, produziriam lucros chegando a percentuais altíssimos para aqueles que haviam adquirido e mantido alguns títulos. Em alguns casos, os lucros chegariam aos quatro dígitos da casa percentual. Mais uma vez, em cada uma dessas cinco décadas, algumas ações que eram as queridinhas especulativas do momento provariam ser as armadilhas mais perigosas para os que seguiam cegamente as tendências do mercado, em vez de agir com sensatez. Todos esses períodos de dez anos lembravam essencialmente os demais, no que diz respeito a grandes oportunidades que surgiam de situações extremamente atraentes, porém ignoradas pelos investidores em razão da opinião negativa da comunidade financeira. Ao lembrar as diversas forças que influenciaram o mercado de títulos e valores no decorrer dos últimos cinquenta anos e as grandes ondas de otimismo e pessimismo generalizado que se sucederam nesse período, o velho provérbio francês *"Plus ça change, plus c'est la meme chose"* (Quanto mais as coisas mudam, mais elas continuam as mesmas) vem à nossa mente. Não tenho a menor dúvida de que ao entrarmos na década de 1980, com todos os problemas e perspectivas que nos são apresentados, o mesmo princípio continua a ser verdadeiro.

A falácia do mercado eficiente

Nos últimos anos, muita atenção tem sido dispensada a um conceito que acredito ser falacioso. Refiro-me à noção de que o mercado é perfeitamente eficiente. Tal como outras crenças falsas em outras épocas, uma visão oposta pode abrir oportunidades para um bom discernimento.

Para aqueles pouco familiarizados com a teoria do mercado "eficiente", o adjetivo "eficiente" não se refere à óbvia eficiência mecânica do mercado. Um comprador ou vendedor potencial pode colocar sua oferta no mercado e a negociação pode ser efetivada em questão de minutos. A "eficiência" também não se refere ao mecanismo de ajuste delicado que faz o preço das ações subir ou cair de forma fracional em resposta a modestas mudanças na pressão relativa exercida por compradores e vendedores. Em vez disso, esse conceito sustenta que, a qualquer momento, os preços do mercado "eficiente" são considerados capazes de refletir inteira e realisticamente tudo o que se sabe sobre uma companhia. A menos que alguém tenha alguma informação significativa, secreta e ilícita, não há nenhuma maneira de detectar barganhas genuínas, já que as influências favoráveis que fazem um comprador potencial crer na existência de uma situação atraente já estão refletidas no preço das ações!

Se o mercado fosse tão eficiente como se acredita, e se boas oportunidades para comprar e significativas razões para vender não fossem tão instáveis, o retorno do investimento em ações consequentemente não sofreria tantas oscilações. Quando falo em oscilações, não me refiro a alterações nos preços de mercado como um todo, e sim à dispersão das alterações de preço relativas de algumas ações em contraposição a outras. Se o mercado é eficiente quanto às perspectivas, então o nexo da análise que nos conduz a essa eficiência é, em termos gerais, deficiente.

A teoria do mercado eficiente se desenvolveu de uma prática aleatória. As pessoas que a criaram achavam difícil identificar estratégias técnicas que funcionassem bem nos custos das negociações visando proporcionar um lucro atraente em relação aos riscos. Eu não discordo delas nesse ponto. Como vimos, eu acredito ser muito difícil ganhar dinheiro com a comercialização baseada em previsões do mercado em curto prazo. Talvez o mercado seja eficiente nesse sentido estrito da palavra.

Muitos de nós somos, ou deveríamos ser, investidores, e não comerciantes. Deveríamos buscar oportunidades de investimento com perspectivas extraordinárias em longo prazo e evitar aqueles com perspectivas limitadas. Esse tem sido sempre, em qualquer hipótese, o dogma principal da minha abordagem dos investimentos. Não creio que os preços sejam eficientes para o investidor de longo prazo, diligente e bem informado.

Um fato diretamente aplicável a essa tese ocorreu em 1961. No decorrer daquele ano, como aconteceu também em 1963, eu assumi a tarefa estimulante de substituir o professor de finanças que lecionava na cadeira de investimentos da Escola de Administração da Universidade Stanford. O conceito de mercado "eficiente" não era enxergar a luz do dia por muitos anos no futuro nem tinha nada a ver com minha motivação no exercício que vou descrever a seguir. Em vez disso, eu pretendia mostrar a esses alunos, de um modo que eles nunca esqueceriam, que as flutuações do mercado como um todo eram insignificantes comparadas às diferenças entre as alterações de preço de algumas ações entre si.

Eu dividi a classe em dois grupos distintos. O primeiro pegou a lista alfabética das ações da Bolsa de Valores de Nova York, começando com a letra A; o segundo grupo, começando com a letra T. Todas as ações foram incluídas em ordem alfabética (exceto as preferenciais e de utilidade pública, que considero espécies diferentes de ações). Cada aluno era responsável por quatro dessas ações, consultava o preço de fechamento do último dia útil de 1956, reajustava os dividendos, calculava o valor nominal (os direitos eram ignorados por não terem grande impacto nos cálculos adicionais) e comparava esse preço com o de uma sexta-feira, o dia 13 de outubro. O aumento ou decréscimo do percentual que ocorreu em cada uma das ações naquele período de quase cinco anos foi observado. As médias da Dow Jones subiram de 499 para 703, ou seja, 41% no período. No total, havia 140 ações nessa amostra. Os resultados estão discriminados na tabela abaixo:

Capital percentual Lucro ou perda	No. de ações em grupo	Percentual total do grupo
200% a 1.020% de lucro	15 ações	11%
100% a 199% de lucro	18 ações	13%
50% a 99% de lucro	14 ações	10%
25% a 49% de lucro	21 ações	15%
1% a 24% de lucro	31 ações	22%
Inalteradas	3 ações	2%
1% a 49% de perda	32 ações	23%
50% a 74% de perda	6 ações	4%
	140 ações	100%

Esses dados são bem esclarecedores. Num período em que as médias da Dow Jones subiram 41%, 38 ações, ou seja, 27% do total, mostraram uma perda de capital. Seis delas, ou seja, 4% do total, registraram uma perda de mais de 50% do seu valor total. Em contrapartida, cerca de um quarto das ações apresentou ganhos de capital que podem ser considerados espetaculares.

Resumindo, eu notei que se uma pessoa investisse US$ 10 mil em valores iguais nas cinco melhores ações da lista, no início desse período, o seu capital seria de US$ 70.260,00. Por outro lado, se ela tivesse investido os US$ 10 mil nas cinco piores ações, o seu capital teria se reduzido a US$ 3.180,00. Esses resultados extremos eram improváveis. Seria necessário o fator sorte, além de habilidade, para alcançar qualquer um desses dois extremos. Não seria tão impossível para uma pessoa com um julgamento real e sensato de investimento ter escolhido cinco entre as dez melhores ações para os seus US$ 10 mil de investimento, tendo o valor líquido no dia 13 sido de US$ 52.070,00. De maneira semelhante, alguns investidores sempre selecionam ações por razões equivocadas e saem perdendo. Para eles, selecionar cinco entre as dez ações de pior desempenho não é uma expectativa de resultados totalmente fora da realidade. Nesse caso, os US$ 10 mil de investimento teriam caído para US$ 4.270,00. Com base nessa comparação, pode haver, em menos de cinco anos, uma diferença de US$ 48 mil entre um programa de investimento sensato e um insensato.

Um ano e meio depois, quando lecionei o mesmo curso, repeti a mesma prática, com a exceção de que, em vez de utilizar as letras A e T, selecionei duas outras letras diferentes do alfabeto para compor uma amostra das ações. Mais uma vez, dentro do período de cinco anos, porém com datas diferentes de início e de fechamento, o grau de variação foi quase o mesmo.

Lembrando a maioria dos mercados com cinco anos de duração, acredito que podemos encontrar resultados díspares no desempenho das ações. Parte da dispersão pode ocorrer como consequência de surpresas – informações novas e importantes sobre as perspectivas das ações que não podiam ser previstas no começo do período. A maioria das diferenças, no entanto, pode ser prevista pelo menos superficialmente, em termos de direção e magnitude geral dos ganhos e perdas relativos ao mercado.

A Corporação Raychem

Tendo em vista esse tipo de evidência, é difícil entender como alguém pode considerar o mercado de ações "eficiente" no sentido utilizado pelos proponentes dessa teoria. Entretanto, para levarmos a questão adiante, deixe-me citar uma situação do mercado de ações que ocorreu há alguns anos. No começo dos anos 1970, as ações da Corporação Raychem gozavam de um prestígio considerável no mercado e eram vendidas por um índice preço/lucro relativamente alto. Algumas das razões que garantiam tal prestígio estão contidas em comentários feitos pelo vice-presidente executivo da empresa, Robert M. Halperin. Ressaltando o que ele chamava de quatro pontos principais da filosofia de operação da Raychem, ele afirmou que:

1. A Raychem nunca faria nada tecnicamente simples (isto é, algo que seria fácil para os concorrentes em potencial copiarem).
2. A Raychem não faria nada que não fosse verticalmente integrado; ou seja, ela deveria conceber o produto, fabricá-lo e vendê-lo ao cliente ou consumidor.

3. A Raychem não faria nada, a menos que houvesse uma oportunidade substancial para a proteção real da propriedade, o que geralmente significa proteção de patente. Caso contrário, os esforços voltados para a pesquisa e o desenvolvimento não seriam direcionadas a nenhum projeto, mesmo que a Raychem tivesse competência para executá-lo.
4. A Raychem somente criaria novos produtos quando acreditasse na possibilidade de se tornar líder no mercado em qualquer nicho comercial, pequeno ou grande, que o produto pudesse captar.

Em meados dos anos 1970, a consciência desses pontos fortes extraordinários prevaleceu bastante entre aqueles que controlavam os recursos institucionais, de modo que um grande número de ações foi adquirido no mercado por pessoas que acreditavam que a Raychem representava um investimento atraente e uma força competitiva fora do comum. Todavia, foi outro aspecto dessa companhia que proporcionou a provável causa do alto índice preço/lucro pelo qual as ações estavam sendo vendidas. Muitos consideravam que a Raychem, que gastava um percentual acima da média das suas vendas com o desenvolvimento de um novo projeto, havia aperfeiçoado uma organização de pesquisa capaz de criar uma importante linha de novos produtos para que a empresa pudesse demonstrar uma tendência positiva ininterrupta nas vendas e nos lucros. Esses produtos de pesquisa contavam com um apelo especial à comunidade financeira, pois muitos dos produtos novos concorriam indiretamente com produtos antigos de outras companhias. A princípio, os novos produtos possibilitavam que a mão de obra de alto custo realizasse o mesmo trabalho em um tempo consideravelmente menor do que o exigido antes. Inúmeros descontos eram oferecidos ao cliente final desses produtos para justificar um preço que proporcionaria à Raychem uma margem de lucro satisfatória. Tudo isso fez com que suas ações, no final de 1975, tivessem uma alta acima de US$ 42½ (valor reajustado para subsequentes ações com redução do seu valor nominal), um nível cerca de 25 vezes os lucros estimados para o ano fiscal terminando em 30 de junho de 1976.

Raychem, expectativas arrojadas e o efeito crash

Com o término do ano fiscal em 30 de junho de 1976, a Raychem sofreu dois grandes golpes, que deveriam arruinar o preço das ações e a reputação da companhia diante da comunidade financeira. A comunidade financeira estava muito entusiasmada com um polímero especial, o Stilan, que apresentava vantagens únicas comparado a outros componentes utilizados na indústria da aviação para o revestimento de fiações e se encontrava em fase final de pesquisa. Além disso, o polímero seria o primeiro produto do qual a Raychem geraria a matéria-prima, ou seja, fabricaria os produtos químicos nas suas próprias unidades de produção, em vez de comprá-los de outras empresas para depois processá-los. Em razão do apelo desse produto, a Raychem havia separado uma margem considerável de recursos para sua pesquisa, numa proporção jamais vista na história da companhia. Para a comunidade financeira esse produto já estava no caminho do sucesso, e após passar pela "prova de fogo" de todos os produtos novos ele seria bastante lucrativo.

Na verdade, aconteceu justamente o oposto. Nas palavras da diretoria da Raychem, o Stilan foi "um sucesso científico, porém um fracasso comercial". Produtos aperfeiçoados de outro concorrente, mesmo que tecnicamente inferiores ao Stilan, mostraram-se adequados à sua função, além de ser bem mais baratos. A própria diretoria da Raychem reconheceu isso. No curso de algumas semanas, a diretoria tomou a dolorosa decisão de abandonar o produto e amortizar os pesados investimentos já feitos. O ônus resultante sobre os lucros naquele ano fiscal foi de cerca de US$ 9,3 milhões. Esse encargo fez com que os lucros, desconsiderando alguns ganhos compensatórios especiais, caíssem de US$ 7,95 no ano fiscal anterior para US$ 0,08 por ação.

A comunidade financeira estava tão preocupada com a erosão da grande confiança do setor de pesquisa da companhia como com a precipitada baixa nos lucros. A regra básica de que o desenvolvimento de alguns produtos novos pode falhar em qualquer empresa era amplamente ignorada. Esse fato é inerente a qualquer atividade de pesquisa e numa empresa bem administrada ele é compensado em longo prazo por novos produtos bem-sucedidos. Foi muita falta de sorte que justamente o projeto específico em que grande parte do dinheiro estava sendo investida tivesse de fracassar. De qualquer maneira, os efeitos sobre o preço das ações foram dramáticos. No quarto trimestre de 1976, as ações haviam caído cerca de US$ 14¾ (novamente reajustadas para subsequentes reduções do seu valor nominal numa proporção de seis para um) ou em torno de um terço do seu valor anterior. É claro que apenas um pequeno montante das ações seria comprado ou vendido na baixa naquele ano. Provocando um impacto ainda maior, as ações eram disponibilizadas por um preço moderadamente acima do seu nível mais baixo durante meses a fio.

Outro fator também afetou os lucros da companhia naquele momento e contribuiu para a queda da Raychem. Uma das tarefas mais difíceis para os responsáveis pelo sucesso de qualquer empresa em crescimento é modificar apropriadamente a estrutura da gestão administrativa conforme a companhia se desenvolve para se adaptar à diferença entre o que é necessário para um controle adequado de empresas pequenas e o controle otimizado de empresas de grande porte. Até o final do ano fiscal de 1976, a diretoria da Raychem havia sido estabelecida em linhas divisionais sustentadas em grande parte por técnicas industriais, ou seja, com base nos seus produtos. Essa estratégia funcionou bem quando a companhia era menor, mas não foi conveniente para servir o cliente com eficiência quando ela passou a crescer. Portanto, ao final do ano fiscal de 1975, a gestão executiva da Raychem começou a trabalhar no conceito gerencial de uma "grande companhia". A empresa reestruturou as divisões por setor industrial, em vez de dividir pela composição física e química dos produtos que eram fabricados. A data-alvo para realizar a mudança foi marcada para o final do ano fiscal de 1976. Isso foi feito quando a gestão administrativa não tinha a menor ideia de que essa data coincidiria com o momento da grande amortização pelo abandono do Stilan.

Todos na Raychem sabiam que quando a mudança organizacional ocorresse na empresa haveria pelo menos um quarto e provavelmente um mínimo de dois quartos de redução substancial nos lucros. Embora essas transformações não tenham causado quase nenhuma mudança na folha de pagamento dos representantes da gestão administrativa da Raychem, muitas pessoas tinham agora superiores diferentes, novos subordinados e colegas de trabalho com quem tinham de interagir nas suas atividades, numa fase de ineficiência e ajuste até que os funcionários da Raychem aprendessem a coordenar melhor suas atividades com os colegas com quem estavam convivendo agora. Talvez nenhuma indicação mais forte tenha existido para justificar a confiança em longo prazo nessa companhia, ou para demonstrar que a direção não estava preocupada com resultados em curto prazo, e sim com a decisão de seguir adiante com o projeto, conforme planejado, em vez de adiar o que poderia ser uma segunda investida nos lucros correntes da Raychem.

Na verdade, essa transformação significativa foi bem mais fácil do que se imaginava. Como se esperava, os lucros do primeiro trimestre do novo ano fiscal foram bem menores do que teriam sido caso as mudanças não tivessem sido realizadas. Entretanto, as mudanças estavam dando tão certo que, no decorrer do segundo trimestre, os custos em curto prazo do que fora realizado haviam sido em grande parte eliminados. Fundamentalmente, esses avanços deveriam ter sido considerados positivos pelos analistas. A Raychem estava, naquele momento, na posição de administrar adequadamente seu crescimento como nunca observado antes. Ela havia rompido uma barreira com sucesso, um obstáculo que impede o desenvolvimento de companhias que apresentam um crescimento considerável. Contudo, a comunidade financeira não parecia reconhecer o fato, e a redução temporária dos lucros foi apenas mais um fator que manteve as ações em baixa constante.

Tornar esses níveis de preço mais atraentes para investidores potenciais foi mais uma influência que presenciei em outras companhias logo depois de elas terem abandonado um grande projeto de pesquisa que se mostrava pouco promissor. Um dos efeitos financeiros do abandono do Stilan foi o fato de uma grande quantidade de dinheiro que era dedicada ao projeto ter sido liberada para outros objetivos. Ainda mais importante, o tempo dos funcionários ligados à pesquisa havia sido liberado para outras tarefas. Em um ou dois anos, como um campo de flores que começa a desabrochar com a chuva depois da estiagem, a companhia passou a gozar de grande número de projetos de pesquisa interessantes e correspondentes ao seu porte de uma maneira jamais vista antes.

A Raychem e o mercado eficiente

Agora, o que a situação da Raychem tem a ver com essa teoria do "mercado eficiente" que recentemente ganhou adeptos em determinados círculos financeiros? De acordo com essa teoria, as ações se ajustam automática e instantaneamente ao conhecimento disponível sobre a companhia, de modo que apenas aqueles que contam com "informações internas ilícitas", alheias às outras pessoas, podem se beneficiar do que pode acontecer no futuro com determinado grupo de ações. Nesse caso, num piscar de olhos, a direção da Raychem expôs a todos os interessados os fatos aqui apresentados e justificou o caráter temporário do período de baixos lucros.

Na verdade, bem depois que tudo isso havia acontecido e quando os lucros subiram a níveis bastante elevados, a direção da Raychem foi ainda mais longe. Em 26 de janeiro de 1978, houve uma longa reunião na sua sede, ocasião em que tive o privilégio de estar presente. A direção da Raychem convidou para essa reunião representantes de todas as instituições, companhias de corretagem e assessores de investimentos que demonstravam algum interesse na companhia. Nessa reunião, os dez executivos mais importantes da Raychem explicaram em detalhes e com uma franqueza incomparável as perspectivas, os problemas e o *status* corrente das questões da empresa na sua jurisdição.

Cerca de uns dois anos depois dessa reunião, os lucros da Raychem cresceram exatamente como havia sido exposto ali. Durante esse período, as ações passaram a custar mais do que o dobro, a partir do valor de US$ 23¼, pelo qual eram vendidas naquela época. No entanto, nas semanas imediatamente subsequentes à reunião, não houve nenhum efeito especial sobre as ações. Alguns dos presentes ficaram obviamente impressionados pelo quadro apresentado. Muitos, todavia, ainda sofriam as influências do choque duplo que haviam presenciado cerca de dois anos antes. Eles naturalmente desconfiaram do que estava sendo dito no encontro, muitos deles a favor da teoria do mercado eficiente.

Que tipo de conclusão o investidor ou o profissional de investimentos alcança de experiências como as da Raychem? Aqueles que aceitaram a teoria do "mercado eficiente" e foram influenciados por ela se dividem em dois grupos. Um é de alunos, que tiveram um mínimo de experiência prática. O outro, por mais estranho que possa parecer, é composto de gestores de grandes fundos institucionais. O investidor privado individual, em grande escala, não tem dado muita importância a essa teoria.

Por meio dessa experiência adquirida ao aplicar minha filosofia de investimento, posso concluir que no meu campo de ações tecnológicas, com o final da década de 1970, haveria oportunidades mais atraentes entre as grandes companhias, um mercado dominado mais pelas instituições, do que entre as empresas de tecnologia menores em que o investidor privado desempenha um papel mais importante. Do mesmo modo que, há dez anos, os que reconheceram a fragilidade do então conceito prevalecente do duplo mercado se beneficiaram dessa consciência, a cada década surgem ideias falsas, criando oportunidades para aqueles que contam com certo discernimento nos investimentos.

Conclusão

Essa é, portanto, minha filosofia de investimento decorrente de meio século de experiência profissional. A essência dela talvez possa ser resumida nos oito tópicos seguintes:

1. Comprar ações de companhias que contem com projetos estratégicos visando alcançar um considerável crescimento dos lucros em longo prazo e possuam qualidades inerentes, sendo difícil para os recém-chegados compartilhar desse crescimento.

2. Focar na compra das ações dessa companhia quando elas estiverem desfavorecidas, ou seja, quando, em razão das condições gerais do mercado ou em decorrência de uma interpretação errônea por parte da comunidade financeira, as ações são vendidas por um valor menor do que o seu valor real.
3. Manter as ações até que: (a) haja uma mudança fundamental na sua natureza (tal como um enfraquecimento da administração, devido a uma modificação no quadro de pessoal da empresa), ou (b) elas tenham crescido até certo ponto em que não possam crescer mais depressa do que a economia como um todo. Vendê-las apenas em circunstâncias extremamente excepcionais, se houver, em razão de previsões do mercado, já que estas são muito difíceis de fazer. Nunca vender as ações mais atraentes em curto prazo. Contudo, à medida que as companhias crescem, lembre-se de que muitas das que são eficientemente administradas enquanto são pequenas fracassam ao modificar sua estrutura administrativa para atender às necessidades típicas de uma grande companhia. Quando isso acontece, as ações devem ser vendidas.
4. Quanto à valorização do capital, não dê demasiada ênfase aos dividendos. As oportunidades mais atraentes acabam aparecendo em grupos de ações lucrativas, porém com baixos dividendos ou até mesmo sem dividendo nenhum. Oportunidades extraordinárias são menos comuns em situações em que o alto percentual dos lucros é pago aos acionistas.
5. Cometer alguns erros é o preço a ser pago pela prática dos investimentos em busca de altos lucros, do mesmo modo que os empréstimos são inevitáveis, até mesmo nas empresas mais bem administradas e prósperas. O importante é reconhecê-los o mais rápido possível, entender as causas e evitar cometê-los novamente. Esperar por pequenas perdas em algumas ações e deixar os lucros crescer cada vez mais nas ações mais promissoras é um sinal de um bom gerenciamento do investimento. Obter pequenos lucros em bons investimentos e permitir que as perdas aumentem em investimentos inadequados indica o rumo de um investimento desastroso. Os lucros não devem ser auferidos apenas pela satisfação de adquiri-los.
6. Há poucas companhias verdadeiramente destacadas. Suas ações em geral não podem ser adquiridas por preços atraentes. Portanto, quando houver preços favoráveis, deve-se tirar proveito da situação. Os recursos devem se concentrar nas melhores oportunidades. Para aqueles

envolvidos com capital de risco e empresas pequenas, digamos com vendas anuais abaixo de US$ 25 milhões, é necessário maior diversificação. Para as grandes empresas, uma diversificação adequada requer o investimento numa grande variedade de setores industriais com características econômicas distintas. Para as pessoas físicas (ao contrário das instituições e certos tipos de fundos), um estoque acima de vinte ações diferentes é um sinal de incompetência financeira. Dez ou doze é considerado um número ideal. Às vezes, os custos dos impostos sobre os ganhos de capital justificam esperar alguns anos para movimentar a concentração dos investimentos. Quando o investimento de uma pessoa física sobe para um número total de vinte ações, é sempre recomendável trocar ações menos atraentes por outras mais valorizadas. Devemos nos lembrar que resultados deficientes são causados pela ação ineficiente.

7. Um ingrediente básico do gerenciamento de ações do mercado é a habilidade de questionar a opinião dominante na comunidade financeira: nem aceitá-la de ofício nem rejeitá-la sem justificativa. Deve-se avaliar com consciência, examinando por completo situações específicas, e ter a coragem de agir contrariamente à opinião comum quando o seu entendimento lhe diz que você está certo.

8. No gerenciamento de ações do mercado, como em todos os campos da atividade humana, o sucesso depende da combinação de inteligência, trabalho e honestidade.

O grau dessas qualidades varia de uma pessoa para outra. Entretanto, eu acredito que todos nós somos capazes de "ampliar" nossas capacidades em cada uma dessas áreas se nos disciplinarmos e nos esforçarmos.

Mesmo que a sorte tenha alguma participação no gerenciamento de ações, ela é apenas um dos fatores. O sucesso sustentado requer habilidade e a aplicação consistente de princípios sólidos. Na composição dessas oito diretrizes, acredito que o futuro pertencerá àqueles que, por meio da autodisciplina, se esforçarem para alcançá-lo.

Apêndice

FATORES ESSENCIAIS NA AVALIAÇÃO DE EMPRESAS PROMISSORAS*

Minha filosofia defende a realização de um número relativamente pequeno de investimentos, mas apenas em companhias manifestamente promissoras. Obviamente, eu procuro por sinais de um potencial de crescimento nas empresas que avalio. Tento ainda, por meio da minha análise, evitar riscos. Procuro ter certeza de que a administração da companhia conta com meios de capitalizar esse potencial e minimizar os riscos do meu investimento nesse processo. A seguir, enumero algumas das características defensivas que eu busco nas companhias para atenderem aos meus critérios de desenvolvimento quando realizo uma análise financeira, entrevistas com a diretoria e discussões com pessoas inteiradas no setor industrial.

Fatores operacionais

1. A empresa deve ter uma produção de baixo custo de seus bens ou serviços em comparação à concorrência e deve ter perspectivas para continuar assim.

   a) Um ponto de equilíbrio relativamente baixo faz essa empresa sobreviver a condições difíceis e fortalece seu mercado e sua posição de preços quando concorrentes mais fracos são excluídos.

---

* Trechos extraídos de FISHER. *Conservative investors sleep well.* Harper & Row, 1975. Capítulos 1-3.

b) Uma margem de lucro um pouco acima da média faz a empresa gerar mais recursos internamente para sustentar o crescimento sem muita diluição, causada pelas vendas excedentes ou pela sobrecarga provocada pela dependência de financiamentos de renda fixa.
2. Uma companhia deve ser fortemente orientada para a clientela para reconhecer as mudanças nas necessidades e nos interesses do cliente, reagindo pronta e adequadamente ante essas mudanças. Essa capacidade deve gerar um fluxo de novos produtos, excluindo linhas de produção de impressão já desenvolvidas ou quase obsoletas.
3. O marketing efetivo requer não apenas entender aquilo que os clientes querem, mas também assisti-los adequadamente (por meio da propaganda, das vendas ou outros recursos). São necessários controle rígido e monitoramento constante do custo/eficácia dos esforços do mercado.
4. Até mesmo as companhias não voltadas para os setores técnicos, hoje em dia, exigem uma capacidade sólida e bem direcionada para: (a) conceber produtos novos e melhores, e (b) prestar serviços de maneira efetiva e eficiente.
5. Há grandes diferenças na eficácia da pesquisa. Dois elementos importantes para uma pesquisa mais produtiva são: (a) a consciência de mercado/lucro, e (b) a habilidade de canalizar o talento necessário em um grupo de trabalho efetivo.
6. Uma empresa com um grupo financeiro sólido conta com diversas vantagens importantes:
   a) Uma fonte de informações adequada faz a administração direcionar suas energias para determinados produtos com maior potencial de auferir lucros.
   b) O setor de despesas deve identificar se os custos de produção, marketing e pesquisa são ineficientes até mesmo em algumas subdivisões da operação.
   c) A conservação do capital mediante um controle rígido dos investimentos de capital fixo e de capital de giro.
7. Uma função financeira crítica é fornecer um sistema preventivo prévio para identificar as influências que podem ameaçar as perspectivas de lucro em tempo hábil visando aplicar medidas de saneamento sobre essas condições adversas.

Fatores humanos

1. Para ter sucesso, uma companhia precisa de um líder com uma personalidade empresarial que conte com a orientação, as ideias originais e as habilidades necessárias para traçar o destino da empresa.
2. Um executivo voltado para o crescimento deve estar cercado de pessoas extremamente competentes e lhes delegar autoridade para que desempenhem suas atividades na empresa. Deve haver a consciência de um trabalho em grupo, e não a simples disputa pelo poder.
3. Deve ser dada especial atenção a gerentes competentes de níveis hierárquicos inferiores, treinando-os para assumirem posições de maior responsabilidade. A promoção deve ser dada com base no talento dos funcionários internos. A necessidade de recrutar um chefe executivo de fora da empresa representa um sinal de perigo.
4. O espírito empresarial deve permear a organização.
5. As empresas mais bem-sucedidas normalmente contam com algumas características de personalidade únicas – um jeito especial de desempenhar suas atividades, particularmente efetivo com relação à alta gestão. Essa é uma característica positiva, e não negativa.
6. A diretoria deve reconhecer e ter consciência de que o mundo em que vivemos está em constante e rápida transformação.
    a) Todos os procedimentos utilizados devem ser reexaminados periodicamente, sempre na busca de novos métodos.
    b) Mudanças nas abordagens gerenciais envolvem riscos necessários que devem ser reconhecidos, minimizados e assumidos.
7. Deve haver um esforço sincero, realista, consciente e contínuo para fazer todos os funcionários, incluindo os membros da diretoria, acreditar que a companhia é um bom lugar para trabalhar.
    a) Os funcionários devem ser tratados com dignidade e decência.
    b) O ambiente de trabalho da empresa e os programas de benefícios devem ser um suporte de motivação.
    c) As pessoas devem expor suas contrariedades sem medo e com a expectativa de ser prontamente ouvidas e atendidas.
    d) Os programas de participação parecem funcionar bem e ser uma fonte importante de boas ideias.
8. A diretoria deve se submeter às regras exigidas para um crescimento saudável. O crescimento requer algum sacrifício dos lucros correntes para que as bases de um futuro promissor possam ser estabelecidas.

Características negociais

1. Embora os executivos confiem fortemente no retorno dos ativos ao considerarem novos investimentos, os investidores devem reconhecer que os ativos históricos firmados em custos históricos distorcem as comparações do desempenho das empresas. Os lucros favoráveis à proporção de vendas, não obstante as diferenças nas proporções do faturamento, podem ser bons indicadores da segurança de um investimento, principalmente num ambiente inflacionário.
2. Altas margens provocam a competição e a competição destrói as oportunidades de ganhos. A melhor maneira de anular a competição é operar de forma tão eficiente que não haja nenhum incentivo para concorrentes potenciais.
3. A eficiência dos negócios em escala em geral é contrabalançada pela ineficiência das camadas burocráticas da chefia de segundo escalão. Numa empresa bem administrada, todavia, a posição de liderança industrial cria uma forte vantagem competitiva que deve ser atraente aos investidores.
4. Chegar em primeiro lugar no mercado com um produto novo é um longo passo para manter a primeira posição. Algumas empresas têm um potencial maior para tanto.
5. Produtos não são como ilhas. Há uma competição indireta, por exemplo, com o dinheiro do consumidor. Com a alteração de preços, alguns produtos podem deixar de ser atraentes até mesmo nas empresas mais prósperas.
6. É difícil introduzir produtos novos e superiores em nichos do mercado em que alguns concorrentes já mantenham uma posição privilegiada. Enquanto o novo concorrente constrói a própria produção, o poder de marketing e a reputação para se tornar competitivo, os já existentes podem tomar medidas defensivas para recuperar o mercado ameaçado. Os concorrentes mais criativos têm melhores chances de obter sucesso se combinarem disciplinas de tecnologia, como a eletrônica e a nucleônica, de uma maneira que representem uma novidade relativa para o mercado competitivo.
7. A tecnologia é apenas um caminho para a liderança no setor industrial. Desenvolver uma "franquia" do consumidor é outra coisa. A excelência dos serviços é, ainda, um terceiro elemento distinto. Em qualquer hipótese, uma habilidade sólida para defender mercados estabelecidos contra novos concorrentes é essencial para um investimento saudável.